JN301989

国際行政論

International Administration

城山英明 ———— 著

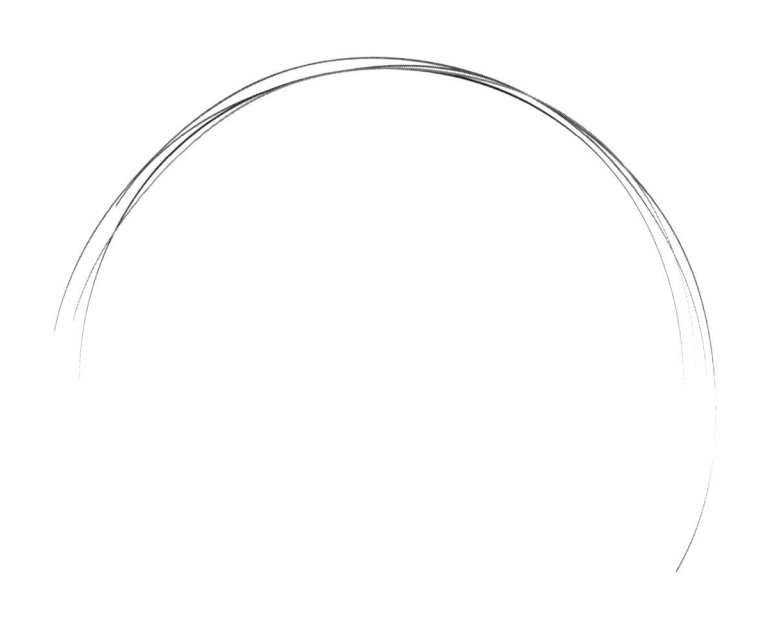

有斐閣

本書のコピー，スキャン，デジタル化等の無断複製は著作権法上での例外を除き禁じられています。本書を代行業者等の第三者に依頼してスキャンやデジタル化することは，たとえ個人や家庭内での利用でも著作権法違反です。

はしがき
本書の構造と狙い

　国際行政論は，20世紀初頭以降，発展してきた。しかし，その後，国際連合のような組織が登場すると，担い手としての独立した国際組織に注目することが多くなり，国際行政論の対象は国際組織の内部管理に限定されていった。さらには，国際行政論として議論されることも少なくなり，国際組織論，国際機構論として議論されるようになっていった。しかし，近年では，国際行政論に関する関心が再度高まるとともに，国際政治学においてはグローバル・ガバナンス論や国際レジーム論といった密接に関連する課題の研究が増大している。本書は，このような状況の中で，行政学の一分野として，国際行政論の分析視角と基本的素材を提示することを目的としている。

　第Ⅰ部では，総括的に，国際行政の特質と基本的な作動様式，グローバル・ガバナンスの変容との関連を明らかにする。第1章では，国際行政を，国境を越えた相互依存に伴う諸課題に対応するためのさまざまな組織的活動の総体であると定義する。国際行政活動は諸主権国家制という分権的な統治制度の下で行われるものであり，行政一般の観点からは，非階統制行政の一類型として位置づけられる。第2章では，国際行政が登場してきた文脈である，19世紀以降のグローバル・ガバナンス全体の変容とその認識を検討する。その上で，グローバル・ガバナンスの運営が国際行政とどのように接続されているかを明らかにする。

　行政学においては，一般的に，制度論・組織論，管理論，活動論・政策論の3つの領域があるといわれる（西尾 2001）。本書では，国際行政に関して，第Ⅱ部では組織論の観点から，第Ⅲ部では管理論の観点から，第Ⅳ部では活動論の観点から検討する。

　第Ⅱ部で対象とする国際行政の組織に関しては，機能別国際組織や一般的国際組織といった多国間国際組織の他に，地域組織や非政府組織等も重要な役割

i

を果たす。また，歴史的には，戦時共同行政の経験が，国際組織が発展する大きな契機となった。現在でも，多様な組織が国際行政において活用されている。逆にいえば，これらの多様な組織を状況に応じてどのように使い分けるのかをめぐって政治的選択が行われる。第3章では，機能別国際組織，戦時共同行政を，第4章では，国際連盟，国際連合のような分野の限定されない一般的国際組織を扱う。第5章では，近年見られる，世界貿易機関（WTO）のような貿易組織，G7，G8，G20のような主要国組織の活用や，国連改革，新たな官民連携の試みといった展開について検討する。そして，第6章と第7章では地域組織を扱う。第6章ではヨーロッパにおける地域組織の実験を，第7章では東アジアにおける地域組織の展開を対象とする。

　第Ⅲ部で対象とする国際行政の管理に関しては，行政一般と同様，情報資源，ルール，人事，財政が重要な構成要素となる。第8章では情報資源管理を扱う。その際，情報を用いた活動として重要な国際的な政策過程におけるアジェンダ設定のメカニズムについても扱う。そして，第9章では財政，人事について検討する。分権的な制度枠組みである諸主権国家制の下での行政であるという国際行政の特質を反映して，財政に関しては通常予算とは異なる予算外資金の調達と活用が，人事に関しては国際組織の事務局員以外の各国の人員のアドホックな活用が重要になる。さらに，いずれの資源に関しても，国際組織と国内組織のインターフェース（接続）のマネジメントが重要になる。第10章では，ルールという資源の管理について検討した後，このインターフェースのマネジメントに関して，ルール，財政，人事の各資源に即して検討する。第11章では，実効性や正当性の確保をどのように行うのかという課題について論じる。非階統制の下での行政である国際行政は，その実施過程において，どのように実効性を確保するのかは大きな課題である。また，世界政府という集約的にアカウンタビリティを確保するシステムがない中で，どのように正当性を確保するのかも課題となる。実効性，正当性，いずれの確保においても，国家というのは重要なメカニズムとなる。

　国際行政は多様な活動分野において存在している。これらの活動分野ごとの国際行政は，一定の共通の構造と分野の特性・構造に即した一定の差異をもっている。第Ⅳ部では，このような国際行政の活動について，一定の見通しを得るために，3つの分野について検討する。第12章では，平和活動（PKO，紛争

解決・紛争管理,国際刑事司法,国際的警察活動など)を,第13章では,国際援助活動(二国間および多国間ODA,輸出信用や民間資金移転との協調など)を,第14章では,国際規制活動(国際海事,国際通信・インターネット,国際環境・安全など)を扱う。従来,このような分野は,国際安全保障・平和研究,国際開発研究,分野ごとの国際規制研究として各々独立して行われる傾向にあった。国際行政活動論という共通の枠組みで整理することにより,各活動の共通性と差異が明らかになることが期待される。

　以上が,本書全体の構成である。国際行政は,さまざまな制度的・組織的文脈,あるいは知識生産や技術の文脈に埋め込まれた,見えにくい国際政治であるという面をもつ。国際行政論という枠組みの下で,これらの総体を可視化し,国際社会において,具体的な課題設定,制度設計や運営をしていく上での手がかりを提供していければと考えている。

　2013年8月

城山　英明

目　次

はしがき——本書の構造と狙い

第Ⅰ部　国際行政とグローバル・ガバナンスの変容

第1章　国際行政の特質とメカニズム　2

1 国際行政と国際行政論 …………………………………………………3
　　国際行政とは何か？　3　　国際行政論の系譜　3　　隣接分野との関係　4

2 国際行政の歴史的特質——国内行政との共通性と独自性 ……………5
　　歴史的相互依存　5　　国内行政との関係　7

3 国際行政の基本的メカニズムとその変容 ……………………………7
　　直接的接触　8　　機能的アプローチ　9　　非政府組織の利用　10
　　基本的方式の変容　11

4 国際行政における権力的次元と組織・制度間関係 …………………15
　　「機能」のフレーミング　15　　フォーラム・ショッピングと補完的関係　15

5 現代行政における国際行政の性格 ……………………………………17
　　非階統制行政としての国際行政　17　　重層的現代行政における国家の役割　18

第2章　グローバル・ガバナンスへの視座　21

1 グローバル・ガバナンス論 …………………………………………22
　　「政府なき統治」　22　　グローバル・ガバナンス委員会　22　　グローバル・ガバナンス論の位置づけ　23

2 **20世紀前半における国際統治の変容への多様な視角**……………………24
  共通利益の可能性と協力原理——ウルフ 24　機能的方法——ミトラニー 25　権力の変質——カー 27

3 **20世紀後半以降における国際政治学的国際組織分析**……………………29
  利益・組織・知識による政治過程の変質——ハース 29　機能的単位としての安全保障共同体——ドイチュ 31　トランスナショナル関係論，相互依存論，レジーム論——コヘイン 32

4 **統治認識の補正——準国家論，公共選択論，社会の構築主義**……………34
  準国家論 34　公共選択論——国際組織をめぐる政治経済学 35　社会的構築主義 36

5 **グローバル・ガバナンスと国際行政の接続**……………………………37
  ——機能間関係，行政におけるレベル，相互作用のダイナミズム
  機能間関係 37　行政におけるレベル——執政，業務，管理 38　相互作用のダイナミズム 38

第Ⅱ部
国際行政の組織

第3章　機能別国際組織と戦時共同行政　42

1 **機能別国際組織——国際行政連合を中心に**……………………………43
  国際郵便行政 43　国際河川行政——ライン川 45　国際衛生行政 46　国際農業行政 49　比較 52

2 **国際共同統治**……………………………………………………………53
  垂直的河川行政——ドナウ川 53　地域的国際共同統治 54

3 **戦時共同行政**……………………………………………………………57
  イギリスの内閣システムの変容 57　執政レベルの国際化 58

4 **国際行政論の展開**………………………………………………………60
  「直接的接触」の概念 60　第二次世界大戦時の戦時共同行政の評価 61　ソルターの理論的認識の特質 62

第4章　一般的国際組織　64
国際連盟，国際連合

1　国際連盟の制度と活動　65
国際連盟の設立　65　　集団安全保障の試み　66　　経済社会政策　69

2　国際連盟の行政運用　71
理事会の設計と運用　71　　国際公務員制度の設立と運用　72　　組織間関係——集権と分権　73　　ブルース報告——活動・政策手段の変質と組織的対応案　73

3　国際連合の制度と活動　75
国連の設立　75　　集団安全保障の限界と平和維持活動の実践　77　　経済社会政策，規範設定，緊急対応　80

4　国際連合の行政運用　84
安保理の運用　84　　国際公務員制度の展開と運用　86　　分権的セクター間調整　88

5　国際行政論の対応——対象の限定　89

第5章　国際行政組織の展開と改革　91
国連改革，官民連携，貿易組織，主要国組織

1　国連改革　92
ジャクソン報告——事業レベルでの機関間調整問題への対応の試み　92　　ベルトラン報告——直接的接触の再発見　94　　安保理の改革　96　　アナン事務総長の下での組織・運営改革　98

2　新たな官民連携　100
グローバル・コンパクト　101　　GFATM　102

3　貿易組織の役割と限界——WTO　103
貿易組織の横断的機能と一定の強制性　103　　GATTにおける無差別規定とその運用　104　　東京ラウンドからウルグアイ・ラウンドへの展開　104　　国内規制の国際的レビューの運用　106

4　主要国組織の役割と限界　108
OECD——先進市場経済諸国の組織　108　　G7/G8の成り立ち　111　　G7/G8の特徴と課題　112　　G20——非公式制度ゆえに容易な移行

　　　　　115
5 比較優位と役割分担……………………………………………………118

第6章　地域組織の実験　　120
　　　　ヨーロッパ

1 地域組織の役割………………………………………………………121
2 欧州統合のイニシアティブと展開…………………………………122
　　第二次世界大戦後のヨーロッパにおける地域組織化のイニシアティブ
　　122　　1950年代から70年代にかけての制度化　123　　1980年代以降
　　の制度化の進展　124
3 EUの組織……………………………………………………………126
　　一般性　126　　複合的性格──EC/EUの定義の複雑性　126　　「緊
　　密な協力」　128　　裁判所・議会と政府間会議　128　　多層間政治
　　129
4 EUの行政運用………………………………………………………130
　　閣僚理事会（Council）の運用　130　　委員会（Commission）の運用
　　131　　コミトロジー手続き　132　　OMC　133
5 EUの性格と課題……………………………………………………134
　　超国家性と政府間主義の間　134　　「民主主義の赤字」への対応　135

第7章　地域組織の展開　　137
　　　　東アジア

1 地域組織の展開と文脈………………………………………………138
2 ASEANの設立と展開………………………………………………138
　　東南アジアにおける政治協力の開始　138　　域内経済協力と共同体創
　　設の展開　139　　国民国家建設と地域組織　140
3 ASEANの組織・行政運用…………………………………………140
　　一般性の傘と漸進的複合化　140　　閣僚会議，首脳会議，実務レベル
　　での調整メカニズム　141　　事務局の役割　143
4 APECの展開と運用…………………………………………………144
　　民間レベルでの実験──PECC　144　　政府間組織化──APECの創

設と活動　145　　組織の一般性・非公式性　146　　政府間調整メカニズムとピア・レビュー　147　　事務局のあり方　149　　制度化　149

5　ASEANを基礎とする広域地域組織とその運用……………………150
ASEAN＋3　150　　EAS　151　　三国首脳会議（日中韓首脳サミット）　151　　首脳会議による主導　152　　情報共有と政策対話　152　　事務局機能　153　　東アジアにおける多様な地域組織の併存とASEANの今後の役割　153

6　地域組織の比較…………………………………………………………155
地域組織の多様性　155　　相互学習の可能性　155

第Ⅲ部
国際行政の管理

第8章　情報資源管理とアジェンダ設定　158

1　国際行政における情報の役割……………………………………………159
2　情報収集・利用の諸相……………………………………………………160
安全保障分野　160　　経済社会分野　162　　環境衛生分野——科学的情報　164

3　情報収集手法の類型………………………………………………………165
受動的情報収集　166　　能動的情報収集　167

4　情報収集における課題……………………………………………………168
情報収集のコスト　168　　情報の質　169　　秘匿性と公開性のディレンマ　169　　信頼性の確保　169

5　情報利用の課題……………………………………………………………170
希少資源としての注意　170　　認知的要素の重要性　170　　情報加工における課題　171　　コミュニケーションの課題　172　　不確実性への対応　173

6　国際的な政策過程におけるアジェンダ設定……………………………174
フレーミングとネットワーク　174　　アジェンダ設定メカニズムの制度化　175

第9章　国際行政における財政と人事行政　　181

1　国際組織の財政 ……………………………………………………………182
国際財政の概念——3つのレベル　182　　国際組織の通常予算　183　　国際組織の予算外資金　184

2　国際組織財政の運用——国連本体の場合 ……………………………187
予算の枠組み　187　　予算策定過程——立法的マンデート，中期計画，予算　188　　調達行政　189

3　国際組織の人事行政 ……………………………………………………189
国際人事行政の概念——3つのレベル　189　　国際組織事務局の人事行政　191　　国際組織の委員会・混成部隊における各国間人事行政　196

4　国際組織の人事行政の運用——国連本体の場合 ……………………197
人事行政の枠組み　197　　個別的人事行政の意思決定過程　198　　アウトソーシング　199

5　国際組織の財政・人事行政の動向 ……………………………………200
国際組織の予算額の動向　200　　国連システムにおける最近のNPM的行政改革　201

6　国際組織の財政・人事行政の課題——相補性の管理 ………………203

第10章　国際行政と国内行政のインターフェース　　205

1　国際ルールの公示形式 …………………………………………………206
諸形態　206　　議会承認の有無　206　　拘束性の有無　207　　複数の公示形式の組み合わせ　207

2　国際ルールの国内実施 …………………………………………………208
ルールに関するインターフェースの課題　208　　事例：オゾン層保護のためのウィーン条約とモントリオール議定書　210　　事例：WTOのGPA　213

3　財政における国家と国際組織のインターフェース …………………218
インターフェースの制度的構造　218　　国家から国際組織への資金の流れ　219　　財政面でのインターフェースの課題　221

4　人事行政における国家と国際組織のインターフェース ……………222

インターフェースの制度的構造 222　各国際組織における日本人職員の現状 224　人事面でのインターフェースの課題 226

第11章　実効性と正当性の確保　　231

1　実効性の確保 232
信頼醸成によるコミュニケーションの円滑化 232　利益調整――政府間の利益調整と国内の利益調整 233　能力構築のための援助 234　制裁 235

2　実効性の評価 237
評価基準 237　評価の対象 238　乖離の許容度 238　環境条件の変動の影響 238　寄与度の評価 239

3　国際行政における評価制度の試み 239
国際援助行政におけるロジカル・フレームワーク 239　アウトカム測定の課題 240　評価制度運用の課題 241

4　正当性の確保と公平性 242
大国と中小国 242　制裁実施の非均一性 242

5　アカウンタビリティ確保のメカニズム 243
非政府組織のアカウンタビリティ 243　政府間組織のアカウンタビリティの確保――「民主化」の必要 244　アカウンタビリティ確保のメカニズムとしての国家 245　アカウンタビリティ・メカニズムの対象としての国家 246　誰に対するアカウンタビリティの確保か――異議申し立て手続きの場合 246

第Ⅳ部　国際行政の活動

第12章　平和活動　　252

1　紛争解決・紛争管理と平和活動の課題 253

2　PKOの展開 255
国連におけるPKOの原型 255　ガリ事務総長の下での『平和への

課題』と「追補」 256　　ブラヒミ報告 259　　最近のPKOの展開 260

　3　複合型のPKOの実施過程──事例··262
　　　　カンボジア 262　　旧ユーゴスラヴィア 265　　組織間連携と複合型PKOの実効性を規定する要因 272

　4　平和活動における非政府組織の役割···273
　　　　非政府組織の活動事例 273　　非政府組織の活動手段 276　　非政府組織の活動における課題 276

　5　国際刑事司法···278
　　　　国際刑事司法の活性化 278　　国際刑事司法の手法と運用──ICTYの場合 279　　真実究明委員会の手法と運用──CAVRの場合 280　　新たな制度化──ICC 281

第13章　国際援助活動　　　　　　　　　　　　　　　　　　　　283

　1　国際援助活動の内容と課題···284
　2　国際援助活動の背景と歴史的展開··285
　　　　背景 285　　マーシャル・プランの経験 287　　1960年代におけるシステム化──ピアソン委員会報告 288　　1980年代以降における受入国ガバナンスへの関心 291　　民間資金の役割の増大 292

　3　援助主体間の調整──場の提供者・触媒としての国際組織····················294
　　　　グローバル・レベルの枠組みと運用──DAC 294　　各受入国レベルでの援助調整の枠組み──援助調整グループの設立と構造 295　　援助調整グループの運用 297

　4　受入国の財政・計画とのインターフェース··298
　　　　インターフェースにおける課題 298　　援助受入国による多様性 299　　インターフェースにおける制度的選択肢 300

　5　国際援助活動の実施過程···302
　　　　多様な主体の多様なインセンティブ 302　　国際援助活動の実効性を規定する要因 303

　6　今後の課題──さらなるシステム化··306
　　　　MDGsの活用 306　　援助調和化への関心の増大 308

第14章　国際規制活動　310

1　国際規制活動の課題……………………………………………………311

2　国際規制の調整枠組みの運用とフォーラム・ショッピング…………314
　　──国際コミュニケーション規制の場合

　　ITUの連邦的構造　314　　国際標準化活動における調整枠組みと運用
　　──政府レベルと非政府レベル　315　　国際規制活動におけるフォー
　　ラム・ショッピング──インターネットと電子商取引　316

3　国際的な調和化と差異化のダイナミズム……………………………320
　　政府間調整枠組み──UNECEとコーデックス委員会　320　　産業界
　　主導による国際的な調和化メカニズム──自動車安全・環境基準の場合
　　323　　不確実性・価値等をめぐる判断と差異の持続──食品安全基準
　　の場合　328　　分野間比較とWTO協定・国際基準運用の課題　332

4　国際規制活動の行方……………………………………………………334
　　国内規制への介入形態の変容　334　　プロセス透明化の必要　335
　　国際規制への国内対応体制　335

　　引用・参考文献　337
　　事項索引　349
　　人名索引　361

◆ *Column* 一覧

　① アーサー・ソルター　61
　② ウッドロー・ウィルソン　68
　③ 新渡戸稲造　74
　④ コフィ・アナン　99
　⑤ ジャン・モネ　124
　⑥ 明石康　226
　⑦ 緒方貞子　228
　⑧ ダグ・ハマーショルド　256
　⑨ レスター・ピアソン　290

◆図表一覧

　　図 3-1　国際衛生理事会の設置場所　47
　　図 4-1　国際連盟の組織図　66
　　図 4-2　国際連合の組織図　77
　　図 5-1　TBT 協定通報件数の推移　107
　　図 5-2　TBT 貿易懸念表明数の推移　108
　　図 6-1　EU の組織図　127
　　図 7-1　ASEAN の組織図　142
　　図 7-2　APEC の組織図　148
　　図 12-1　旧ユーゴスラヴィア連邦　268

　　表 1-1　国際行政の分類　4
　　表 1-2　貿易（輸出入合計）の対 GDP 比率　6
　　表 2-1　ウルフ，ミトラニー，カーの議論の比較　25
　　表 2-2　ハース，ドイチュ，コヘインの議論の比較　30
　　表 3-1　機能別国際組織の発展　51
　　表 4-1　1990 年代に行われた主な国連世界会議　83
　　表 5-1　国連改革の比較　93
　　表 5-2　OECD の加盟国拡大　110
　　表 5-3　主要国会合の展開　112
　　表 7-1　アジアにおける地域組織　154
　　表 8-1　情報収集手法の類型　166
　　表 9-1　国際財政の概念　183
　　表 9-2　国際人事行政の概念　190
　　表 9-3　主な国際組織の予算動向　200
　　表 10-1　一般会計と特別会計　220
　　表 10-2　府省別の国際組織への支出　220
　　表 10-3　分担金と拠出金　220
　　表 10-4　IDA と GEF への出資　220
　　表 10-5　各国際組織における日本人職員数（2003-12 年）　225
　　表 12-1　主な要員提供国（2012 年 11 月末時点）　261
　　表 12-2　国連と地域組織の軍事要員提供数　261
　　表 12-3　カンボジア事例年表　263
　　表 12-4　旧ユーゴスラヴィア連邦事例年表　267
　　表 12-5　カンボジアと旧ユーゴスラヴィアにおける PKO の比較　273

表 13-1　国際援助行政活動の歴史的展開　286
表 13-2　ODA 総額の推移　292
表 13-3　公的資金と民間資金の移転額　293
表 14-1　日米欧の自動車排出規制　324
表 14-2　食品安全紛争事例における EU の主張　329

* 本文中の図表は，各図表の下に出典を明記したもの以外は，すべて筆者が作成したものである。
* 引用・参考文献は，巻末の「引用・参考文献」に掲げ，本文中には著者名または編者名と刊行年，必要に応じ，引用頁数のみを（　）に入れて記した（図表の出所についても同様）。
　　例）　（城山 1997: 10)
　　　　城山英明 1997『国際行政の構造』東京大学出版会，10 頁。

主要略語一覧

ABAC　APEC Business Advisory Council　APECビジネス諮問委員会
ACABQ　Advisory Committee on Administrative and Budgetary Question　行財政諮問委員会
ACC　Administrative Committee on Coordination　行政調整委員会
ADB　Asian Development Bank　アジア開発銀行
AEC　ASEAN Economic Community　ASEAN経済共同体
AEM　ASEAN Economic Ministers Meeting　ASEAN経済大臣会議
AFTA　ASEAN Free Trade Area　ASEAN自由貿易地域
AMM　ASEAN Ministerial Meeting　ASEAN閣僚会議
APEC　Asia Pacific Economic Cooperation　アジア太平洋経済協力
ASEAN　Association of Southeast Asian Nations　東南アジア諸国連合
AU　African Union　アフリカ連合
BIAC　Business and Industry Advisory Committee　経済産業諮問委員会
BIS　Bank for International Settlements　国際決済銀行
BST　Bovine Somatotropin　乳牛成長ホルモン
CAA　Clean Air Act　大気清浄法
CAO　Chief Administrative Officer　首席行政官
CAP　Common Agricultural Policy　共通農業政策
CAVR　Comissão de Acolhimento, Verdade e Reconciliação de Timor Leste　東ティモール受容真実和解委員会
CBM　Confidence Building Measures　信頼醸成措置
CCFAC　Codex Committee on Food Additives and Contaminants　食品添加物汚染物質部会
CCI　Comité Consultatif International　国際諮問委員会
CCITT　Comité Consultatif International Telegraphique et Telephonique　国際電信電話諮問委員会
CCM　Country Coordination Mechanism　国別調整メカニズム
CCNM　Center for Cooperation with Non-Members　非加盟国協力センター
CCPR　Codex Committee on Pesticide Residues　残留農薬部会
CCRVDF　Codex Committee on Residues of Veterinary Drugs in Foods　食品残留動物用医薬品部会
CCW　Convention on Certain Conventional Weapons　特定通常兵器使用禁止制限条約
CDF　Comprehensive Development Framework　包括的開発フレームワーク
CEB　Chief Executives Board for Coordination　主要執行理事会
CEEC　Committee for European Economic Co-operation　欧州経済協力委員会
CEM　Country Economic Memorandum　国別経済分析書
CFB　Corporation of Foreign Bondholders　外国債券投資家協会
CFSP　Common Foreign Security Policy　共通外交・安全保障政策
CI　Consumers International　国際消費者機構
CIA　Central Intelligence Agency　中央情報局

CID　Committee of Imperial Defense　帝国防衛委員会
CIMIC　Civil-Military Cooperation　民軍協力
CITO　Chief Information Technology Officer　最高情報技術責任者
CMI　Chiang Mai Initiative　チェンマイ・イニシアティブ
CORPER　Committee of Permanent Representatives　常駐代表委員会
CPC　Committee for Programme and Coorditation　計画調整委員会
CPR　Committee of Permanent Representatives　常駐代表委員会
CSCE　Conference on Security and Cooperation in Europe　欧州安全保障会議
CSR　Corporate Social Responsibility　企業の社会的責任
DAC　Development Assistance Committee　開発援助委員会
DAG　Development Assistance Group　開発援助グループ
DDR　Disarmament, Demobilization, Reintegration　武装解除・動員解除・元兵士の社会再統合
DNS　Domain Name System　ドメイン・ネーム・システム
EAS　East Asia Summit　東アジア首脳会議
EC　European Community　欧州共同体
ECA　Economic Cooperation Administration　経済協力庁
ECHR　European Court of Human Rights　欧州人権裁判所
ECJ　European Court of Justice　欧州裁判所
ECPS　Executive Committee on Peace and Security　平和安全執行委員会
ECSC　European Coal and Steel Community　欧州石炭鉄鋼共同体
EDC　European Defense Community　欧州防衛共同体
EEC　European Economic Community　欧州経済共同体
EMU　Economic and Monetary Union　経済通貨同盟
EPA　Environmental Protection Agency　環境保護庁
EPTA　Expanded Programme for Technical Assistance　拡大技術援助計画
EPU　European Payment Union　欧州決済同盟
ERIA　Economic Research Institute for ASEAN and East Asia　東アジアASEAN経済研究センター
ESA　European Space Agency　欧州宇宙機関
ESCAP　Economic and Social Commission for Asia and the Pacific　アジア太平洋経済社会委員会
ETSI　European Telecommunications Standards Institute　欧州電気通信標準化機構
EU　European Union　欧州連合
EURATOM　European Atomic Energy Community　欧州原子力共同体
FAO　Food and Agriculture Organization　食糧農業機関
FDA　Food and Drug Administration　食品薬品局
FSLN　Frente Sandinista de Liberación Nacional　サンディニスタ民族解放戦線
GAC　General Affairs Council　総務理事会
GAC　Government Advisory Committee　政府諮問委員会
GATT　General Agreement on Tariffs and Trade　関税及び貿易に関する一般協定
GC　Global Compact　グローバル・コンパクト
GDP　Gross Domestic Product　国内総生産
GEF　Global Environment Facility　地球環境ファシリティ

GFATM	Global Fund to fight AIDS, Tuberculosis and Malaria	世界エイズ・結核・マラリア対策基金
GNI	Gross National Income	国民総所得
GNP	Gross National Product	国民総生産
GOARN	Global Outbreak Alert and Response Network	地球規模感染症に対する警戒と対応ネットワーク
GPA	Agreement on Government Procurement	政府調達協定
GTZ	Gesellschaft fur Technische Zusammenarbeit	技術協力公社
HDI	Human Development Index	人間開発指数
IAEA	International Atomic Energy Agency	国際原子力機関
IAPWG	Inter-Agency Procurement Working Group	機関間調達責任者作業部会
IATA	International Air Transport Association	国際航空運送協会
IBRD	International Bank for Reconstruction and Development	国際復興開発銀行
ICAO	International Civil Aviation Organization	国際民間航空機関
ICBL	International Campaign to Ban Landmines	地雷禁止国際キャンペーン
ICC	International Criminal Court	国際刑事裁判所
ICPD	International Conference on Population and Development	国際人口開発会議
ICS	International Chamber of Shipping	国際海運会議所
ICSAB	International Civil Service Advisory Board	国際人事諮問委員会
ICSC	International Civil Service Commission	国際人事委員会
ICTR	International Criminal Tribunal for Rwanda	ルワンダ国際刑事裁判所
ICTY	International Criminal Tribunal for the former Yugoslavia	旧ユーゴスラヴィア国際刑事裁判所
IDA	International Development Association	国際開発協会
IDP	Internally Displaced Persons	国内避難民
IEA	International Energy Agency	国際エネルギー機関
IEC	International Electrotechnical Commission	国際電気標準会議
IETF	Internet Engineering Task Force	インターネット技術タスクフォース
IFC	International Finance Corporation	国際金融公社
IFOR	Implementation Force	和平実施部隊
IGC	Intergovernmental Conference	政府間会議
IHR	International Health Regulation	国際保健規則
ILO	International Labour Organization	国際労働機関
IMCO	Inter-governmental Maritime Consultative Organization	政府間海事協議機関
IMF	International Monetary Fund	国際通貨基金
IMO	International Maritime Organization	国際海事機関
INF	Intermediate-range Nuclear Forces	中距離核戦力
INN	International Negotiation Network	国際交渉ネットワーク
IP	Implementing Partners	実施パートナー
IPCC	Intergovernmental Panel on Climate Change	気候変動に関する政府間パネル
ISC	International Shipping Conference	国際海運同盟
ISID	International Society for Infections Diseases	国際感染症学会
ISO	International Organization for Standardization	国際標準化機構
ITU	International Telecommunication Union	国際電気通信連合

JCE　Joint Criminal Enterprise　共同犯罪計画
JECFA　Joint FAO/WHO Expert Committee on Food Additives　FAO/WHO 合同食品添加物専門家会議
JHA　Justice and Home Affairs　司法・内務分野協力
JIM　Jakarta Informal Meeting　ジャカルタ非公式会合
JIU　Joint Inspection Unit　合同監査団
JMPR　Joint FAO/WHO Meeting on Pesticide Residues　FAO/WHO 合同残留農薬専門家会議
JPO　Junior Professional Oficier　ジュニア・プロフェッショナル・オフィサー
KLA　Kosovo Liberation Army　コソヴォ解放軍
KFOR　Kosovo Force　コソヴォ安全保障部隊
KPCS　Kimberley Process Certification Scheme　キンバリー・プロセス認証制度
LFA　Local Fund Agency　現地監査機関
LRA　Lord's Resistance Army　神の抵抗軍
MAP　Mutual Assessment Process　相互評価プロセス
MCC　Millennium Challenge Corporation　ミレニアム挑戦公社
MDGs　Millennium Development Goals　ミレニアム開発目標
MPAC　Master Plan on ASEAN Connectivity　ASEAN 連結性マスタープラン
MRA　Moral Re-Armament　道徳再武装
MTA　Military Technical Agreement　軍事技術協定
MTEF　Mid Term Expenditure Framework　中期支出枠組み
NASPO　National Association of State Procurement Officials　全米政府調達職員協会
NATO　North Atlantic Treaty Organization　北大西洋条約機構
NMP　New Management Procedure　新管理方式
NRA　National Resistance Army　国民抵抗軍
NRM　National Resistance Movement　国民抵抗運動
NTIA　National Telecommunications and Information Administration　国家通信情報庁
ODA　Official Development Assistance　政府開発援助
OECD　Organization for Economic Cooperation Development　経済協力開発機構
OEEC　Organization for European Economic Co-operation　欧州経済協力機構
OMC　Open Method of Coordination　開放的協調方式
OOF　Other Official Flows　その他の政府資金
OPPBA　Office of Programme, Planning, Budget and Accounts　プログラム計画予算会計室
OPTAD　Organization for Pacific Trade and Development　太平洋貿易開発機構
ORCI　Office for Research and the Collection of Information　調査情報収集室
OSCE　Organization for Security and Cooperation in Europe　欧州安全保障協力機構
PEC　Pacific Economic Community　太平洋経済共同体
PECC　Pacific Economic Cooperation Council　太平洋経済協力会議
PEP　Public Expenditure Programme　公共支出プログラム
PFP　Policy Framework Paper　政策枠組み文書
PIP　Public Investment Programme　公共投資プログラム
PISA　Programme for International Student Assessment　生徒の学習到達度調査
PIU　Project Implementation Unit　プロジェクト実施ユニット
PJCC　Police and Justice Cooperation for Criminal matter　警察・司法分野協力

PKO	Peacekeeping Operations	平和維持活動
PMC	Post Ministerial Conference	ASEAN拡大外相会議
PRSP	Poverty Reduction Strategy Paper	貧困削減戦略ペーパー
PSU	Policy Support Unit	政策支援ユニット
RBB	Results-Based Budgeting	結果指向型予算
REMU	Regional Economic Monitoring Unit	地域経済監視ユニット
RMP	Revised Management Procedure	改定管理方式
SALT	Strategic Arms Limitation Talks	戦略兵器削減交渉
SARPs	Standards and Recommended Practices	国際標準と勧告方式
SCA	Special Committee on Agriculture	特別農業委員会
SDR	Special Drawing Rights	特別引出権
SEA	Single European Act	単一欧州議定書
SF	Special Fund	特別基金
SFOR	Stabilisation Force	和平安定化部隊
SNA	System of National Accounts	国民経済計算
SOM	Senior Officials Meeting	高級実務者会議
SPS協定	Agreement on the Application of the Sanitary and Phytosanitary Measures	衛生植物検疫措置の適用に関する協定
START	Strategic Arms Reduction Treaty	戦略兵器削減条約
SUNFED	Special United Nations Fund for Economic Development	国連特別経済開発基金
TABD	Trans-Atlantic Business Dialogue	環大西洋ビジネス対話
TAC	Treaty of Amity and Cooperation in Southeast Asia	東南アジア友好協力条約
TACD	Trans-Atlantic Consumer Dialogue	環大西洋消費者対話
TAN	Transnational Advocacy Network	トランスナショナル唱道ネットワーク
TBT協定	Agreement on Technical Barriers to Trade	貿易の技術的障壁に関する協定
TMB	Technical Management Board	技術管理評議会
TPP	Trans-Pacific Partnership	環太平洋パートナーシップ
TRIPS協定	Agreement on Trade-Related Aspects of Intellectual Property Rights	知的所有権の貿易関連の側面に関する協定
TRP	Technical Review Panel	技術審査パネル
TSCA	Toxic Substances Control Act	有害物質規制法
TTC	Telecommunication Technology Committee	電信電話技術委員会
TUAC	Trade Union Advisory Committee	労働組合諮問委員会
UFC	Uniting for Consensus	コンセンサス・グループ
UNCED	United Nations Conference on Environment and Development	国連環境開発会議
UNCHE	United Nations Conference on the Human Environment	国連人間環境会議
UNCTAD	United Nations Conference on Trade and Development	国連貿易開発会議
UNDP	United Nations Development Programme	国連開発計画
UNECE	United Nations Economic Commission for Europe	国連欧州経済委員会
UNEF	United Nations Emergency Force	国連緊急軍
UNEP	United Nations Environment Programm	国連環境計画
UNESCO	United Nations Educational Scientific and Cultural Organization	国連教育科学文化機関
UNFPA	United Nations Population Fund	国連人口基金

UNHCR　United Nations High Commissioner for Refugees　国連難民高等弁務官事務所
UNICEF　United Nations Children's Fund　国連児童基金
UNITA　União Nacional para a Independência Total de Angola　アンゴラ全面独立民族同盟
UNMIK　United Nations Interim Administration Mission in Kosovo　国連コソヴォ暫定行政ミッション
UNOPS　United Nations Office for Project Services　国連プロジェクト・サービス機関
UNPROFOR　United Nations Protection Force　国連保護隊
UNRRA　United Nations Relief and Rehabilitation Administration　連合国救済復興機関
UNTAC　United Nations Transitional Authority in Cambodia　国連カンボジア暫定統治機構
UPR　Universal Periodic Review　普遍的・定期的レビュー
UPU　Universal Postal Union　万国郵便連合
USAID　United States Agency for International Development　アメリカ国際開発庁
USTR　Office of the United States Trade Representative　アメリカ通商代表部
WDC　World Diamond Council　世界ダイヤモンド評議会
WFP　World Food Programme　世界食糧計画
WHO　World Health Organization　世界保健機関
WIPO　World Intellectual Property Organization　世界知的所有権機関
WMO　World Meteorological Organization　世界気象機関
WTO　World Trade Organization　世界貿易機関

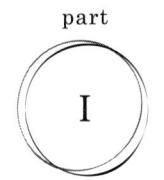

第 I 部

国際行政と
グローバル・
ガバナンスの
変容

第1章

国際行政の特質とメカニズム

❶国際行政の対象となる地球には,多量かつ多様な人々が生活する。

　国境を越えた諸活動を確保し相互依存に伴う諸課題を解決するための,さまざまな組織的試みの総体を国際行政と呼ぶ。まず,国際行政論の歴史的系譜,国際行政論と隣接分野(国際政治学,国際組織論,外交論)との関係,19世紀以来の歴史的な相互依存の中で国内行政の発展とも並行して展開してきた国際行政の歴史的特質を明らかにする。その上で,直接的接触,機能的アプローチ,非政府組織の利用といった国際行政の基本的メカニズムとその変容について論じる。また,国際行政においては機能のフレーミングやフォーラム・ショッピングを通して権力的関係が埋め込まれることを明らかにする。そして,非階統制行政のひとつとしての国際行政の位置付けと重層的現代行政におけるいわば編集者としての国家の役割を確認する。

1 国際行政と国際行政論

◆ 国際行政とは何か

　現代の国際社会は，基本的単位である主権国家の下に，分権的に組織されている。しかし，このように分権的に組織化されているということは，すべての活動が主権国家の内部に完結していることを意味するわけではない。

　現実には，多くの国境を越えた活動が行われている。国際的な経済活動，その基礎となる国際的な交通や通信，国際的な安全保障に向けた活動，あるいは環境や人権の確保といった公的目的の充足に向けた活動等が行われてきた。このような国境を越えた諸活動を確保し相互依存に伴う諸課題を解決するための，さまざまな組織的試みの総体を国際行政と呼ぶことができる。

　このような国際行政は，担い手と用いる政策手段の2つの側面から，分類することができる（表1-1）。

　担い手には，制度化された国際組織，必ずしも制度化されていない調整メカニズム，各国，非政府組織があり，これらはさらに分類される。各国が担い手となるものについては，国際的影響をもつ各国行政活動の境界画定と調整も重要になる（斎藤 2011）。なお，担い手には，独立した主体であるという性格が強い場合と諸主体が相互作用を行う場という性格が強い場合がある (Claude 1984: Introduction)。また，政策手段には，ルール，情報，資金，人的資源（組織）がある。なお，これらの政策手段の利用は，相互に関連している。情報の確保がルール設定の前提であるとともに，ルールの設定によって情報の確保が図られる。あるいは，ルールの設定によって資金や人的資源の確保が図られる。

　国際行政は，このように多様な担い手や政策手段を活用する。現実の国際行政では，これらのさまざまな担い手や政策手段がさらに組み合わせて活用される。

◆ 国際行政論の系譜

　このような幅広い国際行政を対象とする国際行政論は，20世紀初頭以降，発展してきた。例えば，イギリスでは，フェビアン協会と関係のあったウルフ，ミトラニーや実務にかかわったソルターらが国際統治論，国際行政論を展開し

表 1-1 国際行政の分類

担い手	国際組織		調整メカニズム		国		非政府組織	
	世界組織	地域組織	多国間	二国間	政府	省庁	企業・事業者団体	NGO
政策手段	ルール		情報		資金		人的資源	

た（→第2章，第3章）。日本でも蠟山政道が国際政治とともに国際行政を論じていた（蠟山 1928）。また，国際行政という用語を題名にもつ著書も出版された（Sayre 1919; Hill 1931）。このように，国際行政を対象とする国際行政論は20世紀前半までは明示的に存在していた。しかし，その後，国際連合（国連）のような組織が登場すると，担い手としての独立した国際組織に注目することが多くなり，国際行政論はそのような国際組織の内部管理に対象を限定していく。そして，国際行政論として議論されることも少なくなり，国際組織論，国際機構論として議論されるようになっていった。同様の傾向は，国際行政法論に関しても観察される（山本 1969）。

ただし，近年では，国際行政学と題する教科書も出版されるようになるとともに（福田 2003; 2012），国際政治学においても，グローバル・ガバナンス論や国際レジーム論といった密接に関連する課題に関する研究が増大しつつある（山本 2008）。また，法律学においては，グローバル行政法といった議論が展開されている（Kingsbury, Krisch, & Stewart 2005）。本書の課題は，このような状況の中で，再び，国際行政論の分析視角と基本的素材を提示することである。

◆ **隣接分野との関係**

国際行政を何らかの形で対象とする学問分野としては，国際法学，国際組織論，国際政治学，外交論がある。これらの隣接分野の諸学問と国際行政論はどのような関係に立つのであろうか。

まず，国際法学は，さまざまな政策手段の中でも，ルールという特定の政策手段に着目するものである。ルールの中には，条約といった公式性の高いものもあれば，勧告や覚書といった非公式的なものもある。

国際組織論は，さまざまな国際行政の担い手の中でも，独立した国際組織に着目するものである。国際制度といった枠組みの下で，より公式性の低いメカ

ニズムにも注目する傾向もあるが，それでも着目する担い手の範囲は限定的である。

　国際政治学と国際行政論の関係は，国内における政治学と行政学との関係同様，連続的なものである。国際政治学が各国の首脳や大臣といった政治家レベルの国際的活動に焦点を合わせるのに対して，国際行政論は主として各国の行政官や専門家レベルの国際的活動に焦点を合わせる。対象となるイシュー（問題）に対する注目度に即していえば，国際政治学は主としてハイ・ポリティクス（高次元の政治）に焦点を合わせるのに対して，国際行政論は主としてロー・ポリティクス（低次元の政治）に焦点を合わせるともいえる。ただし，この相互の境界は，各国の首脳や大臣が各国内で政治と行政の境界領域に存在することを考えればわかるように，流動的であり，この境界領域のあり方自体が各国や各分野において異なる。そして，国際政治と国際行政の関係自体が国際行政論の重要な検討対象であるといえる。

　外交論と国際行政論は，各国の行政官や専門家レベルでの国際的活動に焦点を合わせるという意味では，共通項がある（坂野 1971）。外交論における主たる主体である外交官は，各国において国際的活動に専ら従事する特殊なカテゴリーの行政官である。ただし，外交論が，主として各国の独立した活動や二国間あるいは多国間の非公式的調整メカニズムに焦点を合わせる点で異なる。国際組織を舞台として外交が議論されることもあるが（カウフマン 1983／原著 1980），主たる担い手は各国であり，特に外交官が中心である。しかし，複雑化した現代国家においては，国際的活動の担い手は，外交官に限られることはなく，分野別の各省庁の行政官が直接参画することも多い。

2 国際行政の歴史的特質
国内行政との共通性と独自性

◆ 歴史的相互依存

　1970年代以降，国際政治の世界では「相互依存」が広く語られ，現在では「グローバリゼーション」の進展が議論されている。しかし，貿易・投資といった指標で見れば，特に1914年までのヨーロッパを中心とする国際社会は，ある意味では現在よりも国境を越えた活動が活発であった（城山 1999）。

　例えば，輸出入の合計の国民総生産（GDP）に占める比率を見てみると，表

表1-2 貿易（輸出入合計）の対GDP比率

[単位：％]

	1913年	1950年	1973年	1985年	2005年
フランス	35.4	21.2	29.0	36.6	45.3
ドイツ	35.1	20.1	35.2	38.7	62.7
日本	31.4	16.9	18.3	14.1	24.7
オランダ	103.6	70.2	80.1	83.4	127.6
イギリス	44.7	36.0	39.3	42.6	40.1
アメリカ	11.2	7.0	10.5	19.0	21.2

［出典］ Hirst, Thompson & Bromley 2009: 34, Table 2.5.

1-2からもわかるように，ヨーロッパにおいては，第一次世界大戦前の1913年時点での貿易依存比率が最も高く，第二次世界大戦後にこの比率は落ち込み，1973年になってもまだ第一次世界大戦前の水準に回復していない国が多い。第一次世界大戦前のレベルを超えるのは，1985年あたりからである。

　国際投資に関しては，イギリスのGDPに占める国際投資の比率は1873年から1913年の平均で5％である。これは先進国から発展途上国への融資が急増したといわれる1970年代における比率である約1％と比べると，はるかに大きかった（Fishlow 1985）。また，国際的な企業の連携も第一次世界大戦前の時期に展開していた。例えば，第二次世界大戦後の欧州統合の先駆けとなった欧州石炭鉄鋼共同体（ECSC）は石炭と鉄鋼に関する公的な企業連携といえるが，すでに第一次世界大戦前に，民間レベルでの石炭と鉄鋼に関する国際的な企業連携は進んでいた。さらに，人の移動，すなわち移民に関していえば，第一次世界大戦前が最も自由かつ盛んだった。

　以上のような歴史的相互依存をどう受け止めるかをめぐっても，さまざまな議論が行われてきた。例えば，エンジェルは第一次世界大戦が勃発する前に『大いなる幻想（The Great Illusion）』という著書を公刊し，その中で，「金融と産業の国際化と繊細な相互依存」の状況の下では，戦争を遂行しても自らの投資先と潜在的市場を破壊するだけだと主張した。また，勝っても賠償をとることは物理的かつ経済的に不可能であるため，軍事力の行使は利益にならず，もし行使されるとすれば，それは軍事力行使が引き合うという「幻想」に導かれた場合のみだと論じた（Angell 1912）。他方，ポラニーは第二次世界大戦中に『大転換（The Great Transformation）』という著書を公刊し，その中で，社会が

経済に埋め込まれていると考える自己調節的市場という秩序（国際的な金融家が利益の観点から調整者の役割を果たした秩序）は，確かに19世紀から20世紀初頭にかけては一定の安定をもたらしたが，20世紀における金本位制の崩壊やファシズムの登場に見られるように，基本的には持続不可能なものであると論じ，社会を回復する必要があると示唆した（ポラニー 2009／原著1944）。このエンジェルとポラニーの論争で示されている論点，すなわち経済的相互依存の進展が政治的秩序の安定をもたらすのか，それとも政治的混乱をもたらすのかという論点は，現在「グローバリゼーション」の光と陰として論じられている論点の原型でもある。

◆ 国内行政との関係

　国際行政は，国内行政と共時的に相互に連関しつつ発展してきた面もある。国内における行政国家化，職能国家化，福祉国家化と呼ばれる統治現象の変質と，国際レベルにおける組織化，専門化，経済社会協力活動の進展と呼ばれる現象の展開とは呼応していた。その後，1980年代以降は各国において新自由主義の下，国家の役割が削減されてきたが，同時に，国際的にも，国際援助等における，政府レベルでの枠組みの重要性は低下してきた。また，最近では，特に2008年のリーマン・ショック後，再度，政府の役割が国内的にも国際的にも強調される傾向にある。

　しかし，国際行政と国内行政とでは，2つの条件に関して大きな差異があった。第1に，国際行政の対象は国内行政に比べて，はるかに多量かつ多様である。対象となるべき人口は約70億人（2011年）と巨大であり，各個人の社会的，経済的地位は場所によって大きな格差がある。また，言語，通貨，度量衡等の制度も場所によって異なる。第2に，国際行政活動は，基本単位である主権国家の意思決定における自律性が高い，諸主権国家制というきわめて分権的な統治制度の下で行われる。なお，この2つの条件は，基本的には相互に補完的である。多様な環境条件の下では，統一的な統治制度による対応は難しく，分権的な統治制度が適合的なのである（城山 1994）。

3　国際行政の基本的メカニズムとその変容

　国際行政は，先に述べたように，諸主権国家制という極めて分権的な統治制

度の下での行政である。そのため，基本的単位である国家が，国際組織への大幅な権限の委任（delegation）を避けようとするといった動機もあり，以下のような3つの基本的メカニズムが国際行政においては採用されることになる。具体的には，直接的接触，機能的アプローチ，非政府組織の利用という3つのメカニズムである（城山 2001）。

◆ 直接的接触

　直接的接触（direct contact）とは，大臣などの権限ある各国当事者の共同決定によって，ものごとを進めるという方法である。この方法は，各国から独立した国際行政機関等に決定権限を委ねる方法と対置される。直接的接触においては参加者が各国における責任者であるため，その場で採択されるものが形式的には勧告であっても，結果としてその勧告の実質的な執行が担保される。また，基本単位である国家の立場からいえば，委任の必要がないので受け入れやすい国際協力の形態であるということができる。

　直接的接触という調整方式の起源は，イギリスにおける内閣システムの強化とそれに伴う内閣官房システムの成立にあった。このイギリス国内で成立した首脳，閣僚レベルの諮問委員会と事務局のセットという方式が，第一次世界大戦時の閣僚レベルの連合国海運理事会において国際レベルでも利用されることとなった（⇒第3章）。

　以後，閣僚レベルあるいは首脳レベルの直接的接触は，第二次世界大戦後のマーシャル・プランの受け皿となった欧州経済協力機構（OEEC），その後継組織である経済協力開発機構（OECD），7カ国財務大臣・中央銀行総裁会議（G7），主要国首脳会議（G7サミット，1998年以降はG8サミット），20カ国・地域財務大臣・中央銀行総裁会議（G20）あるいは20カ国・地域首脳会議（G20サミット）等において広く用いられてきた。

　このような直接的接触による相互調整の結果は，各国政府間の合意という形式をとる場合が多いが，必ずしもそのような形態をとらなければならないわけではない。各国の当事者が国際的フォーラム等において相互作用する中で，一定の国際ルールが共通理解として形成されてくる場合，また，ある国のルールが他国によって学習されることを通して，事実上の国際ルールとなる場合もある。ある国の政策を他の国が採用するという国際的政策移転現象も，そのよう

な場合の一つとして理解することができる（Dolowitz & Marsh 2000）。

　また，首脳・閣僚レベルだけではなく，行政の実務的なレベルにおいても，直接的接触による調整が幅広く行われるようになる。

◆ **機能的アプローチ**

　機能的アプローチとは，活動分野ごとにアドホックに組織化を行うという方法である。統治活動では活動の課題領域ごとに必要な領域範囲が異なるので，課題領域ごとに組織化を行う。この機能的アプローチは，すべての機能を国家という単位に一元化するコンスティテューショナル・アプローチという考え方に対置される。これは，基本単位である国家の立場からすれば，国際組織を設置する場合でも，その目的を限定することで，委任の範囲を明確にし，委任された主体による濫用を防止できるので，相対的に望ましい方式である。

　機能的アプローチの実践は，歴史的にも確認される。国際行政は，国際河川，通信（郵便，電信，電話），衛生，農業といった個別的課題に応じて，行政連合等として19世紀前半以降組織化されてきた（⇒第3章）。また，第二次世界大戦後においても，国際金融については国際通貨基金（IMF），開発については世界銀行等，貿易については関税及び貿易に関する一般協定（GATT），世界貿易機関（WTO），安全保障については北大西洋条約機構（NATO），欧州安全保障協力機構（OSCE）というように，目的ごとに制度化が進められた。地域に特定の目的を遂行するための各種地域組織も，機能的アプローチの一つの表現であるということができる。

　なお，このような機能的アプローチにより組織化された組織・制度への参加者としては，各国の分野別の省庁が重要になる。各国の中での分野横断的調整の総括者として外務省関係者が参画する場合も多いが，実質的議論については各分野の省庁からの参加者が大きな役割を果たす。その結果，このような機能的国際組織・制度の運用においては，各国の分野別の省庁間ネットワークが，また，その担い手としては，そのような省庁の専門家間のネットワークが重要になる（Slaughter 1997，斎藤 2011）。認識共同体（epistemic community）の重要性が指摘されることもあるが，その実態も，一定の共通認識をもつ，このような国境横断的な専門家ネットワークである（Haas 1992）。

　国際行政では，機能的アプローチを活用した結果として，国内行政の内閣や

大統領に相当する課題領域間を統合する主体は存在しなかった。国際法の分野では，国際環境法，国際経済法，国際人権法といった各分野が専門分化する現象を，「断片化（fragmentation）」の課題という。ただし，このような機能的アプローチによる組織化は，実は国内においても見られる。例えば，アメリカでは，一般の地方自治体と並行して，学校区のような機能別の組織化が行われている。しかし，国際行政と比べた場合，このような自律的な機能別の組織化は例外的である。

◆ 非政府組織の利用

非政府組織の利用とは，行政を政府レベルの活動ではなく，社会のさまざまな主体の自律的活動に委ねることである。国際行政においては，19世紀後半から20世紀にかけて多くの国際的な非政府組織が設立され，利用されてきた。これは，基本単位である国家の立場からは，黙示的には非政府組織への委任であるが，公式的には責任が回避できるため，独立の国際組織に対する委任よりは，場合によっては受け入れやすかったといえる。

非政府組織は，企業や事業者団体であったり，専門家団体であったり，公益目的のための団体であったりした。例えば，国際海事行政の領域では，1921年に船主団体の国際団体である国際海運同盟（ISC）という事業者団体としての非政府組織が，オーストラリア，ベルギー，カナダ，ドイツ，イタリア，日本，オランダ，ノルウェー，スペイン，アメリカの各国の船主団体によって設立された。ISCは，航路や安全基準の設定等を通して自主規制を行い，また，1929年に政府間で締結されたSOLAS条約（海上における人命の安全のための国際条約）の改正準備作業の多くも担った。ISCは，その後，1948年に国際海運会議所（ICS）と改称した。

ちなみに，政府間海事協議機関（IMCO）という海事行政分野における政府間国際機関が実質的に活動し始めたのは，1950年代後半になってからであった。つまり，政府レベルでは柔軟かつ迅速な対応が難しいので，代わりに事業者団体としての非政府組織が，変動する諸条件に対して実験的かつ自主的に対応していたといえる（城山 1997：第2章第5節）。また，船舶の質の認定を行う専門家団体である船級協会や，船舶の質を確認した上でなければ契約を行わない保険会社は，国際条約などの実施を確保する上で，場合によっては国以上に

重要な主体となっていた。

　また，国際金融の領域においても，歴史的には非政府組織の役割が大きかった。国際投資では，デフォルト（債務不履行）に陥った場合，今後の融資可能性などを梃子（てこ）として，どうやって債権の回収を図るのかが重要になる。また，債務者側が一部の債権者にのみ返済して，その一部の債権者から追加投資を受けるという行動に出ることを防止するため，債権者間での協力が重要になる。そのため，民間の金融機関等の債権者自身が，自ら組織化を行い，国際的な債権管理を行うことが必要になった。イギリスでは，投資家の自発的組織として，1868年に外国債券投資家協会（CFB）が設立され，メンバーのある投資家の債権に関して債務者がデフォルトに陥った際には，当該債務者に対して外国債券投資家協会のすべてのメンバーが更なる投資・融資を停止した。そして，CFB等が債務者と交渉し，債務のリスケジューリング（繰り延べ）等に関して合意した後にのみ，メンバーは投資を再開した（Fishlow 1985）。このように，現在はIMFやパリ・クラブ（主要債権国会議）等の政府レベルの機関が行う債務者との交渉の機能を，当時は非政府組織であるCFBが担っていた。また，1930年には，ドイツ賠償問題に関するヤング案において，賠償支払いのスケジュール決定や賠償の取り立てを行う機関として非政治的な組織が必要であるということになり，中央銀行間の組織である国際決済銀行（BIS）が設立された。これも，後のIMFのような政府間機関ではなく，その意味では非政府組織に類似するものであったといえる。

◈ 基本的方式の変容

　このように，国際行政では，直接的接触，機能的アプローチ，非政府組織の利用という3つの方式を用いて，基本単位である国家から国際的機関への大幅な権限の委任を伴わない方式が実践されてきた。しかし最近，特に欧州統合，国際貿易体制の強化や国際援助の文脈においては，従来の方式からの変容も見られる。ここでは，これらの変容の契機を概観しておきたい（城山 2001）。

　○ **直接的接触の修正**　第1に，直接的接触について，一定の修正が見られる。まず，第二次世界大戦後に脱植民地化が進む中で，必ずしも十分な国家能力をもたない国家が増殖してきた。これは，「準国家（quasi-state）」ともいわれる。このような準国家が増えてくると，国家間の関係が水平的なものから，

より垂直的なものへと変容していく。

　また，援助のような「業務（operation）」を目的とする活動が増大することによって，国際組織への委任の範囲が，相対的に拡大してきた。例えば，世界銀行の場合，確かに年次総会の場では各国担当大臣による直接的接触によって共同決定が行われ，日常的には本部に常駐する各国からの理事によって構成される理事会による統制が行われている。しかし，世界銀行は膨大なプロジェクトやプログラムを抱えており，これらの個別のプロジェクトやプログラムの詳細について，直接的接触によって決定を行うことは不可能である。そのため，プロジェクトやプログラムの詳細については，専任の世界銀行職員にその原案の作成や実施が委ねられており，理事会においてその承認は得るものの，その場で実質的修正を求められることは少ない。

　ただし，これによって直接的接触による統制が無意味になったかというと，そうともいえない。個々のプロジェクトやプログラムは別として，基本的な政策方針については，未だに直接的接触や理事会の場において決められている。

　また，司法制度の利用の増大も見られる。例えば，欧州共同体（EC）/欧州連合（EU）では，欧州裁判所（ECJ）が設置されている。ECJ の基本的役割はローマ条約や各種規則・指令等の EC/EU の条項の「解釈」を行うことである。しかし，1970 年代以降，この「解釈」の名の下に ECJ が実質的な政策形成を行ってきた。その意味で，ECJ に対する広範な委任が行われたともいえる。しかし，EC/EU の基本的決定は，最近は欧州議会の役割も大きくなってきてはいるものの，各国担当大臣の直接的接触の場である閣僚理事会や各国首脳の直接的接触の場である欧州理事会において決定される。そして，ECJ が各国の意向に反した解釈を行った場合には，各国は再度，直接的接触の場などを用いて規則・指令，条約の改正を提起できる。したがって，ECJ の裁量は各国による直接的接触が許容する範囲内だけの現象であるといえる。ただし，実際には直接的接触による共同決定によって規則・指令等の改正を迅速に行うことが困難であるとすると，その範囲内で ECJ は相当の自律性をもつことにもなる。

　このような司法制度の利用の萌芽は，WTO の紛争処理手続きにおいても見られる。従来の GATT の紛争処理手続きにおいては，紛争処理パネル（小委員会）の結論を受け入れるには直接的接触の場である理事会の場で，全員一致

で合意する必要があった。しかし，新たなWTOの下での紛争処理手続きは，逆に，紛争処理パネルの結論を拒否するには全員一致で合意する必要がある（逆コンセンサス方式）。その分，パネルの自律性が高まったといえる。ただし，この場合も，パネルに上がる案件の数は限定的であり，パネルが解釈を行う条項は各国の直接的接触によって決定あるいは改正されうるという意味で，パネルの自律性には限界がある。

○ **機能的アプローチの修正**　第2に，機能的アプローチの修正も見られる。国際連盟，国際連合という一般的目的の国際組織が設立されることによって，形式的には目的が狭く限定されることのない制度化が行われた（→第4章）。最初の一般的国際組織である国際連盟の初期には，国際連盟本体が機能的アプローチの原則を侵してさまざまな課題領域への直接関与を試み，国際連盟自身が多くの分野別の専門機関（Technical Organization）を設立した。しかし，やがて国際連盟も既存の機能別に展開してきた組織を尊重し，棲み分けるようになり，この方向性は国際連合にも受け継がれた。このように，一般的国際組織の設立による機能的アプローチの修正は，名目的なものに止まったといえる。むしろ一般的国際組織自身が，既存の組織との重複を避ける形で，自らが比較優位をもつ「機能」を模索することとなった。

実質的に機能的アプローチを修正しつつあるのは，GATTやWTOによる貿易規制の制度化の動きかもしれない。確かに，貿易もひとつの「機能」であるが，貿易にはさまざまな機能を横割りにする「横断的機能」という側面がある。特に，貿易規制の対象が非関税障壁やサービス貿易に展開するにしたがって，この側面が強くなる。

同じく，実質的に機能的アプローチを修正しつつある動きとして，EC/EUの制度化を挙げることができる。EC/EUにおいては，制度的にも，欧州委員会の下にさまざまな機能別セクター（対外関係，貿易，環境など）を担当する総局が置かれている。なお，EC/EUにおいても，実質的に機能的アプローチを修正する契機となったのは，単一市場統合をめぐる貿易自由化のための各種規制の調和化（harmonization）の動きであった。

○ **非政府組織の展開**　第3に，非政府組織の利用についても新たな動きが見られる。まず，これまで各国における規制が強かったが，近年国際市場化が進展している分野については，新たに事業者団体・専門家団体としての非政

府組織や準政府組織による自主的な規制導入の動きが見られる。例えば近年,国際市場化が進展している国際通信の分野では,従来標準化を担ってきた国際電気通信連合（ITU）の下の国際電信電話諮問委員会（CCITT。1993年に実施された組織再編成で世界電気通信標準化会議と改称）の他に,民間の標準化機関としてアメリカにおいてはT1委員会が,日本においては電信電話技術委員会（TTC。2002年に情報通信技術委員会と改称）が,ヨーロッパにおいては欧州電気通信標準化機構（ETSI）が設立された（→第14章）。また,同じく近年国際市場化が進展している国際金融の分野では,中央銀行間組織であるBISという準政府組織を事務局として,バーゼル銀行監督委員会によって銀行の自己資本比率規制が導入された。あるいは,インターネットのような世界は,当初から非政府組織が重要な担い手となっている。

　また,従来多かった事業者団体あるいは専門家団体としての非政府組織の他に,公益の実現を目的とした,未組織利益を代弁するアドボカシー団体としての非政府組織が活動を増大させてきた。特に,人権や環境といった分野においても,このような非政府組織は大きな役割を果たしている。これらの非政府組織は,人権に関しては抑圧された未組織の被害者を代弁し,環境に関しては良好な環境の受益者という薄く広く存在する組織化の難しい利益を代弁する。

　さらに,国際保健の分野に見られるように,従来,世界保健機関（WHO）や国連児童基金（UNICEF）といった政府間の国際機関による援助活動の役割が比較的多かった分野において,ゲイツ財団といった民間財団による援助の割合が急増するといった現象が見られる。また,世界エイズ・結核・マラリア対策基金（GFATM）に見られるように,政府レベルの支援を得つつ,民間の法人形態や運営手法を導入するハイブリッド型の国際組織も登場しつつある。

　他方,逆に従来,主として事業者団体としての非政府組織によって自主規制が行われてきた分野において,政府間組織による規制が新たに導入される場合もある。例えば,前述のように,国際海事行政の領域では,1920年代から船主の国際団体であるISCという当事者団体としての非政府組織が,航路や安全基準の設定等を自主的に行ってきた。しかし,1950年代後半になると,政府間レベルでIMCOが活動し始めた。この背景には,国際海事規制が船主の国際的なカルテルであると批判されたという事情,環境問題という広範な利害関係者を伴う課題が新たにアジェンダに載ってきたという事情があった。環境

問題では利害関係者が広範であるがゆえに、事業者の自主規制だけによる対応が難しく、政府レベルによる関与が必要であると考えられたのである。国際金融の領域においても、CFB や BIS のような組織だけではなく、IMF や世界銀行のような政府間組織が大きな役割を果たし始めた。このような政府レベルでの関与の強化は、2008 年のリーマン・ショック後の金融規制における G20 や各国規制当局の対応においても観察される。

4 国際行政における権力的次元と組織・制度間関係

◈ 「機能」のフレーミング

国際的組織化は機能的アプローチに基づき、機能別、分野別に行われている。その際、このような「機能」は必ずしも客観的・中立的に設定されるわけではない。機能的アプローチを適用する際には、「誰」にとっての機能（＝必要）を対象とするのか、そのような機能を「誰」が設定するのかによって、関係する主体の範囲が異なってくるとともに、主体間の権力的関係が埋め込まれる。

「機能」のフレーミングは多様であり、同一の対象を異なった「機能」の下で扱うことが可能になる。例えば、発電の電源構成の問題は、地球温暖化といった「環境」に関する国際組織・制度の下で扱うこともできれば、「エネルギー安全保障」に関する国際組織・制度の下で扱うこともできる。あるいは、環境や安全に関する基準の問題は、「環境」や「安全」に関する国際組織・制度の下で扱うこともできれば、「貿易」に関する国際組織・制度の下で扱うこともできる。

◈ フォーラム・ショッピングと補完的関係

また、広い意味で共通部分をもつ機能に関する国際組織・制度も多元化しており、各々の組織・制度によって共通課題に対する対応の方向性が異なることもある。例えば、国際金融に関しては、G10 を基礎に拡大しつつある BIS を事務局にするバーゼル銀行監督委員会のような場もあれば、G7 や近年重要性を増しつつある G20、あるいは IMF・世界銀行といった場もある（Barr & Miller 2006）。

さらに、「貿易」の分野において顕著に観察されるように、WTO といった世界的規模の国際組織と自由貿易協定（FTA）のような地域規模の国際組織・

制度が併存する場合もある。WTO のドーハ・ラウンドが停滞する中で，二国間の FTA や限定された多国間の環太平洋パートナーシップ（TPP）といった国際制度の重要性が高まりつつある。

このように多様な国際組織・制度が存在するため，各国，特に大国は，多様なフォーラム（組織や制度）から適切なフォーラムを選択するというフォーラム・ショッピングを行うことになる。どのような国際フォーラムに，どのような順序で案件を持ち込んでいくのかについて，各国の利益・権力追求の観点から戦略的決定が行われ，各組織・制度のアウトプットへの権力行使が図られる（Drezner 2007，山本 2008）。

国内の政策形成過程においても，このようなフォーラム・ショッピングに似た現象が見られる。例えば，どの省庁が政策案の立案を行うのかに関する省庁間政治において観察できる。ただし，このようなフォーラム・ショッピングは，国際社会においてより幅広く観察されるといえる。その背景には，各主体間の利益や認識の分岐がより大きいという事情がある。また，国際組織・制度の実態は会議体である面が強く，常設的事務局への資源配分が少ないがゆえに，多くの国際組織・制度が併存しやすいという事情もある。

なお，国際組織・制度相互の関係は，常に競合関係にあるわけではない。逆に，国際組織・制度が補完的関係に立つ場合もある。国際組織・制度の連携によって国際ルールの実施可能性が高まったり，国際ルールの参加国が拡大したりするといった補完的効果が考えられる。

例えば，食品安全に関する国際基準を作成する食糧農業機関（FAO）と WHO の合同プログラムであるコーデックス委員会（Codex Alimentarius Commission）と WTO の関係に関しては，WTO における衛生植物検疫措置の適用に関する協定（SPS 協定）の採択を通して，コーデックス基準の実施可能性が高まった。SPS 協定では，各国の食品安全基準が，国際基準か科学的リスク評価に基づくことが求められ，参照すべき国際基準としてコーデックス基準が具体的に参照された。その結果，各国の食品安全基準がコーデックス基準に合致しない場合には，WTO のパネル等に持ち出される可能性が高まったため，結果としてコーデックス基準の実施可能性が高まったのである（⇒第 14 章）。

また，知的所有権関係の国際条約（パリ条約，ベルヌ条約など）を管理する世界知的所有権機関（WIPO）と WTO の関係に関しても，WTO における知的

所有権の貿易関連の側面に関する協定（TRIPS協定）が知的所有権関係の国際条約の主要条項の履行を求めたために，WIPOが管理するこれらの国際条約の実施可能性が高まった。さらに，これらの国際条約の加盟国は限定されていたが，WTOと関連づけられることによって，国際条約に規定された国際ルールを実質的に履行する国の範囲もWTOの加盟国の範囲まで拡大した。他方，WIPOはこれらのWTO加盟国に対する技術支援を行った（May 2007）。

さらに，国際金融規制に関しても，主要国間のバーゼル銀行監督委員会における銀行監督原則が，IMF・世界銀行の運用を通して，より広範な地域において実施されるという現象が報告されている。

しかし，このような国際組織・制度間の補完性強化には，副作用も見られた。例えば，コーデックス委員会の運用に関していえば，WTOとの連携に基づきコーデックス基準の強制的性格が強化されるにつれて，逆に，コーデックス委員会における国際基準の策定が困難になった面がある。従来，コーデックス委員会における国際基準は勧告という強制性のない形式であったために，各国による合意が容易であった。しかし，WTOのSPS協定によってコーデックス基準の強制的性格が高まると，各国は自国の利益に反して強制的に実施されることを恐れ，コーデックス委員会で合意することが困難になったのである。

5 現代行政における国際行政の性格

◆ 非階統制行政としての国際行政

国際行政においては，各国の担当者間の直接的接触が基本的な調整方式となる。そのため，国家という基本単位から独立した国際事務局の権限は小さく，国際行政活動においては基本単位である国家の自律性の尊重とその協力の確保が要求される。

従来，行政は，現代統治における官僚制あるいは階統制の活動であると考えられてきた（西尾 2001）。他方，最近では，行政を，規制を含む公共サービスの提供であるとして，機能的に定義することもある。後者の定義では，行政の担い手に関しては，公的主体と民間主体の区別を相対化し，両者を連続的なものとしてとらえようとする。また，自律的な多数の主体の相互協調，多元的調整の側面が重視され，「ガバナンス」という概念がこのような多元的秩序を特徴づけるために用いられる（森田 2000）。このような行政は，非階統制行政と

位置づけることもできる(城山 1997)。

非階統制行政という観点からは,国内においても類似の現象が観察される。例えば,灌漑における共同の利水や牧草地の利用に関しては,階統制によらない,当事者による共同管理の枠組みが構築され,運用されている(Ostrom 1990)。そして,このような分権的枠組みの方が,監視コストを下げ,エイジェンシー問題(委任された者が委任した者の設定した任務からはずれて行動することに,いかに対処するのかという問題)を回避するという意味で,むしろ望ましい場合があるとされる。このように,ローカルな共有物(コモンズ)の管理行政と国際行政には似ている面がある(Keohane & Ostrom eds. 1995)。ただし,国際行政は,多様性の高い環境条件の下での行政である点に注意する必要がある。国際行政においては,多様な条件に関する情報収集,多様な条件下にある諸主体とのコミュニケーションが必要とされる。また,画一的なルールではなく,多様な条件に応じて差異化されたルールが求められる場合も多い。これらの点で,国際行政は国内の局地的な共有物の管理の問題とは異なる。

なお,行政に対する2つの見方は,必ずしも相反する関係に立つわけではない。例えば,「階統制の影(shadow of hierarchy)」という考え方において想定されているように,潜在的な階統制に基づく強制力の行使可能性を背景として,国内行政においても官民協調といった公的主体と民間主体との協調的関係が見られることもある。他方,国際行政においても,その背後にヘゲモニー(覇権)ともいわれる大国や大国間協調が隠れている場合がある。

◆ 重層的現代行政における国家の役割

現代行政においては,一方では国際行政の役割が増大するとともに,他方では地方自治体による行政の役割が増大している。その意味では,行政の担い手が,国レベルから国際レベル,地方自治体レベルに拡散し,重層化しつつあるともいえる。このような側面をとらえて,政治活動が国際レベル,国家レベル,自治体レベルに三層化しているという議論も見られる(松下 1991)。

そもそも,機能的アプローチというメカニズムは,機能,課題に応じて,適切な範囲での組織化を行うという考え方に基づくものであり,機能,課題に応じた重層的な組織化をもたらすものである。あるいは,当初,欧州統合の文脈で主張され,地方自治一般の文脈でも議論されることのある「補完性(subsidiarity)」という考え方も，重層的な行政を含意するものである。この考え方は，地方で対応できることは地方で対応し，国で対応できることは国で対応し，EUのような地域組織に上げざるをえないもののみを地域組織で対応するというものである。

　それでは，このような重層的な現代行政において，国家はどういう役割をもつのであろうか。国際組織，地方自治体，非政府組織等のさまざまな行政の担い手の一つに過ぎないのであろうか。確かに，日常的なガバナンスは，例えば地球環境問題への対応を想起すればわかるように，さまざまな国家，国際組織，地方自治体，非政府組織の連携により担われている。しかし，このような定型化されたガバナンスは，環境条件の変動に対応して変化を要請される。このような環境条件の変化に対応してガバナンスの変化を導くメカニズムとして，メタガバナンスが必要とされている。メタガバナンスとは，ガバナンスの生成・変化を可能とするメカニズムであり，ガバナンスのガバナンスであると規定することもできる。

　このようなメタガバナンスの主体としては，再び国家が期待されることになる。国内の政府と非政府組織の間の関係の再編成や，地方自治体のあり方を規定する地方分権改革においては，国家が役割を担うことになる。同様に，国際的な制度枠組みの再構築の局面においては，国家が一定の役割を担わざるをえない。リーマン・ショック後の世界においては，環境関連投資によって経済回復を図るグリーン・ニューディールといった手段によって政府・市場関係を再編成する主体として国家が再登場した。またEUの変革期においては，EUの公式機関ではない政府間会議（Intergovernmental Conference）や国レベルでの国民投票が重要な役割を果たした。

　このような国家の機能も必ずしも単独の主体によって担われるわけではない。国際的な再編成は，基本的には複数の国家の決定によって担われている。つまり，国家は共同で切り分け主体，編集主体としての役割をメタガバナンスにおいて果たすことになる。確かに，歴史的には，戦争という機会は断絶的なメタガバナンス機能をもたらす重要なメカニズムであった。しかし，現代社会では，なぜ，国家がこのような役割を果たせるのかというと，軍事力や資金といった物理的資源を有するからでは必ずしもない。むしろ，国家の担い手が直接選挙によって選出されるというアカウンタビリティ確保のメカニズムを有している

ことが，メタガバナンスの主体としての国家の比較優位を保障しているといえる（城山 2010）。逆にいえば，国家の選挙を通したメカニズム以外の代替的アカウンタビリティ確保のメカニズムを考えることが，国際行政やその前提となるグローバル・ガバナンスの将来を考える上で重要になる。

　なお，現代行政において編集主体として国家が制度的に重要であることは，権力の担い手が国家に限定されることを意味しない。金融機関のような市場における非政府組織が一定の構造的権力をもつということはありうる（ストレンジ 1998／原著 1996）。あるいは，アドボカシーを目的とする NGO といった非政府組織が，国際的な政策課題のフレーミングに基づくアジェンダ設定やフォーラム・ショッピングを通して，一定の権力をもつこともありうる。権力が公式制度の裏に隠れることがあるのは，国内政治・行政の場合と同様である。

●さらに読み進める人のために

- カール・ポラニー／野口建彦・栖原学訳『大転換——市場社会の形成と崩壊』東洋経済新報社，2009 年（原著初版 1944 年）。
    - ＊市場に依存した秩序は，19 世紀以降，一定の秩序をもたらしたが，20 世紀における金本位制の崩壊やファシズムの登場に見られるように持続不可能なものであり，社会の次元の回復が必要であると論じている。
- Paul Hirst, Grahame Thompson and Simon Bromley, *Globalization in Question,* 3rd edition, Polity Press, 2009.
    - ＊グローバリゼーションと呼ばれる現象の実情を具体的統計に基づいて整理し，必ずしも歴史的に前例のない現象ではないと位置づけるとともに，国際的管理の現実的可能性について評価している。
- Inis L. Claude, Jr, *Swords into Plowshares: The Problems and Progress of International Organization,* Fourth Edition, Random House, 1984.
    - ＊国際組織，特に国際連合を，イデオロギー問題として扱うのではなく，国際関係の複雑化に機能的に対応するための国家の手段，あるいは国家を補完するメカニズムとして経験的に扱う国際組織論の体系書（初版は 1956 年刊）。

第2章

グローバル・ガバナンスへの視座

↑ナイル川で舟を漕ぐ人々。ガバナンスの語源は「舟を漕ぐ」である
（Bridgeman Art Library/PANA）。

　国際行政活動の枠組みとなるグローバル・ガバナンスに関する議論を概観する。1990年代以降の現在のグローバル・ガバナンス論を検討した後，20世紀前半における国際統治変容に関する多様な議論に遡る。ウルフ，ミトラニー，カーの議論は，現在から見ても示唆的である。そして，そのような議論の前提の上に，20世紀後半以降におけるハース，ドイチュ，コヘインらの国際政治学的国際組織分析や，最近の準国家論，公共選択論，社会的構築主義といった補足的議論を位置づける。最後に，グローバル・ガバナンスと国際行政を接続する際の視角として，機能間関係，行政におけるレベル，各国担当者間の相互作用のダイナミズムに着目する。

1 グローバル・ガバナンス論

　現代の地球規模の社会は単なる無秩序であるわけでもなく，世界政府が存在するわけでもない。1990年代に議論され始めたグローバル・ガバナンス論は，規範論であると同時に，そのような現状に対するひとつの認識枠組みの提示するものである。本章では，国際行政活動の文脈を理解するために，これまでのさまざまな議論もふまえて，グローバル・ガバナンスへの視座を整理しておきたい。

◉「政府なき統治」

　国際政治学者のロズノーは，地球規模の社会を「政府なき統治（governance without government）」と性格づけた。ロズノーは，政府（government）と統治（governance）とは，ともに目的的行動，目標志向の活動，ルールのシステムを意味するという点では同じであると述べた。しかし，政府が公式的権威や強制力を背景にした活動であるのに対して，統治が法的かつ公式的な責任や警察力には担保されていないが共有された目標に支えられた活動である点で異なるとした（Rosenau 1992）。また，同じく国際政治学者のヤングも，地球規模の社会を，政府ではなく統治として性格づけた。そして，ヤングは，統治を，共通関心事項に関する集合的選択の制度（社会的実践を定義し，実践への個人の参加者に役割を割り当て，役割の担い手間の相互作用を誘導するルール，公式あるいは非公式の取り決め）と定義した。また，政府を，集合的決定を作成し実施する組織（予算，人員，事務所，装備，法人格をもつ実体的な主体）と定義した（Young 1994）。

◉ グローバル・ガバナンス委員会

　また，実務の世界においても，ガバナンス＝統治という用語が用いられるようになっている。例えば，グローバル・ガバナンス委員会（The Commission on Global Governance）の報告書では，統治と政府とが区別され，統治は「個人と機関，私と公とが，共通の問題に取り組む多くの方法の集まりである。相反する，あるいは多様な利害関係の調整をしたり，協力的な行動をとる継続的プロセスのことである。承諾を強いる権限を与えられた公的な機関や制度に加えて，人々や機関が同意する，あるいは自らの利益に適うと認識するような，非公式

の申し合わせもそこに含まれる」と定義された（グローバル・ガバナンス委員会 1995: 28-29）。また，このような統治には政府とは異なるメリットがあると指摘した。「グローバル・ガバナンスは世界政府（グローバル・ガバメント）ではない。言葉が似ているからといって，誤解してはならない。私たちは世界政府へ向けての運動を推進しているわけではない。もしその方向をめざしたら現在よりもっと非民主主義的な世界に行き着きかねない。その世界では今よりももっと権力がわがもの顔をし，覇権の野望が野放しとなり，国民の権利よりも国家と政府の役割の方がもっと強化されることになるからである。これは何も，世界から制度や規則をなくすのが目的であるといっているわけではない。世界が混沌とした状態に陥ることは，それよりもっと危険であろう。課題は持続可能な将来において世界の問題がすべての人々の関心を反映し，人類の基本的な価値観にもとづき，そして国際社会の多様な現実に見合うようバランスのとれた形で行われるということである」というわけである（グローバル・ガバナンス委員会 1995: 22）。

● グローバル・ガバナンス論の位置づけ

このように，グローバル・ガバナンス論は，グローバルな国境を越えた課題，共通関心事項に対して，世界政府ではなく，多様な担い手によって協力的に対応するプロセスに注目するものであった。このようなグローバル・ガバナンス論は，国際行政活動の文脈を提供しているといえる。確かに，グローバル・ガバナンス論は，問題解決という機能，あるいは，必要への志向性をもっている面はあるが（遠藤 2010），協力行動における権力的契機，配分的含意に関する認識が欠如しているわけではない。

また，このような国境を越えた課題に対する対応のあり方とその含意は，近年のグローバリゼーションの急速な展開に対して，突如議論され始めたわけではない。エンジェルとポランニーの議論（→第1章）に即して若干述べたように，20世紀初頭以来，国境を越えた課題への対応が，分権的な諸主権国家制を基礎とする国際統治にいかなる影響を与えるのかについては，幅広く議論されてきた。その延長に，20世紀後半以降の国際政治学も位置するといえる。そこで以下では，このような国際統治の変容に関する議論と，その後の国際政治学的な観点からの議論を概観し，国際行政の前提となる文脈とその含意を明らか

にしたい。

2 20世紀前半における国際統治の変容への多様な視角

　この節では，19世紀以来の国境を越えた活動の増大という変化によって，諸主権国家制を基本枠組みとする国際統治がいかに変容したのかについての認識を，ウルフ，ミトラニー，カーによる20世紀前半のイギリスにおける議論を素材として，跡づけてみる（城山 1997: 第1章第1節）。3人の議論を，現状に関する歴史認識，必要とされている制度的対応，国際連盟への評価という次元に即して整理すると，表2–1のようになる。なお，彼らは，政府（government）という用語を用いることが多いが，その実質的内容は，グローバル・ガバナンス論のいう統治（governance）を指している場合が多い。そのような場合は，統治という訳語を用いることとする。

◆ 共通利益の可能性と協力原理──ウルフ

　ウルフは，18世紀が権利（right）の時代，19世紀が効用（utility）の時代であったのに対して，20世紀は利益（interest）の時代であると考える。利益の論理とは，一見相互に対立する各主体の利益も基本的には一致するため，最終的には相互の協力が可能であるというものである。このような論理が観察される典型的な事例は，19世紀においては激しく対立しながらも，やがて協調関係を歩み出した労資関係であり，国家間関係も19世紀において同様の変化を経験したとする。

　ウルフには，第一次世界大戦中に書かれた『国際統治論（*International Government*）』（Woolf 1916）と第二次世界大戦中に書かれた『平和のための戦争（*The War for Peace*）』（Woolf 1940）という2つの国際統治にかかわる著書がある。前者は，個別分野において展開してきた行政連合等に関する国際統治の歴史的分析を通して，国際連盟の原型とでもいうべきものを提示した。後者は，後で検討するカーの国際連盟批判に反批判を加えながら，自らの国際統治像を再提示した。

　ウルフの議論の第1の特色は，共通利益に基づく協力可能性を，技術的分野，非政治的分野といった活動分野の特殊性に還元しないことである。さまざまな分野において，対立過程を含みつつ，いかに協力が達成されるかという利益に

表2-1 ウルフ，ミトラニー，カーの議論の比較

	ウルフ	ミトラニー	カー
歴史認識	国際化	国際化・ローカル化	個人福祉への関心・中立制度の形骸化
制度的対応	連合・連邦	機能的アプローチ	地域組織
国際連盟への評価	肯定的	否定的	否定的

かかわるダイナミックな過程が示された。例えば，一般郵便連合の設立過程において，フランスが財政主権を盾にいかに抵抗し，最終的に妥協したかというダイナミックな過程が分析された（⇒第3章）。また，万国農事協会の設立過程において，農民と消費者の国際的な連合の利益が，商人，仲介業者，船主の利益と対立する様相も分析された（⇒第3章）。

ウルフの議論の第2の特色は，統治概念の拡大である。ウルフは，国際統治を「国際的合意による諸国家，諸国民，人民間の規制」と定義する。従来，統治は公的主体あるいは国家によるものと考えられてきたが，ウルフは民間主体の自律的な規制活動も含めて統治を概念化する。具体的には，製造業者，消費者，科学者，専門家といった，それぞれの団体の役割を重視し，このような機能的民間組織の役割が，国内以上に国際的文脈において顕著であるとする。

このように，ウルフは利益の概念を導入することによって，孤立と統一の両極しか考えない主権，独立のドグマ（教義）を超えて，過程における紛争の存在，社会心理上の制約を抱えつつも，国家間協力や連邦の構築が可能であり，現実的であることを示した。

◆ 機能的方法——ミトラニー

ミトラニーは，統治とは実践的なものであり，政治組織の目的は共通目標のために平和的に共同作業を行うことであると考える。そして，現在の政治学の緊急を要する責務は，既存の政治的境界や政治的観念に歪められることなく，いかにして諸要素を人類のニーズ（必要）に奉仕せしめるかであるとする。しかし，その責務を担うべき政治哲学は，マキャヴェリ，ボダンの時代にはそれまでの中世的制度のドグマに対して現実性のある政治的概念を創出しえたにもかかわらず，現在では既存の概念への固執，すなわち国家への固執（state-fixation) に陥り，その対応力を失っている。したがって，人類のニーズに対応しうる新たな政治的装置を考え出さなければならないと主張する。

　ミトラニーの主要な著書としては，『国際統治の発達（The Progress of International Government）』（Mitrany 1933）と『活動する平和システム（A Working Peace System）』（Mitrany 1966。初版 1943）がある。前者は国際統治の歴史的展開を分析するものであり，後者は同時代の国際連盟，戦時行政への評価を中心とするものである。

　ミトラニーは，相互に矛盾する 19 世紀における 2 つの方向の変化を認識する。第 1 の変化は，経済分業の深化，社会的変化に伴う国際的レベルでの活動の増大であり，第 2 の変化は，ナショナリズム等のローカルな文化的自律の主張である。

　そして，このような状況に対するアプローチとして，ミトラニーは 2 つの方法を対置する。一つはコンスティテューショナル・アプローチ（constitutional approach）であり，もう一つは機能的アプローチ（functional approach）である。コンスティテューショナル・アプローチは，国際連盟の「失敗」を受けて主張された連邦構想に典型的に見られるものであり，その原理は，権限（authority）の範囲を地理的範囲（territory）に一致させるというものであり，国家の原理と同一のものである。つまり，コンスティテューショナル・アプローチは，国家への固執の地域大，世界大への拡大に過ぎないということになる。他方，機能的アプローチとは，権限の範囲を個々のニーズに対応した活動（activity）の範囲に一致させるものである。権限の範囲は，活動分野別に，諸活動の範囲に応じて設定される。この集権と分権の同時進行を可能にする機能的アプローチによって，経済における国際的範囲の活動と文化におけるローカルな範囲の活動という 19 世紀の 2 つの変化に対応することができるのである。

　そして，国際組織化の方式としては，主権の委譲ではなく，主権の共同出資（pool），共同行使（sharing）という方式を提唱する。そして，国際組織への一定の権限の移行に際しては，移行の速度を規定するのは大国の政治的成熟度（political maturity）である。そのため，大国の説得のために漸次的移行（gradual transfer）が求められる場合もあり，移行期には国家が国際組織の一部としての機能を果たすという二重機能状態もあるとする。

　また，担い手が外交官から国内各省庁の専門家へと拡大するにつれて，交渉

の運営方法も変わると指摘する。すなわち「技術的問題」は、各国の外交的政治の中枢の複雑なネットワークを経ることなく、各国の専門家によって直接的に解決され、その結果、対外政策（foreign policy）という概念は虚構になるとする。このような各国の専門家による直接的コミュニケーション、協力回路の成立を、ミトラニーは「分権化（decentralization）」という概念でとらえている。

さらに、ミトラニーは、大国、小国を問わない諸国家間の形式的かつ法的な平等を否定する。個人間とは異なり、各国間には論理的に平等を主張する根拠に乏しく、実際に、多数のもたざる者がコントロールしては、組織は動かないと考える。そして、形式的かつ法的な平等に代わり、能力に応じた平等という原理が主張され、今日の加重投票制のような段階分けという制度が提案される。

このように、ミトラニーは、国際レベルにおける経済等の活動とローカルなレベルにおける文化的活動とが同時的に進展するという認識を基礎に、さまざまなニーズに対応する組織化という機能的アプローチを主張した。

◉ 権力の変質――カー

カーは、これまで利益、機能といった概念を活用して再構成されつつあった国際統治についての認識に、権力（power）の概念を再び導入することによって、それまでの再構成を基礎づけ直した。

カーの国際統治に関する著書としては『危機の20年（*The Twenty Years' Crisis 1919-1939*）』（カー 2011／原著初版 1939）、『ナショナリズムの発展（*Nationalism and After*）』（カー 2006／原著 1945）がある。前者では権力の観点から国際連盟を批判し、後者ではその権力と道義あるいは福祉とのダイナミズムが諸主権国家制に与えている影響が考察されている。

カーは、国際連盟およびそれを支えた論理を3点において批判する。第1に、国際連盟は利益調和の理論に基づいているとする。19世紀に国内で主張されていた利益調和の理論は、19世紀末には国内では利益の衝突が現実となり忘れ去られていたが、国際的文脈ではウィルソンによって時代遅れにも呼び戻されたという。ただ、実際には、前述のウルフの議論に示されているように、国際連盟論者も利益の自然的調和を主張していたわけではなく、過程における対立の存在とその制御の必要を認識していた。第2に、国際連盟論者が国際連盟の主張の公益性に無批判であるとする。カーは、国際連盟とドイツ等との対立

の場面において，国際連盟論者によって主張される国際主義が力の独占に基づく既得権維持の仮面に過ぎない側面をもつことを強調する。この主張については，戦前期の日本でも関心が高かった（酒井 2007）。第3に，ジュネーヴにおける作業は現実性が欠如しているとする。カーは「1922年頃からは，連盟本部のあるジュネーヴの気流はユートピア的方向へと強く流れていった」と指摘し，「ジュネーヴや各国外務省には，事件，いやそれよりも「状況」について丁寧に分類された一種のカード索引があること，そして事件が起こったりある状況が発生すると，連盟理事会や外相会議のメンバーはその事件や状況を簡単に認知するとともに，カード索引を調べて，適切な対応が処方されているファイルへと導かれていくのだ」（カー 2011: 72-73）と信じられるに至ったとする。

　カーは，国際連盟に対する第2の批判点に見られるように，政治というものが権力と道義の双方の側面をもつことを強調し，権力と道義が一致すると考えることや，権力と道義を全く別の2つの世界に分けてしまうことは誤りだとする。その上で，このような道義や福祉の役割の増大やそれに伴う権力の変質が，諸主権国家制にどのような影響を与えているのかを分析する。まず，経済分野等の道義や福祉の役割が大きい分野では，その道義や福祉の次元は既存の国家の枠組みを超えているが，制度的対応として普遍主義はとるべきではないとする。そして，ありうる対応として，実際に活動しうる地域主義および目的ごとの単位設定を提示する。地域主義とは，国レベルでの計画活動の地理的範囲を拡大して多国間の計画活動としたものである。カーの目的別組織の評価で興味深いのは，これらの分野が非政治的ゆえに成功するのだという議論に反対し，成功の背後には政治的権力が存在するとしたことである。つまり，目的別組織化を権力獲得，管理の独特の戦略として位置づけ，ミトラニーの機能的方法を権力の論理として基礎づけたといえる。

　また，権力の要素の強い安全保障分野でも，カーは，交通，軍事技術の発展により，（権力の基礎となる）政治経済単位は拡大しており，権力単位はもはや形式的主権を尊重することはないと考えている。具体的には，例えば，18世紀，19世紀においては小国の中立が可能であったが，今日では技術進歩によって拡大した権力単位のために小国の中立はきわめて脆弱なものとなり，無条件中立が不可能になったため，大国の下での小国の部隊の共同指揮による行動や小国の基地貸与という仕組みが重要になるとする。これらを普遍主義的な

制度対応である集団安全保障と区別して，プールされた安全保障（pooled security）と規定する。

このように，カーは，一定程度共通利益の実現に奉仕しうるものとしての権力の論理を認識し，現状における戦略として地域組織，目的別組織，プールされた安全保障方式といった対応を提示した。

3 20世紀後半以降における国際政治学的国際組織分析

第二次世界大戦後，それまでの国際統治論，国際行政論は，法的制度的な国際組織分析と国家間政治過程分析とに分かれる傾向にあった。そのような中で，国際制度・組織と国家間関係を含む政治過程の相互作用を分析した国際政治学的な国際組織分析も，ある程度は存在していた。これらの議論は，従来，国際統合論，トランスナショナル関係論，国際レジーム論として，国際政治学において論じられてきた。ここでは，これらの議論の性格を，ハース，ドイチュ，コヘインの議論に即して整理する（城山 1997: 第1章第3節）。権力への視座，機能的アプローチへの態度，制度的対応という次元で概要を整理すると，表2-2の通りとなる。

◼ 利益・組織・知識による政治過程の変質——ハース

ハースは，欧州統合を素材とする国際統合論の論者として著名である。著書には，欧州石炭鉄鋼共同体（ECSC）を素材とした『ヨーロッパの統一（*The Uniting of Europe*）』（Haas 1968。初版1958）の他に，国際労働機関（ILO）を素材とした『国民国家を超えて（*Beyond the Nation State*）』（Haas 1964），世界銀行や国連教育科学文化機関（UNESCO）等を素材とした『知識が権力であるとき（*When Knowlege is Power*）』（Haas 1990）がある。

ハースの一貫した問題関心は，国際政治における政治過程の行動様式の変質である。ハースはその変質を，政治と利益（経済），政治と組織，政治と知識の交錯の問題として説明しようとしてきた。『ヨーロッパの統一』におけるECSCの分析では，政治が共同利益（経済）との交錯の中で，いかにその行動様式を変えたかを分析した。次の『国民国家を超えて』におけるILOの分析では，政治が組織活動との交錯において，その行動様式をいかに変えたかを分析した。そして『知識が権力であるとき』における世界銀行，UNESCO等の

表2-2 ハース，ドイチュ，コヘインの議論の比較

	ハース	ドイチュ	コヘイン
権力への視座	利益，組織，知識との交錯における変質	外在的障害の克服から反応性へ	協力ゲームの可能性
機能的アプローチへの態度	過渡期としての関心	親和的	親和的
制度的対応	地域統合	安全保障共同体	国際レジーム

分析では，政治が知識利用との交錯において，いかなる行動様式を示したかを分析した。これらの著作の基本的視座は，政治と利益，組織，知識を相互排他的なものとみるのではなく，それらの交錯によって生じる独自の行動様式に注目すべきだというものである。これは，権力と道義，福祉との交錯を追求したカーの視角と共通するものであった。

ハースの議論は，国際統合論とその挫折として単純化して理解されることが多い。確かに，政治過程の終着点として，当初は超国家的（supranational）制度という統治構造を想定していたものを修正し，レジーム変化にいたる政治過程を分析するようになった。しかし，政治過程の終着点は変わったものの，政治過程の新たな特質を分析しようとする姿勢は不変であった。

『ヨーロッパの統一』では，政治共同体（political community）と政治統合（political integration）とを峻別する。そして，政治共同体を，特定の集団あるいは個人の忠誠がより多く中央の政治制度に対して向けられている状態であると定義する。この中央の政治制度は必ずしも統一政府，連邦政府である必要はなく，連合であっても，多数決による決定等のコンセンサス形成のための一定の慣習的パターンがあればかまわないとする。そして，この連邦政府に至らない特異な中間的な政治共同体の性格を超国家的と規定する。このような状態としての政治共同体に対して，政治統合は，異なる諸国における政治的諸主体が彼らの忠誠，期待，政治的活動を，既存の国民国家を超えた新しい政治共同体に移転するよう説得される過程であると定義される。

このような新たな政治過程における行動様式にも，さまざまな類型が存在する。『ヨーロッパの統一』の第2版（1968年）の序文では，政治過程における2つの行動様式が峻別される。第1の行動様式は漸進的なものである。この政治過程の起動力は収斂を促す経済目的であるが，これは決して経済の政治への

勝利ではなく，政治家の役割が重要であることが強調される。これに対して，第2の行動様式は，ハイポリティクス（高次元の政治），基本的関与に基づく決定である。この行動様式は，統合を促す場合もあれば，ドゴールによるナショナリズムの再生に見られるように，反統合的な場合もあるとする。

さらに，『知識が権力であるとき』では，国際組織の変化様式として，管理された相互依存（managed interdependence）としての学習（learning）と適応（adaptation）とが分けられ，適応はさらに漸進的成長（incremental growth）と，乱れた非成長（turbulent non-growth）に分けられた。管理された相互依存としての学習とは，知識体系の根本原理にまで遡(さかのぼ)る対応である。それに対して，漸進的成長は根本原理には手をつけずにプログラム・レベルで対応するものであり，乱れた非成長は対応の失敗であるとされる。

このように，ハースは，基本的にはカーと同様の視座の下で，政治過程の変質に注目し，これをさまざまな角度から類型化した。なお，ハースの議論はしばしば新機能主義といわれるが，機能ごとの単位設定という機能的アプローチの重要な点に関しては，ミトラニーの考えを受け継いでいない。

● 機能的単位としての安全保障共同体——ドイチュ

ドイチュも，ハース同様，国際統合論の論者として取り上げられることが多い。主たる編著としては，『政治共同体と北大西洋地域（*Political Community and the North Atlantic Area*）』（Deutsch & Associates 1957）がある。この分析における素材は，国境を越えて協力関係を維持しているイギリス，アメリカ等の関係である。また，理論的著作として，『国際レベルにおける政治共同体（*Political Community at the International Level*）』（Deutsch 1954）がある。これらの著作において，ドイチュは，まず共同体を政治共同体と安全保障共同体とに峻別する。そして，政治共同体と安全保障共同体を主として2つの次元で比較する。

第1は，制度化の次元である。政治共同体は執行機関をもち，決定を強制的に執行することができる。また，制度は統一国家か連邦国家に合成され，指揮権は集中している。他方，安全保障共同体では，共同体を構成している諸政府は法的に相互に独立しており，諸政府間の行動様式は，単一の指揮への服従ではなく，相互反応（mutual responsiveness），コミュニケーション，協力である。そして，安全保障共同体における統合（integration）とは平和的変更が行われ

ていることであり，これには共同体感，制度，手続きが必要とされる。

第2は，機能の包括性に関する次元である。政治共同体は，さまざまな機能を包括的に担う。他方，安全保障共同体は平和維持の機能のみを担う。また，政治共同体へは忠誠，正当性が移転されなくてはならないが，安全保障共同体にはその必要がない。つまり，安全保障共同体では，平和維持，忠誠対象といった機能がさまざまなレベルの共同体によって担われることになる。

このような安全保障共同体が統合を維持するためには，きわめてダイナミックな過程を必要とする。平和的変更のための制度などは一度形成されれば安定するという性格のものではなく，その後も増大する交流（transaction）という環境からの負荷に対応して発展させなければならない。つまり，制度化と交流の増大との間で競争が行われるのである。

そして，この競争における制度の対応能力を規定するものとして，権力（power）と反応性（responsiveness）という2種類の能力（capability）が対置される。権力とは，外部的障害を排除して行動する能力である。反応性とは，他の政治単位からのコミュニケーションを支配者が受容することを可能にするために，政治決定者が自らの注意と行動の向きを変えコントロールする能力である。そして，ドイチュは特に後者の反応性の要素を重視する。カーの問題提起以来の重要な論点であった国際組織の権力的基礎という問題に対して，ドイチュは，従来からの外部的障害を排除する能力としての権力とは異なる反応性としての能力という答えを示したといえる。

また，ドイチュは，安全保障という単一機能に関して国家の上位単位を形成する安全保障共同体というモデルを提示した。これは，ミトラニーの機能的方法の安全保障領域への応用ともいえる。

◉ トランスナショナル関係論，相互依存論，レジーム論——コヘイン

第二次世界大戦後の国際政治学は，2度の世界大戦の発生という現実を受けて，国家の役割を重視するリアリズムに傾斜していた。先に述べたハースのような議論においても，カーの議論との共通性が見られるところからも，その点がうかがえる。しかし，1970年代以降，再度，国境を越えた諸活動とそれらの国家間関係等への影響が議論されるようになった。

ともに国際政治学者であるコヘインとナイが編者となっている『トランスナ

ショナル関係と世界政治（*Transnational Relations and World Politics*）』（Keohane & Nye eds. 1971）においては，主体の性格に注目して国家中心主義パラダイムと世界政治パラダイムとを区別する。主体の性格とは，具体的には，主体の種類と凝集性を指す。まず，主体の種類については，国家中心主義パラダイムにおいては，国家，政府間国際組織が主要な主体となる。他方，世界政治パラダイムにおいては，国境を越えた活動を行う民間のトランスナショナル組織も主体となる。また，主体の凝集性については，国家中心主義パラダイムにおいては，国家が単一の主体として立ち現れる。他方，世界政治パラダイムにおいては，国家という主体の内部が分裂することになる。具体的には，国内の各省庁等が，独立した主体として行動する。その結果，国家間関係において，各国内に複数の省庁等の主体が存在し，これらの主体が国境を越えて連合を形成する，トランスガバメンタル関係が重要になる。

続いて，コヘインとナイによる『パワーと相互依存（*Power and Interdependence*）』（コヘイン＝ナイ 2012／原著初版 1977）においては，現実主義モデルと複合的相互依存モデルという2つのモデルが示される。この2つのモデルは，主体の凝集性，軍事力という手段の使用可能性，課題間関係の3つの次元で区別されることになる。まず，主体の凝集性に関しては，現実主義モデルでは国家が凝集性の高い主要な主体として登場するのに対して，複合的相互依存モデルでは国家の凝集性が低く，主体として国家が排他的であるわけでもない。この点は，『トランスナショナル関係と世界政治』における国家中心主義パラダイムと世界政治パラダイムを，ほぼ踏襲している。次に，軍事力という手段の使用可能性に関しては，現実主義モデルでは軍事力が使用可能かつ実効的であるのに対して，複合相互依存モデルではその使用は不可能であり，一定の威嚇効果はあるものの実効性が低くなるとする。また，課題間関係に関しては，現実主義モデルではハイポリティクスとローポリティクス（低次元の政治）のヒエラルキーあり，最優先される課題として安全保障が存在する。他方，複合相互依存モデルでは課題ごとに異なる連合が形成されるとともに，特定の課題が優先されるわけではないとする。

さらに，コヘインは，『覇権後の国際政治経済学（*After Hegemony*）』（コヘイン 1998／原著1984）において，国際レジーム論を展開する。コヘインらは，すでに『パワーと相互依存』において国際レジームについて議論していたが，こ

の著書では国際レジームの概念を前面に出し,原理,規範,規則,決定手続きのセットとして国際レジームを定義する。そして,主としてどのような条件の下で,国家間で協力して国際レジームが形成されたり,維持されたりするのかを分析する。例えば,囚人のディレンマ・ゲームにおいても,その継続的ゲームにおいても,主体がしっぺ返し戦略をとる場合には最終的に協力解に到達する確率が高いという実験結果を利用して,国際関係においても協力を達成することはできるという仮説を提示した。

このコヘインらの議論は,国家間関係における国際協力の可能性を議論している点においては,ウルフの議論との共通項が大きい。また,当初の『トランスナショナル関係と世界政治』や『パワーと相互依存』においては,非政府組織の役割にも焦点を合わせている点でもウルフの議論との親和性が高い。また,国際レジームは個別の課題ごとに設定されており,この点ではミトラニーの議論との共通性もある。他方,『覇権後の国際政治経済学』においては,トランスナショナル関係は環境条件となり,国際レジーム分析の焦点は国家間関係に限定される。ただし,その後の国際レジーム研究においては,非政府組織が主要な主体となる「プライベート・レジーム」についても関心を集めることがあった(山本 2008: 第13章)。

4 統治認識の補正
準国家論,公共選択論,社会的構築主義

20世紀後半以降の国際政治学においては,20世紀前半以来の問題意識の展開に加えて,いくつかの新たな観点が提示された。以下では,準国家論,公共選択論,社会的構築主義について,その含意を検討する(城山 1997: 第1章第3節4)。

■ 準 国 家 論

第二次世界大戦後,脱植民地化の進展によって多くの国家が新たに誕生した。その結果,十分な能力をもたない国家が存在することとなった。このような現象を,国際政治学者のジャクソンは『準国家 (*Quasi-States*)』(Jackson 1990) において,書名にある「準国家 (quasi-state)」という概念を用いて論じた。

準国家とは,政治的意思,制度的権威,人権保護・社会経済的な福祉を提供

するための組織化された権力が実質的に欠如しており，便益の提供が限られたエリートに限定されており，国家間の伝統的競争が免除されている国家を指す。このような国家は，事実の変化ではなく，規範の変化によって誕生した。つまり，従来は，伝統的競争を生き延びて国家が存立するためには，競争相手である国家を抑止する能力としての積極主権が必要条件であった。しかし，新たに国際的な規範の枠組みとして，不干渉の権利としての消極主権が認められるようになったため，従来であれば存在できなかったような国家が，存在できるようになったのである。

しかし，事実ではなく規範の変化によって誕生したものであるため，現実の先進国と途上国の間での格差や差異は残った。また，そのような準国家を存続させるためには，能力を補塡することが必要であり，国際援助といった仕掛けが国際的なセーフティーネット（安全網）として利用された。

● 公共選択論──国際組織をめぐる政治経済学

公共選択論は，国内の官僚制の行動を，個別主体が自己の利益を最大化する行動の帰結として理解しようとする。ボーベルは，このような公共選択アプローチを国際組織に適用し，国内政治家が国際的な意思決定に参加するのは，その政治家を個人的に満足させる協定が得られる場合，政治家の国内における票の獲得に貢献する場合，国内においてその政治家が政策を執行する際のコストを減らす場合であり，国際組織は政治家の自己の目的の手段として用いられるとする (Vaubel 1986)。このような前提に基づいて，ボーベルは3つの仮説を提示する。

第1に，国際的な共同意思決定では，各国の政治家間の共謀が行われるとする。政治家にとって，外国の政治家との共謀はきわめて有益なものである。例えば，国際会議への出席はメディアの注目を集めることができ，威信を高める。また，国際会議における政策の相互承認によって国内の反対派からの批判を抑えることができる。さらに，集合的な国際的意思決定への参加によって不人気な政策に対する国内での責任を回避することができる。

第2に，各国政府と国際組織の分業の結果，各国政府は自国の特定の利益集団に対する譲歩のコストを隠したり，利益集団に譲歩を受け入れさせたりすることができるとする。国際組織の職員は権力を獲得するために各国政府が好ま

ない「汚れ仕事」を引き受ける。例えば，欧州委員会は，農業補助，国内補助に対する承認，輸出自主規制の外国との交渉といった「汚れ仕事」を引き受ける。また，国際通貨基金（IMF），世界銀行は，緊縮財政の責任から免れたがっている借入国に対し，コンディショナリティを課すことによって自らスケープゴートとなる。また，世界保健機関（WHO）が引き受けた産児制限という政治的，文化的に取り扱いにくい課題も「汚れ仕事」に当たる。

第3に，国際組織は国内の官僚制以上に，利益集団に対して移転を行う。国際組織は，公衆に情報収集コストを課し，国際的理想の下で行動しているため公的批判から隔離されやすく，言語的障壁，物理的距離によりその活動実態が認識されにくい。そのため，各国政治家にはその活動を監視し改善するインセンティブが生まれない。

このように，ボーベルの議論は，政治家，官僚，組織が自己利益を追求するという観点から国際組織を分析する。これは国際組織の多様な主体による利用実態を分析するための手がかりとして有用である。しかし，この仮説は唯一ありうる仮説というわけではない。例えば，国際組織に対しては物理的，社会的距離ゆえに批判は起こりにくいとされたが，その距離ゆえに国際組織の真の便益が知覚されず，安易に批判されるという論理も成り立ちうる。

● 社会的構築主義

社会的構築主義（social constructivism）は，解釈学的アプローチ，社会学的アプローチ，自省学派（reflective school）と呼ばれることもある。合理的アプローチは，一定の文脈（ゲーム状況）における自己利益の追求という合理的行動として，選択行動やその結果としての制度の形成を説明しようとする。それに対して，社会的構築主義は，制度と実践の相互作用として，行動とその結果としての制度の変容を説明しようとし，その過程における価値や理念の役割を重視する（Keohane 1988）。

合理的アプローチにおいても，アクターの利得関数の変化（例えば，ある価値への貢献をそれ自体個人の利得であるとして組み込む）によって，間接的には価値の問題を扱えるが，これでは利得関数が変わる過程自体を分析に組み込めない。社会的構築主義アプローチでは，価値の生成過程自体を分析対象に組み込む。また，このような価値の生成過程の担い手として，規範起業家の役割に注目す

る議論もある (Finnemore & Sikkink 1998)。

5 グローバル・ガバナンスと国際行政の接続
機能間関係, 行政におけるレベル, 相互作用のダイナミズム

　このような国際行政の文脈としてのグローバル・ガバナンスと個別の国際行政活動の接続のあり方を分析する際には, 以下の3つの分析視角が重要になる。

◆ 機能間関係

　第1の分析視角は, 機能別に組織化された国際行政相互の関係である。国際行政においては, 機能的方法による組織編成の手続きにおいて, 各構成単位の自律性が高い。国内行政の場合も, 確かに組織化は多様な主体によって主導されるが, 形式的には例えば内閣あるいは議会の一元的な承認が必要であることが多い。しかし, 国際行政の場合は関係国の合意のみによって組織化が行われ, 一般国際組織の承認は不要である。その背景としては, 個別分野の国際制度・組織にとっては, 各国の合意が正当性の基礎なのであり, 一般国際組織の承認が正当性の基礎であるわけではないという事情がある。

　その結果, 個別分野ごとの国際行政が相互にどのように連関しているのか, 相互にどのように調整されているのかというのが, グローバル・ガバナンスにおける国際行政のあり方を分析する際の重要な視角となる。

　これは, グローバル・ガバナンスにおける国際レジーム相互の複合的関係の分析といえる。グローバル・ガバナンスは, 必ずしも特定の課題や分野に存在するのではなく, 分野横断的な性格をもっている。逆にいえば, グローバル・ガバナンスにおいては, 個別分野に関する国際レジームが複合的に存在しているといえる。そのような複合のあり方が, グローバル・ガバナンスの性格を規定する。

　また, グローバル・ガバナンスの担い手には, 非政府組織も含まれ, 国際レジームにおいても, プライベート・レジームが存在する。このことは, ウルフの拡大された統治概念が私的アクターの自律的な規制活動も含めて考えていることからもわかるように, 早くから認識されていた。そのため, 複合のあり方を分析する際には, 政府レベルの枠組みと非政府レベルの枠組みとの関係も焦点となる。政府間レベルでの国際行政と非政府レベルでの国際行政とが相互作

用することもある。例えば，従来非政府レベルであったものが政府間化する場合，逆に，政府間であったものが非政府間化する場合がある。また，政府間組織と非政府組織のハイブリッドによって国際行政が運営される場合もある。

◆ 行政におけるレベル──執政，業務，管理

　第2の分析視角は，行政のレベルである。国内行政においては，現場担当者のレベルから閣僚レベル，首脳レベルといった行政のレベルが存在する。そして，レベル間の関係を規定するのが階統制という組織構造となっている。他方，国際行政においては，非階統制的調整が焦点となる。しかし，国際行政の非階統制下の調整においても，行政における諸レベルが存在し，レベルによって調整の裁量構造が異なる。各国担当者間の直接的接触は閣僚，首脳レベルのものもあれば，委員会，作業部会といった現場担当者や専門家によって構成される下位レベルのものもある。

　国内行政に即して，行政活動を執政，管理，業務という3つのレベルに分けた場合（西尾 2001），国際行政に関しても，業務レベル，首脳閣僚レベルでの直接的接触を伴う執政レベル，国際組織の内部管理レベルの3つが存在することになる。そのため，グローバル・ガバナンスにおける国際行政の位置付けを考える際には，どのレベルの行政活動なのかを把握する必要がある。また，レベル間の相互関係も重要な考察対象になる。このような作業によって，国際政治と国際行政の境界のあり方も明らかになる。

◆ 相互作用のダイナミズム

　第3の分析視角は，各国担当者間の相互作用のダイナミズムである。国際行政においては，直接的接触が重要になる。しかし，この直接的接触のダイナミズムは一様ではない。ウルフのいうように利益対立の契機をもちつつも協力の可能性もあるが，カーのいうように権力的契機の下で対立が激化することもある。これはゲーム理論の観点から，協力可能性と相対利得配分問題の緊張関係として分析できる。また，協力の基礎としては，広い意味での利益の合致の他に，分業の論理や相互補完の論理もある。さらに，相互作用においては，ドイチュの反応性としての能力という議論が示唆するように，タイミングやコミュニケーションのあり方が重要な規定要因になる。また，社会的構築主義が示唆

するように，課題や規範のフレーミングをめぐる相互作用や学習も重要になる。

このような相互作用の性格は，組織的活動に埋め込まれた政治と行政の交錯という観点から位置づけることもできる。

●さらに読み進める人のために

☞ エドワード・H. カー／原彬久訳『危機の二十年——理想と現実』岩波文庫，2012年。
  * リアリストの観点から，国際連盟の構想と運用の問題を指摘するとともに，国際政治における権力と道義に関する一般的考察をふまえて，新たな国際秩序に関する展望を論じている。
☞ グローバル・ガバナンス委員会／京都フォーラム監訳『地球リーダーシップ——新しい世界秩序をめざして』日本放送出版協会，1995年。
  * 世界共通の諸価値を確認した上で，安全保障，経済的相互依存の管理，国連改革，法の支配について論じ，グローバル・ガバナンスの必要性を提唱した報告書。1995年1月のダボスでの世界経済フォーラムで発表された。
☞ 山本吉宣『国際レジームとガバナンス』有斐閣，2008年。
  * 国際レジームについての基本的事項を整理した上で，レジーム間の相互作用によって構成されるレジーム複合体，そのような複合体と民間主体の役割をも含み込むガバナンスについて論じている。

part II

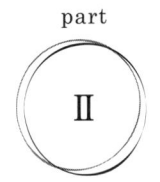

第 II 部

国際行政の組織

第 3 章

機能別国際組織と戦時共同行政

○万国郵便連合（UPU）本部（スイス・ベルン，2006年7月10日，Keystone/PANA）。

> 　国際行政における基本的な組織編成方式は機能的アプローチである。本章では，まず，機能的アプローチを活用してきた国際行政の具体的な組織化の態様を，事例に基づき説明する。19世紀以降，産業，商業の発達に伴い，さまざまな国際行政連合や国際委員会が発達した。また，19世紀末以降，列強による植民地化競争等を背景として，国際的共同統治の制度が形成されてきた。これらはいずれも，目的の内容自体はさまざまであるが，業務レベルでは比較的特定の目的のための国際行政であるという点では共通点をもつ。その後，第一次世界大戦期には，戦時共同行政の中で，従来とは異なる，執政レベルでの直接的接触による新たな国際行政のメカニズムが構築された。

1 機能別国際組織
国際行政連合を中心に

　19世紀以降，産業，商業の発達に伴い，通信や交通といった国境を越えたコミュニケーションの確保が不可欠になった。他方，交通の発達は，物品だけでなく，伝染病伝播の契機ともなり，国際衛生対策も求められるようになった。また，19世紀においては，農業は主要な先端産業でもあった。そこで，ここでは，通信や交通を確保する具体的な国際行政として国際郵便行政とライン川の国際河川行政を，交通の発達に伴う負の側面を対象とする国際行政として国際衛生行政を，そして，産業に関する国際行政として国際農業行政を取り上げることにしたい（城山1997：第1章第2節2）。

● 国際郵便行政

　国際郵便行政は，当初，大変複雑な二国間条約の網によって規制されていた。国際郵便の料金は，発信国，中継国，着信国の料金の総和とされたため高く，また，各国で重量の単位やサービス類型もさまざまであった。このような状況に対処するため，料金の低下や業務の標準化が必要とされた。

　国際レベルでの改革の前提となったのは，イギリスに端を発する国内の改革であった。国内改革における基本的原理は，国際レベルにおいて共通するものであった。イギリス国内の改革は，1830年代末に，郵便料金の値下げ，郵便業務の効率化をめざして行われた。料金は内容物の数によってではなく重量によって課され，前払いにするという原則が採用された。また，総経費の中で輸送のための経費はきわめて小さな部分であることが確認された。その後，1848年にはフランスでも改革が起こり，続いて，ベルギー，スイス，ロシア，スペイン，そしてプロイセンでも1850年に改革が行われた。さらに，アメリカでも1845年に改革が開始された。

　このような国内改革を受けて，国際郵便でも改革の動きが生まれた。1863年に，アメリカの提案でパリ会議が開かれ，国際郵便に関する一般原則について合意がなされた。第1に，経費の大部分は配達費であって輸送費の比率は少ないという事実を考慮し，中継料金は大幅に下げられた。第2に，計量システムとしてはメートル法が採用された。第3に，料金は前払いとされた。

これらの一般原則に基づき，以後の二国間条約は簡素化された。

また，北ドイツ連合は，1868年に，イギリスの国内改革の原則に基づいてドイツ諸国内の郵便行政を統一した後，その方式での国際的統一計画を提示した。1870年に普仏戦争が起こり，フランス，ロシアが国際的郵便統合に反対していたため，計画はただちには受け入れられなかった。国際郵便は国家の重要な収入源であり，安全保障上の理由（敵方の秘密の通信を防止すること）も存在したために，協力は容易ではなかった。しかし，このような政治的性格にもかかわらず，最終的には紆余曲折を経て，協力が達成されることになった。1874年には，統一されたドイツの主導の下に，スイスの招待でベルンに22カ国の代表が集まり，一般郵便連合（General Postal Union, 1878年に万国郵便連合〈UPU〉と改称）が設立された。これは，設立条約に「単一の郵便領域（a single postal territory）」を形成すると表現されていることからもわかるように，きわめて統合度の高いものであった。

このような郵便に関する国際行政の運用に関しては，以下のような特色を指摘することができる。

第1に，一般郵便連合，万国郵便連合は料金連合としての性格が強く，また，統合度の高いものであった。具体的には，統一料金が定められ，中継料金は低く抑えられた。また，発信国と着信国との間では，受信と送信を同量だとみなして精算の手間を省く，みなし精算制度が採用された。

第2に，業務の標準化が進められた。書籍，新聞等の印刷物，商品の見本，商業書類等の共通の郵便のカテゴリーが設定され，また，速達，返信用クーポン等の制度も標準化された。消印の方法，郵便の包装，郵便袋の結び方，荷札の付け方等も規則レベルで規定された。

第3に，ルールは条約と規則の二重構造となった。組織構造，一般原則は前者によって規定され，行政的事項は双方で規定された。

第4に，常設事務局という制度が用いられた。国際電信連合とともに一般郵便連合は事務局制度を利用した初期の例となった。しかし，常設事務局の人事，財務といった管理機能はスイス政府に担われていた。

第5に，会議での投票手続きに関しては事実上，加重投票制になるような2つの制度が用意されていた。まず，各植民地に1票を与えるという投票手続きのため，フランスは4票，イギリスは8票を得た。また，委員会が任命され，

実質的決定はそこで行われることになったが、小国がこのような委員会に人を送ることは、専門能力的にも人員の余裕の上でも難しかったため、委員会は常に大国を中心に構成されていた。

◆ 国際河川行政——ライン川

　国際河川行政における基本的機能は、統一航行規則の作成・勧告・執行、河川改修事業の監督・執行、統一通行税の設定・徴収の3つである。

　ライン川に関しては、1804年にフランスと神聖ローマ帝国の間で条約（ライン川通行税に関する条約）が結ばれ、統一通行税と統一航行規則が課された。この条約では、第1に、それまでばらばらに課されていた通行税に上限が定められ、その徴収は両国指揮下の共同行政として、各岸6カ所、計12カ所で行われた。そして、徴収された通行税から、委員会等の経費、関係施設整備経費が支出され、残りは両国で折半された。第2に、両国の合意により長官を選任し、両国から各々2人、任命された監察官が長官を補佐した。この長官の主たる任務は、通行税徴収、航行の監視等であった。また、各国1人、計2人のコミッショナーとこの2人によって選ばれた法律家の計3人によって構成される国際委員会が年1回開催され、通行税支払い、航行警察に関するすべての訴えについて司法的決定を下した。

　この1804年に結ばれた条約の下では、長官、委員会が直接的に共同行政を行っていたが、1814-15年のウィーン会議によって設立された体制では、それらの役割は間接的なものに変質し、直接的執行は沿岸国によって担われるようになった。ウィーン会議では、フランスが共同通行税徴収機関の設立、共同支出による施設整備、河川改修の維持を主張したが、イギリスが反対した。その結果、次のような枠組みが採択された。第1に、通行税の上限を設定するが、その共同徴収は行わず、徴収のためには各国の管理する徴収所を12カ所、ほぼ等距離間隔で設置する。第2に、航行規則については、統一規則を勧告として作成するが、その執行は各国が行う。

　その後、1866年に発生した独墺戦争後に、プロイセンがドイツ統一の手段として通行税の廃止を要求し認められたため、通行税の上限設定とその監視という機能が失われた。また、非沿岸国の自由航行権も拡大された。そして、1919年のヴェルサイユ条約によって、中央委員会に非沿岸国も含まれるよう

になり，その構成もドイツ，フランス各4人，オランダ，スイス，イギリス，イタリア，ベルギー各2人となった。

このような国際河川行政の運用上の特色としては，以下の2点を指摘することができる。

第1に，このような国際河川行政は19世紀において例外的に国際公権力に近いものが成立し，直接行政が行われた分野として評価されることがあるが（山本 1969），この性格規定は限定的に考える必要がある。確かに，長官が大きな監督権限をもち，委員会の機能は司法的なものに限られていたライン川に関する1804年条約体制は例外であった。しかし，委員会等の役割はあくまでも条約上設定された特定の目的の範囲内に限定されており，通常，委員会や監察官の権限は命令的なものではなく説得的なものであった。また，この体制は1815年にはより間接的な体制に変更された。

第2に，課題の性格によって，異なった意思決定方式が用いられた。1815年の体制では，河川に関する事項の討議機関である中央委員会は各沿岸国1人の代表によって構成され，決定は多数決で採択されることとなったが，議題によって投票権の配分が異なった。すなわち，司法的立法的決定については各沿岸国に平等な投票権が与えられるが，行政的決定，具体的には主任監察官の選任については，河岸の長さに応じて投票権が与えられていた。この場合，投票権の配分は，プロイセンが3分の1，フランスとオランダが各6分の1，プロイセン以外のドイツ諸国が3分の1とされた。

◆ 国際衛生行政

19世紀には，交通手段の発達に伴い，コレラ，チフス等の伝染病が貿易ルートや巡礼ルートを通ってヨーロッパに侵入していた。一つのルートは，紅海→エジプト→地中海のルートであり，もう一つのルートは，北インド→アフガニスタン→ペルシャ→ロシアのルートであった。

このような状況の下で，伝染防止の必要性が存在していた。しかし，伝染のメカニズムに関する理論的な知識が不十分であったため，伝染防止のための手段である貿易停止によって不利益を受けるイギリス等の貿易国とその他の諸国との間で伝染防止手段の有効性をめぐる論争が起こり，伝染防止のための一般的国際枠組みをつくることは難しかった。一般的国際枠組みの成立は伝染のメ

図3-1　国際衛生理事会の設置場所

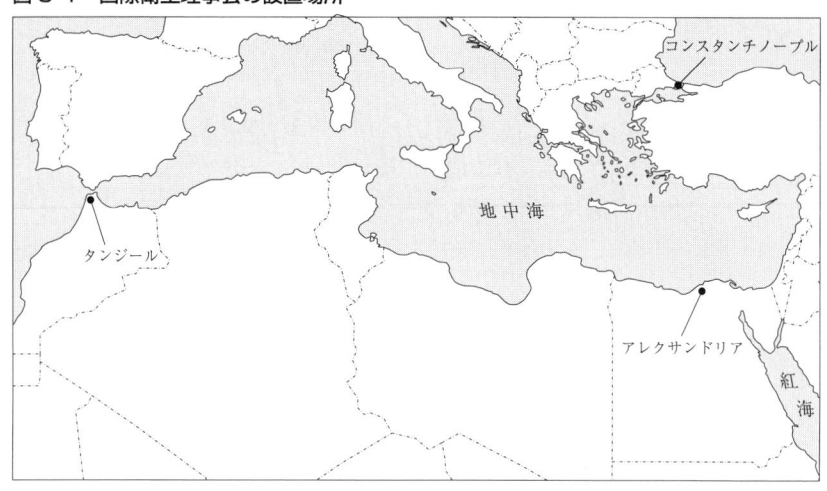

［注］点線は現在の国境線を示す。

カニズムが理論的に解明される19世紀末を待たなければならなかった。

　一般的国際枠組みの構築には時間がかかったものの，地域レベルでは，特に伝染経路であり，また技術的能力の不足していた後進国において，国際化がいち早く見られた。地域的なレベルでの国際衛生理事会（International Sanitary Council）が，1838年にはコンスタンチノープルに，1840年にはタンジールに，1881年にはアレクサンドリアに設立された。これは，列強諸国が地域管理に関与していたという点で，後述の国際共同統治に近い性格をもっていた。

　コンスタンチノープルの国際衛生理事会の目的は，トルコ湾の港，ペルシャ湾，紅海，ペルシャ国境，ロシア国境等において，伝染病のトルコへの侵入を防止する手段をとることであった。理事会は4人のトルコ人と条約締約国から各1人の医師免許をもった外国人によって構成され，議長にはトルコの外務大臣が就任した。また，アレクサンドリアの国際衛生理事会も同様の目的のために設立された。これは4人のエジプト人と各条約締約国からの計14人の医師によって構成され，議長はイギリス代表であった。このコンスタンチノープルとアレクサンドリアの2つの国際衛生理事会を比較した場合，アレクサンドリアの方が成功したといわれている。その要因としては，コンスタンチノープルにおいてはイギリスと，イギリスのトルコでの影響力削減をねらうドイツとの

第3章　機能別国際組織と戦時共同行政　　47

間で政治的対立が起こっていたのに対して、アレクサンドリアではイギリスの影響力が強く、安定していたことがあるとされる。

一般的国際枠組みに関しても、19世紀中頃以降、「国際衛生会議の時代」と呼ばれるほど多くの試みが行われた。第1回国際衛生会議は1851年にパリで開かれ、地中海沿岸国および利害関係国の計12カ国が参加して伝染病の予防問題を審議し、52年には条約が締結された。しかし、3カ国しかこの条約を批准せず、そのうちの2カ国は後に条約を破棄した。最初に実質的合意を得たのは、1892年のヴェネチア会議においてであった。これは、中東からのコレラにスエズ運河で対処するという特定の目的のためのものであり、14カ国が条約を批准した。また、1893年には、アジアから陸路でヨーロッパに侵入するコレラに対処するための条約が締結された。この時期に合意が達成された背景には、各条約が特定の目的に限定して対処したこと、また、医学、細菌学の発展により伝染経路が理論的に解明されたという知識上の発展があった (Cooper 1989)。

その後、1903年のパリ会議において、衛生諸条約がまとめられて、ペスト、コレラ、黄熱の防止に関する一般条約となり、ヨーロッパの20カ国の他にペルシャ、エジプト、ブラジル、アメリカが参加した。その際、規則を常に最新の状況に合わせて改定し、また、最新の情報を保つ必要から、常設事務局の設置が提案され、1907年のローマ協定で公衆衛生国際事務局 (International Health Office) がパリに設置された。なお、この常設事務局の設置についても地域レベルが先行しており、1902年にすでに、アメリカ諸国によって汎米衛生事務局 (Pan American Sanitary Bureau) がワシントンに設立されていた。

このような公衆衛生の分野における国際行政の運用上の特色として、以下の点を指摘することができる。

第1に、地域レベルでの国際行政が国際レベルに先行した。これは後に、国連システムにおいて、世界保健機関 (WHO) が分権的行政システムをとることの歴史的背景となった。実際に、アレクサンドリアの国際衛生理事会はWHOにおいてもアレクサンドリアのWHO地域事務局として引き継がれ、汎米衛生事務局もWHOの地域事務局としての役割を担うことになった。

第2に、各国の協力を実現する前提として、知識上の発展の意味が大きかった。

第3に，1893年の条約によって，通知（notification）の制度が設立された。この制度は，コレラが発生した場合，発生国はコレラ発生の宣言（declaration）を行い，外交チャネルを通して締約国に連絡し，連絡を受けた各国は定められた必要な措置をとるというものであった。

第4に，パリの国際事務局には，主にその事務局の人事，財務等の管理機能を担い，方針を決定するために，各国1人の代表による常設委員会が設置された。事務局の機能は，先に述べた通知制度における情報の媒介，月刊誌の刊行，統計の発行等の情報処理，衛生条約の適用監督，条約の修正準備等であった。

◆ 国際農業行政

19世紀には農業貿易が拡大し，19世紀末には農業に関する知識も拡大していた。それらに伴い，1891年には各国農業団体の国際団体として国際農業委員会（International Commission on Agriculture）が設立され，農村経済の調査，気候，疾病に関する技術情報の提供を行った。

政府間組織としては，1905年に万国農事協会（International Institute of Agriculture）が設立された。その設立過程では，ルービンという特異な人物が大きな役割を果たした。ルービンはアメリカのカリフォルニアで活動していた商人であり，定価システムや郵便による販売システムの導入といった流通上の革新によって，アメリカ西部でも有数の大規模小売店を築き上げていた。しかし，主たる購買者である農民が農業不況の大きな影響を受けたこと，1884年に自ら農場を購入したが成功しなかったことなどから，農業の構造に関心を向けた。そして，1896年には経営活動を停止し，公的活動に関与した。

ルービンは，農業における構造的問題として2つの問題を考えた。第1は運送業者の問題である。一般に運賃は独占に基づいて高く設定されており，さらに海路については運賃が常に変動しており，農民には予測できなかった。第2は情報の問題である。作物の需給，作柄についての情報が不十分であるため，過剰生産，過小生産が起こり，価格が変動した。また，情報を私的に独占している仲介業者が投機的行動によって過大な利益を得ていた。

このような認識に基づき，ルービンは国際レベルでの制度的対応として2つの基本的構想を提示した。第1の構想は，アメリカの州際通商委員会の国際版とでもいうべき国際通商委員会（International Commerce Commission）構想であ

る。運賃規制によって荷主たる農民の利益や消費者の利益を確保するという機能が期待された。第2の構想は，国際農業同盟（International Chamber of Agriculture）構想である。農業の生産，需給，作柄の情報を収集，提供し，農業保険制度を作り，農業知識の普及を図ることが期待された。

　ルービンはこれらの構想をもって各地を訪問し，ローマで政府の支持を得た。その結果，1905年にローマで国際会議が開かれ，万国農事協会が設立された。ただし，万国農事協会の業務内容としては，国際通商委員会と国際農業同盟というルービンの示した2つの基本的構想のうち，後者のみが現実化した。国際運輸規制は各国政府の反対により，万国農事協会の目的には含まれなかった。その結果，主要な業務内容は，農業科学情報や統計情報といった情報の収集と提供となった。

　農業科学情報とは，疾病の発生に関する情報や新農法に関する技術的情報等であり，万国農事協会の発行する雑誌に掲載された。しかし，この統計情報の収集および提供の執行には，さまざまな問題があった。万国農事協会自身は，各国からの報告に基づいて統計を作成していたが，各国の統計制度の発展度や方式にばらつきがあったため，制度構築にあたっては各国担当者との多くの調整作業が必要であった。その結果，1910年の時点では，7つの作物しかカバーされず，また小麦に関しても30％しか把握されていなかった。しかしその後の努力で，1928年には34作物がカバーされ，小麦については中国を除いてほぼすべての国がカバーされるまでになった。

　このように国際農業の分野も，国際郵便と同じく，政治性をもつものであったが，協力は達成された。情報整備の問題は，農民と消費者のトランスナショナルな共通利益対仲介業者の利益という形で背後に利益対立を抱えていた。

　このような農業における国際行政の運用の特色としては，以下の点を指摘することができる。

　第1に，万国農事協会の主たる機能は情報の収集と提供であったが，この情報活動はいくつかの種類に分類することができる。第1は作物の疾病発生に関する情報の収集と伝達である。第2は技術的知識の伝達である。第3は需給，作柄等に関する統計情報の収穫と提供である。

　第2に，事務局の職員に関して初めて国際的性格（international character）が要求された。また，実際に各地の農業事情に関する知識が必要であり，情報の

表 3-1　機能別国際組織の発展

	郵　便	河川（ライン川）	衛　生	農　業
19世紀	イギリス国内改革（1830年代） アメリカの主導によるパリ会議（1863年） 北ドイツ連合の国際郵便統一計画（1868年） 一般郵便連合設立（1874年） 万国郵便連合と改称（1878年）	フランス・神聖ローマ帝国間条約―直接的共同行政（1804年） ウィーン条約――間接的共同行政（1815年） ドイツ統一のため通行税廃止（1866年）	コンスタンチノープル衛生理事会設立（1838年） タンジール衛生理事会設立（1840年） 第1回国際衛生会議――実質的合意失敗（1851年） アレクサンドリア衛生理事会設立（1881年） ヴェネチア国際衛生会議――実質的合意（1892年）	国際農業委員会設立（1891年）
20世紀		ヴェルサイユ条約――非沿岸国も含めた中央委員会設置（1919年）	ワシントンに汎米衛生事務局設置（1902年） ローマ協定――パリに公衆衛生国際事務局設置（1907年）	万国農事協会設立（1905年） 統計一般，農業情報，農業経済分野における常設的諮問委員会設置（1920年）

第3章　機能別国際組織と戦時共同行政

提供も各国語で行う必要があるという業務の性格に対応するために，実際に各国出身者の採用が期待された。しかし，給与等の雇用条件は各国からの採用を可能にするほどよいものではなく，実際の採用ではイタリア人が大多数を占め，事務総長も代々イタリア人が就任した。そして，UPU等ではスイス政府によって担われていた事務局の管理機能を常設委員会が行使するようになった。

第3に，財源負担については，各国が5つのクラス（各クラス間での財源負担の比率は16対8対4対2対1）の中から選択することとなった。この選択されたクラスに応じて投票権も各々，5票，4票，3票，2票，1票が配分された。財源負担に応じて各国が選択したクラスによって投票権の配分を変え，公式制度として加重投票制を導入したわけである。

第4に，諮問委員会（advisory committee）方式が活用された。1920年の総会において，統計一般，農業情報，農業経済の各分野に関して常設的に諮問委員会を設置して，専門家，技術者の協力を得ることが提案され，25年以降実行されていく。そして，この方式を用いて，他の組織との協力戦略が進められていった。

◆ 比　　較

これらの4つの事例は，個別課題ごとの機能的アプローチの適用という点で共通である。また，これらは基本的に業務レベルの国際行政活動であるという点でも共通である。

また，機能的個別分野の活動であるものの，一定の政治性が存在し，国際的協力が自動的ではなかった点でも共通である。一般郵便連合の設立過程での財政主権論，万国農事協会の設立過程でのトランスナショナルな対立は，そのような政治性を示している。

他方，このような機能的組織化のイニシアティブは多様な主体によってとられた。国際郵便行政については，イギリス国内の改革が契機ではあるものの，アメリカ，スイス，ドイツ諸国等が重要な役割を担った。国際衛生行政については，フランスが大きな役割を果たして国際衛生事務局をパリに設置し，国際農業行政については，イタリアとともに個人としてアメリカ人が大きな役割を果たしていた。他方，国際河川行政においては，沿岸国が重要な役割を果たしたが，イギリスの意図も背後に垣間見られる。

また，国際郵便行政，国際衛生行政，国際農業行政においては事務局を伴う国際行政連合という組織形態が用いられたが，国際河川行政については国際河川委員会という組織形態が用いられた。

いずれにしろ，このような国際行政連合等に見られる新しい秩序形成の試みには，伝統的なヨーロッパにおける秩序形成とは異なる新しいダイナミックな面も見られる。このような国際行政連合等による国際組織化をアメリカの経験等を基礎とするダイナミックな自由主義的な秩序形成として理解する論者もいる（Murphy 1994）。

2　国際共同統治

19世紀末以降，列強の競争に伴う植民地化や国際関係の複雑化を背景として，列強諸国が共同で一定の地域を管理する国際的共同統治の制度が形成，運用されてきた（城山 1997：第1章第2節2）。ここでは，国際河川行政の中でも列強諸国による垂直的共同管理の側面の強いドナウ川の事例と，タンジール等の地域的国際共同統治の事例を紹介する。

◆ 垂直的河川行政――ドナウ川

ドナウ川河口は1829年からクリミア戦争（1853-56年）に至るまでロシアが管理していたが，ロシアの行政能力は不足しており，下流の航行は大変危険であった。そのため，内陸国であるオーストリアやルーマニアとの穀物貿易を行うイギリスは，河口管理の改善に関心をもっていた。クリミア戦争後，ロシアに替わり河口の管理主体となったオスマン帝国も改善を約束しなかった。そのため，1856年のパリ条約によって，1815年のウィーン会議において認められた自由航行の原則がドナウ川にも適用されることとなり，ヨーロッパ委員会（European Commission）が設立された。ヨーロッパ委員会は，イギリス，フランス，オーストリア，プロイセン，ロシア，サルディニア，オスマン帝国の代表によって構成された。

ヨーロッパ委員会の主たる役割は，ドナウ川河口における浚渫(しゅんせつ)事業を行い，その支出のために必要な程度において通行税を課するという技術的機関としての役割であった。このような能力支援的性格や域外諸国の関心を反映して，ドナウ川の国際河川行政は，垂直的性格，共同植民地統治的性格をもつこととな

った。この点で，前述の国際衛生委員会や後述の地域的国際共同統治に近い性格をもつ。

　規制機能は当初，オーストリア，バイエルン等の沿岸国の代表によって構成される別個の沿岸国委員会が担うことになっていた。しかし，沿岸国委員会のさまざまな試みに対してイギリス等が航行の自由を損なうものだとして反対したため，沿岸国委員会は機能しなかった。そのため，1863年に正式に承認されたオスマン帝国との協定によって，ヨーロッパ委員会が航行ルールの作成および航行の監視を行うこととなり，オスマン帝国の現地当局もヨーロッパ委員会のコントロール下に入った。

　ヨーロッパ委員会のメンバーは各国により任命され，議長は交代制となった。投票権は平等であったが，通常の行政問題や通行税の決定については多数決が，重要原則の決定については全会一致が要求された。その後，1919年のヴェルサイユ条約によって，ヨーロッパ委員会は国際委員会（International Commission）へと改組され，執行方法も直接的方法から間接的方法へと移行した。

　このようなドナウ河川に関する国際河川行政の特色として，ライン川の事例と比較することで，以下の点を指摘することができる。第1に，航行規則の設定と執行，河川改修事業，通行税の設定と徴収という国際河川管理の3つの基本的機能のうち，ライン川での国際河川行政は主に通行税の設定と徴収に活動の焦点があった。それに対して，ドナウ川での国際河川行政は，管轄するオスマン帝国が十分な管理能力をもたない河川改修事業（河口の浚渫）に焦点があった。第2に，国際河川行政では委員会（commission）という制度が主に使われた。委員会委員が主として沿岸国によって構成されるライン川の場合と異なり，ドナウ川の場合は主として非沿岸国によって構成されていた。

◆ 地域的国際共同統治

　特定地域を国際共同統治の下に置くということも試みられた。これは，業務レベルの課題として，国際的性格をもつ都市行政の遂行という課題に対応するものであると同時に，共同植民地的性格をもつものであった。

　包括的な地域的国際共同統治としてタンジールの例がある。タンジールはモロッコの都市で，イギリス海軍の拠点であるジブラルタルの対岸にあり，古くから国際交通の要衝として各国の領事館が置かれていた。類似の国際共同統治

としては，上海の共同租界がある。タンジールの管理の包括的国際化が問題となったのは20世紀になってからであるが，すでに19世紀以来，分野を限定した管理の国際化が行われていた。その例としては，前述の1840年に設立された国際衛生理事会を挙げることができる（図3-1）。また，灯台の国際的管理も進められた。狭い海峡の航行はきわめて危険であり，多くの船舶が難破したため，モロッコ駐在の各国代表は協議を行い，1864年にはケープスパーテルに灯台を完成させた。そして，その恒久的中立を確保するために，65年にオーストリア，ベルギー，フランス，イギリス，イタリア，オランダ，ポルトガル，スペイン，スウェーデン，ノルウェー，アメリカの10カ国とモロッコとの間で条約を締結した。灯台の経費は10カ国の間で等分に分担され，管理主体として国際委員会が設立された。

タンジールの包括的国際共同統治についての交渉は，1912年に開始され，14年には条約が合意された。まず，市議会は，ヨーロッパの11カ国とモロッコ政府によって選任された12人と住民による選挙で選ばれた23人（ヨーロッパ人17人，イスラム教徒3人，ユダヤ人3人）の計35人によって構成された。次に，最も重要な機関である管理委員会（Committee of Control）は，11人のヨーロッパ諸国の代表とモロッコ君主のタンジールにおける代理によって構成された。また，行政職員の採用に関する大国（フランス，スペイン，イギリス）間の紛争を避けるため，3カ国の政府は，採用されるべき各国人の比率を規定した。その積算の基礎には，人口，貿易量，財産総額，租税支払額，入港する船舶量および回数等が使われた。行政組織は財務，内務（警察・消防など），衛生の3つに分かれ，警察はフランス人の指揮下に，軍はスペイン人将校の指揮下に置かれた。

第一次世界大戦後の1923年，再度，条約が結ばれ，28年に改定された。行政機関については各国のバランスをとり，行政長官にはフランス人が，公衆衛生部門担当の副長官にはスペイン人が，財務担当の副長官にはイギリス人が，司法担当の副長官にはイタリア人が任命された。行政長官は警察と軍の双方の責任者でもあった。警察はヨーロッパ人と現地人の計100人程度で構成され，「法の守護者」というよりは「無関心な観察者」のようであったといわれた。

タンジールで行われたような共同植民地統治的性格をもつ地域の国際共同統治の他に，第一次世界大戦後には，国際連盟の枠組みの下で，ザール（ドイツ

とフランスの間の地域）やダンチヒ（ドイツとポーランドの間の地域）の地域的国際共同統治も行われた。これは現在の国際連合の平和活動（⇒第12章）にも通じる，国際組織による一時的領域管理という側面をもっていた（山田 2010: 第3章第2節1）。

　ヴェルサイユ条約によって，ザール地方は，15年間，国際連盟の下で統治され，その後，住民投票で帰属を決定することとされた。この条約に基づき，ザール地方管理委員会が，国際連盟理事会が選出する5人から組織された。1人はフランス人，1人はフランス人ではないザール地域の住民，残り3人はフランス人とドイツ人以外から選ばれ，議長は国際連盟理事会がこの5人のうちから選んだ。管理委員会はザール地方の対外的保護機能を担い，住民との協議の上で法律，規則の変更を行い，課税権ももっていた。しかし，管理委員会の実際の運用ではフランスの影響力が強く，非難されることもあった。

　ダンチヒは，1919年以前はドイツの都市であり，人口も大半がドイツ人であったが，ポーランドにとってもその商業施設が重要なものであったため，ヴェルサイユ条約によって，その管理の一部が国際的管理の下に置かれた。対外的にはポーランドの外交官がダンチヒを代表したが，立法府は住民によって管理され，行政機能はポーランドとダンチヒの共同行政によって遂行された。例えば，港湾，水路，鉄道の料金徴収を行う港湾水路委員会の委員は，ポーランド政府，ダンチヒ自由市によって各々同数が選任された。その議長は双方の合意によって選ばれることになっていたが，合意に至らない場合は，国際連盟理事会がスイス人を任命することとされた。税関，郵便，電信電話等の分野でも，ポーランド人が大きな役割を果たした。

　このような地域的国際共同統治の運用上の特色として，以下の点を指摘することができる。第1に，ザールにおけるフランスとドイツの関係，ダンチヒにおけるポーランドとダンチヒ（旧ドイツ領）の関係，タンジールにおけるフランス，スペイン，イギリス等の関係に見られるように，地域的国際共同統治の背後には政治的対立関係があった。しかし，このような条件の下でも，例えばタンジールの公衆衛生政策に見られるように，一定の行政的成果をあげた。政治的対立の中で行政を可能にする積極的な制度的対応として，タンジールやダンチヒに見られるような行政職配分の固定化という制度がとられたともいえる。また，このような環境の下では，ポーランドとダンチヒが合意できなかった場

合に議長にスイス人を任命することになっていたダンチヒの港湾水路委員会の規定に見られるように，第三国人が行政資源として有用であった。第2に，最も重要な制度は，タンジールの衛生委員会，管理委員会，ザール地方管理委員会，ダンチヒの港湾水路委員会等の委員会制度であった。しかし，同時に，現地住民との接点をもつために議会が設立され，また，行政官僚制ではタンジールやダンチヒに見られるような職員の国際化が行われた。行政官僚制内の役職の各国への固定的割当という制度も用いられた。

3 戦時共同行政

第一次世界大戦時には，連合国戦時共同行政が行われ，執政レベルでの国際化が課題となった。そして，理事会（council）における首脳，閣僚レベルの直接的接触（direct contact）とそれを補佐する事務局（secretariat）という仕組みは，国際連盟期以降の国際行政にも大きな影響を与えた（城山 1997：第1章第2節3）。また，このような実務経験は，イギリスのソルターやフランスのモネといった多くの国際行政人材を生み出した（遠藤編 2010）。

● イギリスの内閣システムの変容

ボーア戦争（南アフリカ戦争，1881年，1899-1902年）時の帝国内調整体制が不備であったという認識に基づき，イギリスは1902年に，内閣の小委員会として帝国防衛委員会（CID）を設立し，04年にはCIDの下に小規模の事務局を設置した。CIDは，首相と関係大臣によって構成され，事務局は各1人の書記官（secretary）と書記官補（assistant secretary），陸軍，海軍，インド軍からの各2人の下級職員によって構成された。CIDの機能は基本的には諮問的（advisory）なものであったが，書記官の潜在的影響力は大きかった（Hankey 1946）。

その後，イギリス国内では，1914年11月に戦時評議会（War Council）が設立され，さらに，戦時委員会（War Committee）等へと改組された。ここまでは評議会，委員会の性格は諮問的なものであったが，1916年にロイド・ジョージによって戦時内閣（War Cabinet）が組織されると，その性格は諮問的なものから執政主体へと転化した。それに伴い内閣官房（Cabinet Office）が設置され，事務局の責任も強化された。内閣官房は議事録の作成だけではなく，議題の準備も行った。また，戦時内閣は多くの内閣小委員会を設置し，省庁間調整

や特別な課題を検討するために利用した（Jordan 1971）。

　このような国内の省庁間調整を行う内閣官房を支援する仕組みが，国際レベルにおいても応用されることになる。

◆ 執政レベルの国際化

　第一次世界大戦時の連合国は，通常の外交経路によるコミュニケーションでは不十分であると考えるようになり，1915年7月に最初の首脳会議が開かれた。その首脳会議で常設機関の設置が合意され，1916年1月に各国首相から構成される最高戦時理事会（Supreme War Council）が設立された。その基本的性格は諮問的なものであるとされたが，ここにはイギリスにおけるCID以来の諮問的方式の伝統が維持されていた。各国は各1人の書記官を連絡職員として任命し，彼らが共同事務局として恒常的接触を維持することになった（Hankey 1946）。この理事会と共同事務局の制度は，事務局が各国からの代表から国際公務員へと変化した上で，国際連盟における理事会と事務局の関係として受け継がれた。

　具体的な連合国共同管理制度としては，まず，1914年8月に軍服，銃等の競争買付けを回避するために，国際軍需品委員会が設立された。この国際軍需品委員会における調整方式は，当初は軍需関係省同士の直接的なものではなく，各国外務省を通した間接的な調整方式であった。しかし徐々に直接的接触が生じてきた。次に，1916年には，小麦管理の国際化のために小麦執行委員会（The Wheat Executive）が設立された。この小麦執行委員会にはイギリス，フランス，イタリアの3カ国が参加し，各国の小麦管理関係省間での直接的接触の方式が採用され，後の連合国共同管理組織（Allied Organization）のモデルとなった。ここでは，穀物の供給量，需給量を測定し，公平な分配を決定するという行政技術的にも高度な機能が遂行された。

　海運においても，1916年12月にフランスとイギリスの間の協定が締結され，17年1月には連合国海運委員会（Inter-Allied Shipping Committee）が設立された。しかし，この連合国海運委員会は，各国内における海運管理システムが不十分であり，大臣や各国内で責任を有する職員を委員会の構成メンバーとしなかったために，失敗に終わった。

　しかし，その後，1917年7月から8月にかけて状況が変わった。イギリス

の海運省の設立に見られるように，各国の国内管理が強化され，ドイツの潜水艦攻撃により船舶が減少するにつれて海運管理へのニーズが増大した。また，アメリカも第一次世界大戦に参戦した。このような状況の変化を受けて，1917年11月末からパリで開催された連合国会議において，イギリス，アメリカ，フランス，イタリアの4カ国で構成される連合国海運理事会（Allied Maritime Transport Council）の設立が決定された。

調整方式としては，単一の国際的執行委員会（International Executive Board with complete executive power, or International Board with full executive authority）の下での集権的管理が提案された。しかし，イギリスは，軍事戦略上の必要から各国が一定の自立性を維持する必要があり，また，管理対象となる船舶は世界各地に存在するため集権的管理になじまないとして，集権的管理の提案に反対した。その結果，情報交換と政策調整を主たる機能とする，小麦執行委員会型の原理に基づいた機関が設立された（Salter 1921）。

連合国海運理事会はイギリス，フランス，イタリアからの各2人の大臣とアメリカからの1人の代表によって構成された。また，日常的調整はイギリス，フランス，イタリアの事務レベルの担当者とアメリカのロンドン駐在大使館の担当者によって構成される連合国海運執行委員会（Allied Maritime Transport Executive）によって行われた。イギリスの担当者が，この連合国海運執行委員会の議長を務め，また同時に連合国海運理事会において書記官を務めることで，調整上の中心的媒介者となった。連合国海運理事会は1918年に4回開かれ，終戦とともに活動を停止した。

この第一次世界大戦時の連合国戦時共同管理の調整方法は，第二次世界大戦時にも連合国によって用いられた。具体的には，統合天然資源委員会（Combined Raw Material Board：1942年1月設立），統合海運調整委員会（Combined Shipping Adjustment Board：1942年1月設立），統合生産資源委員会（Combined Production and Resource Board：1942年6月設立），統合食料委員会（Combined Food Board：1942年6月設立）が利用された。ただし，第一次世界大戦時の小麦執行委員会，連合国海運理事会の主要メンバーがイギリス，フランス，イタリアであったのに対し，第二次世界大戦時にはイギリス，アメリカが主要メンバーであった。そして，イギリス，アメリカの間では，多くの場合，後者が資源提供者になっていたため，バランスのとれた相互関係が成立せず，紛争が絶え

なかった。また，武器，軍服などの共同購入や小麦の共同管理が統合機関設立のきっかけとなった第一次世界大戦時とは異なり，第二次世界大戦時のきっかけはゴム，金属等の戦略資源の共同管理の必要であった。

4 国際行政論の展開

連合国海運共同管理において大きな役割を果たしたソルターは，その経験を総括して，1921年に『連合国海運統制（*Allied Shipping Control*）』という著書をまとめた（Salter 1921）。この著書には，「国際行政の実験」という副題がつけられていた。また，1944年には『行政学評論（*Public Administration Review*）』誌上に「戦時統合機関から国際行政へ（From Combined War Agencies to International Administration）」という論文を発表し，第二次世界大戦時の統合機関の役割と意味を検討した（Salter 1944）。これらにおいては，以下のような国際行政論が展開された（城山 1997: 第1章第2節3）。

◆「直接的接触」の概念

ソルターは，連合国海運理事会の性格を，自ら執行的行動（executive action）を行うものではなく，各国政府の執行的行動に対して調査や勧告という手段によって影響を与えるものであると考えた。その際重要なのは，この連合国海運理事会が，委任された権限をもつ代表によってではなく，各国において執行的行動に責任をもつ大臣や職員によって構成されていたことであるとする。この現象は，国際機関が諮問的（advisory）か執行的（executive）かという従来の軸では説明できない。つまり，連合国海運理事会自体としては諮問的なものであるが，参加者が各国における執行責任者であるため，理事会の決定は実質的には執行的なものになるとする。ソルターは，このような新しい調整方式を「直接的接触（direct contact）」と規定した（Salter 1921）。

このような連合国海運理事会に関する認識に基づき，一般論として，ソルターは国際行政の2つの類型を提示した。第1の類型は，特定の部分的業務を諸政府が国際行政機関に委任するものである。例としては万国農事協会，ドナウ川に関するヨーロッパ委員会が挙げられた。万国農事協会の業務は執行的行動を伴わない科学的調査であり，ヨーロッパ委員会の業務は（たとえ執行的であったとしても）限定されたものであった。いずれの場合も，業務の性格，範囲，

Column ① アーサー・ソルター

ソルターは，1881年，イギリスのオクスフォードで生まれた。オクスフォード大学で古典等を学び，1904年夏に公務員試験を受験し，海軍省運輸部に就職した。1911年には，ロイド・ジョージ内閣の下で，国民保険制度の導入に関与し，その後，海軍省から独立した海運省において船舶の戦時徴用を担当し，その立場から，第一次世界大戦時の連合国による海運管理を連合国海運執行委員会議長として主導した。その後，第一次世界大戦後には，ドイツ賠償問題を管轄する賠償委員会事務総長，新しく設立された国際連盟経済金融部長に就任し，オーストリアの金融復興支援への対応等，国際連盟の活動の中でも実質的な成果が上がったといわれる経済社会面での活動を統括した。1931年には国際連盟を退職し，公務員としての経歴を終了させる。

その後，1930年代初期には2度にわたって中国等を訪問し，中華民国政府に金融財政に関する調査分析と政策アドバイスを提供した。また，オクスフォード大学教授も務め，議員としての活動も開始した。第二次世界大戦時には，再度，連合国共同管理に携わり，英仏調整委員会副議長となり，1941年から44年にかけては，海運ミッションの代表として，ワシントンに滞在した。また，終戦間際の1944年には，戦後復興を担うことになっていた連合国救済復興機関（UNRRA）の事務局次長にも就任した。

このように，ソルターは，国内官庁の行政官としてキャリアを開始し，国民健康保険制度の創設といったさまざまな国内行政課題や，連合国戦時海運共同管理や戦間期の国際連盟の下での国際金融問題といったさまざまな国際行政課題にかかわり，政策分野や国境をつなぐ行政という領域を切り開いていった（城山 2010）。

重要性が限定されている。第2の類型は，執行自体は各国政府が行うが，国際行政機関が重要な問題を扱い，影響力を行使し，調整を行うものである。この典型として連合国海運理事会の直接的接触を挙げる。この類型の場合，国際行政機関の権力は，各国政府による委任によってではなく，国際行政機関の連続的圧力，影響力によって生ずる。

● 第二次世界大戦時の戦時共同行政の評価

ソルターは，1944年の論文において，再び戦時共同行政の性格規定と評価を行っている（Salter 1944）。第1に，戦時共同管理組織は厳密に規定された形

態がなく，不安定であるが，これは欠点ではなく，実効性を確保し，漸進的適応を可能にするものであるとする。第2に，戦時共同管理組織への参加の有無は，一般的協力の有無によってではなく，特定分野におけるニーズ（必要）の有無によって決定されるとする。そのため，ソ連は第二次世界大戦時の連合国ではあるが戦時共同管理組織のメンバーではなく，カナダは統合生産資源委員会と統合食料委員会のメンバーではあるが，統合海運調整委員会のメンバーではなかった。第3に，戦時共同管理を破棄することなく，戦後の再建の要請に適応させていく必要が強調される。この点で，ソルター自身が率いた連合国救済復興機関（UNRRA）の活動が評価される。最後に，ソルターは一般的機関（general agency）の必要性も強調する。一般に，国際連盟の失敗は広範な目的をもちすぎたゆえであり，国際組織は特定の機能だけを果たせばよかったのだという議論があるが，このような見解をソルターは必ずしもとらない。ソルターは，一般的機関を設立し，特定機能遂行型の機関と連携させるべきだとする。ただし，巨大な国際組織を設立するべきではなく，一般的機関は下からの自然な成長によって形成される必要があるとする。

◆ ソルターの理論的認識の特質

これまで検討してきたソルターの理論的認識の特質として，以下の点を指摘できる。第1に，特に1944年の論文で明らかなように，ニーズに応じた組織の範囲設定を強調する点，漸進的適応を肯定的に評価する点で，基本的にはミトラニーの機能的方法との共通性が高い。第2に，国際組織を諮問的か執行的かに分ける分析を相対化した。各国に対する情報提供による間接的影響を目的とする万国農事協会と一定の直接的執行権力を行使するドナウ川のヨーロッパ委員会とは対照的な性格をもつものとされることがある。しかしソルターは，相対的に重要性の低い，特定の部分的業務が委託されたという点で，両者は同一の類型に入るとした。第3に，行政におけるレベル，対処する課題の重要性という次元を提出した。これは，ソルターの提示した国際行政の第1類型と第2類型とを分けるのみならず，第2類型における大臣レベルと責任ある職員レベルとを分ける分析次元ともなる。

●さらに読み進める人のために

☞ 城山英明『国際行政の構造』東京大学出版会，1997年。
  * 各分野の機能別国際組織や第一次世界大戦時の戦時共同行政の歴史的展開等を概観するとともに，機能別国際組織の一つであるITUの組織的展開，周波数配分，国際標準化や国際料金設定の制度と運用について分析している。

☞ 入江昭／篠原初枝訳『グローバル・コミュニティ——国際機関・NGOがつくる世界』（アジア太平洋研究選書4）早稲田大学出版部，2006年。
  * 平和・軍縮，人道援助，文化交流，開発，人権，環境といったさまざまな分野におけるNGOや政府間国際組織の具体的活動を，国際関係史の文脈に位置づける。そして，国家を越えたネットワークとしてのグローバル・コミュニティが構築される過程の歴史的分析を試みるとともに，NGOの説明責任や行動指針の必要性といった課題についても論じている。

☞ Craig N. Murphy, *International Organization and Industrial Change: Global Governance since 1850*, Polity Press, 1994.
  * 19世紀半ば以降の行政連合から国際連盟，国際連合に至る国際組織の発展と産業革命，産業化との相互関係を歴史的に分析している。その中で，科学技術との関係に着目した国際組織の世代論を提示する。さらに，国際組織による秩序提供が，必ずしも覇権国のリーダーシップがなくとも可能になる点に着目している。

第4章

一般的国際組織
国際連盟，国際連合

❶国際連盟の初会合（スイス・ジュネーヴ，1920年11月15日，Keystone/PANA）。

> 　国際連盟や国際連合のような，特定の分野に限定されない一般的な目的をもつ国際組織が創設され，集団安全保障機能等を担うことが期待された。ただし，現実の運用においては，一般的国際組織自体，機能的組織にならざるをえない側面があった。規定上，何でも行えるとしても，現実には一般的機能を果たすことは難しく，当初想定しない一定の機能を果たすことになる場合も多い。国際連盟の社会経済活動，国際連合の平和維持活動やアジェンダ設定のための国連世界会議はそのような例に当たる。ただし，国際連合の安全保障理事会は，「安全保障」の定義を柔軟に運用することで，一定のさまざまな分野に関する集権的コントロールの担い手となっており，特に冷戦後は各種の場やツールを用いて重要な役割を果たすようになっている。

1 国際連盟の制度と活動

◆ 国際連盟の設立

　第一次世界大戦後の国際連盟の設立と第二次世界大戦後の国際連合（国連）の設立は，国際行政の展開におけるひとつの画期をもたらした。それは，分野が限定されない一般的国際組織の創設，構成メンバーが世界大に広がる普遍的国際組織の成立，国際公務員制度という従来の事務局とは性格も規模も異なる制度の出現という3つの意味においてであった（城山 1997: 第1章第2節4）。

　国際連盟は，第一次世界大戦後のヴェルサイユ会議において，その設立が決定され，ジュネーヴに設置された。国際連盟は，連合国共同管理の方式を継承し，閣僚レベルの理事会（council）とそれを補佐する事務局（secretariat）をもつこととなったが，3つの点で変化があった。

　第1に，連合国共同管理が食料，船舶の共同管理というある程度限定された目的のための組織であったのに対して，国際連盟の連盟規約（Covenant of the League of Nation）の目的規定は一般的であり，行動範囲については国際連盟の組織に大幅な自由度が残された。

　第2に，事務局を構成する職員の性格が変わった。連合国共同管理を主導し，パリ講和会議の10カ国会議や4カ国会議にも書記官として参加したハンキーは，国際連盟においても，連合国共同管理の伝統を引き継ぎ，事務局は各国代表によって構成されることを主張した。それに対して，同じイギリス公務員の出身ながら，後に初代国際連盟事務総長となったドラモントは，事務局職員に「国際的性格（international character）」を求めた。最終的には，ドラモントの主張が受け入れられ，国際公務員制度（International Civil Service）が成立した。

　第3に，普遍的国際組織となったことを反映して，中小国を含めた多くの国が参画する枠組みが用いられた。全メンバーが一国一票制の下に参加する総会が設置され，制度化された。これは，1899年と1907年に開催されたハーグ平和会議における中小国が対等の資格で参画するという実践を受け継ぐものであった（最上 2006）。また，理事会にも一定の中小国が参加した。国際連盟理事会の構成は，当初，大国である常任理事国4カ国（イギリス，フランス，日本，イタリア）と中小国である非常任理事国4カ国の計8カ国であった。その後，常任理事国にはドイツが加わり，非常任理事国は1923年には6カ国，26年に

図 4-1 国際連盟の組織図

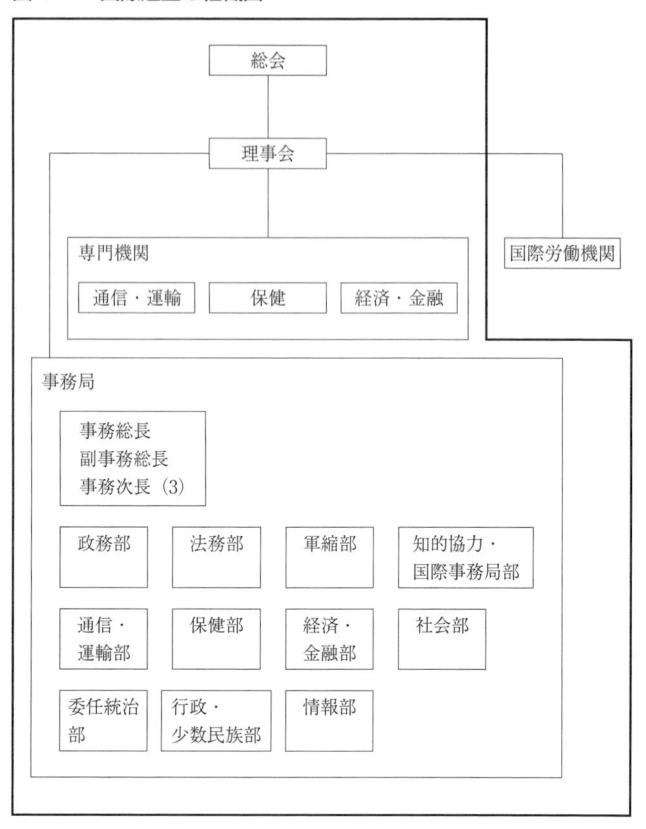

```
総会
 │
理事会
 ├─── 専門機関
 │    ├─ 通信・運輸
 │    ├─ 保健
 │    └─ 経済・金融
 │
 └─── 国際労働機関

事務局
  事務総長
  副事務総長
  事務次長 (3)

  政務部   法務部   軍縮部   知的協力・国際事務局部
  通信・運輸部  保健部  経済・金融部  社会部
  委任統治部  行政・少数民族部  情報部
```

は9カ国,33年には10カ国,36年には11カ国に増加した(篠原 2010)。

◆ 集団安全保障の試み

国際連盟においては,集団安全保障の仕組みの制度化が図られた。1915年にアメリカで設立された「平和強制連盟(The League to Enforce Peace)」における経済的軍事的制裁の仕組みの提案等がその背景にあった(篠原 2010)。具体的には,連盟規約第16条1項において,連盟規約によって禁止された戦争に訴える国は「他の総ての連盟国に対し戦争行為を為したるもの」(以下,国際連盟規約の条文は,篠原 2010: 付録を参考にした)とみなされるという規定がおかれた。その上で,経済制裁等の非軍事的制裁については第16条1項で,また,

軍事的制裁については第16条2項で規定された。

　しかし，このような規定には，運用に際して不明確な点が残っていた。第1に，制裁の前提となる規約違反をどのように認定するのかという問題があった。1921年に総会が採択した「規約第16条の適用に関する指針」は，規約違反の判定を個々の加盟国に委ねた。その結果，制裁措置をとるか否かの判断は，実質的には各国に委ねられていた。第2に，軍事的制裁に関しては，第16条2項において，理事会が「使用すべき兵力に対する連盟各国の陸海又は空軍の分担程度を関係各国政府に提案する」とされていた。そのため，提案には理事会での決定が必要であった。しかし，理事会での決定は全員一致（第5条1項）であったために，当事者が理事会にいる場合は意思決定ができない可能性が残った。また，そもそも連盟の軍事力のあり方について，フランスとイタリアは，ドイツの再侵略防止も念頭に，強大な軍事力を保持することを主張したが，アメリカとイギリスは，そのような立場は「国際軍事主義」だとして反対した（最上 2006）。

　理事会での決定への全員一致要求による麻痺を避けるために，一定の工夫も行われていた。理事会が紛争を審査し報告書を採択するという紛争審査「報告書」採択手続き（第15条4項）（報告が採択された場合，その勧告に応ずる紛争当事国に対して戦争に訴えてはいけないとされた）については，紛争当事国の同意は不要であるというN−1決定手続き（紛争当事国以外の国の同意で意思決定できる手続き）を規定した（第15条6項）。さらに，採択手続きを総会に移管する場合には（第15条9項），連盟国の過半数の同意で同様の効果をもつとした（第15条10項）。

　ただし，この集団安全保障メカニズムが，十分に活用されることはなかった。1931年9月の日本による満洲事変の際には，中国が連盟理事会に提訴したが，期限付きで日本の撤兵を求める決議の採択は日本の反対で阻まれた（最上 2006）。その後，1932年3月に特別総会が開催された。総会では，大国ではなく中小国が積極的に参加し，解決策の提案を目的として，日中を除く理事会メンバー12カ国，総会における投票によって選ばれた6カ国および総会議長の計19人による19人委員会が設置された。また，リットン調査団の派遣が理事会によって1931年12月に決定されており，翌年9月には報告書が完成した。このリットン調査団報告書が理事会で議論されるが，収拾がつかず，1932年

Column ② ウッドロー・ウィルソン

　ウィルソンは，1856年にアメリカのヴァージニア州で生まれた。1879年にプリンストン大学を卒業した後，研究・教育に従事し，ジョンズ・ホプキンス大学で博士号を取得した。1887年には「行政の研究（The Study of Administration）」という題名の行政学における古典的論文を執筆した。この論文で，ウィルソンはアメリカとヨーロッパ大陸諸国で異なるものの，行政に関してはヨーロッパ大陸の官僚制を移植する可能性を示唆する政治行政分断論を提示した（Wilson 1887）。1890年にはプリンストン大学に教授として戻り，1902年にはプリンストン大学学長となる。

　その後，政治の世界に入り，1910年にニュージャージー州知事に選出され，1期務めた後，12年にはアメリカ大統領に選出され，16年に再選された。第一次世界大戦後のパリ講和会議では，14カ条の平和原則を提示し，国際連盟の設立を主導した。ウィルソンは，アメリカの伝統的モンロー主義を国際秩序の一般原則として諸国民の独立が認められるべきであるという主張として理解し，モンロー主義をバランス・オブ・パワーに依拠しない世界の秩序原理として位置づけた。ただし，新世界における立憲主義を支える役割は，アメリカという特別な国に与えられていると考え，実際に，ウィルソン政権期も，積極的にラテンアメリカ諸国に介入した。そして，モンロー主義を世界大に拡張したものとして国際連盟を考え，国際連盟にも同様の特別な役割を期待した。しかし，アメリカ国内の国際連盟に対する反対者は，国際連盟に加盟すれば，ヨーロッパの政治動向にアメリカが巻き込まれ，伝統的モンロー主義を破壊することになると主張した（篠田 2010）。そして，アメリカの国際連盟加盟はアメリカ議会が拒否することになった。ウィルソンはその後，健康を害し，1921年には大統領職を離れ，24年に死去した。

12月には総会に移管された。総会では，調査団報告書に基づき作成された紛争審査報告書（満洲国の承認を否定するもの）が19人委員会において議論された。これをふまえて，1933年2月の総会において報告書は採択された。なお，リットン調査団の経費は当事者負担であり，日中が共同で負担した（篠原 2010）。

　1935年10月に本格化したイタリアのエチオピア侵攻に関しては，理事会決議が行われた。さらに，総会決議により制裁実施のための政府間会議が設置され，初めて制裁が実施された。しかし，その内容は経済制裁に限定され，さらに，石油・鉄鋼・石炭等の戦略物資は，日本，ドイツ，アメリカ等から供給さ

れるであろうという理由で、禁輸項目から除外された（最上 2006）。

このように集団安全保障メカニズムの利用は限定されたが、別の仕組みも利用された。連盟規約第11条1項には「戦争又は戦争の脅威は、連盟国の何れかに直接の影響あると否とを問わず、総て連盟全体の利害関係事項」であると述べ、「連盟は、国際の平和を擁護する為適当且有効と認むる措置を執るべきものとす」るという一般的措置を定めていた。1925年のギリシャ、ブルガリア間の国境紛争に際しては、連盟理事会がこの規定を援用して紛争予防のための迅速な行動をとった。1925年10月、ギリシャとブルガリアの国境において事件が発生した後、当時の連盟理事会議長ブリアンは両国政府に電報を送り、一切の軍事行動の停止を要請した。その後、連盟規約第11条に基づいて開催された連盟理事会は、この議長の行動を追認し、両国政府に対して、敵対行動の即時中止と、24時間以内の国境線内への兵力撤退を要請した。そして、この撤兵を確認するために、イギリス、フランス、イタリアに対して、若干の将校を現地に派遣して、理事会に状況を報告するように勧告した（香西 1991）。

このギリシャ・ブルガリア国境紛争事件をきっかけに、第11条を戦争予防の見地から活用することの重要性が認識されるようになった。1927年12月には連盟理事会によって「連盟規約第11条適用の指針」が採択され、31年には「戦争防止手段の改善のための一般条約」が総会で採択された（香西 1991）。また実際に、国際連盟は1920年代に総計で30近い紛争に関与した（篠原 2010）。

◆ **経済社会政策**

連盟規約第23条には、労働、婦人児童・阿片の売買、武器弾薬の取引、交通通過の自由、通商に関する公平なる待遇、疾病の予防・撲滅等に関して、国際連盟が関与することが規定されていた。この規定を基礎に、国際連盟は自らの下に多くの専門機関（Technical Organization）を設立した。経済・金融機関、通信・運輸機関、衛生機関、知的協力委員会等がその例に当たる。

例えば、経済・金融部門の活動については、第23条において「一切の連盟国の通商に対する衡平なる待遇」が求められているに過ぎなかったが、この規定を基礎に経済・金融機関等が設立され、活動を拡大させていく。連合国戦時共同管理の実務者であったソルターは、国際連盟事務局の経済・金融・運輸部長を依頼され、引き受けた。また、同じく戦時共同管理にかかわったフランス

のモネも国際連盟の要職に就いた（城山 2010）。

　1920年2月の連盟理事会において国際金融問題が課題として認識され，5月には常設組織として経済・金融機関を設置することが決定された。同年9月から10月にかけてブリュッセル国際金融会議が開催された。経済・金融機関の経済委員会は各国の通商政策の担当行政官，金融委員会は銀行家や行政官によって構成された。

　1922年8月のオーストリアでは財政危機とインフレ（物価上昇）が進行していたが，自己改革は進まなかった。そのような中で，通貨・金融の安定のために一定の政策的コンディショナリティ（条件）を課した上で，連盟が支援する公債を発行させるという試みが実施された。経済危機が外部からの介入の危機を生んでいるという安全保障上の危機の存在が，共同支援のインセンティブを各国に与えたのである。紙幣印刷の即時中止，財政支出の劇的コントロールという政策的コンディショナリティを課した上で，外国政府の保証による融資を可能にするという案が決められた。このオーストリア金融復興支援計画には，イギリス中央銀行総裁ノーマンも関心をもち，困難な融資交渉を主導した。その後，この方式はモデルとなり，他の地域でも実施された。

　ソルターが国際連盟を離れた後，国際連盟の経済・金融部門の仕事の性格に変化が見られるようになった。経済・金融部門をソルターから引き継いだのは，ラブディであった。ラブディは，初期の国際連盟の仕事は，崩壊した地域の緊急のニーズ（必要）への対応とともに通商に関する国際協定の締結であったが，協定締結の際に普遍的かつ各国同一の条件にしようとした結果，弊害も生じてきていると認識した。そのため，各国の状況の違いをより重視するようにし，国際連盟の会議の対象を特定の問題に関心のある限られた諸国に限定すべきであると考えた。具体的な活動例として，二重課税に関するモデル条約策定を挙げる。また，各国は常に新規課題に直面するため，他国の対応に関する情報を得たいと考えた。具体的には，住宅政策や栄養政策に関する国際連盟の情報共有機能を評価した。

　経済・金融機関をはじめとする国際連盟の専門機関では，諮問委員会（advisory committee）という方式が頻繁に用いられた。これは，各国の専門家，職員に直接的接触の機会を与えることによって問題を解決する試みでもあった。戦時共同行政における首脳，閣僚レベルでの直接的接触の試みが，より低いレ

ベルで応用されたともいえる。このような国際連盟において専門機関によって担われた経済社会活動は，安全保障分野での活動に隠れて目立たないものであったが，活動全体の中で大きな割合を占めており，一定の成果があったとされる (Ghebali 1975)。

2 国際連盟の行政運用

◆ 理事会の設計と運用

国際連盟は幅広い課題に対応することになっているため，このような対応を牽引する役割を担っている理事会をどのように運営するのかが，その実効性を規定する上で重要であった。

理事会は，設立された1920年には年12回開催された。しかし，1921年には年5回となった。その後，1929年以降は年4回開催され，欧州諸国からは外務大臣が参加する慣行が形成された (篠原 2010)。その結果，理事会はヨーロッパの外務大臣が比較的高い頻度で定期的に直接的接触を行う場となった。

しかし，このような理事会は，外務省にとっては大臣レベルでの直接的接触を確保するものであったが，他の分野の省庁にとってはそのようなものを保障するものでは必ずしもなかった。そのため，ソルターは当初，国際連盟の組織論においても，連合国戦時共同管理における直接的接触の原則が維持されることを望み，外務省を必ずしも介在させずに定常的な直接的接触を確立することをめざしていた。ソルターは，1919年5月，「国際連盟の組織に関するノート」という文書を作成し，その中では，国際連盟が各国の首都から離れたジュネーヴという田舎で，無国籍化した職員 (denationalized officials) によって代表され，情報もなくつまらない仕事を扱うだけになることを危惧した。そして，その対策として，各国がジュネーヴに国際連盟担当事務局 (Geneva National Secretaries) を設置するとともに，各国の省庁間の直接的接触を確保することが提案された。各国の国際連盟担当事務局と独立の事務総長をともに設置するというこの提案は，国際連盟事務局をめぐるハンキー案とドラモント案の折衷案のようなものであるといえた。それに対して，事務総長のドラモントは，事務局は各国代表を通して各国と接触すべきという，外務省回路を重視する見解を示した。その結果，直接的接触は確立するが，理事会代表等を通して接触するという妥協案が成立した。当時，イギリス外務省は，省庁間の直接的接触に

強く反対していた。そのためイギリスに関しては，内閣官房の承認のない直接的接触は禁止され，直接的接触の内容のコピーを外務省へ提出するという方針が決定されていたという。

しかし，国際連盟設立後の運用に即していえば，前述の経済・金融機関の経済委員会，金融委員会の運用に見られるように，実働部隊レベルにおいては各国の分野別省庁間の直接的接触が確保されたといえる。

◆ 国際公務員制度の設立と運用

国際公務員制度の成立は，行政技術的に大きな展開をもたらした。大規模な事務局職員の所属が国際連盟自体となったため，例えば採用，給与等の待遇，昇進，忠誠問題といったさまざまな行政問題が国内とは異なる文脈で提起された。

これらの行政的諸問題の扱いは国際連盟設立当初は明確ではなかった。その後，バルフォア報告（Balfour Report）において，事務局職員には国際的忠誠（international allegiance），国際的性格（international character）が求められるとされた。後者の具体的内容として，可能な限り能力のある者を採用すること，なるべく多くの国から採用することの2点が示された（Langrod 1963）。

また，1920年の第1回総会において，ノーブルメアを議長とする調査委員会が設置され，行財政組織の諸原則について検討を行い，21年5月の第2回総会でその報告が承認された。この報告では，第1に，待遇は最も待遇のよい国（この時点ではイギリス）以上とすること，第2に，採用は原則として試験によるものとするが，事務総長は他の方法を用いて採用することも可能であること，第3に，特に低いレベルのポストについては終身雇用とすることの3つの原則が定められた（Langrod 1963）。

国際連盟における国際公務員の数は，国際連盟事務局が最盛期であった1931年には，約700人であった（篠原 2010）。また，高いレベルの職員の任用においては，政治的配慮に基づく任用も行われた。例えば，1920年代には，事務総長，副事務総長，3つの事務次長ポストについては，常任理事国から採用するという慣行ができあがっていたという（篠原 2010）。

◉ 組織間関係——集権と分権

 一般的国際組織である国際連盟と国際電信連合，国際河川委員会等の既存の事務局（bureau），委員会（commission）との関係については，連盟規約第24条において，各機関との合意を条件に各機関を国際連盟の指揮（direction）下に置くことが規定された。しかし，多くの事務局，委員会は，国際連盟と協定を結び，その指揮下に入ることはなく，この点では国際行政全体として分権的な構造が維持された。

 他方，前述のように国際連盟は自らの下に多くの専門機関を設立し，そのプログラム，予算を連盟理事会のコントロールの下に置いた。また，国際労働機関（ILO）の予算も連盟理事会が決定した。このように多くの分野の活動を国際連盟自身が行うことを試みた点では，当時の国際連盟はきわめて集権的であったといえる。

 そのため当初は，通信・運輸機関と国際電信連合との間で，衛生機関と公衆衛生国際事務局との間などで，国際連盟と既存の事務局との間の管轄境界紛争がたびたび起こった。しかし徐々に，個々に協定を結ぶという形で，分業関係，協力関係が形成されていった。例えば，衛生機関と公衆衛生国際事務局との間では，1923年以降，密接な協力関係が形成された。そして，国際連盟衛生委員会の委員15人のうち9人が国際公衆衛生事務局常設委員会の委員となり，議長は同一人物であるという状態となった。

◉ ブルース報告——活動・政策手段の変質と組織的対応案

 1930年代においては，国際連盟の社会経済分野における活動は，安全保障分野における活動の停滞と比較して，きわめて活発なものとなっていた。このような状況において，1939年5月，国際連盟の理事会において，「技術的問題（technical problem）」を扱う国際連盟の機関の発展を検討する委員会を設立することが，事務総長の提案によって決定され，ブルースを議長とする委員会が組織された。

 ブルース委員会は最終的に，「経済社会問題における国際協力の発展（The Development of International Cooperation in Economic and Social Affairs）」という報告を1939年8月にまとめ，総会に提出した。しかし，当時すでに第二次世界大戦が開始されていたため，この報告における改革案が実際に実施されること

Column ③　新渡戸稲造

　新渡戸稲造は1862年に盛岡市で生まれた。1877年には札幌農学校に第2期生として入学し，81年に卒業する。その後，東京に出た後，海外に留学した。まず，1884年にアメリカのジョンズ・ホプキンス大学に入学し，その後，87年には，農政学，農業経済学を研究するためにドイツに留学し，ボン大学，ベルリン大学等で研究し，ハレ大学で博士号を取得する。1891年に教授として札幌農学校に戻り，農政学，農業史，農学総論，殖民論，経済学等を担当した。また，1900年には著名な『武士道』を英文で刊行した。1901年には，台湾総督府民政長官であった後藤新平の招聘により，台湾総督府で実務に携わる。研究・教育面では，1903年には京都帝国大学法科大学教授，06年には東京帝国大学農科大学教授，第一高等学校校長を兼任した。そして，1909年には東京帝国大学法科大学経済学科で植民政策講座を担当し，13年には専任となり，27年まで在職した。

　第一次世界大戦後は，1920から26年にかけて国際連盟事務次長を務めた。事務次長としては，フィンランド，スウェーデン間のオーランド諸島紛争の解決や，キュリー，アインシュタインといった物理学者やベルグソンといった哲学者も参加した知的協力委員会の設立と運用に寄与した（草原2012）。新渡戸が体系化した植民政策論においては，本国と植民地の関係における「相互の利益」が重視された。また，国際連盟の活動の中では，公衆衛生，阿片や人身売買禁止等経済社会政策領域における活動を評価していた（酒井2007）。1933年にはカナダのバンフで開催された太平洋問題調査会に団長として参加し，同年，ヴィクトリアにおいて死去した。

はなかった。だが，このブルース報告におけるアイディアが，第二次世界大戦後の国際連合における経済社会理事会の設立につながったといわれている。

　ブルース報告は，まず過去20年の経験によって，各国においては国内の政治体制を問わず，失業の防止，経済活動の大きな変動の防止，快適な住居の提供，疾病の防止等に関する政策がとられるようになったと分析する。同時に，コミュニケーション手段の高速化等によって，各国がより緊密に結び付けられた。また，各国の経済構造が類似なものとなってくるにしたがって，各国政府が直面する課題自体も類似性をもつようになってきた。その結果，相互援助，共通問題の共同研究，経験の蓄積とその共有の必要性や有用性が明らかになったとする。

そして，このような相互援助，共通問題の共同研究，経験の蓄積とその共有といった諸ニーズに対応すべき組織が，国際連盟であるとする。国際連盟の初期における活動の中心は，国際立法，すなわち多国間条約による義務の設定であった。このような活動の例は，阿片禁止事業に見ることができる。ところが，初期の国際連盟に多く見られた多国間国際立法活動はやがて減少し始める。まず，条約という形式を用いる場合でも，モデル条約を作成し，それを個別的状況に適応させて二国間条約として適用するという方式が用いられるようになってくる。また，条約による業務の設定によって対処されるような課題は減少し，課題の多くは，知識の伝播や，他者の経験の学習，相互援助によって対処されるべき性格の問題へと変わっていく。それに伴い，会議も，相互に義務を設定する場から，経験を交換する場へと，その利用形態が変質した。このような新たな活動の例としては，中国における予防接種をはじめとする予防手段の広範な適用の試み，マラリア委員会の現地調査活動，経済不況への対応策に関する経験の交換等がある。また，公衆衛生政策，租税政策，住宅政策，児童福祉政策等の分野においては，広くアイディアと経験が蓄積された。

　そして，従来の義務設定活動が条約という公示形式でまとめられることが多かったのに対して，新たな諸活動については，知識，経験を共有するために，理論的勧告という公示形式がしばしばとられた。そして，このような対応に際して重要なのは，新たなニーズとして認識された諸問題の相互連結性である。例えば，児童福祉の問題は，快適な住宅，十分な栄養といった諸問題と密接に関係しており，これらはまた，経済状況，交通設備，課税方法といったものに大きく依存している。

　最終的に，ブルース報告は，「経済社会問題のための中央委員会 (The Central Committee for Economic and Social question)」の設立を勧告する。この案は，2つの特徴をもつ。第1に，国際連盟理事会における調整とは切り離して，経済社会問題に関する調整機関として，中央委員会を設立しようとした。第2に，中央委員会には，国際連盟の非加盟国を加えようとしていた。

3 国際連合の制度と活動

◆ 国連の設立

　国際連盟が戦時行政と切り離されて講和会議で設立されたのに対し，国際連

合は，戦時中から構想されていた。1945年4月から行われたサンフランシスコ会議において議論され，終戦前の6月に国連憲章（Charter of the United Nations）が調印された。また，それに先立ち，1943年には連合国食糧農業会議が開催され，45年には食糧農業機関（FAO）が設立された。さらに，1944年にはアメリカのニューハンプシャー州ブレトンウッズで連合国金融財政会議が開催され，国際通貨基金（IMF）と世界銀行が組織された。

国連はさまざまな分野の課題を扱う一般的国際組織であるが，安全保障と経済社会活動を分離している点に第1の特質がある。例えば，理事会に関しても，安全保障理事会（安保理）と経済社会理事会は別個に組織化された。これは前節のブルース報告の方向性をふまえたものでもあった。つまり，安保理は国連の活動の方向を規定する重要な組織であったが，一般理事会ではなかったのである（城山 1997: 第1章第2節4）。

ただし，安保理の管轄範囲に関しては，柔軟な面もあった。憲章上，形式的には「国際の平和及び安全を維持し又は回復するため」（国連憲章第39条）として安全保障理事会の目的は限定されているが，これはいろいろなものに適用され，一定の「一般性」を運用上もつことになった。例えば，1990年代半ば以降の北朝鮮が国際原子力機関（IAEA）の協定に違反した核開発に際しては，北朝鮮のIAEAという機能別レジームからの脱退自体はIAEAレジーム上，合法であったが，このような脱退自体が，安保理によって，「平和に対する脅威」と認定されることになった。

また，安全保障という中核分野に関して，国連本体内部でも分権化されていた。例えば，平和維持活動（PKO）などの安全保障分野の活動であっても，通常，活動の意思決定は安保理においてなされる。しかし，安全保障理事会は総括管理機能をもたないため，予算については行財政諮問委員会（ACABQ）や予算を管轄する総会第5委員会が大きな役割を果たしている。

なお，冷戦下のソ連の拒否権行使という理由によって安保理の機能が麻痺した結果，1950年の国連総会において「平和のための結集決議」が採択された。これによって安保理の機能が大国の拒否権で妨げられた場合には，審議を安保理から総会に移し，総会が軍事力の使用を含む集団的措置を直ちに勧告しうることを明確にした。しかし，その後の実行において，総会の下での集団安全保障機能の強化という方向が実質的にとられることはなかった（香西 1991）。

図4-2　国際連合の組織図

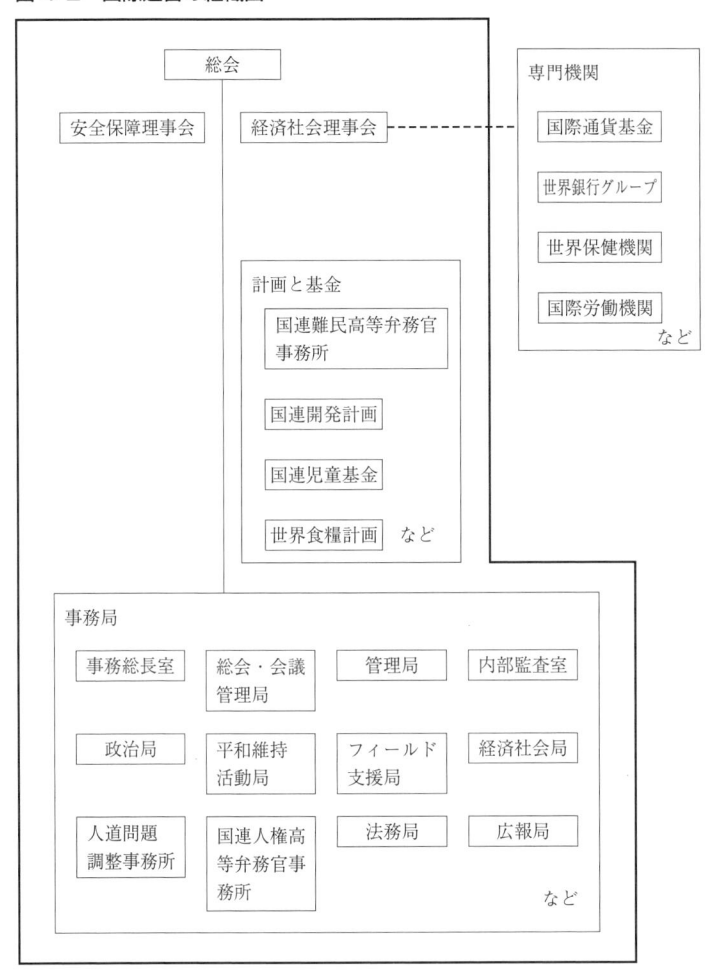

```
┌─────────────────────────────────────────────┐
│              総会                            │
│  ┌──────────┐  ┌──────────┐    ┌──────────────┐
│  │安全保障   │  │経済社会   │----│ 専門機関      │
│  │理事会    │  │理事会    │    │ ┌──────────┐ │
│  └──────────┘  └──────────┘    │ │国際通貨基金│ │
│                                │ └──────────┘ │
│              ┌──────────────┐  │ ┌──────────┐ │
│              │ 計画と基金    │  │ │世界銀行   │ │
│              │┌────────────┐│  │ │グループ   │ │
│              ││国連難民高等 ││  │ └──────────┘ │
│              ││弁務官事務所││  │ ┌──────────┐ │
│              │└────────────┘│  │ │世界保健機関│ │
│              │┌────────────┐│  │ └──────────┘ │
│              ││国連開発計画││  │ ┌──────────┐ │
│              │└────────────┘│  │ │国際労働機関│ │
│              │┌────────────┐│  │ └──────────┘ │
│              ││国連児童基金││  │       など    │
│              │└────────────┘│  └──────────────┘
│              │┌────────────┐│
│              ││世界食糧計画││ など
│              │└────────────┘│
│              └──────────────┘
│  ┌─────────────────────────────────────────┐
│  │ 事務局                                   │
│  │ ┌──────┐┌────────┐┌──────┐┌──────┐      │
│  │ │事務総 ││総会・会議││管理局 ││内部監 │      │
│  │ │長室  ││管理局  ││      ││査室  │      │
│  │ └──────┘└────────┘└──────┘└──────┘      │
│  │ ┌──────┐┌────────┐┌──────┐┌──────┐      │
│  │ │政治局 ││平和維持 ││フィールド││経済社会│     │
│  │ │      ││活動局  ││支援局  ││局    │      │
│  │ └──────┘└────────┘└──────┘└──────┘      │
│  │ ┌──────┐┌────────┐┌──────┐┌──────┐      │
│  │ │人道問題││国連人権 ││法務局 ││広報局 │      │
│  │ │調整事務││高等弁務 ││      ││      │      │
│  │ │所    ││官事務所 ││      ││      │      │
│  │ └──────┘└────────┘└──────┘└──────┘      │
│  │                                    など  │
│  └─────────────────────────────────────────┘
└─────────────────────────────────────────────┘
```

● **集団安全保障の限界と平和維持活動の実践**

　国連では、国際連盟に引き続いて、集団安全保障メカニズムの制度化が図られた。そして、具体的メカニズムが明確でなかった国際連盟の場合とは異なり、国連では、強制措置を発動する手続きが明示化された。

　まず、安保理が、平和に対する脅威、平和の破壊、侵略行為の存在を認定し、国際の平和と安全の維持または回復のために勧告することができる（国連憲章

第4章　一般的国際組織　77

第39条）とされた。そのような認定を基礎に，暫定措置の要請（第40条）や非軍事的強制措置の履行の命令（第41条，第43条）が加盟国に対して行われる。また，制裁手段として，経済制裁などの非軍事的措置とともに軍事的強制措置（第42条）が規定された。安保理は各加盟国との間に特別協定を締結し，国連の要請に応じて加盟国が提供すべき兵力の数や種類，軍事的便宜や援助の内容について，あらかじめ約束することになった（第43条，第45条）。軍事参謀委員会に関する規定も整備され（第46条，第47条），国際連盟においてフランス等が提案した「国際軍」構想が採用されたともいえる。

ただし，集団安全保障を発動する上で大きな役割を担うことになった安保理に関しては，5つの常任理事国に拒否権が与えられた。イギリスは，紛争当事国は安保理の意思決定過程から除外されるべきであるという考えを示していたが，ソ連はそのような考えに反対していた（最上 2006）。ソ連は，大国一致の熱心な唱道者であり，紛争当事国であっても常任理事国には投票権があり，拒否権が行使できるとしていた。また，アメリカも，当時継続中の戦争においても大国の協調が不可欠であること，米州諸国以外の軍隊による西半球の紛争への介入を阻止すること，自国の意思に反したヨーロッパ等への軍隊派遣を阻止すること，自国の国際組織への参加を実現すること等を考慮し，拒否権の行使に好意的であった。そして，最終的には，手続き事項については，11理事国のうちいずれか7カ国の賛成で十分であるが，その他の事項については，常任理事国の同意投票を含む7カ国の賛成が必要ということになった（西崎 1992）。ただし，何が手続き条項で何が非手続き条項なのかを決めることは，非手続き事項であり，この点での常任理事国の拒否権は残された（最上 2006）。

このように，すべての理事国の一致を求めた国際連盟に対して，常任理事国にのみ拒否権を与えた国連の安保理の制度設計の背後には，非常任理事国となった小国による妨害への危惧があった（西崎 1992）。他方，大国が拒否権を行使して安保理が麻痺してしまうことへの危惧も生じてくる。実際に，ソ連と西側諸国の関係が悪化する中で，国連軍組織化の一般原則（総兵力量，貢献兵力の平等のあり方，配置，兵站面での援助，任務終了後の撤退時期の明示）に関する合意ができず，結局，国連憲章第43条の特別協定が締結できなかった（香西 1991）。そして，ソ連が拒否権を行使するようになると，拒否権への不信感が高まり，2つの対応がとられるようになる。一方では，「平和のための結集」決議が採

択され，すべての国が平等な発言権をもつ総会の権限が強化された。他方では，安保理の承認がなくとも個別的および集団的自衛権を行使できると規定した憲章第51条に基づいて，アメリカはさまざまな国と集団安全保障条約を締結し，同盟関係を構築するようになる。

そもそも，常任理事国に対する拒否権を伴う大国間協調の制度化が，国際連盟の反省として適切かどうかという問題もある。国際連盟による集団安全保障措置に対抗した日本やイタリアといった国々は大国であった。日本，ドイツ，イタリアは第二次世界大戦の敗戦国として常任理事国からはずされている。その意味では，旧枢軸国に対する個別主義的安全保障は確保されていたが，将来的な大国の違反に対する集団安全保障が機能する保証はないともいえる（最上2006）。ただし，拒否権に伴うこのような問題があるものの，拒否権の行政的性格も理解しておく必要があるだろう。つまり，米ソを含む主要国の合意を条件にすることによって，国連に過度の仕事が期待されることを防いだという，需要制御機能もあったと思われる。

冷戦の進行もあり，集団安全保障措置が実施される機会は限られていた。実際には，朝鮮戦争の際に国連の軍事的強制行動がとられたにとどまる。1950年6月に，安保理は，北朝鮮の韓国に対する武力攻撃を「平和の破壊」と認定し，加盟国に対して，「武力攻撃を撃退する」ための必要な援助を韓国に与えることを勧告する決議を採択した。ただし，このような安保理決議が可能であったのは，ソ連の理事会欠席という偶然の事情による。また，枠組みが十分に整っていなかったため，経費は国連の枠内で賄われたのではなく，参加各国が負担することとなり，兵站面でのアメリカへの依存度が高かった（香西1991）。

冷戦後は，大国間での拒否権行使の可能性が減少することで，国連の集団安全保障措置の活性化への期待が高まった。実際に，1990年の湾岸戦争においては，国連としての集団措置がとられることはなかったが，安保理の認定と授権の下で，多国籍軍が軍事的制裁手段をとった。

しかし，冷戦後においても以下のような運用上の課題が残ったこともあり，軍事的制裁手段の活用は限定的であった。第1に，大国間で対象をめぐる意見の不一致が存在した。第2に，どの国が軍事的制裁手段の担い手となるのかという問題が存在した。政策に関心をもつ諸国間での負担分担の問題である。特

に，主要な手段を保持していたアメリカにおいて，軍人の死傷者に対する国内社会の許容限度が低下する中で，制裁の担い手の供給は限定された。第3に，大国への制裁が困難であるという，非対称性問題が残った。

このように，集団安全保障措置に基づく軍事的制裁手段の活用が限定される中で，実践を通して拡大してきたのがPKOである。PKOの原型は，紛争当事者間に国際部隊を配置することで，平和の維持を図るというものであった。その際，原則として関係国政府の同意が必要とされ，紛争当事者による一方的行為を抑止する手段として国際的プレゼンスが確保される。そして，そのような国際的プレゼンスを担う軍事部隊の構成は，当初は，中立性を確保するため，安保理常任理事国や特別利害をもつ国は排除されていた。

具体的には，1956年7月のエジプト政府のスエズ運河国有化に端を発する，スエズ動乱に際して実験された。同年10月にイギリス，フランス，イスラエルが軍事介入したのに対して，11月にカナダが緊急国際国連軍を編成し，派遣する決議案を提案し，採択された。そして，エジプトとイスラエルとの間に介在する部隊として「第1次国連緊急軍（UNEFI）」が派遣された。これは，集団安全保障措置とは異なり，非強制的手法を用いるものであった。

以後，このような経験を基礎に国連PKOが展開されていった。ただ，冷戦後は，規模や量が拡大し，国内紛争にも関与することになっていく中で，いくつかの原則が見直されていく。具体的には，合意を得る関係者の範囲，常任理事国の部隊の排除，国内的事態への利用の排除，武力行使の限定等については制約が緩和された（⇒第12章）。

◉ 経済社会政策，規範設定，緊急対応

国連は，先に述べたブルース報告もふまえ，経済社会理事会を設立した。経済社会理事会は，54カ国で構成され，経済的，社会的，文化的，教育的，保健的国際事項，そしてこれらに関係する国際事項を扱う（国連憲章第61条，第62条）。また，この経済社会理事会の下に，各地域において，地域経済委員会が設置された。例えば，アジア太平洋地域についてはアジア太平洋経済社会委員会（ESCAP）が，ヨーロッパ地域については，国連欧州経済委員会（UNECE）が設立された。

また，開発援助についても一定の活動を展開した。1948年の総会決議によ

って，国連事務総長の下での技術援助が許可され，拡大技術援助計画（EPTA）が設立された。EPTA は，各国による自主的拠出金を一元的に管理し，それを技術援助プログラムのために配分し，実施は各分野別の後で述べる各専門機関が実施機関として技術援助業務を行うというものであった。さらに，技術援助に加えて，世界銀行や二国間援助によっては充足されない資本の要求を満たすために，国連特別経済開発基金（SUNFED）の設立が提案された。このSUNFED 設立提案は，先進国や世界銀行が反対したため，採択されず，妥協案として，特別基金（SF）が設立された。この SF の目的は，資本の提供ではなく，投資に先立って行われる資源調査や開発計画策定などのための専門家派遣や機材供与に対する援助活動に限定された。そして，1966年，EPTA と SF が合併して，国連開発計画（UNDP）が設立された。

しかし，このような経済社会理事会や UNDP の役割は，活動や財政規模等の点で，限定的であった。国連は，経済社会分野も扱うことになっていたが，経済財政を担当する IMF や世界銀行のようなブレトンウッズ機関が別途設立されており，経済社会分野での国連の役割は小さかった。

また，第二次世界大戦後の脱植民地化の動きに対応して，発展途上国の国連加盟が増大するにつれて，経済的な南北問題において発展途上国の交渉の場としての国連の役割も高まった。1955年に開催されたバンドン会議を契機とするアジア・アフリカ・グループは，その後，国連本部で非公式会合を開催するようになり，1961年国連総会で「国連開発の10年」を提案した。そして，1964年には国連貿易開発会議（UNCTAD）が開催された。1970年代は，連帯する発展途上国と社会主義国に対して先進国が対峙するという構図が続いたが，1979年のマニラで開催された第5回 UNCTAD の場で発展途上国間に亀裂が生じ，このような対立構図は終了する（勝野・二村 2000）。総会といった一国一票の組織が発展途上国の意見を代弁し，大国中心の安保理と対峙するという構図は続いたが（最上 2006），経済社会政策における実効性は限定的であった。

しかし，他の領域で国連は一定の実効性を示した。国連が比較優位を発揮した領域として，第1に，規範設定が挙げられる。例えば，脱植民地化の進展自体，国民国家，主権国家という規範モデルの移植・増殖プロセスであった。国連設立時に51カ国であった加盟国の数が現在では200カ国近くになっている。

また，人権や環境への関心が挙げられる。人権に関しては，国連憲章前文に

おいて「基本的人権と人間の尊厳及び価値と男女及び大小各国の同権とに関する信念」を確認し，国連憲章第1条において「人権及び基本的自由を尊重するように助長奨励することについて，国際協力を達成すること」を国連の目的としている。その上で，1948年12月に世界人権宣言が採択された。具体的条約として，1966年に，「経済的，社会的及び文化的権利に関する国際規約」(国際人権規約A規約：社会権規約)，「市民的及び政治的権利に関する国際規約」(国際人権規約B規約：自由権規約)，「市民的及び政治的権利に関する国際規約の選択議定書」(B規約選択議定書) が採択された (横田 1998)。

実施メカニズムとしては，経済社会理事会の下に，人権委員会が設置され，1946年に個人の資格の委員からなる委員会として発足し，経済社会理事会に対して提案，勧告，報告書を提出することになった。また，A規約に基づき各国が提出する報告書を審議するために，1985年に経済社会理事会決議によって，「経済的，社会的及び文化的権利に関する委員会」が設置された。B規約に関しては，B規約に基づく各国からの報告書を検討し，勧告を行うとともに，締約国による人権侵害に関する他の締約国からの通報を検討するために，1976年に「市民的及び政治的権利に関する国際人権規約委員会」(B規約人権規約委員会) が設立された。さらに，B規約選択議定書の締約国に対しては，当該締約国の管轄下の個人からの人権侵害に関する通報を受理し，検討し，その通報に関して当該締約国に注意を喚起することになっている (横田 1998)。

さらに，2005年9月の国連首脳会合 (世界サミット) の成果文書によって，人権理事会が提案され，06年3月の総会決議によって，経済社会理事会の下の人権委員会に代えて，総会の下に人権理事会が設立された。具体的活動としては，各国の人権状況の普遍的・定期的なレビュー (UPR) がある。UPRは，国連に加盟するすべての国の人権状況を普遍的に審査する枠組みとして盛り込まれた制度であり，国連加盟国は4年半ですべての国が審査されることになっている。審査基準は国連憲章，世界人権宣言，当該国が締結している人権条約等であり，審査は，作業部会において，人権理事会理事国3カ国が1つのチームをつくって報告者となって行われる。なお，アメリカ等は，当初，人権に関する実績の優れた国に理事国を限定することを主張していたが，そのようにはならなかった。

アドホックな新規課題に対応して，新たな規範を設定していくという点では，

表4-1　1990年代に行われた主な国連世界会議

年	会議名	開催地
92	国連環境開発会議（UNCED）	リオ
93	世界人権会議	ウィーン
94	国際人口開発会議（ICPD）	カイロ
95	社会開発サミット	コペンハーゲン
	世界女性会議（WCW）	北京
96	国連人間居住会議（UNHABITAT）	イスタンブール

国連世界会議（UN Global Conferences）という手法が一定の役割を果たしてきた。環境に関して1972年に開催された国連人間環境会議（UNCHE）や，その後，1992年に開催された国連環境開発会議（UNCED）がその典型的な例である。1990年代には，表4-1にあるような世界会議が開催され，アジェンダ（議題）設定が行われた。また，このようなアジェンダ設定に基づき，各国内で担当する部局が設置されることも多かった。

　国連世界会議は，新たな規範を社会に根づかせていく規範起業家としての役割を果たしているといわれる。このような会議を実施する際には，通常，会議事務局長が任命され，行政的枠組みを作りつつ，政治的リーダーシップを発揮する（Schechter 2005）。例えば，リオで1992年に開催されたUNCEDにおいては，ストロングが事務局長として大きな役割を果たした。

　しかし，このような国連世界会議には運用上の課題もある。従来，このような世界会議においては，一定期間後に再検討会合を実施することもあったが，総会は，2003年に自動的に再検討会議を開催することを中止した。また，1970年代から90年代にかけては，アジェンダの拡大が進んだが，その結果，特定の課題への合意が困難になることもあった。そのため，実行可能性を高めるためには，課題の範囲を縮小する必要がある（Schechter 2005）。

　このような規範設定と並んで国連が比較優位をもっている領域として，緊急対応がある。例えば，国連難民高等弁務官事務所（UNHCR）が担当している難民対応等の人道援助がその例に当たる。UNHCRは1950年に総会決議によって設立された。難民対応活動については，国際組織の方で行政需要をコントロールしたり，対応する対象を選択したりすることはできず，発生した需要を

受け入れざるをえない。そのため，冷戦後，UNHCR の活動規模は急増した。国際社会における「最終手段（ラスト・リゾート）」としての機能を果たしているといえる。さらに，国内紛争に対する国際的な関心が高まる中で，国内避難民（IDP）も対応対象となってきている。

4 国際連合の行政運用

◆ 安保理の運用

　国連の運営の核となるのは，安保理である。安保理は，基本的には，対象領域を安全保障に特化している。しかし，「安全保障」の範囲は柔軟に再定義できる。例えば，気候変動等の課題を広義の安全保障問題として扱うこともあった。

　安保理は，主要国のさまざまなレベルでの直接的接触の場であると考えられるが，そのような場はさまざまなレベルでさまざまな形態で設定されてきた。その際，さまざまな非公式交渉が用いられるが，それには2つの理由がある。一つは，安保理メンバーあるいは紛争当事者，関心国・機関の間で率直な情勢分析や実質的な利害調整を行う必要がある。もう一つは，紛争当事者，関心国・機関，その他の加盟国や NGO 等，その紛争に利害・関心をもつ関係者となるべく広く協議を行う必要がある。その結果，以下のような場が用いられる（松浦 2009）。

　第1に，正式な安保理の会合である公式会合がある。決議といった法的拘束力のある決定や議長声明の採択は公式会合で行われる。首脳，外務大臣レベルで開催されることもあるが，通常は大使級である。議事進行は安保理議長が行う。決定は現在の安保理メンバーの総数である15票のうち9票（5常任理事国を含む）の多数決で行う。会合は，公開会合と非公開会合とに分かれる。公開会合には，事務局から紛争の最新情勢についての「ブリーフィング」を受ける場合，発言を希望する非メンバー国を招聘して「討論」を行う場合，すべての加盟国に発言の機会を与える「公開討論」の場合，決議案の票決や合意された議長声明の読み上げのための「採択」の場合がある。非公開会合は，機微な情勢について事務局から報告を受けるとともに紛争当事国との協議を行う「非公開討論」の場合，PKO 等に要員を派遣している加盟国が情報提供を受けたり，意見交換を行ったりする「PKO 要員派遣会合」の場合がある。

第2に，非公式協議があり，重要な役割を果たしている（北岡 2007）。非公式協議は記録を作成せず，出席者は大使級である。実質的な交渉の場として活用され，中心的な位置を占めるようになった。そのため，1990年代にはその閉鎖性が批判され，透明性が強化された。他方，その結果，実質的交渉はより非公式な場へと移転された。非公式協議の意思決定は全会一致であり，複数の議題を一回の協議でとりあげることができる。また，「その他の事項」でとりあげる具体的事案は公表する必要がなく，非公式性を保つ仕掛けのひとつとなっている。

　第3に，アリア・フォーミュラ会合がある。これは，安保理が招聘に合意できない紛争当事者などの関係者（武装反政府団体やNGOなど）の参加を得て協議するためのものである。これは，「安保理の会合」ではなく，安保理「メンバー」による非公式会合であり，安保理議長は司会をしないということになっている。場所も，国連外（メンバー国代表部など）で行われることが多い。

　第4に，より非公式な会合として，担当官級の専門家会合，大使級の「非公式・非公式」会合がある。専門家会合は，主として決議案・議長声明案交渉のために開催される。1990年代に，非公式協議の透明性向上や安保理の紛争介入活動の増大に伴い，役割が増大した。議長ではなく，議題リード国が議事進行を行う。「非公式・非公式」会合は，専門家会合を大使級にしたものである。

　第5に，全く非公式な会合として，例えば，安保理議長が月1回，安保理メンバー（大使のみ），事務総長，政務局長，PKO局長等を招いて行う昼食会もある。

　以上のような多様な場で用いられる手段も，多様なものとなっている（松浦 2009）。第1に決議がある。決議は公式会合における評決で採択される。第2に議長声明がある。議長声明は法的拘束力をもたない。これは非公式協議において，コンセンサスにより成立が確認される。反対派は，決議ではなく議長声明としての採択に固執することも多い。第3にプレス・ステートメントがある。これは，国連事務局による情報提供がいまだ行われておらず，詳細な分析が行えない場合に，安保理としてのとりあえずの評価を迅速に対外発信するために用いられる。

　例えば，2006年の北朝鮮によるミサイル発射実験，核実験に対しては以下のような手段が活用された。2006年7月5日に北朝鮮がミサイル発射実験を

実行した。それに対して，日本はいち早く決議の採択をめざし，15日に，安保理は，北朝鮮のミサイル発射に対する安保理決議第1695号を全会一致で採択した。これは，北朝鮮によるミサイル発射を非難するとともに，弾道ミサイル計画にかかわるすべての活動の停止を北朝鮮に要求するものであった。しかし，国連憲章第7章に基づく制裁措置を盛り込むことは，中国の反対もあり，アメリカと日本も最終的に断念した（北岡 2007）。その後，同年10月3日に北朝鮮外務省が核実験実施声明を発表したことに対して，安保理は7日に議長声明を発出し，深い懸念を表明するとともに，北朝鮮に対し自制を強く要請した。しかし，議長声明にもかかわらず，9日には北朝鮮が核実験を実行したため，安保理は14日には北朝鮮の核実験実施に対する安保理決議第1718号を全会一致で採択した。これは，核実験とミサイルの開発・発射の中止を要求するとともに，国連憲章第7章第41条に基づく経済制裁を実施することを決定するものであった。このプロセスでは，非常任理事国であった日本が大きな役割を果たした。

　このような安保理の運用に関しては，上記の北朝鮮の事例に見られるように，非常任理事国が一定の役割を果たす場合がある。しかし，一般的に常任理事国に権力が集中しているという課題がある。これは，拒否権に裏打ちされているだけではなく，作業方法に関する知識や継続的に関与している人材が常任理事国に集中しており，また，事務局への影響力をもっていることによる（松浦 2009）。

　そこで，1990年代後半から議題リード国という仕組みが作られてきた。議題リード国は，安保理におけるその議題の審議を管理する役割を担う。ただし，現実的には多くの場合，議題リード国は常任理事国であった。しかし，今後，常任理事国以外の主導国を確保する方法としては，複数の安保理メンバーによる共同リード国の形成，コア・グループの活用による安保理メンバーではない国の関与の確保もある。ただし，非常任理事国の理事会メンバーを活用する観点からは，一部地域では順送りで非常任理事国を選出しており，理事国となっても十分な能力・意思をもっていないという問題がある（松浦 2009）。

◆ 国際公務員制度の展開と運用

国連における国際公務員制度は国際連盟の経験を基礎に構築されており，以

下のような特色がある。

　第1に，国連憲章では，第98条，第99条において，事務総長のいわゆる政治的役割が規定された。第98条は，「事務総長は，総会，安全保障理事会，経済社会理事会及び信託統治理事会のすべての会議において事務総長の資格で行動し，且つ，これらの機関から委託される他の任務を遂行する」と規定している。第99条は，「事務総長は，国際の平和及び安全の維持を脅威すると認める事項について，安全保障理事会の注意を促すことができる」と規定している。しかし，何が政治的役割かは不明確であり，実際に事務総長がどのような役割を果たすのかには幅がある。ノルウェーの外務大臣から初代事務総長に就任したリーは，大国の意向と対立するようなときも自分の意見の公表を躊躇しなかった。それに対して，第2代事務総長であったハマーショルドは，当初は地味な行政官として活動していたが，PKOの端緒となった中東における国際緊急軍の設置やコンゴ問題への関与を通して自律的に活動するようになっていった。第7代事務総長のアナンも，就任当初は大国であるアメリカとの協力に努めたが，イラク戦争を通してアメリカへの批判的態度を強めていった（明石2006）。

　第2に，国連憲章第101条において，事務局職員に関してなるべく広範な地理的配分を確保することが明示的に規定されている。なるべく多くの国から採用すること自体は国際連盟時のバルフォア報告において国際的性格の内容として，すでに示されていたが，国連憲章ではこれが明示的に規定された。

　第3に，国連では詳細な人事制度が確立された。職員の分類としては4つのカテゴリー，13のグレードが提案され，給与についてはノーブルメア原則（国際連盟の際のイギリスとは異なり，国連についてはアメリカ連邦公務員の給与が基準）の維持が提案された。これらは人事行政における国連共通システム（Common System）の基礎となっていく。この共通システムには多くの専門機関が入っているが，IMF，世界銀行等の金融関係機関は入っていない。

　このような国際公務員制度の設計と運用に際しては，いくつかの課題が見られる。

　第1に，当初ソ連は，国連の中のさまざまな機関ごとに，事務局を組織すべきという要求をしていた。確かに国連の活動は，安保理と経済社会理事会が別途に組織化されたように，国連内の機能分化が見られるが，これを事務局レベ

ルで反映することを求めたといえる。しかし，このような要求は認められず，国連事務局としての一体性は維持された（Gordenker 2010）。

第2に，国際連盟の場合と同じく，国連の初期の運用においても，事務次長といったレベルのポストのうち，一定数が5つの常任理事国のポストとして固定されていた。その際，ソ連のように複数の候補を出さない国もあり，事務総長による人事権の発揮は制約されていた（Gordenker 2010）。このような事情もあり，事務局内のハイレベルでの調整は不十分であった。

第3に，発展途上国代表部の職員や国際公務員が，公共選択論（→第2章）で主張されるように，自己利益を追求することがある。発展途上国の国連代表部職員については，本国の意向が不明確ゆえに職員が一定の自律性を確保できるという事情がある。国際公務員についても，立場の弱さゆえに自己防衛のためにグループ間の貸し借りが行われるという事情がある（勝野・二村 2000）。

◆ 分権的セクター間調整

第二次世界大戦後の国連の下では，衛生機関，知的協力委員会，経済・金融機関といった国際連盟の専門機関の機能は，WHO，国連教育科学文化機関（UNESCO），IMF 等の，国連本体から財政上も政策決定上も自律性を獲得した専門機関（Specialized Agency）へと引き継がれた。このように，国際連盟の時にはその指揮下の専門機関であったものが，自律した専門機関となり，財政的に連盟理事会に従属していた ILO も自律した。そして諸機関の本部所在地も，ジュネーヴ集中から，国連本部（ニューヨーク），UNESCO（パリ），WHO（ジュネーブ），ILO（ジュネーヴ）に見られるように，分散した。この点では，国連システムは分権的であるといえる。

このような前提の下で，国連と各専門機関との関係は個別に協定によって規定されることになった。その協定では，多くの場合，総会の下部機関であるACABQが各専門機関の予算を点検し（決定権は各専門機関に存在する），また各専門機関は経済社会理事会に年次報告を提出することとされた。また，国連事務総長を議長とし，各専門機関（人事行政の共通システムのメンバーのみならずIMF，世銀なども入る）の総裁・事務局長（Executive Head）によって構成される行政調整委員会（ACC）が1947年に設立された。ACC は 2001 年から主要執行理事会（CEB）となった。

1960年代には，プログラム・レベルでの専門機関間の調整を促進するため，計画調整委員会（CPC）が総会，経済社会理事会の下部機関として設立され，また，技術援助のための国連システムの自主的拠出財源を一元的に管理して各専門機関に配分するUNDPも設立された。ただし，このような仕組みは必ずしも実効的ではなかった。

　他方，人事行政に関しては共通システムが確立し，制度的にも1948年に成立した国際人事諮問委員会（ICSAB），1974年に成立した国際人事委員会（ICSC）がともに一定程度，機能した（Beigbeder 1987）。ただし，人事運用を一元的に行えるわけではなかった。

5　国際行政論の対応
対象の限定

　20世紀半ばには，国際連盟の経験を基礎とした国際行政論の分析が公表されるようになる。例えば，ランスホーヘン・ヴェルトハイマーは1945年には『国際事務局（*The International Secretariat*）』という著書（Ranshofen-Wertheimer 1945）をまとめ，自らの国際連盟における経験を総括した。また，同じく国際連盟で経済社会部門を担当していたラブディも，1956年には『国際行政の省察（*Reflections on International Administration*）』という著書（Loveday 1956）をまとめている。

　この時期の議論は，ソルターの戦時共同行政の分析や以前の国際行政連合等の分析と比べた場合，以下のような特色をもっていた。第1に，関心の焦点が国際連盟という一般的国際組織の活動，それも階統制的構造，官僚制的構造をもつ事務局の活動に収斂してきた。ラブディは，委員会制度にも関心をもっていたが，これはむしろ例外的であった。また，ラブディの関心も委員会制度の中でも諮問委員会制度に重点があったという意味では限定されていた。第2に，関心対象が国際公務員，諮問委員会に限定された上で，それらに特有な性格，行動原理として国際的性格や論理的討議が示され，それらが，政府代表の性格や政府間交渉の行動原理と対照された。第3に，国際公務員制度という分析対象が生じることによって，人事，財務を対象とした国内行政学の伝統的視角が応用された。ランスホーヘン・ヴェルトハイマーは，国際行政を国家間関係に適用された管理であり，階統制的に組織化されているものへと限定した。

しかし，ラブディ自身が的確に述べているように，国内公務員制と国際公務員制とは環境，規模，多様性において全く異なり，国内の論理をそのまま持ち込むことはむしろ逆効果であった。

また，その後もこの傾向が維持された。ラングロッドは，1963年に『国際公務員（*The International Civil Service*）』という著書（Langrod 1963）をまとめている。この著書においても，官僚制的構造をもつ安定的要素である国際公務員制に主要な分析対象が限定されている。これらは，行政活動を階統制，官僚制の活動に限定する過度の国内類推であったといえる。

●さらに読み進める人のために

☞ 西崎文子『アメリカ冷戦政策と国連 1945-1950』東京大学出版会，1992年。
  * 第二次世界大戦後，5年間のアメリカの冷戦外交と国連の関係を，安保理の拒否権問題に焦点を絞って論じる。それを通して，平和の定義や達成手段にかかわる思想的対立構図を明らかにしている。

☞ 松浦博司『国連安全保障理事会——その限界と可能性』東信堂，2009年。
  * 安保理の制度と運用について，多様な公示文書や会合（公式会合，非公式協議，より非公式な会合など）を活用する手続きに着目し，日本政府国連代表部政務部における実務経験に基づいて，詳細に論じている。

☞ 酒井哲哉『近代日本の国際秩序論』岩波書店，2007年。
  * 戦前期日本における早熟なトランスナショナリズムや，カーの議論とも共鳴する国際連盟批判，そして，このような議論が帝国秩序に収斂されたことへの反作用としての，戦後日本における国連集団安全保障措置等の国際秩序への懐疑的態度を分析している。

第5章

国際行政組織の展開と改革

国連改革，官民連携，貿易組織，主要国組織

❶第1回主要国主脳会議（サミット）に参加した各国主脳。左から，モロ首相（イタリア），ウィルソン首相（イギリス），フォード大統領（アメリカ），ジスカール・デスタン大統領（フランス），シュミット首相（西ドイツ），三木武夫首相（日本）（フランス・ランブイエ，1975年11月17日，AFP＝時事）。

> 国際連合は，特に経済社会分野においてその役割には限界があり，マネジメント上の問題も認識され，さまざまな改革が試みられてきた。また，重要な役割を果たしてきた安全保障理事会についても，実効性と正当性を確保するための改革が志向されてきた。さまざまな官民連携の実験も行われ，国連以外のさまざまな組織も活用されてきた。経済分野においては，GATT/WTO が，貿易を切り口としつつ，非関税障壁という観点から横断的に各国の規制レビューにも関与することで，一般的国際組織の役割を果たしてきた。また，先進国間関係の調整に関しては，OECD，G7，G8 といった組織が大きな役割を果たし，近年では新興国も含む G20 も活用されている。このようなさまざまな組織の比較優位，役割分担についても検討する。

1 国連改革

国際連合（国連）をめぐっては，さまざまな改革論が論じられ，実施されてきた。どのような分野を対象に，どのような観点から組織改革を論じるのかについては，国内における行政改革論と同様，多様なものが存在した。以下では，表5-1に概略を掲げた，経済社会分野における2つの改革報告と，安全保障分野における具体的改革の試み，アナン事務総長の下で行われた組織・運用改革を素材として，国連改革の多様性を示しておきたい。

◆ ジャクソン報告──事業レベルでの機関間調整問題への対応の試み

経済社会分野では，経済社会理事会や国連開発計画（UNDP）を強化することで，国連本体と諸専門機関によって構成される国連システムの調整問題を解決しようという試みがなされてきた。その一環として，1966年に設立されたUNDPの管理理事会の委託により，ジャクソンを議長とする専門家委員会が組織され，国連システムの開発政策に関する能力（capacity）の研究がなされた。ジャクソン委員会は，1969年に，総計500頁以上にのぼる，『国連システムの能力の研究（*A Study of the Capacity of the United Nations Development System*）』という報告書（以下，ジャクソン報告）をまとめた。

ジャクソン報告の焦点は，UNDPと各専門機関との間の分権的組織間関係であった。ジャクソン報告は，専門機関の自律性によって，「機関側からの売り込み（agency salesmanship）」や，多くの場合，専門機関から派遣される専門家の質の問題が生じていると考える。そして，分権的構造の下でのUNDPと専門機関の対立には，創造的思考を刺激するものとして評価できる面もあるが，事業プログラムの能率的管理の観点からは問題があり，集権化すべきだとする。

ジャクソン報告における改革案の前提となる基本的認識は，国連システムのうち開発にかかわる部分である国連開発システムの機能は事業（operation）である。これは，従来の国連システムにおける事務局（secretariat）の機能，すなわち基準設定，情報交換，討議等とは，かなり性格が異なるというものである。この国連システムにおける事業機能と通常機能の対比は，国内でいえば，国営企業と通常の政府サービスの対比に相当するものだとされた。そして，ジャクソン報告は，異なった機能は異なった扱いを必要とすると主張する。具体

表 5-1　国連改革の比較

	ジャクソン報告 (1969 年)	ベルトラン報告 (1985 年)	安保理改革 (アナン事務総長) (2003-05 年)	組織運営改革 (アナン事務総長) (1997-2005 年)
対象	国連開発システムの事業活動	国際組織の概念	安保理常任理事国メンバーとその役割	国連システム
問題意識	UNDP と専門機関間の調整不全	「世界組織」の役割に関する知的混乱	安保理による効率的資源動員と正当性確保	事務局におけるリーダーシップ強化、総会の戦略的指導力強化、受入国レベルでの一体的行動、行政効果・効率性増大
対応策	事業活動分野における統合的管理的アプローチ	「世界組織」が交渉・コンセンサス追求を支援する分野と管理的役割を果たす分野の峻別、経済安全保障理事会の設置	常任理事国の拡大と新常任理事国への拒否権の非付与、安保理作業方法の改善	副事務総長・運営幹部会設置、ミレニアム目標による管理、事務総長の CAO としての役割確認、マンデート再検討、システムの一貫性確保

的には，国連開発システムにおいては，従来の国連システムにおける断片的アプローチに代わって，統合的管理的アプローチが必要であるとする。そして，ジャクソン報告は，理論的には国連と各専門機関の一体化による完全なコントロールが望ましいと考えた。しかし，その一体化に伴う諸困難を認識しているため，UNDP の改造による，実効的管理による適度なコントロール（reasonable control）で満足するという路線を選択した。この後者の路線，すなわち主に管理，財務手続きの修正による改造であれば，国連憲章の改正も必要ないため，政治的にはより容易だというわけである。

　そのような路線の下で，ジャクソン報告は開発協力の運用に関して 3 つの原則を提示する。第 1 に UNDP 総裁が全体的責任を負い，第 2 に可能な場合に委託を用い，第 3 に専門機関の自動的かつ排他的な利用はやめる，というものであった。ジャクソン報告は，専門家派遣における遅れや質の問題に対処するためにも，専門機関の排他的な利用に代わる委託の利用を重視していた。また，ジャクソン報告は，国際開発協力システムにとって，人的資源は，物的資源以

上に重要なものであるという基本的認識をもっていた。そして、新しくかつ柔軟性のある専門職として、国連開発職員（United Nations Development Service）の設立を考えることが必要かつ重要であるとした。

　このようなUNDPによる統合化の試みは、UNDPの管理する財源がそもそも限られていたことや国連開発職員構想が実現しなかったこともあり、必ずしも成功したとはいえない。しかし、専門機関との自動的かつ排他的な関係の修正という点は、実現していく。国際開発協力システムの統合という試みが成功しなかった背景には、そもそも国連システムにおいては、資金が重要資源である事業活動の比率が相対的に小さく、財政によってコントロールすることには限界があった。さらに、国際行政においては、個別の目的ごとに資金を調達するという予算外資金が幅広く利用されており、財政的コントロールは限定的かつ分散的な性格を免れなかった。

◆ ベルトラン報告──直接的接触の再発見

　ジャクソン報告以降も、国連ではさまざまな業務改革の試みが行われていた。例えば、ジャクソン報告の前年、1968年には、国連システム共通の監査主体として、合同監査団（JIU）が設立された。JIUは1960年代末以降、プログラム予算制度や、採用や人件費等の人事制度にかかわるさまざまな報告書を提出した。

　このような動きの一方で、国連システムは、1970年代後半から80年代にかけて大きな変動に見舞われた。1970年代末には、アメリカは、国際労働機関（ILO）の活動の政治化、偏向等を理由に、ILOから脱退し、84年には、政治化、誤った管理（mismanagement）を理由に国連教育科学文化機関（UNESCO）から脱退した。そして、1985年には、イギリスもUNESCOから脱退した。また、アメリカは、国連に対する分担金カットを実行し、国連システムは財政危機に陥った。

　このような状況の中で、JIUの監査官であったベルトランは、1985年、『国連の改革に関する若干の考察（Some reflection on reform of the United Nations）』（A/40/988）という報告書（以下、ベルトラン報告）をまとめた。このベルトラン報告は、国際組織の機関決定により委員会を組織してまとめられた報告書ではなく、JIUのルーティーンの報告書としてまとめられたものであった。

ベルトランは，1960年代以来 JIU において，予算の作成方法や，人事制度の改革に関する報告書の作成に関与した管理問題の専門家だった。しかし，ベルトランは1985年の報告書では，考察の対象を広げ，国連の概念，「世界組織（World Organization）」の概念自体を問題にし，世界組織の役割に関する知的混乱が起こっており，その誤解が有害の効果を及ぼしていると主張した。

　このような知的混乱はさまざまなかたちで現れる。例えば，国際連盟以来の「世界組織」を連邦政府（federation）や超国家（super-state）とみなしたり，国際組織における階統制的に組織化された事務局を，国内行政における階統制と同一視したり，国連総会決議を国内における決定と同一視したりという誤りをおかしてきたとする。ベルトランは，本来「世界組織」の機能は，交渉（negotiation）やコンセンサス追求（seeking greater consensus）であるが，それらを人々は管理（management）機能と取り違えてきたのだとする。

　このような認識に基づき，ベルトランは，国際組織の活動をコンセンサスの程度に応じて2つに類型化する。第1の類型は，コンセンサスの程度が高い分野における活動である。この類型の問題は管理的（managerial）であるといえる。具体的には，国連難民高等弁務官事務所（UNHCR）の活動，交通，通信，気象，統計，衛生等の分野における，情報収集活動，技術標準化活動等がこれに当たる。しかし，この第1類型に属する活動は，国連の支出全体のうち20％にすぎない。第2の類型は，コンセンサスの程度の低い分野における活動である。ここでの課題は交渉である。具体的には，平和・安全に関する活動，開発に関する活動，人権，国際法について議論する世界フォーラムに関する活動がこの類型の活動に当たる。そして，国際組織の活動においても管理問題が存在することは認めるが，その比率が小さいことを強調する。

　ベルトランにとっての改革の前提は，「世界組織」の機能に関する概念の転換である。「世界組織」を，管理の場としてではなく，交渉の場として確認することが，改革の前提となる。しかし，認識の転換だけで，改革が生じるわけではない。重要なのは，交渉を可能にするさまざまな制度的技術の問題である。具体的には，問題発見のための構造，交渉機関の構造，メンバー国の代表団（delegation）の構造が重要であるとする。そして，ベルトランは現段階での「世界組織」の組織技術として，以下の2つの現象に注目する。第1は，欧州共同体（EC）の用いている組織技術である。EC は伝統的な国際組織の三者構

成(総会,理事会,事務局)の組織技術ではなく,理事会(Council)と委員会(Commission)という二者構成の組織技術を採用した。理事会は閣僚レベルで構成される点で他と異なり,委員会は,分野別ではなく統合された構造となっている点で他と異なる。第2は,西側のサミット(主要国首脳会議)が用いている組織技術である。閣僚レベル,首脳レベルによって構成される制度という点では,ECの理事会と類似しているが,サミットに常設事務局はない。

　以上の議論に基づいて,ベルトランは「経済国連」の創設を提案する。この経済国連では,対象課題は,平和・政治問題を除いた,経済問題に限定され,閣僚レベルで構成される「経済安全保障理事会」が設置される。また事務局は,分野別のものではなく,幅広く分野横断的な中央事務局(interdisciplinary central secretariat)となる。

　このように,ベルトランは,「世界組織」の役割として重要なのは管理ではなく交渉であることを強調し,ECの理事会や西側のサミットのような交渉を促進する固有の組織技術の重要性を強調した(ベルトラン 1991／原著1986)。これは,「直接的接触」(⇒第1章,第3章)の再発見と位置づけることができる。

　このような理論的な問題提起は,ECにおける理事会や西側のサミットの利用拡大といった現象は見られたが,そのまま実施されるものではなかった。他方,アメリカの国連分担金留保等を背景に,国連における一定の行財政改革は実施された。国連では,1985年に日本主導で国連行財政改革のための賢人会議が提案され,18人の専門家による政府間専門家委員会が設置された。そして,途上国や事務局の反対があったにもかかわらず,通常予算の局部長ポストの25%削減,予算決定におけるコンセンサス方式の導入,通常予算の原則ゼロ成長等が決定された(明石・高須ほか 2008:第5章)。ベルトラン自身もこの18人委員会に参加していたが,ベルトランの観点からは必ずしも満足できるものではなかった(ベルトラン 1991:第5章)。

◆ 安保理の改革

　安全保障理事会(安保理)の常任理事国は特権的な地位をもち,それゆえに,効率的かつ実効的な紛争への関与が可能になっている面がある。他方,安保理の業務は常任理事国の処理能力を超えつつあり,また,正当性を確保するためにも関与者の増大が望ましいという面がある。そのような観点から,安保理の

改革が常任理事国の拡大を焦点として，議論されるようになってきた。

　2003年後半からは，安保理改革の機運が徐々に高まり，ブラジル，ドイツ，インド，日本の連携（G4），アフリカ連合（AU）諸国，コンセンサス・グループ（UFC）等が常任理事国の議席等に関する各々の主張を展開した。G4が安保理の常任理事国入りをめざすのに対して，AUはアフリカからの新たな理事国を他の案以上に増加させることを求めた。他方，UFCは安保理の常任理事国の拡大自体に反対しており，アメリカは新たな理事国の数を抑制し，新規常任理事国には拒否権を与えないことを主張していた。G4案とAU案は比較的近いものであったが，結局両案の一本化はならず，G4案はUFC，アメリカ，中国から反対された。結局，当初の目標とされていた2005年9月の国連世界サミットまでの決着は実現しなかった。

　その後，安保理改革のうち，安保理の作業方法の改善については，2006年に日本が主導して作業が進み，7月に安保理の作業の透明性向上のための安保理の議長ノート（S/2006/507）が発出された。また，安保理改革全体に関しては，安保理改革に関する作業部会において検討が進められ，2008年9月に，政府間交渉を開始するという勧告を含む作業部会報告が総会で採択された。そして，2009年2月から政府間交渉が開始され，新理事国のカテゴリー（常任・非常任どの議席を拡大するか），拒否権，地域ごとの代表性，拡大数と安保理の作業方法，安保理と総会の関係といった要素について，議論が行われた。ただし，なかなか議論は進展せず，G4も2010年9月に5年ぶりに行われた外務大臣会合に見られるように活動を再開している。

　このような対立の背景には，これらの安保理改革案がもつゼロサム的政治の性格がある。ある国が改革案を通すことに成功した場合に，周辺国が脅威を感じるのである。総会の3分の2の賛成（全常任理事国を含む）を安保理改革の意思決定の条件とする国連においては，意思決定は容易ではない。

　常任理事国の拡大以外の制度的選択肢も考えることができる。例えば，非常任理事国の選出基準の明示化，安保理の情報開示の強化といった方策が考えられる。

　また，2005年の国連総会において設立が決定された平和構築委員会は興味深い。この平和構築委員会は，安保理が本来担っていた平和維持や政治的手段のみではなく，紛争解決後の平和の定着（和平プロセスの促進，人道・復旧支援，

国内の安定・治安の確保），国づくり（復興・開発支援），紛争再発予防といった事項についても一体として支援を行っていくことが期待されている。また，平和構築委員会は，安保理から常任理事国を含めた7カ国，経済社会理事会から7カ国，資金提供および要員派遣の上位それぞれ5カ国の計10カ国，および総会が決定する7カ国の総計31カ国によって構成されている。これは，運用次第では，安全保障理事会メンバー以外の諸国が広義の安全保障に関与できる興味深い手段であるといえる。

◉ アナン事務総長の下での組織・運営改革

アナン事務総長は，1997年7月に，『国連の再生（Renewing the United Nations: A Programme for Reform）』（A/51/950, 1997）という報告書を提出した。この報告書では，国連が行うべき中心的な活動として，平和と安全保障，経済社会，開発協力，人道，人権の5分野が提示され，これらの活動を実施する際のリーダーシップ・マネジメント構造が構想された。具体的には，事務局におけるリーダーシップ能力の強化，総会の戦略的指導力の強化，受入国レベルでの国連システム諸機関のより一体化した行動，行政の効果・効率性の増大，開発のための配当の創造，市民社会への働きかけ，コミュニケーション文化の構築等が掲げられていた。

事務局におけるリーダーシップ能力の強化に関しては，1997年の総会で全体調整を担う副事務総長の設置が承認され，98年に副事務総長が任命された。そして，副事務総長，事務次長による運営幹部会（Senior Management Group）を設置することで，事務局内調整を進めた（勝野・二村 2000, Gordenker 2010）。

また，2000年9月に開催されたミレニアム・サミットにおいて「ミレニアム宣言」が採択され，ミレニアム開発目標（MDGs）が設定された。「ミレニアム宣言」は，①価値と原則，②平和・安全・軍縮，③開発と貧困撲滅，④環境保護，⑤人権・民主主義・グッド・ガバナンス，⑥弱者の保護，⑦アフリカの特別のニーズへの対応，⑧国連の強化を志向するものである。そのような目標への達成度を測定する指標として，1990年代に行われた国連が主導したさまざまな世界会議で合意された目標を総合する形で，MDGsが設定された（⇒第13章）。

このようなMDGsの管理には，国連システム全体で目標による管理を導入

Column ④ コフィ・アナン

　アナンは，1938年，英領ゴールドコースト（現在のガーナ共和国）アシャンティ州クマーシで生まれた。1958年にクマーシ科学技術大学を卒業し，その後，アメリカに留学し，61年にはマカレスター大学経済学部を卒業した。さらに，1961年から62年には，ジュネーヴのスイス国際高等大学にも留学した。

　1962年に，世界保健機関（WHO）の行政・予算担当官として国際組織の職員となる。それ以後，アジスアベバの国連アフリカ経済委員会，ジュネーヴのUNHCR等で勤務し，ニューヨークの国連本部では，人事管理担当事務次長補，1990年から92年にはプログラム企画・予算・財務担当事務次長補兼財務官を務めた。主に国連の行財政分野の経験を積み上げてきたといえる。その後，1992年から93年には平和維持活動（PKO）担当の事務次長補となり，93年から96年には事務次長となった。この時期は，ちょうど国連のPKOが急拡大していた時期に重なる。1995年11月から96年3月には，「デイトン和平合意」を受け，国連事務総長特別代表として旧ユーゴスラヴィアに派遣され，国連保護隊（UNPROFOR）から北大西洋条約機構（NATO）主導のボスニア和平実施部隊（IFOR）への引継ぎを監督した。

　そして，1997年から2006年まで国連事務総長を務めた。国連事務局職員出身の事務総長は初めてであった。事務総長としては，さまざまな次元での国連改革に取り組んだ。1997年には『国連の再生』という報告書を，2000年には『我ら人民――21世紀の国連の役割』という報告書を提出し，「ミレニアム宣言」の採択を主導した。2001年4月にはHIV／エイズ蔓延に関して5項目の「行動への呼びかけ」を提示し，官民連携組織である世界保健基金の設立につなげた。また，民間部門と国連のパートナーシップをめざす「グローバル・コンパクト」という仕組みも構築した。なお，2001年には，国連事務総長在任中に，ノーベル平和賞を受賞している（国連広報センター）。

したという意味で，国連システムにおけるNPM（ニュー・パブリック・マネジメント）の導入という側面がある。NPMにおいては，財政や人事を手段とする伝統的管理メカニズムとは異なり，明確な目標設定を行った上で，その目標を達成しているか否かを評価することを通して，柔軟な管理を行うことがめざされる。

　その後，2005年9月の国連世界サミットにおいて，「首脳会合成果文書（Resolution adopted by General Assembly: 2005 World Summit Outcome)」(A/RES/60/1) が採択された。ここでは，価値と原則，開発，平和と集団安全保障，人権と法の支配，国連の強化（総会，安保理，経済社会理事会，人権理事会，事務局とマネジメント改革，機関間協力等の項目）について提案がなされた。

　国連改革との関係では，第1に，事務局・マネジメント改革の課題が議論された。成果文書では，事務総長の首席行政官（CAO）としての役割が確認され，事務総長にマネジメント改革の提案を求めた。そして，かつて棚上げされた財務人事政策規則や監視マネジメント・プロセスの改革の必要についても述べられた。また，マネジメント改革の前提として，総会，各理事会といった政府間機関の機能強化が主張された。この文脈の中で，前述の安保理改革や平和構築委員会の創設が議論された。

　第2に，マンデート（任務）の再検討という課題が提起された。成果文書では，総会その他で採択後5年以上たったマンデートの再検討が求められ，その後，「マンデート・レビュー促進のための分析と勧告」(A/60/773)（2006年3月）が出された。ここでは，マンデートの戦略的方向性を提示する必要性が示された。

　第3に，システム全体での一貫性（system-wide coherence）の確保が課題として提示された。そして，具体的課題としては，国連システムの規範設定とオペレーション（活動）の連携強化，各国の各機関への代表の調整による一貫性の確保，持続可能な開発や人権といった横断的テーマの確保，国連の各国レベルでの調整強化，MDGsを達成するための事務総長による事業活動調整の強化，国連の人道対応の実効性（適時性，予測可能性）強化などが示された。

　このように，現在は，国連の国家間調整機関における各国間交渉の重要性を認識した上で，国際レベルにおけるNPM等もふまえて，再度，管理・運営問題が注目されている。

2 新たな官民連携

　国際行政においては，歴史的に非政府組織の役割は大きかった。近年では，そのような前提の上で，さらにさまざまな新たな官民連携，PPP（パブリック・プライベート・パートナーシップ）の試みが見られる。以下では，国連システムと国際保健分野における2つの事例をみてみたい。

◆ グローバル・コンパクト

　グローバル・コンパクト（GC）は，1999年1月に開かれた世界経済フォーラムの席上，アナン事務総長が提唱した。GCにおいては，各企業のリーダーに，国連諸組織，労働部門，市民社会とともに，人権，労働，環境の分野における原則（principles）を支持することが求められた。GCは2000年7月に正式に発足した。2004年6月に開催された最初のGCリーダーズ・サミットでは，腐敗防止に関する原則が10番目の原則として追加された。

　GCは，企業のビジネス活動に10個の原則を組み入れることを求めて，国連の目標を支持する諸行動の触媒の役目を果たすことを目的とした。このような目的を達成するために，GCはいくつかの場を提供している。具体的には，各企業のリーダーが参加する世界GCリーダーズ・サミット，地域各国における地域ネットワーク，地域ネットワーク間の交流を図る年次地域ネットワーク・フォーラムがある。また，このような活動の支援組織として，企業，市民社会，労働部門，国連から参加し，戦略を議論する諮問的機関であるGC委員会，GC事務局，関係する国連組織による機関間チーム，GC支援者グループがある（Wynhoven & Stausberg 2010）。

　GCの課題としては，第1に，GCの参加主体に対して，協約で取り結んだ10原則をいかに遵守させることができるかという実施にかかわる課題がある。GCは，企業の行動を規制したり，強制したりするものではない。他方，遵守を間接的に促進することは重要である。そのためのメカニズムとして，情報開示のための報告を求め，報告を提出できない場合には，GCのリストから外すという対応をとるようになった。2010年1月の段階で7000社以上の報告が提出される一方，1000社以上の企業が報告を提出できず，リストから外された（Rasche & Kell 2010）。

　第2に，いかに世界的な範囲をカバーするかという課題もある。2005年の段階では，ヨーロッパからの参加者が多く（50.7％），北米からの参加者は少なかった（7.3％）。また，途上国の企業の参画も多くはなかった。しかし，その後の努力で，2008年段階では途上国や新興国からの参加が半分を超えるようになった（Rasche & Kell 2010）。

◆ GFATM

　世界エイズ・結核・マラリア対策基金（GFATM）は，エイズ，結核，マラリアの3大感染症の危機に対処するため，世界各国の協力の下に途上国の感染症対策を支える資金を提供する基金であり，スイスの法律に基づく民間財団として2002年1月に設立された。

　その設立の契機は，2000年1月の国連安保理であった。この安保理において，エイズの問題が国家の安全保障上の議題として討議された。そして，同年7月の九州・沖縄サミットで，日本政府の主導の下に採択された「沖縄感染症対策イニシアティブ」において，エイズをはじめとする感染症対策を強化していくと同時に，感染症対策の世界基金構想が提唱された。2001年6月には，国連エイズ特別総会が開催され，エイズ対策の緊急性と重要性が再確認されるとともに，世界基金構想に関するコンセンサスが形成された。そして，7月のジェノヴァ・サミットにおいて，G8各国が世界基金に対する総額13億ドルの資金拠出について合意し，GFATMを設立することが固まった。そして，2002年1月にGFATMが設立された。

　GFATMは受入国のオーナーシップの尊重を活動の原則としている。そのオーナーシップの主体には，政府だけでなく，民間部門や市民社会を含む。GFATM枠組み文書は，政府と市民社会の双方を巻き込んだパートナーシップを促進するプロジェクトを支援するとしており，市民社会やNGOを抑圧，もしくはそれらとパートナーシップを構築していない国は援助対象とはしない場合もある旨も明記している。

　組織的には，GFATMは，世界保健機関（WHO）と世界銀行の支援によって運営されるが（事務運営の一部をWHOが，基金の管理を世界銀行がそれぞれ受託），組織自体は政府間機関ではなく，ジュネーヴに本部を設置して設立された民間法人である。理事会は，政府部門（先進国・途上国），市民部門（NGO，患者・感染者など），民間部門（民間基金・企業など）の三者のパートナーシップによって構成されており，それぞれが投票権を保有している。

　そして，受入国レベルでは，各国ごとに国別調整メカニズム（CCM）が設置され，案件を申請する窓口となる。CCMは，GFATMの現地のオーナーシップと参加型意思決定のための要のシステムであり，申請を受諾した後は，実施中の案件の進捗状況を監督する役目も担う。CCMには政府，国際組織，二国

間援助国,市民・民間部門(NGO,患者,感染者,宗教界,民間基金など)といった幅広いステークホルダー(関係者)の参加が求められている。

なお,審査は独立性と透明性を確保する観点から,GFATM理事会・事務局とは別の独立機関として設置されている技術審査パネル(TRP)において実施される(ただし,最終的な承認の可否は理事会で行われる)。申請主体は各国ごとに設置された現地監査機関(LFA)を通じて資金を請求するが,各地のLFAの運営は国際会計監査法人等に委託されている。

3 貿易組織の役割と限界
WTO

◆ 貿易組織の横断的機能と一定の強制性

第二次世界大戦後の国際貿易行政に関しては,戦間期の反省もふまえて,大西洋憲章において,「自由・無差別」の原則に基づく「普遍的」組織化(二国間主義の否定)が志向された。この考えに基づき,1948年に国際貿易機関(ITO)憲章が採択されたが,アメリカ国内で批准されなかった。そのため,1947年に関税引き下げを前倒しするため,関税及び貿易に関する一般協定(GATT)が締結された。

GATTにおいては,当初,非関税障壁はあまり念頭に置かれていなかった。しかし,その後,国内規制や基準が非関税障壁という観点から関心対象になった。その結果,GATTや後の世界貿易機関(WTO)は,分野横断的に国内規制に対するレビュー機能をもつようになる。この分野横断的側面を指して,一定の一般性をもつに至ったということもできる。

また,当初のGATTの紛争処理手続きにおいては,紛争処理パネル(小委員会)の結論を受け入れるには各国が参加する理事会の場で,全員一致で合意する必要があった。しかし,新たなWTOの下での紛争処理手続きにおいては,逆に,紛争処理パネルの結論を拒否するには全員一致で合意する必要があるということになった。その分,パネルの自律性が高まり,WTOは一定の強制性を確保することになった。

さらに,ウルグアイ・ラウンドの際には,貿易ルールとしての一体化も進んだ。従来は,「バルカン化」ともいわれたように,貿易技術障壁に関する協定や補助金に関する協定など個別の協定ごとに締約国が異なっていた。しかし,

この状況の克服が求められ，ウルグアイ・ラウンドでは一括受諾 (Single Undertaking) が求められた。ただし，政府調達協定などのいくつかの協定は例外として残った。

このように，WTO においては，活動分野の一般性の確保，ルールの実施における強制性の確保，ルールとしての一体化という複数の次元において，国際関係における法制度の役割の増大を意味する法制度化 (legalization) 現象が進んだ（西元 2003）。

◆ GATT における無差別規定とその運用

当初の GATT には非関税障壁を直接扱う条項はなかった。しかし，無差別を規定する第3条の内国民待遇に関する条項が間接的に非関税障壁を扱うことになった。特に，第3条4項は，「同種の産品 (like products)」を同様に扱うことを求めていた。製品に直接かかわる規制の場合は，仮に規制の各国製品への実質的影響が異なっても，形式的に同様に扱っている限り問題はない。しかし，規制が製品には直接かかわらない要素を含み，それが各国の製品に異なった影響を与えている場合，そのような規制は第3条4項違反となる可能性があった。

しかし，第3条4項違反になったからといって，必ずしも GATT 違反になるわけではない。第20条において第3条違反等が許容される例外措置が列挙されている。例えば，第20条 (b) は，人間，動物，植物の生命，健康を保護するのに「必要な (necessary)」限り，例外を認めている。また，第20条 (g) は，消耗する天然資源の保護に「関連して (relating to)」いる限り，例外を認めている。ただし，第20条前文において，「恣意的 (arbitrary)」あるいは「正当と認められない (unjustifiable)」差別や「国際貿易の偽装された制限 (disguised restriction on international trade)」は認めないという条件を付けている。

◆ 東京ラウンドからウルグアイ・ラウンドへの展開

GATT 協定が差別的措置のみを規制対象としていたのに対して，その後非差別的措置を含めた「貿易技術障壁 (Technical Barrier to Trade)」全般を対象とした協定がつくられるようになる。

その最初の試みとなったのは，1979年の東京ラウンドで採択された貿易技術障壁に関する協定，いわゆるスタンダード・コード (Standard Code) である。

その後ウルグアイ・ラウンドにおいて、この協定は改訂され、「貿易の技術的障壁に関する協定（TBT協定）」と呼ばれるようになった。

TBT協定では、第1に、前文で、技術規則や基準が「国際貿易に不必要な障害（unnecessary obstacles to international trade）」をつくらないようにする、「恣意的（arbitrary）」あるいは「正当と認められない（unjustifiable）」差別を構成しないようにする、「偽装された国際貿易制限（disguised restriction on international trade）」とならないようにすることが規定された。

第2に、第2条2項で、技術規則や基準が「国際貿易に対する不必要な障害（unnecessary obstacles to international trade）」の効果をもたないようにしなければならないとした。この規定自体はスタンダード・コードと同じであるが、それを具体化・強化するために2つの規定が追加された。まず、技術規則は、正当な目的を達成するために「必要以上に貿易制限的であってはならない（not be more trade-restrictive than necessary）」ようにするとされた。また、環境の保護など正当な目的をもつリスクを評価する際には、「入手することができる科学上及び技術上の情報（available scientific and technical information）」等の関連事項を考慮するとされた。

第3に、第2条4項で、「適切な（relevant）」国際基準が存在するか、完成しそうなときは、そのような国際基準が正当な目的を達成するための手段として「有効」でないあるいは「不適切（inappropriate）」でない限り、それらの国際基準を使うべきだとされた。この規定も、スタンダード・コードにおいて、環境の保護等の理由のために「不適切」でない限りと漠然としていたのを、正当な目的を達成するための手段として「有効でない」あるいは「不適切」でない限りと明示化したので、それだけ国際基準を採用しない際の要求基準が高まったと理解されている。

第4に、第2条5項でスタンダード・コードと同じく、国際基準と異なり（あるいは国際基準がなく）、他の当事者の貿易に「重大な影響（significant effect）」を与える技術規則や基準をつくる場合には、できるだけ早期に事務局を通して各当事者に通知すべきだとした。

貿易政策の観点からは、非関税障壁の中でも、特に保健・衛生規制の差異に注目された。そこで、この問題に対処するため、ウルグアイ・ラウンドにおいては、非関税障壁のうち、食品にかかわる衛生検疫措置という特定の分野に関

しては新たに「衛生植物検疫措置の適用に関する協定（SPS協定）」が1994年に締結された。SPS協定では，各国の衛生検疫措置は存在する場合には「国際的な基準，指針又は勧告」に「基づく（base）」ものとし（第3条1項），国際基準等以上の規制を行う場合には，「科学的に正当な理由（scientific justification）」づけを行う（第3条3項）必要があるとされた。なお，国際基準等が存在しない場合でも，各国の措置は「リスク評価（assessment… of the risk）」に基づくべきである（第5条1項）とされた。そして，「一貫性（consistency）」を確保する目的のために，異なる状況の下で各国が適切と認める保護水準について恣意的あるいは正当化できない区別を設けることが，国際貿易に対する差別または偽装した制限をもたらすこととなる場合には，そのような区別を設けることを回避するとされた（第5条5項）。また，適切なレベルの衛生検疫保護を達成するための各国の措置は，「必要以上に貿易制限的ではない（not more trade-restrictive than required）」ようにすべきとされた（第5条6項）。なお，食品安全に関する参照すべき国際基準として，コーデックス委員会の基準，動物の健康および人畜共通伝染病については国際獣疫事務局下で作成された基準，植物の健康に関しては国際植物防疫条約事務局の下で作成された基準の3つが具体的に明示された。

◆ 国内規制の国際的レビューの運用

　国内規制の国際的レビューという役割を担う上では，WTO事務局やパネルに十分な処理能力があるのかという課題がある。まず，WTO事務局について見てみると，事務局においてTBT協定やSPS協定を担当している職員は限られている。パネルの審議においてはアドホックに専門家の助言を得られるようにはなっているが，限界はある。特に審査が，規制目的の根拠（規制目的が偽装でないかどうかは評価しやすいが，規制が十分なリスク評価に基づいているかどうかの判断は難しい），代替的規制手法の実現可能性の審査（代替的規制手法を比較考量していないという指摘は比較的容易であるが，比較考量の実践に踏み込むと厄介である）といった実質問題にまで踏み込む場合，かなりの知識が要求される。したがって，現状の体制では，いかに実質問題にかかわるのを避けるのかというのがWTO運用の知恵ということになっている面がある。

　他方，それなりに機能していると思われるメカニズムとして，規則・基準の

図 5-1　TBT 協定通報件数の推移

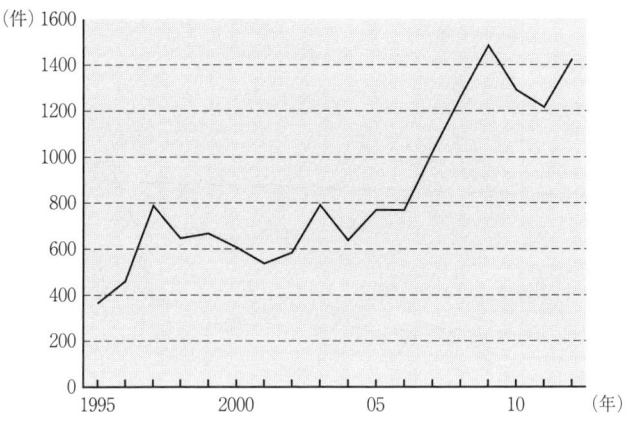

[出典]　G/TBT/3, G/TBT/4, G/TBT/6, G/TBT/7, G/TBT/8, G/TBT/10, G/TBT/11, G/TBT/12, G/TBT/14, G/TBT/15, G/TBT/18, G/TBT/21, G/TBT/23, G/TBT/25, G/TBT/28, G/TBT/29, G/TBT/31, G/TBT/33。

年	通報件数（件）
1995	365
2000	611
05	771
10	1289
12	1425

[出典]　G/TBT/3, G/TBT/10, G/TBT/18, G/TBT/29, G/TBT/33。

通報・協議のメカニズムがある。TBT 協定，SPS 協定とも，国際基準と異なり（あるいは国際基準がない場合でも），他の当事者の貿易に「重大な影響（significant effect）」を与える技術規則や基準をつくる場合には，できるだけ早期に事務局を通して各当事者に通知すべきだとしている。そして，このようにして各国から提供された情報を基礎として，他国が懸念を申し立てることが可能である。さらに関係各国間において，あるいは年に数回開催される TBT 委員会，SPS 委員会の場において，協議が行われる。通報数の推移については図 5-1，懸念表明数（すでに行われた既存懸念表明に対し，再度懸念を表明することも可能）

図5-2 TBT貿易懸念表明数の推移

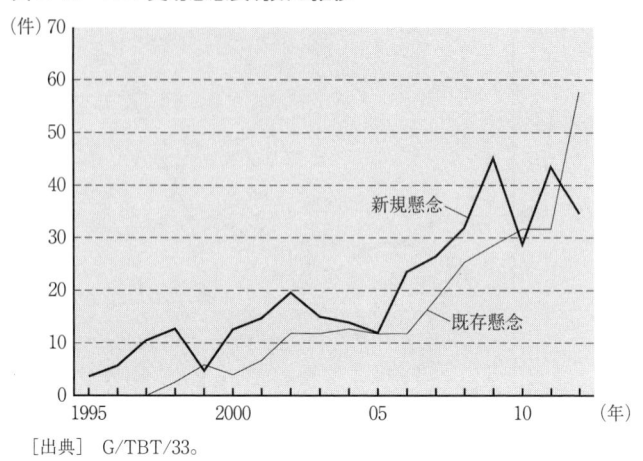

(件)

[出典] G/TBT/33。

年	新規懸念（件）	既存懸念（件）
1995	4	0
2000	13	4
05	12	12
10	29	32
12	35	59

[出典] G/TBT/33。

の推移については図5-2を参照してほしい。2007年頃から通報数や懸念表明数が増加している。背景には，新興国からの通報の増大がある。また，この関係国間でのピア・レビューのメカニズムは，規則・基準を作成する各国の政策形成プロセスに一定の影響を与えた（Lang & Scot 2009）。他国の要請に応じて，立法経緯・趣旨等を説明しなければならないので，それを予期して立法過程に関する資料等を整理し残しておく必要が生じるからである。

4 主要国組織の役割と限界

◆ OECD──先進市場経済諸国の組織

経済分野では，国連の役割は限られていた。他方，他のさまざまな場が組織された。そのような場の一つが，経済協力開発機構（OECD）である。

第二次世界大戦後，アメリカは欧州経済の再建を目的としてマーシャル・プ

ランを発表したが，その際，援助の前提として，被援助国である欧州諸国側の協力体制の構築を求めた。そのため，1948年4月に欧州経済協力機構（OEEC）が発足した。その後，OEECは1950年代後半までに当初の目的をほぼ達成し，また，欧州統合には別の組織が主要な役割を果たすようになった。そのため，OEECを大西洋両岸にまたがる先進諸国の経済協力機構に改組しようとする動きが現れた。その結果，1960年12月に，OEEC加盟18カ国にアメリカとカナダを加えた20カ国がOECD設立条約に署名し，61年9月，国際経済全般について協議することを目的としてOECDが設立された。その後，表5-2に見られるように，日本などが加盟した。

OECDの主要な活動は，情報共有に基づく協議・協力である。OECD設立条約第3条には，締約国は相互に情報提供を行うことが規定され，その上で，継続的に協議し，研究を行い，プロジェクトに参加すること，緊密に協力し，適切な場合は調整行動をとることが規定されていた（Woodward 2009）。

そのために頻繁に用いられる具体的な政策手段として，ピア・レビューがある。ピア・レビューに際しては，その実施のために委員会，作業部会等が設置され，レビュー対象国以外の国の関連政策分野の行政官が評価にリード審査官（lead examiners）として関与する。そして，OECD事務局が提出する証拠書類等に基づいて，審査を行い，最終的に審査結果は公表される。

このようなピア・レビュー結果を公表した結果，レビュー対象国はピア・プレッシャー（peer pressure）を受ける。すなわち，レビュー対象国の政府は，勧告の受け入れについて圧力を受け，対象国政府は不人気な政策の変更への外部からの支持を得ることになる。資金洗浄に関する金融活動作業部会のように，複数の国に同様の基準を適用し，その成果を順位づけることで，成果の出ていない地域を明示して圧力をかける手法が用いられることもある。

OECDは，このような政策手段を活用して，さまざまな分野に活動を拡大していった。当初は，マクロ経済政策を主たる対象としていた。例えば，OECDの経済政策委員会の第3作業部会（Working Party 3）は，1960年代以来，各国の経済政策担当者が，各国の経済状況をレビューし，相互に説明することで，政策調整を行う重要な場であった（ボルカー＝行天 1992／原著1992）。1970年には環境局（Environmental Directorate）が設置され，74年には国際エネルギー機関（IEA）が設置され，環境やエネルギーの分野においてもピア・レビュ

表5-2　OECDの加盟国拡大

年	加盟国
1961	原加盟国：オーストリア，ベルギー，カナダ，デンマーク，フランス，ドイツ，ギリシャ，アイスランド，アイルランド，イタリア，ルクセンブルク，オランダ，ノルウェー，ポルトガル，スペイン，スウェーデン，スイス，トルコ，イギリス，アメリカ
64	日本
69	フィンランド
71	オーストラリア
73	ニュージーランド
94	メキシコ
95	チェコ
96	ハンガリー，ポーランド，韓国
2000	スロヴァキア
10	チリ，スロヴェニア，イスラエル，エストニア

ーのプロセスが導入された。その後，1980年代末には経済構造政策がマクロ経済政策と同じ重みをもつようになり，金融サービス，労働政策に関する検討も行われるようになる。また，資金洗浄に関する金融活動部会においてマネー・ロンダリング（資金洗浄）対策，続いてテロ対策が議論されるようになった。1997年には，国際的な共通試験である生徒の学習到達度調査（PISA）を開始し，教育政策への関与を深めていった。さらに，2001年からは健康に関するプロジェクトも開始し，最近では，イノベーション政策にも重点を置いている。

　OECDにはいくつかの課題もある。第1に，メンバーシップの拡大である。表5-2に見られるように，1994年のメキシコ加盟以降，メンバーシップが拡大してきた。非加盟国の中で大国であるブラジル，アルゼンチン，中国，インド，インドネシア，ロシアのうち，中国，インドの加盟への期待が高いが，ともに先進国組織に加入することに後ろ向きである（Woodward 2009）。

　第2に，アウトリーチである。アウトリーチには，非加盟国に対するものと市民社会に対するものがある。非加盟国へのアウトリーチのために，非加盟国協力センター（CCNM）が1998年に設立され，2001年に初めて実施されたグローバル・フォーラム（Global Forums）も非加盟国との議論の場となっている（Woodward 2009）。市民社会へのアウトリーチに関しては，労働組合に関して

は労働組合諮問委員会（TUAC）が，企業に関しては経済産業諮問委員会（BIAC）が利用され，また，年次フォーラムも政府，国際組織，企業，市民社会から各主体が参画する場となっている。1990年代には市民社会の役割の再発見が主張され，OECDがここに比較優位を見出そうとしていたこともあり，2006年には200以上のNGOと100以上の議題で協議した。

　第3に，他の国際組織との連携の課題がある。例えば，GATT/WTOといった貿易組織，後で述べるG7，G8，G20といった組織に対して，分析機能をもつ常設事務局を有する点を活かして支援機能を果たしてきた。G8，G20は常設事務局がないため，G8，G20，OECDの間で加盟国のずれという問題はあるものの，OECDが一定の事務局機能を果たすという選択肢も検討されうる。

◆ G7/G8の成り立ち

　主要国首脳等による会議は，G5，G7，G8，G20など，さまざまな形態で行われてきた（表5-3）。

　主要国首脳の定期的会合であるG7のきっかけは，1973年にワシントンのホワイトハウスで開催されたアメリカ，イギリス，西ドイツ，フランスによるG4財務大臣会合であった。この財務大臣会合には，その後，日本が参加するようになり（G5），1986年にはイタリア，カナダを加えてG7となった（Dobson 2007）。

　首脳レベルでは，1975年11月にフランスのランブイエにおいて，アメリカ，イギリス，西ドイツ，フランス，イタリア，日本によるサミットが最初に開かれた（G6）。そして，翌年からカナダが参加し，G7となった。その後，1998年にロシアが正式に参加し，G8となった。

　G7/G8には常設事務局がない。各参加国からの首脳補佐官である「シェルパ」が準備を行う。シェルパは通常，外務省の上級官僚であるが，アメリカではホワイトハウスから，ドイツでは財務省から参加している。このような実態であるため，G7/G8は組織ではなくフォーラムであるといわれる。ただし，常設事務局をもつOECDを支援組織として活用することが増えている。また，OECDとしても，1976年以来，OECD理事会をG7サミット直前に開催することで，G7/G8とOECDを連携させるという工夫をしている。

表5-3 主要国会合の展開

年	主要国財務大臣・中央銀行総裁会合（G5/G7）	主要国首脳会議（G7/G8）	主要20カ国・地域（G20）
1973	アメリカ，イギリス，西ドイツ，フランスがワシントンで会合（G4）。その後，日本が参加（G5）		
75		アメリカ，イギリス，西ドイツ，フランス，イタリア，日本がランブイエ（フランス）で会合（G6）	
76		カナダが参加（G7）	
86	カナダ，イタリアが参加（G7）		
98		ロシアが参加（G8）	
99			G20財務大臣・中央銀行総裁会合（日本，中国，韓国，EU，ドイツ，フランス，イギリス，イタリア，アメリカ，カナダ，メキシコ，ロシア，トルコ，オーストラリア，インドネシア，インド，サウジアラビア，ブラジル，アルゼンチン，南アフリカが参加）
2008			G20首脳会議

　サミットの成果文書は，公式の決定手続きはなく，決定の拘束性もない。そもそも公開声明にも抵抗があり（1975年のランブイエ・サミットの共同宣言には，フランスとイギリスが反対した），公開された共同宣言の長さもまちまちであった。さらに，共同宣言以外の公示形式として，政治宣言，アクション・プラン，議長声明，議長による発言，記者会見議事録など，さまざまなものが活用されている。

◆ G7/G8の特徴と課題

　このサミット・プロセスの運用上の特徴として，以下の点を指摘することができる。

第1に，サミットにおいては，各国首脳間の非公式ネットワークの重要性が高い。アメリカのカーター政権期には，事前準備プロセスの制度化が進んだが，その方向性は，その後，緩められた（パットナム＝ベイン 1986／原著1984）。したがって，各国首脳のネットワークが継続的に維持されていることが，機能するための重要な条件となる。比較的機能した時期として，フランスのミッテラン，アメリカのレーガン，イギリスのサッチャー，ドイツのコール，日本の中曾根康弘が主要参加者であった1980年代，アメリカのブッシュ，イギリスのブレア，ドイツのシュローダー，日本の小泉純一郎，イタリアのベルルスコーニが主要参加者であった2000年代が指摘されている（Dobson 2007）。

　第2に，契機は経済問題であったが，首脳が参加することもあり，政治問題の比重が増えていった。1975年以来，インフレ（物価上昇）なき成長促進が主要目的であったが，当初から，78年のハイジャックに関するボン宣言，80年のソ連のアフガニスタン侵攻への対応に見られるように，政治問題も課題であった。77年のロンドンで行われた第3回サミットでは，サミットについていた「経済」の修飾語が消えた。1980年代は，82年のヴェルサイユ・サミットにおけるフォークランド紛争，アラブ・イスラエル紛争に関する討議，83年のウィリアムズバーグ・サミットにおけるソ連の中距離ミサイル危機に関する討議に見られるように政治問題も重要であった。そして，冷戦後に支援対象を包摂することでG7の性格が変わり，最終的にG8となった。1990年のヒューストン・サミットでは対ソ支援が中心議題となり，91年ロンドン・サミットにはソ連のゴルバチョフ書記長が参加し，94年ナポリ・サミットではエリツィン大統領が政治討議に参加した。1997年のデンバー・サミットではエリツィン大統領が経済討議にもほとんど参加し，1998年のバーミンガム・サミットではロシアが正式に参加者となった。

　第3に，首脳間の非公式協議を重視する形態，関係大臣も含めて包括的協議を行う形態など，さまざまな形態が試みられてきた。関係各分野との関係についていえば，1998年までは，外務大臣，財務大臣が首脳に同行していた。しかし，1998年以降は，外務大臣，財務大臣は数週間前に会合をもつようになった。外務大臣は年次サミットの前に会合をもち，財務大臣はG7としてロシア抜きで，年に3-4回の会合をもつようになった。そして近年は，首脳間の非公式会合を重視する傾向が見られる。1998年のバーミンガムでのG8は首脳の

みによる基本的に非公式な会合に戻った。その後も，2002年のカナナスキス・サミットは9.11テロ後の警備上の課題もあり，カナダ山中で首脳間の率直な討議を行うというものであった（Dobson 2007）。

　第4に，首脳間の非公式協議に回帰するとともに，G8以外の諸国への開放性を確保するためのアウトリーチも一貫した課題であった。2000年の沖縄サミットの前に行われた会合には，日本政府はアフリカの各国首脳を多く招待した。また，2002年カナナスキス・サミットにおいてもアウトリーチ戦略が議論され，サミット・プロセスを開放的かつ透明にするため，途上国やNGOのリーダーを招待した。2003年のエビアン・サミットでは，中国と初めて対話を行った（Dobson 2007）。

　他方，このようなG7/G8の運用には，以下のような課題がある。第1に，正当性の問題がある。これらのメンバーは選挙で選出されたわけではなく，また，新興国の経済規模が拡大する中で，世界経済全体に占める比率も縮小しつつある。第2に，透明性の問題がある。そのために，市民社会組織による反発の対象ともなった。

　他方，G8自身，メディア等との関係については工夫も見られる。例えば，沖縄には4000人という多くのジャーナリストが参加した。ただ，メディア・センターと会議場の距離をとるか（カナナスキス・サミット），会場内に設置するのか（グレーンイーグルズ・サミット）については，試行錯誤が行われた。また，2000年の沖縄サミットでは，初めて機材や物理的スペースをNGOにも提供したが，そのマネジメントのあり方は強圧的であるという批判を受けた（Dobson 2007）。

　第3に，実効性の問題がある。確かに，1990-91年の湾岸戦争や1999年のコソヴォ紛争終結で中心的役割を果たしたのは，G7やG8であって国連ではなかった。また，イラク戦争に関しても，2003年エビアン・サミットは，イラクをめぐるイギリスやアメリカと，フランスなどの大陸諸国のコミュニケーションの機会を確保した（Dobson 2007）。その意味では，G8は国連安保理以上に大国を代表しており，国連と相補的な関係にもある。また，新たな課題への対応に関しても，債務削減（バーミンガム・サミット，グレーンイーグルズ・サミット），情報格差（沖縄サミット）への対応に見られるように一定の革新が見られる。ただし，柔軟ゆえにあらゆる問題を抱え込むと「目的なきフォーラム

(forum without purpose)」となってしまうおそれがある。また，首脳間の非公式協議の場を非政府ベースで提供する世界経済フォーラムとの関係という問題もある。このように活動が拡散した結果，「儀礼写真の機会（ritualized photo opportunity）」となってしまったという批判もある（Dobson 2007）。

◆ G20──非公式制度ゆえに容易な移行

1997年に起こったアジア通貨危機後，99年12月に，G20財務大臣・中央銀行総裁会合が開催された。主たるテーマは，財政金融改革であり，カナダが主導して設立されたといわれている。

当初は，財務大臣・中央銀行総裁レベルで活動していたG20が，2008年に起こった世界金融危機に対応するために，2008年11月にワシントンで首脳レベルの会合を開催した。その後も頻繁に首脳会議，財務大臣・中央銀行総裁会議を継続的に開催していたため，その重要性が飛躍的に高まった。3回目の首脳レベルでのG20会合であったピッツバーグ・サミットの首脳声明（2009年9月）では，「我々は，G20を我々の国際経済協力に関する第1のフォーラムとして指定した」と宣言され，国際経済協力に関してはG8以上の位置付けを確保するに至った。ただし，このG20も基本的にはこれまでのG8と同様，非公式なメカニズム（Bradford & Lim 2011）としての性格を維持している。

当面の金融危機に対する金融規制改革とともに，このG20が担っている重要な活動がマクロ経済政策の調整である。2009年9月のピッツバーグ・サミットにおいて，永続的な回復と中期的に強固かつ持続的な成長の確保の達成に向け，「強固で持続可能かつ均衡ある成長のための枠組み」を立ち上げた。この枠組みの下で，G20各国は，多国間プロセスにおいて，世界経済のさまざまな目的とその達成において不可欠な政策を特定するとともに，これらの共通の目標の達成度を，相互評価プロセス（MAP）と呼ばれる政策手段を利用して「相互評価」することにした。そして，このMAPの運用においては，G20からの要請を受けた国際通貨基金（IMF）が，各国の政策の整合性や，全体としてG20の目標を達成することができるかを評価する上で必要な，技術的な分析を提供した。

また，G20のもう一つの重要な役割が，IMFと世界銀行の改革の促進である（Linn 2011）。これは，2008年の世界金融危機以前からG20において議論さ

れていたが，世界金融危機後，議論が加速された。ロンドン・サミット（2009年4月）後の作業部会報告において，IMFに関しては，新興市場国・途上国の発言権・代表権の拡充が求められ，IMFの出資割合に世界経済における経済的比重を十分に反映させるべきとされた。そして，新興国・途上国の出資割合の増加につながるクォータ（出資割当額）の再配分を行うべき検討期限として2011年1月を設定した。また，世界銀行のガバナンス改革に関しても，各機関の執行部を，透明性・公開性を高めて，実力本位で選任するとともに，世界銀行における投票権改革（世界経済に占める地位や，開発に対する貢献等の投票権への反映）等のガバナンス改革を加速することを求めた。

これを受けたピッツバーグ・サミット首脳声明（2009年9月）では，IMF改革に関して，「IMFガバナンスの現代化は，IMFの信頼性，正当性及び有効性を改善する我々の努力の中核的な要素である。我々は，IMFは引き続きクォータを基礎とする機関であり，クォータ配分は，新興国・途上国の力強い成長に鑑み，相当変化している世界経済における加盟国の相対的地位を反映すべきだと認識する。……我々は，2011年1月に完了するIMFのクォータ見直しに基づき，その一部として，この見直しを成功裏に終了させるために作業を加速することを強く促す」と規定された。また，世界銀行のガバナンス改革に関しては，「我々は，世界銀行の適切性，有効性，正当性を確保するための投票権改革を通じて，ガバナンスと業務の有効性に関する改革を追求することを約束する。我々は，世界銀行において，徐々に衡平な投票権に移行することの重要性を強調する。……我々は，2010年春の会合までに合意に達することを約束する。」と規定された。

このような首脳レベルでのイニシアティブを受けて，IMFに関しては，2011年11月のIMF理事会において，クォータ比率の6%以上が，力強い経済成長を遂げている新興市場・途上国へ移行することが決定され，結果として，全BRICs諸国（ブラジル，ロシア，インド，中国）が，IMF十大出資国にランク入りした。また，ヨーロッパの先進国の理事が2議席削減され，すべての理事が選挙で選出されることになった。また，世界銀行グループに関しては，2010年4月に，途上国を支援する国際復興開発銀行（IBRD）の862億ドルの増資とともに，途上国と新興国の投票権が占める割合を3.13ポイント引き上げて47.19%とすることが決定された。これに伴い途上国と新興国の投票権割合は，

2008年以降，合計4.59ポイント増大し，投票権割合を3ポイント以上引き上げるとした誓約が果たされた。

また，G20は，OECDとも連携してきた。OECDはG20に参加するシェルパを任命し，継続的に参画するとともに，特に，成長と雇用の回復等に関して分析結果を提供してきた。

このように，急速に役割を拡大してきたG20であるが，今後の運用に関しては以下のような課題がある（Bradford & Lim 2011）。

第1に，G20は新興国も加わっているという点で，象徴的に重要であるとしても，20カ国という比較的多い加盟国間での調整が現実的に可能なのかという課題がある。

第2に，重要な役割を果たしてきた世界金融危機への対応にテーマを集中するのか，開発，気候変動，エネルギー安全保障等にテーマを拡大するのかという課題がある。世界金融危機への対応は，一定の実効性を示してきた分野であるが，テーマがこれだけでは首脳レベルの会議としては失速するおそれがある。他方，テーマを拡大した際に，G20が常に適切な単位かは疑問も残る。現代のさまざまな重要課題は相互に連関しており，統合的アプローチを必要とする。そのためにはテーマごとに実際的に対応する必要があり，堅固なルールや手続きの固定化は適切ではない面もある（Bradford & Lim 2011）。

第3は，正当性確保の課題である。確かに，G8に比べた場合，より幅広い諸国を代表しているという点で正当性は高い。他方，なぜこの20カ国なのかという説明が十分にできているわけではない。全体として，未だにヨーロッパが過大代表なのではないか，なぜ東南アジアからのメンバーがインドネシアだけなのか，なぜアフリカからのメンバーが南アフリカだけなのかといった批判がある。また，地域組織として欧州連合（EU）だけが正規のメンバーとして認められたことに対しては，東南アジア諸国連合（ASEAN）やAU等から疑問の声があがっている（Cooper 2011）。また，正当性の問題は，政策それ自体の意思決定だけではなく，決定された政策の意味をどのように公衆に伝えるのかというコミュニケーションのあり方にも関係する。

第4に，G20の特色である非公式性をどこまで維持するのかという課題がある。G20が公式の国際組織であるIMFや世界銀行等の将来的なクォータ配分等に関する決定に関与できることをどのように担保するのか，G20の財務大臣

レベルの会合がこれらの国際組織を公式に監視するメカニズムを作るのか（Bernes 2011）といった課題がある。また，分析等を支援する事務局機能は，課題に応じて，IMF や OECD が支援するというアドホックな形態でいいのかという，G7/G8 以来の課題も持続している。ただし，非公式性ゆえに，一定の機能に関して G7/G8 からの移行が相対的に容易に行われたともいえる。これは，公式制度の改革が困難であった国連の安保理と対照的である。

5 比較優位と役割分担

第二次世界大戦後においては国連という一般的普遍的国際組織が設立されたが，特に経済社会分野において，その役割には限界があった。また，経済分野においては，IMF，世界銀行，GATT/WTO といった普遍的組織も設立されたが，特に先進国間関係の調整に関しては役割が限られていた。そのため，特に主要国の経済分野を中心に，OECD，G7/G8，G20 といったさまざまな組織が利用された。

これらの諸組織も各々比較優位と限界をもっていたため，相互に役割を分担した。例えば，OECD は GATT/WTO の事前交渉機関的役割を担い，OECD は，G7/G8，さらには G20 の分析機能を支援してきた。また，世界基金という国際保健分野の新たな官民連携メカニズムを構築するにあたっては，国連安保理や国連ミレニアム・サミットという既存の枠組みも一定の役割を果たした。

このように，経済分野においては，首脳レベルの主要なメカニズムであった G7/G8 の非公式性が高かったこともあり，多様な改革がなされてきた。この点，公式制度であったために停滞した安保理改革とは対照的である。気候変動にしろ，エネルギー安全保障にしろ，現在，対応の必要な課題は複合的性格がより強いことを考えると，今後は，課題に応じた機能的アプローチによる非公式な運用改革の重要性がより高まるとも思われる。

また，近年の動向としての民間部門の活用を推進することも興味深い側面である。民間の活力を利用する場合には，世界基金の経験にも見られるように，テーマを限定した垂直型の基金の方が，資金調達が容易となる。しかし，その結果，資金配分に偏りが生じるおそれもある。

●さらに読み進める人のために ────────────────

☞モーリス・ベルトラン／横田洋三監訳『国連再生のシナリオ』国際書院，1991年。
　＊世界組織の機能を交渉やコンセンサス追求ではなく，管理機能であると誤解してきたことに見られるような世界組織の役割に関する知的混乱が起こっていることを指摘する。また，そのような状況に対して世界組織の役割として重要なのは管理ではなく交渉であることを強調し，ECの理事会や西側のサミットのような組織を重視する。

☞最上敏樹『国際立憲主義の時代』岩波書店，2007年。
　＊主権国家体系の中で登場するとともに主権国家を乗り越える契機をもつ国際組織の課題について，国連総会に見られるある種の国際的民主主義と安保理に見られる選民型集権化の緊張関係，国家代表ではない主体が構成する国連事務総長や事務局の役割，UNHCR事務局・UNICEF等による国家を迂回する現業等に着目して論じる。

☞Colin I. Bradford and Wonhyuk Lim, eds., *Global Leadership in Transition: Making the G20 More Effective and Responsive*, The Brooking Institution, 2011.
　＊金融規制，マクロ経済政策，世界銀行改革，IMF改革等において果たしてきたG20の役割を分析するとともに，今後のG20の課題を展望する，韓国とアメリカの研究所が行った共同研究に基づく論文集。

第**6**章

地域組織の実験
ヨーロッパ

❶モネ（左）とシューマン（中央）。ともに，欧州統合において大きな役割を果たした（1951年4月，Roger-Viollet）。

> 　地域組織は，特定の課題に応じて一定の地域という単位が選択されることもあれば，さまざまな分野で活動する一般性が志向されることもある。課題ごとの機能的組織がどのように連関するのかという複合化のあり方は，地域組織の重要な組織問題である。そして，地域組織は，ブロック化への道であり，世界レベルの国際組織化と相反するという側面もあれば，相互補完的であるという側面もある。本章では，ヨーロッパにおける地域組織の文脈および発展を概観した上で，多様なイニシアティブの文脈に位置づけられながらも，一定の一般性を志向してきた地域組織であり，欧州議会や欧州裁判所というユニークな仕組みも実験してきたEUの組織および行政運用について検討する。

1 地域組織の役割

　20世紀後半以降，さまざまな地域組織の増殖が見られた。このような地域組織の増殖は，ある意味では機能的アプローチの反映でもある。機能的アプローチは，課題の性格に応じた単位設定を志向しており，その結果，特定の課題に応じて一定の地域という単位が選択されることになる。他方，地域組織においては，一定の一般性を確保し，多様な課題への対応が志向されることもある。その場合，課題ごとの機能的組織がどのように連関するのかという，複合化のあり方自体が，地域組織の重要な組織問題になる。

　では，このような地域組織の増殖は，世界レベルで考えた場合には，どのような意味をもつのであろうか。一方では，地域組織化はブロック化への道であり，世界レベルでの国際組織化と相反するという意見がある。他方では，以下の3つの観点から地域組織化は世界レベルの国際組織化と相互補完的であるという意見がある。

　第1に，前述のように，機能的アプローチの観点からは，地域で対応できる課題は地域レベルで対応する合理性がある。これは，欧州連合（EU）において主張されている補完性という考え方（ある活動が加盟国によっては十分達成されず，EUの方がよりよく達成できる場合のみ，EUが関与するという考え方）とも相通じる。第2に，地域組織には，国際社会の基本制度上の課題である，主権国家という単位の規模の不均一性の問題を解決するための媒体という意味もある。中小国は地域組織を通してある程度まとまることで，一定の人口，経済規模を代表する単位となり，より上位の組織に対して代表を送ることができる。例えば，世界レベルの国際組織の理事ポストを，一定のまとまりのある中小国間でローテーションにより担当するといった運用が見られる。第3に，地域組織には多様な国際組織化の形態の実験場という意義もある。地域の条件に即して多様な組織的イノベーションを試みることで，他の地域や世界レベルでの国際組織にとって，活用しうる選択肢の幅が広がる。その結果，さまざまな国際組織間での学習が促進されるのである。

　以下では，ヨーロッパにおける地域組織の文脈および発展について概観した上で，その制度運用上の課題について検討したい。

2 欧州統合のイニシアティブと展開

● 第二次世界大戦後のヨーロッパにおける地域組織化のイニシアティブ

　第二次世界大戦後のヨーロッパは，さまざまな地域組織の実験場であった。第二次世界大戦から復興していく中で，さまざまな地域組織のイニシアティブが見られた。そして，ヨーロッパでは，これらのさまざまな地域組織が複合的に発展してきた（遠藤 2008）。

　第1に，アメリカによるマーシャル・プラン援助を契機に，ヨーロッパ諸国の国際経済協力組織が設立された。アメリカのマーシャル・プラン援助は，ヨーロッパ側の自発的イニシアティブによる相互協力を援助供与の条件とした。それを受けて，1947年7月に，16カ国の代表が集まり欧州経済協力委員会（CEEC）を結成し，ドイツの鉄鋼石炭生産問題，西ヨーロッパ内の貿易システム問題といったヨーロッパの経済問題を討議した。これは，1948年には欧州経済協力機構（OEEC）として制度化された。OEEC の役割は，1950年代には，西ヨーロッパ内での貿易・為替の自由化の実現や産業の生産性向上の支援へと展開していった。

　第2に，1949年5月に，人権，民主主義，法の支配等の分野における基準策定を主導する地域組織として，ヨーロッパの10カ国により欧州評議会（Council of Europe）が設立され，フランスのストラスブールに事務局が設置された。政府間の閣僚委員会と，加盟各国の議員により構成される議員会議をもつという組織であった。欧州評議会には，1953年に発効した人権と基本的自由の保護のための条約（欧州人権条約）に基づき，欧州人権裁判所（ECHR）も設置された。人権分野に関しては，欧州評議会は，ヨーロッパのその後の地域組織の活動も規定し，また，ヨーロッパにおける社会イメージの構築にも寄与した。

　第3に，安全保障面では，1949年4月にアメリカを含む集団的地域安全保障体制である北大西洋条約が締結された。そして，1950年以降，軍事機構としての制度化が進み，北大西洋条約機構（NATO）となっていく。そして，この枠組みの下で，西ドイツの軍事的・経済的再建が課題となっていく（上原 2008）。

　第4に，欧州石炭鉄鋼共同体（ECSC）が1951年に設立された。これは，紛

争の契機となったルール地方とザール地方の石炭，鉄鉱資源の共同管理をめざすものであった。当初，フランスは，資源の多くを自国に送り，ドイツの利用は最低限にとどめるというゼロサム的態度をとっていた。しかし，1950年5月にフランスの外務大臣シューマンが，モネの計画を採用して，「他のヨーロッパ諸国にも開かれた一つの組織の枠組み内で，ドイツとフランスの全石炭・鉄鋼生産を共通の最高機関の下に置く」という提案を行い，ECSCが設立された。

このようにヨーロッパにおいては，地域的集団安全保障体制の枠の中で，人権や社会像に関する地域組織化と並行しつつ，経済分野を中心とする地域組織化が進んでいった。

◆ 1950年代から70年代にかけての制度化

その後，ECSCを核に，欧州統合が進められた。欧州防衛共同体（EDC）構想は1954年に挫折したが，欧州経済共同体（EEC）と欧州原子力共同体（EURATOM）の設立条約が1957年に調印された。このEECとEURATOMにおいて，政府間の閣僚理事会（Council），独立事務局としての委員会（Commission）が並立する組織形態がとられた。EECでは，1960年代には共通農業政策（CAP）が制度化されるとともに，各国政府と調整を行うコミトロジー手続きも整備されていった。そして，1965年4月に締結されたブリュッセル条約により，ECSC，EEC，EURATOMは共通の理事会，委員会をもつこととなり，合わせて欧州共同体（EC）と呼ばれることとなった。

しかし，1960年代半ば以降，統合プロセスは停滞した。1965年に，関税同盟完成促進案と農業財政規則案を含むEEC委員会のハルシュタイン計画にフランスのドゴール大統領が抵抗して「空席政策」をとり，政治危機が発生する。その結果，重要問題についての全会一致方式を導入するという1966年1月の「ルクセンブルクの妥協」が行われた。この妥協の背後には，フランス国内における農業団体のEEC復帰圧力もあったといわれている（田中 1980）。1969年にはイギリス，デンマーク，アイルランドの加盟も実現した。その後は，目に見える制度化は進まなかったが，1971年に麻薬取引対策のためのポンピドー・グループが設置され，76年にはテロ対策のためのトレビ・グループが設置されるという形で，実務的協力が進んでいく。

Column ⑤ ジャン・モネ

モネは、1888年にフランスで生まれ、16歳でコニャック商の家業手伝いを始めた。第一次世界大戦が始まると英仏間の戦時共同調達を提唱し、イギリスのソルターらと連携して連合国海運理事会の組織化を主導した。第一次世界大戦が終了し、国際連盟が1919年に設立されると、副事務総長に就任し、ソルターらとともにオーストリアの金融危機等に関与した。しかし、2年後に家業立て直しを理由に国際連盟を辞職し、その後は民間の金融投資家として活躍した。1928年にはポーランドへの、29年にはルーマニアへの借款を主導した。大恐慌後は、中華民国政府の蒋介石、宋子文、国際連盟のライヒマン（国際連盟衛生部長）らとも協力し、中国建設銀公司を設立した。その後、ナチスドイツが台頭する中で、1938年にはフランス空軍の劣位を指摘し、フランス首相の密使としてルーズヴェルト大統領を訪問し、航空機生産を依頼した。第二次世界大戦が始まると、再度、英仏共同調達を主張し、英仏調整委員会議長となった。その後、アメリカにおける航空機や戦車の増産とヨーロッパによる購入を主導した。1945年にはドゴールに計画庁設立を提案し、50年にはECSCの設立を主導した。その後、1955年には「ヨーロッパ合衆国のための行動委員会」を立ち上げ、57年にはEURATOM条約締結にこぎつけた。モネの影響力の背景には、アメリカのニューディールの理念と人脈があったとされる。モネの計画主義はニューディール思想と親和的であり、モロー、マックロイ、リップマン、リリエンタールといったアメリカのニューディーラーとのネットワークを活用してきた。モネはどこの国のエリートでもなく、実務的知識を重視する部外者、周辺人であったともされる（遠藤 2010）。晩年は、ヨーロッパ首脳のサミット制度化に注力し、1979年に死去した。

◆ 1980年代以降の制度化の進展

1980年代半ば以降、統合が急速に進んだ。1986年に単一欧州議定書（SEA）が締結され、域内市場政策が展開した。また、そのための手段として、理事会決定における多数決の範囲が拡大した。そして、1992年にはマーストリヒト条約が締結され、大規模な制度改革が行われた。マーストリヒト条約により、EUが設立されたが、これは、経済分野におけるEC、共通外交・安全保障政策（CFSP）、司法・内務分野協力（JHA）という3本の柱をもつ「神殿構造」をとることになった。また、限定されたメンバーによる制度として、経済通貨

同盟（EMU）や欧州社会憲章も導入された。通貨統合に関しては，1999年にEMUの第3段階（ユーロ導入）に移行し，2002年には統一通貨の貨幣流通も開始した。

その後も，制度改革が継続された。1999年には，アムステルダム条約が締結された（1999年発効）。アムステルダム条約では，司法・内務分野協力と呼ばれた第3の柱の政策のうち内務関係の政策が第1のECの柱に移され共通政策化され，第3の柱は警察・司法分野協力（PJCC）となった。また雇用政策がECの政策として加えられた。また，EMUや欧州社会憲章の経験もふまえ，柔軟性原則や緊密化協力（closer cooperation）が導入され，一部の加盟国によるより高度な統合を許容するようになった（森井 2005）。

続いて，2001年2月に締結されたニース条約では，EUの加盟国拡大を見据えた制度改革が行われた。具体的には，欧州委員会の委員数については，従来，ドイツ，フランス，イギリス，イタリア，スペインから各2人，残り10か国から各1人の委員を選出するとしていたものを，2005年から1国1委員制とした。委員数の上限については，加盟国数が27か国になったときに，27人とすることになった。また，特定多数決の成立に人口の要素が加味され，加盟国数にかかわらず，賛成した国の人口がEUの全人口の少なくとも62％を代表していることが必要となった（森井 2005）。

その後，2004年6月には，欧州憲法条約案がまとめられた。この条約案では，EUに単一の法人格を付与し，これに伴い，ECの管轄事項からEUの第2・3の柱の管轄事項までの全体が，EU管轄事項として統合された。また，EU法上の基本権・人権の法的保護を強化するため，「EU基本権憲章」を憲法条約本文に取り込み，法的拘束力を認めるようにした（中村 2005）。しかし，この条約案は，2005年にフランス，オランダが国民投票で否決したため，成立しなかった。

その後，2007年12月にリスボン条約が締結された（2009年12月発効）。リスボン条約は，「憲法」という名称を除くなど超国家的な色彩を薄めたものであったが，制度改革については欧州憲法条約案に盛り込まれていた内容の大部分が踏襲された。具体的には，EUへの単一法人格の付与と3本柱の政策領域の単一の枠組みの下での統合，理事会（閣僚理事会）における特定多数決についての二重多数決制の導入（加盟国数の55％，人口比で65％以上の賛成をもって成立

とする）と対象領域の拡大，欧州委員会の定数制限，「欧州理事会議長」の新設（欧州理事会に常設の議長職を設置），「EU 外交・安全保障政策上級代表」の新設（従来の「CFSP 上級代表」の役割に加え，外務理事会〈外相理事会〉の議長を務める），欧州議会の役割強化等が規定された。

3 EUの組織

◆ 一般性

現在の EU の組織の概要は図 6-1 のようになっている。EU の組織の特色は，分野横断的な機関が存在することである。首脳レベルの欧州理事会や欧州委員会は，特定分野の課題のみを扱うのではなく，管轄範囲に関して一定の一般性をもつ。ただし，EC/EU がすべての役割を担っているわけではない。マーストリヒト条約により，CFSP が EU の管轄となったが，安全保障の役割の多くは EU 外の国際組織である NATO や欧州安全保障協力機構（OSCE）が担っている。

◆ 複合的性格──EC/EU の定義の複雑性

EC/EU の内部も均一ではなく，複合的な組織構造をもっている。1965 年に締結されたブリュッセル条約によって誕生した EC は，ECSC，EURATOM および EEC から構成されており，正確には複数形（European Communities）の組織であった。なお，EEC はマーストリヒト条約以後，単数形の EC と呼ばれるようになった。

1992 年には，マーストリヒト条約によって EU が設立されたが，これは EC（複数形），CFSP，JHA の 3 つの別個の組織からなるものであった。そのため，機関名称に関しても，マーストリヒト条約では，3 分野すべてに関与する理事会に関しては EU 理事会と名称が変更となったが，主として共通市場政策に関与する委員会は，EC 委員会という名称を維持した。その後，2007 年のリスボン条約で EU は単一の法人格をもつようになった。しかし，その中でも，市場統合のための経済政策分野，共通外交・安全保障政策分野，警察・司法分野と協力分野ごとに，欧州委員会の関与の仕方は異なった。

図6-1　EUの組織図

```
                    ┌─────────────────┐
                    │欧州理事会（首脳レベル）│
                    │  議長（大統領）    │
                    └─────────────────┘
```

欧州委員会	EU理事会	欧州議会	
委員長	総務	外交委員会	欧州裁判所
委員	対外関係	開発委員会	欧州中央銀行
対外関係総局	経済・金融	経済金融委員会	
経済・金融総局	司法・内務協力	市民的自由権・司法内務・委員会	
司法総局	交通・通信・エネルギー	交通・観光委員会	
内務総局	農業・漁業	産業・研究・エネルギー委員会	
エネルギー総局	環境	農業・農村開発委員会	
モビリティ・運輸総局	教育・青少年・文化・スポーツ	漁業委員会	
農業・農村開発総局	雇用・社会政策・保健・消費者	環境・健康・食品安全委員会	
海事・漁業総局	競争（域内市場、産業研究、宇宙）	雇用・社会問題委員会	
環境総局		域内市場・消費者保護委員会	
教育・文化総局		国際貿易委員会	
雇用・社会問題インクルージョン総局		予算委員会	
保健・消費者保護総局	理事会事務局	等	
競争総局			
企業・産業総局			
研究イノベーション総局			
等			

常駐代表委員会

第6章　地域組織の実験

◆ 「緊密な協力」

　欧州統合において，「緊密な協力」という枠組みの下で，一部の参加国による高度な統合を許容することが，アムステルダム条約，ニース条約において明示的に規定された。しかし，加盟国のすべてが参加しているわけではない政策領域は以前から存在していた。例えば，欧州社会憲章に関して，当初，イギリスは不参加であり，通貨同盟に関しては，イギリス，デンマーク，スウェーデンが不参加であり，出入国管理に関するシェンゲン協定については，アムステルダム条約でEUに編入された時点で，7カ国しか参加していなかった。また，EUの枠外において，特定の政策領域における協調の枠組みとして，別途，エアバス（フランス，ドイツ，イギリス，スペインによって運営されている航空機会社），欧州宇宙機関（ESA）等もある。

　このような「緊密な協力」あるいは柔軟性を許容する際の考え方に関しては，いくつかの考え方がある（鈴木 2003）。第1に，「緊密な協力」を許容する際に，能力を基準として考えるのか，政治的意思を基準として考えるのかという異なった考え方がある。第2に「緊密な協力」の枠組みの下で，重層的組織形態を許容する場合，これを速度が異なるだけで最終的に統合すると考えるのか，重層的な組織形態が持続すると考えるのかについても，異なった考え方がある。EUの枠内では，アムステルダム条約，ニース条約とも，能力基準をとり，速度が異なるだけで将来的には全体が統合されるというマルチスピード・モデルを採用しているといわれる。

◆ 裁判所・議会と政府間会議

　EUを他の国際組織と比べた場合に興味深い特徴は，欧州裁判所（ECJ），欧州議会の役割が大きいことである。

　EU法の裁判所における適用に際しては，各国司法部はそのEU法の解釈を「先決訴訟手続き」によりECJの意見を求めるという仕組みになっている。その結果，EU法の適用においてECJが大きな役割を占めている。なぜ，各国司法部がECJの判断を受け入れるのかに関しては，法的形式主義ゆえに上位裁判所を尊重するからであるという意見，裁判官のキャリアパス等を考えた職業的・財政的・社会的利益ゆえであるという意見，ECJが法的観点から各国内における司法部の役割に対する支援を与えているからであるという意見等が

ある。

　また，ECJ は，EU の政策過程において，潜在的な拒否権プレーヤーとなることもあれば，逆に，政策の変化を促す促進者となることもある（平島 2008）。例えば，1980 年代以降の欧州市場統合による自由化において，ECJ が競争法の適用対象を通信や運輸といったサービス貿易の分野に拡大したことは，政策変化の重要な契機であった（石黒 1987）。

　欧州議会議員は当初，各国の議員によって構成されていたが，1979 年以降，直接選挙によって選ばれるようになった。そして，マーストリヒト条約によって，その権限が強化され，予算や一定の立法に関する共同決定手続きが厳格化された。この共同決定手続きにおける欧州議会の役割は，リスボン条約によってさらに強化され，これが通常の手続きと位置づけられるようになっている。その結果，EU の政策過程においては，各国政府の代表者によって構成される閣僚理事会，首脳レベルの欧州理事会とは異なる選好をもつ欧州議会との調整がきわめて重要になっている。また，欧州委員会委員長や欧州委員会委員を承認する権限ももっている。

　このように，ECJ や欧州議会の役割は他の国際組織と比べて大きい。そして，日常的な意思決定においては，政府間の直接的接触の場である閣僚理事会等よりも欧州議会等が大きな役割を果たす場合がある。ただし，条約調印といったメタレベルの変化に際しては，最終的には政府間レベルの調整に回帰することになる。例えば，EU を設立したマーストリヒト条約の締結も，EC の機関ではなく，政府間会議で行われた。

◆ **多層間政治**

　ある分野において EU に一定の役割がある場合でも，EU が排他的に権限をもつわけではない。そのため，同一分野において，ヨーロッパ・レベル，国レベル，国内地方レベルの各レベル間での相互作用が生じる。補完性の原則からすれば，一定の課題は可能な限り現場に近いレベルで対応すべきということになるが，そのレベルを一義的に規定することは難しい。また，同じ課題でも別の角度から見れば別の課題として認識されるため，レベル間の相互作用は不可避である。

　実際に，EU が一定の役割をもつ，農業，貿易，金融といった分野において，

相互作用が繰り広げられてきた。例えば、農業分野の場合、CAPが成立した当初は、国内において実施される価格支持政策の政治的責任だけをヨーロッパ・レベルに押し付けられたといった相互作用が見られた。つまり、EUは、国内政府による処理が困難な課題の「尻ぬぐい役」を押し付けられた面がある。他方、その後は、ヨーロッパ・レベルにおける1992年マクシャーリー改革に始まるCAPの構造転換（価格支持から直接支払いへの移行、農業の多面的機能・環境保護機能の強調）は、各国内の農業システムにも大きな影響を及ぼし、フランスでは国内農業統治システムの解体をもたらした（中山 2006）。この事例の場合も、国レベルの変化を望むグループが、EUを利用して、国内のシステムに変化をもたらしたという面がある。

4 EUの行政運用

◆ 閣僚理事会（Council）の運用

これまでEUにおいて政策過程の中心に位置してきたのは、各国政府の直接的接触の場である閣僚理事会や、より下位レベルでの直接的接触であった。しかし近年、命令や指令の制定等に関しては、欧州議会の役割が大きくなっており、リスボン条約においては、欧州議会と閣僚理事会はほぼ対等な立場となっている。

規定上は、理事会という名称のみが使われているが、実際には、分野別に閣僚理事会が実施されてきた。第1に、総務理事会（GAC）と呼ばれている理事会があり、通常、外務大臣が出席する。第2に、分野別大臣が参加する理事会がある。例えば、経済財務担当大臣が参加する理事会（Ecofin）、農業担当大臣参加する理事会、環境大臣が参加する理事会、交通担当大臣が参加する理事会等がある。

閣僚理事会の開催頻度は、他の国際組織に比べて、一般的に高い。特に高いのは、年10回以上開催されているGAC、Ecofin、農業担当閣僚理事会である。他方、年4回程度と比較的開催頻度が低いのは、環境担当閣僚理事会等である（Hayes-Renshaw & Wallace 2006）。

また、頻度が相対的に高いとはいえ、閣僚理事会の開催機会は限られるので、日常的な調整のためには、常駐代表委員会（CORPER）が開催される（鴨 1980）。このCORPERは、直接的接触を多層化するメカニズムであると考えることが

できる。このCORPERの下に各種作業グループが設置されることもある。また，農業分野については，特別農業委員会（SCA）が実質的にCORPERの役割を代替している（Hayes-Renshaw & Wallace 1997）。

多様な分野ごとに閣僚理事会が設置されているということは，このような多様な分野間の調整が必要であることを意味する。そのためのメカニズムとして3つのものがある（Hayes-Renshaw & Wallace 1997）。第1に，各国から複数の分野の担当大臣が出席する巨大理事会で調整を行うことがある。第2に，総括的役割を担うGACによって調整することがある。これは実質的には外務大臣による調整を意味する。第3に，首脳レベルの欧州理事会によって調整することがある。首脳レベルの会合は，以前から非公式には行われていたが，マーストリヒト条約によってEUの公式の制度として位置づけられた。

閣僚理事会の運用においては，議長の役割が大きい。従来，議長団は3カ国（前議長国，現議長国，次期議長国）によるトロイカ体制により，6カ月輪番制で運用されてきた。しかし，2007年のリスボン条約により，常設の理事会議長職が設置された。

閣僚理事会における特定多数決の範囲については，1966年の「ルクセンブルクの妥協」で限定され，重要問題に関しては全会一致で決定された。しかし，その後，1986年のSEAにより特別多数決の範囲が拡大された。ただ，現実には，すでに1970年代末から多数決の利用が，予算，CAP，貿易等に関して拡大していた。なお，運用における実質的な拘束要因として，会議室や通訳の利用可能性がある。特に，EUにおいては公用語の数が多いため，文書の翻訳や通訳の手間は大きい。

また，閣僚理事会や首脳レベルの欧州理事会以外に，EUの公式機関の外に位置するメカニズムとして，「会議（conference）」がある。これは，通常，全会一致で運用される。先に述べたように，条約改定のためや加盟交渉の際に政府間会議（IGC）方式が用いられてきた。

◆ 委員会（Commission）の運用

EUにおいては，閣僚理事会事務局とは別に，欧州委員会が設置されている。委員会本体は27人の委員により構成されている（2013年8月現在）。委員は，各国の元首脳，大臣クラスの人物が就任している。また，委員会を支える組織

の規模は比較的大きく，2万人以上の職員が存在している（理事会事務局の職員数は約2300人である）。そして，EUの一般的性格を反映して，さまざまな分野の総局（DG）が存在している。委員会職員の人事に関しても，上層部では分野横断的な人事を行っている。

　欧州委員会の大きな特色は，提案権を独占してきたことである。これは，最終決定は理事会や欧州議会に委ねられるとしても，アジェンダ（議題）設定の際に政策起業家としての欧州委員会が果たす役割が大きいことを意味する。また，その後の政策過程においても，選挙によって政治権力の中枢が確定されないEUでは，政治の時間的秩序が整序されていないため，欧州委員会による政治的日程の操作が政策過程に影響を行使する有力な手段となる（平島 2008）。ただし，リスボン条約によって，一定数の加盟国等による発議も可能になった。

　欧州委員会が提案を準備する段階では，各種諮問委員会，専門家委員会等を活用する。また，ステークホルダー（関係者）との議論のフォーラム等を利用する場合もある。例えば，2000年以降に適用される自動車排ガス環境基準と燃料基準を提案するために，欧州委員会は，エンジン技術と燃料品質について費用対効果のよい選択肢を探るため，オート・オイル・プログラム（Auto/Oil Programme）を実施した。これは，ヨーロッパの自動車業界の団体と石油業界の団体による共同研究を，欧州委員会の指示の下で行うものであり，協調的な手法での規制設計を試みるものであった（城山 2006）。

◆ コミトロジー手続き

　コミトロジーとは，EUにおける政策実施段階で，条約を根拠に制定される二次立法を欧州委員会が提案する前に各国の意見を聴取する手続きを指す。歴史的には，コミトロジーは，CAPの中でも市場の管理というきわめて限定された分野で，あくまで例外的な政策措置として開始された。1960年代に行政的制度化が進み，フランスは空席政策の時期にもこの委員会には出席し続けた。その後，この措置はあらゆる分野へ広まり定着していった（川嶋 2007）。

　このコミトロジーには，実施に際して，各国の人材を活用して，各国の実情をふまえた二次立法を効率的に行うという目的が存在する。同時に，実施段階における，各国政府による欧州委員会を統制する手段となるという面ももつ。ただし，この手続きの透明性が低かったために，欧州委員会職員あるいは各国

担当者の横断的な専門家ネットワークによる閉鎖的決定を保護しているのではないかという，アカウンタビリティの確保の観点からの批判があった。

　1987年7月の理事会決定第373号により，コミトロジー手続きとしては，設置される委員会の性格に応じて，諮問委員会，管理委員会，規制委員会の3つの方式が規定された。この方式のうち，諮問委員会，管理委員会，規制委員会の順に，各国による欧州委員会への統制が強くなる。なお，各委員会は，加盟国各政府の代表と欧州委員会職員により構成され，議長は欧州委員会代表が務める（八谷 1999）。

◆ OMC

　開放的協調方式（OMC）とは，目標設定と評価をヨーロッパ・レベルで行うが，実施手段の選択と行動は各国の裁量と相互学習に任されるという調整方式である。従来からの立法という手段に加えて，採用されることになった（小川 2005）。

　具体的には，アムステルダム条約において雇用に関する章が創設されるとともに，OMCの手続きが条文化された。加盟国は，理事会の決定により毎年定められたガイドラインに従って雇用政策を実施し，その結果を年次報告として理事会と欧州委員会に提出することとされた。各国の実施状況は，雇用委員会でピア・レビューされた後，理事会で審査される。理事会は，欧州委員会の助言に基づいて，必要であれば加盟国に対し勧告を与えることができるとされた。

　その後，2000年のリスボン欧州理事会において，より広範な政策分野に適用されるべき調整手法として，OMCが明示された。OMCの内容としては，①短期・中期・長期目標を達成するための予定表を伴うEUによるガイドラインの決定，②多様な加盟国・部門の必要に応じて，ベスト・プラクティスを比較する手段となる，量的・質的指標およびベンチマーク（基準）の確立，③国家間・地域間の差異を考慮に入れた目標の設定と手段の採用，そしてそれを通じた，これらのEUによるガイドラインの国内・地域政策への移殖，④相互学習プロセスとして構成される，定期的なモニタリング・評価・ピアレビューの実施，という4つの要素が含まれている。

5　EUの性格と課題

◆ 超国家性と政府間主義の間

　一方で，EUには通常の国際組織とは異なる超国家性が存在するという議論があり，他方，EC/EUも基本的には政府間の合意によって設立されたのだとする政府間主義と呼ばれる議論があった（Moravcsik 1998）。歴史的には，第二次世界大戦後のヨーロッパの復興プロセスの中で，国家の自律性回復と欧州統合は同時に進められたとする，「国民国家の救出」としての欧州統合論が主張された（Milward 1992）。前述のように，条約の締結のような場面では政府間会議が登場してくるため，政治学者は概して政府間主義の立場に立ちがちであった。また，日常的な運用においても，欧州理事会，閣僚理事会，CORPER，その下の各国からの参加者による作業部会等の重層的な直接的接触や二次立法の提案作成段階において各国が参画するコミトロジー手続きという局面では，政府間主義に適合的な現象が観察された。他方，法律学者からは，EU法が直接適用され，ECJが大きな役割を果たすEUのシステムは，通常の国際組織とは異なる超国家性のあるものと理解される傾向があった。

　以上のような2つの立場に対して，国家をプリンシパル（本人），EUの諸組織をエージェント（代理人）として理解する観点から，プリンシパル・エージェント理論に基づく議論も進められた。この立場からは，いかなる条件の下でいかなる理由でどの程度の自律性をEUの組織がもつのかという観点での説明が展開された。プリンシパルたる国家がEU組織に権限委譲を行う機能的理由としては，メンバー国の履行監視，不完全契約問題への対処，複雑な信頼性を要求される問題への対応，起案制限による効率化が挙げられた。そして，欧州委員会への権限委譲は，メンバー国の履行監視，複雑な信頼性を要求される問題への対応，起案制限による効率化の観点から説明されるとされる。ECJへの権限委譲は，メンバー国の履行監視，不完全契約問題への対処の観点から説明されるとされた。他方，プリンシパル・エージェント理論では説明できないものとして，欧州議会が位置づけられた。また，プリンシパルたる各国がEUの活動を監視する方式としては，各国自らが積極的に監視にかかわるコミトロジー手続きのような警察パトロール型（能動的監視公式）と，ECJの利用に見られるような他者に監視を任せる火災警報型（他者による監視に依存する受動的

監視公式）の2つが示された。

　また，最近は，各レベルの専門家を含む主体間のディスコース（言説）の累積的変化に注目するディスコース理論の立場からの EU 理解も見られる。競争政策の現代化改革（各国規制担当機関への分権化，事前規制から事後規制への転換，欧州競争政策ネットワークの創設）を例に考えてみよう。まず，この改革を，政府間主義に基づき加盟国政府による影響力回復の成果たる分権化と理解すべきである，あるいは超国家性をもつ委員会主導の政策合理化をめざす集権化と見るべきであるといった立場がある。これに対して，ディスコース理論の観点からは，委員会側・加盟国側のいずれかの主導権が反映されたわけではなく，それ以前から蓄積されていたディスコースを経由して生まれた，緩やかな対応とみなされるべきであると考える。つまり，中期的なディスコースの醸成が政策変容を導いたと考えるのである（伊藤 2008）。

　また，1993年のグリーンペーパー（欧州委員会が特定の政策分野に関して政策を準備する過程で刊行する文書）「ヨーロッパの社会政策（European Social policy）」（1993）を契機とし，2000年に採択されたリスボン戦略において「ヨーロッパ社会モデル」が定着する過程においても，欧州委員会や議長国が作成するさまざまな政策文書とそれに関与する学者・専門家の役割が重要であったという（網谷 2008）。

◉「民主主義の赤字」への対応

　前述のコミトロジー手続きへの批判にも見られるように，EU の政策過程は「民主主義の赤字」状態に陥っており，アカウンタビリティの確保が重要であるという指摘がしばしばなされる。欧州議会もそのような観点からの主張を行い，実際に欧州議会の役割は拡大されてきた。ただ，欧州議会においても，ヨーロッパ大の政党やヨーロッパ大のメディアが存在するわけではないという点で，制度的に欧州議会が強化されれば，民主的統制が確保されるというわけではない。

　また，このような文脈の下で，各国の担当者や専門家だけで政策形成を行うのではなく，NGO を含む各種のステークホルダーによる参加を促進し，場合によってはこれらの組織に機能的代表性を認めるべきだという議論がある。ただし，どのような組織を選択するのかという段階で，恣意性は免れえない。

あるいは，ECJ 等が専門性を基礎に機能的に人々の利益を代弁するという議論もなされるが，これも代弁性を保障するメカニズムではない。

他方，コミトロジー手続きは，意思決定手続きが閉鎖的であるとして，アカウンタビリティ確保の観点から批判されることが多いが，選挙によって選出された各国政府を通した間接的な民主的統制手段として評価できる。

●さらに読み進める人のために

☞ 遠藤乾編『ヨーロッパ統合史』名古屋大学出版会，2008 年。
　＊EU―NATO―CE 体制という複合的な国際枠組みの下で，EU の負の遺産にも着目しつつ，欧州統合の歴史的展開を包括的に論じている論文集。

☞ 平島健司編『国境を越える政策実験・EU』（政治空間の変容と政策革新 2）東京大学出版会，2008 年。
　＊EU における政策変化のメカニズムの性格規定を試みている論文集。各国政府，欧州委員会，ECJ 等が役割を果たす政策変化のメカニズムに焦点を当てて，競争政策，社会政策，移民・難民政策，都市政策といったさまざまな分野の事例を分析する。

☞ Andrew Moravcsik, *The Choice for Europe: Social Purpose & State Power from Messina to Maastricht*, Cornell University Press, 1998.
　＊統合の意図しない結果に着目する新機能主義を批判し，各国の選択と交渉プロセスを重視する政府間主義の観点から，ローマ条約締結からマーストリヒト条約締結に至る欧州統合における主要な意思決定プロセスを分析している。

第 7 章

地域組織の展開

東アジア

●第1回東アジア主脳会議に参加した各国主脳（マレーシア・クアラルンプール，2005年12月14日，EPA＝時事）。

> 　地域組織はさまざまな地域で試みられてきた。ヨーロッパでは，NATO という地域的な集団安全保障体制とセットで欧州統合が試みられてきたのに対して，東アジアでは，アメリカとの二国間安全保障条約等の束としての安全保障システムと地域経済統合の下で地域組織化が進んできた。しかし，文脈は異なるものの，個別の組織の設計や運用の仕方については，比較可能な現象も多くある。本章では，東アジア全体における基盤的組織となった ASEAN や，オーストラリアや日本が主導した APEC，ASEAN を基礎とした地域組織である ASEAN+3，東アジア首脳会議，日中韓による三国首脳会議について分析し，それらの相互関係の検討や，ヨーロッパの地域組織化との比較を行う。

1 地域組織の展開と文脈

20世紀後半以降，地域組織はヨーロッパで実験されるだけでなく，さまざまな地域で試みられてきた。その中で，ここでは主として東アジアにおける地域組織化の展開を検討する。

東アジアにおける地域組織化は，ヨーロッパとは異なる文脈の下で試みられてきた。ヨーロッパにおいては，アメリカは西ヨーロッパ諸国と北大西洋条約機構（NATO）という地域的な集団安全保障体制を構築し，それとセットで，ドイツとフランスを核とする西ヨーロッパ諸国による欧州統合と欧州評議会に象徴される社会的アイデンティティの構築が試みられてきた（⇒第6章）。他方，東アジアにおいては，アメリカと日本，韓国，フィリピン等との二国間安全保障条約の束としてのアメリカをハブとする安全保障システムと，アメリカ，日本，東南アジア等による地域経済統合とによって地域組織化が進んできた。ヨーロッパにおいては政治的意思に基づく制度化が地域組織化の推進力であったのに対して，東アジアでは市場統合のダイナミズムが地域組織化の主たるドライバー（推進力）であった点においても異なる（白石 2004）。また，中国との関係に関して東アジアにおいては，安全保障面では二国間安全保障条約を基礎とし中国に対峙する伝統的構造が基本的に維持されているのに対して，経済面では，特にアジア通貨危機以降，中国も地域経済統合に積極的に参画している点にも特色がある（白石＝ハウ 2012）。

このように文脈は異なるものの，個別の組織の設計や運用の仕方については，比較可能な現象も多く見られる。以下では，東アジアにおける多様な地域組織化の実験を検討する。その際，東アジアにおける政治的意図をもった組織化の試みであると同時に，東アジア全体における基盤的組織となった東南アジア諸国連合（ASEAN）に注目する。最後に，東アジアにおける地域組織化とヨーロッパにおける地域組織化を比較する。

2 ASEAN の設立と展開

● 東南アジアにおける政治協力の開始

東アジア地域において，地域組織化の実験の場となったのは東南アジアであった。そして，東南アジアにおいて形成された ASEAN は，広くアジア地域，

アジア太平洋地域における地域組織化の基盤を提供した。

　ASEANは，1967年8月，ASEAN設立宣言（「バンコク宣言」）によって，インドネシア，マレーシア，フィリピン，シンガポール，タイを原加盟国として設立された。設立宣言では幅広く，ただし曖昧に目的が規定されていたが，当初の中心的課題は政治協力であった。ASEANの公式制度として，外務大臣レベルで年1回，ASEAN閣僚会議（AMM）が開催されるとともに，具体的な政治協力の課題に関しては非公式外務大臣会議が活用された。そして，政治協力のための非公式外務大臣会議は定例化され，1971年の非公式外務大臣会議からは特別外務大臣会議として一定程度公式化された（山影 1991）。例えば，この1971年11月の第1回特別外務大臣会議では，「東南アジア中立地帯宣言」が採択された。そして，1976年2月には，第1回ASEAN首脳会議がアドホックな会議として開催された。この場で「ASEAN協和宣言」が採択され，東南アジア諸国間の紛争の平和的解決を約束する「東南アジア友好協力条約（TAC）」が締結され，ASEAN経済大臣会議（AEM）が設置された。ただし，1970年代末以降，しばらく停滞期に入った。

◆ 域内経済協力と共同体創設の展開

　1980年代末以降，冷戦が終結し，ヴェトナム軍がカンボジアから全面撤退し，カンボジア和平協定が調印されることで，地域情勢は安定化してくる。そして，1992年にシンガポールで開催された第4回ASEAN首脳会議では，域内関税を原則5％以下にするというASEAN自由貿易地域（AFTA）に向けた計画が合意され，実質的な域内経済協力が開始されるに至った。

　その後，長期ビジョンの検討が進み，1997年末には「ASEANビジョン2020」が採択され，安全保障，経済，社会文化協力の3つの観点から，統合を進める方針が，アジア通貨危機の最中に公表された。この通貨危機を契機に危機意識が高まり，多くの対策がとられ，2003年にはAFTAも達成した。そして，2003年に開催された第9回ASEAN首脳会議では，「第2 ASEAN協和宣言」が採択され，2020年を目標に，ASEAN安全保障共同体，ASEAN経済共同体（AEC），ASEAN社会文化共同体から構成されるASEAN共同体を構築する方向が示された。

　そして，2005年の第11回ASEAN首脳会議では，ASEAN憲章の起草に向

けて賢人会議を設置することが決定された。2006年の経済大臣会議では，ASEAN経済共同体の設立目標年次を2015年に前倒しすることが決定された。さらに，2007年1月の第12回ASEAN首脳会議では，ASEAN共同体全体の設立目標年次を2015年にするとともに，賢人会議報告に基づいてASEAN憲章のあり方を議論し，07年11月の首脳会議でASEAN憲章を採択した（2008年に発効）。また，2007年11月に開催された第13回ASEAN首脳会議では，経済統合に向けた工程表である「AECのための青写真」も採択された（石川 2008）。最近では，域内各国間での連結性（connectivity）の確保に着目しており，2010年10月の第16回ASEAN首脳会議では，ASEAN連結性マスタープラン（MPAC）が採択され，物理的（道路，鉄道，海運，情報通信など），制度的，人的な連結性を優先的に強化するプロジェクトについて合意された。

◆ 国民国家建設と地域組織

ASEANは，発展途上地域における地域組織化の試みであった。そのため，特に，各国における国民国家建設と地域組織化を並行して行わなければならないという要請が強かった。現実においても，ASEANによる地域組織化と各国の国民国家形成の方向は，ASEANが既存の国境を基本的に相互に承認するものでもあったため，矛盾しなかった（山影 1991）。

このような基本的性格をASEANは現在でも維持している。しかし，ASEAN憲章の制定等を通してこれまで以上に制度化が進む中で，各国の自律性をこれまで通り尊重するのか，場合によっては，多数決による意思決定を導入していくのか等について，各国の間で態度の分岐が見られる。また，実体的にも，物理的かつ制度的な連結性を各国間で高めることが求められるようになっている。

3 ASEANの組織・行政運用

◆ 一般性の傘と漸進的複合化

1967年のバンコク宣言におけるASEANの目的規定は，経済成長・社会進歩・文化発展，地域の平和・安定を推進し，経済・社会・文化・科学・行政の分野で協力するという，幅の広いものであった。しかし，実態としては1976年までは政治協力の比重が高かった。その後，1976年の第1回ASEAN首脳

会議で公式にAEMが設置されるが，92年までは域内経済協力は停滞していた。域内経済協力が実質化していくのは，1992年のAFTA合意後であった。他方，社会協力に関する合意は，意外と早くから（1967-91年）安定的に蓄積していた（山影 1997）。そして，現在，先に述べたような3つの共同体を志向しつつある。

このように，ASEANにおいては，一般性のある活動目的の傘の下で，徐々に活動分野を拡大していった。また，このような活動分野の拡大過程は，複合レジーム化が進む過程でもあった。また，活動の拡大に伴い，閣僚会議もさまざまな分野に拡散していった（山影 1997）。

組織の性格も漸進的に変化していった。1967年にASEANが設立された際の文書の形式は「宣言」であった。これは，権利義務を明示的に規定したものではなく，また，各国での批准(ひじゅん)等も必要としない非公式性の高いものであった。また，1967年の時点では，事務局も設置されなかった。その後，40年間にわたる実行の蓄積をふまえて，2007年にASEAN憲章が採択された。これは，これまでの運用を明文化したものであった。また，文書の形式も，各国の批准を必要とするものへと変わった。このように，ASEANの組織は，設立当初は非公式性が高く，その後の実行をふまえて公式性が付与されてきた。

● 閣僚会議，首脳会議，実務レベルでの調整メカニズム

ASEANにおける基本的な政策調整メカニズムは，各国間調整である。1967年のバンコク宣言では，そのための制度として，AMM，必要に応じて開催される特別外務大臣会議，常任委員会が規定された（山影 1991）。AMMは年次で外務大臣レベルで開始され，1971年からは前述のように政治協力に関して特別外務大臣会議も開催されるようになった。その後，一定の運用の後，1974年に開催された第7回AMMにおいて組織化のあり方に関するコンセンサスが得られ，1976年の第1回ASEAN首脳会議でAEMが設置された。閣僚会議の設置はさまざまな分野へ拡散していった。

また，閣僚レベルだけではなく，より下位の実務レベルでの調整のための制度もつくられるようになる。設立当初からのAMMの下での全体的な調整主体である常任委員会に加えて，1987年の第3回ASEAN首脳会議において，AMMや首脳会議の下で政治協力等を調整する組織として高級実務者会議

図7-1　ASEANの組織図

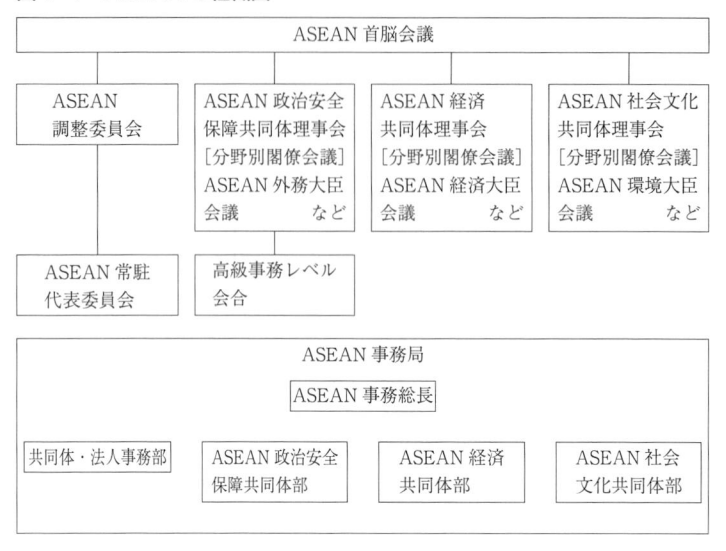

```
┌─────────────────────────────────────────────────────────┐
│                    ASEAN 首脳会議                        │
└─────────────────────────────────────────────────────────┘
┌──────┐ ┌────────┐ ┌────────┐ ┌────────┐
│ASEAN │ │ASEAN政治安全│ │ASEAN経済│ │ASEAN社会文化│
│調整委員会│ │保障共同体理事会│ │共同体理事会│ │共同体理事会│
│      │ │[分野別閣僚会議]│ │[分野別閣僚会議]│ │[分野別閣僚会議]│
│      │ │ASEAN外務大臣│ │ASEAN経済大臣│ │ASEAN環境大臣│
│      │ │会議　など│ │会議　など│ │会議　など│
└──────┘ └────────┘ └────────┘ └────────┘

┌──────┐ ┌────────┐
│ASEAN常駐│ │高級事務レベル│
│代表委員会│ │会合     │
└──────┘ └────────┘

┌─────────────────────────────────────────────────────────┐
│                    ASEAN 事務局                         │
│                  ASEAN 事務総長                         │
│ ┌──────┐ ┌────────┐ ┌──────┐ ┌────────┐ │
│ │共同体・ │ │ASEAN政治安全│ │ASEAN経済│ │ASEAN社会│ │
│ │法人事務部│ │保障共同体部 │ │共同体部 │ │文化共同体部│ │
│ └──────┘ └────────┘ └──────┘ └────────┘ │
└─────────────────────────────────────────────────────────┘
```

(SOM)が正式に制度化された。また，関係閣僚会議の下で，各国の各省庁の次官級または局長級が参加する機能別協力委員会が，環境（ASOEN），麻薬（ASOD），社会開発（COSD），科学技術（COST），公共サービス（ACCSM），文化・情報（COCI），女性（ACW）といった分野で設置された。

さらに，必要に応じてASEANの活動について分野間の調整，協議を実施する制度として，合同閣僚会議が1987年の第3回ASEAN首脳会議で設立された。これは，外務大臣および経済大臣から構成され，AMM議長とAEM議長が共同で議長を務める。

首脳会議は，組織創設後，比較的早くから実施されており，第1回は1976年に開催された。しかし，当初は非定期的な開催であった。その後，1992年からは3年に1回開催されることになり，95年からは公式，非公式を合わせると事実上，年1回開催されるようになった。そして，2007年に採択されたASEAN憲章において，首脳会議をASEANの最高意思決定機関として位置づけ，年2回開催することが決定された（鈴木 2011）。

このASEAN憲章では，閣僚レベルの会合として，ASEAN調整委員会（旧AMM），AEC理事会（旧AEM）などから構成されるASEAN各共同体の理事

会を年2回開催するとした。また、各国がジャカルタに常駐代表を設置し、これらの常駐代表によって構成される常駐代表委員会（CPR）が日常的な調整を担うこととなった。

　このような各種のASEANの会議における意思決定は、「協議とコンセンサス」によることとされ、ASEAN憲章第20条に規定されている。これは、これまでのASEANの慣行を明文化したものである。その上で、各種会議体の中で、首脳会議は、例外的に意思決定手続きを変更できるとされている。これは、憲章策定過程での妥協の産物であった。一部の国が多数決制の採用を主張したのに対して、その他の国は現状維持を主張し、結果として多数決の余地を残すが、明示はしないという方法がとられた。また、経済分野においては、先行可能な諸国間での意思決定を「ASEANマイナスX」方式で行うことも可とされた。さらに、ASEAN憲章やその他のルール・原則の深刻な違反に対してASEAN首脳会議に付託され、その決定が可能であるという条項が入り、違反国に対して権利と特権の一時停止を行うことや、違反国に対する決定を違反国抜きに行うことを許容した。また、ASEAN憲章では、「単一の議長国システム」も導入された。これは、同一年には同一の加盟国がすべての重要会議の議長を担うという仕組みであり、これにより各分野の会議間の調整を容易にすることが期待された（鈴木 2011）。

◆ 事務局の役割

　ASEAN設立当初は、独立した事務局は存在しなかった。事務局機能は、1967年のバンコク宣言では、各国の国内事務局が担うこととされた。また、1968年からは国内事務局長会議が開催されたが（山影 1991）、これは、ある意味では、第一次世界大戦時の戦時共同管理において事務局機能を担った書記官のあり方や主要国首脳会議（サミット）におけるシェルパのあり方にも近いものであった（⇒第5章）。

　その後、1974年の第7回AMMにおいて、常任委員会と国内事務局長会議だけでは年次閣僚会議に対応できないので、中央事務局をジャカルタに設置する必要があるという組織化へのコンセンサスができあがる。そして、1976年にはASEAN事務局設置協定が締結され、ジャカルタに中央事務局が設置された。その後、職員数は増えていくが、当初の職員数は8人だけであった（山

影 1991)。

　事務局機能の強化は，その後の首脳会議でもたびたび取り上げられたが，変化の契機となったのは，ASEAN 憲章の採択であった。憲章により，事務総長の任期は 5 年とされ，紛争解決における仲介機能や監視，域内加盟国の人権問題に関する ASEAN 人権政府間委員会に対する注意喚起などの機能をもった。また，1992 年に事務総長に付与された政策提言機能を強化するために，事務局に戦略立案調査室が設置され，職員数も 173 人（2003 年）から 244 人（2009 年）へと増加した（鈴木 2011）。

　また，事務局の能力不足を補うために，関係組織の協力を得るという方法も活用されている。例えば，2007 年 11 月に開催された第 13 回 ASEAN 首脳会議で市場統合に向けた「AEC のための青写真」が採択されたが，その進捗状況の監視は ASEAN 事務局が東アジア ASEAN 経済研究センター（ERIA）の支援を得て実施されている。ERIA は，日本が後述の東アジア首脳会議（EAS）を支援するために設立したジャカルタにある準国際組織である。また，2010 年 10 月の第 16 回 ASEAN 首脳会議で域内の連結性強化に向けた MPAC が採択された。この原案作成も 2009 年 10 月の第 15 回 ASEAN 首脳会議で ERIA に依頼したものであった。

　このように ASEAN 憲章によって事務局機能の強化が図られた。しかし，この事務局の規模拡大には限界があった。ASEAN は各国からの拠出を同額にするという厳格な平等原則を維持しているため，拠出の規模は域内小国の負担能力に依存していた。そのため，新たな活動を行う場合には，域外諸国からの資金協力に依存している（鈴木 2011）。

　また，加盟国内の人権問題に関する注意喚起機能等を事務総長がもつようになる中で，ASEAN が各国社会の NGO 等とどのような関係を構築するのかも重要な課題となりつつある。ASEAN 憲章では，CPR が，ASEAN 公認団体の許認可プロセスを担い，これらの団体との定期協議を行うこととなっている（鈴木 2011）。

4 APEC の展開と運用

● 民間レベルでの実験——PECC

1970 年代後半には，アジア太平洋地域にさまざまな地域組織構想が浮上し

た。例えば，太平洋経済共同体（PEC）構想，一定規模の独立した事務局をもつ経済協力開発機構（OECD）をモデルとした太平洋貿易開発機構（OPTAD）構想，環太平洋連帯構想等が提示された。そのような状況の中で，オーストラリア国立大学主催で1980年9月に環太平洋共同体セミナーが開催された。その結論は，ただちに政府間機関をつくるのではなく，まず，研究者，経済人，政府関係者による「緩い構成」の機関をつくり，一歩一歩進む必要があるというものであった。そこで，これら三者によって構成される民間組織として，太平洋経済協力会議（PECC）が構想された。このような構想に対してもASEAN諸国は消極的であったが，協議のための緩やかな非政府レベルのメカニズムは許容するようになり，ASEAN諸国は1982年にPECCをバンコクで開催することに合意した（城山 2000）。

◆ 政府間組織化——APECの創設と活動

1980年代後半になると，さまざまな政府間レベルの組織化の構想が表れるようになった。1989年1月にオーストラリアのホーク首相が，独立した事務局をもつOECD型の組織設立を念頭に置いて，アジア太平洋地域大臣会合を提唱した。その提案の背後には日本の働きかけもあった。これに対しても，当初，ASEAN側は難色を示したが，やがて軟化するようになり，同年11月に第1回アジア太平洋経済協力（APEC）閣僚会議がキャンベラで開催された。1991年11月にはソウルで第3回APEC閣僚会議が開催され，開かれた対話とコンセンサスづくりを志向するソウル宣言が採択された（菊池 1995）。

その後，1992年9月にバンコクで開かれた第4回APEC閣僚会議では機構整備が行われた。常設事務局の設置が決定され，事務局の人事については，事務局長，専門職員は各国からの出向方式とし，うち事務局長は閣僚会議開催国が指名することとされた。政策面では，APECでの貿易政策対話の重要性が認識され，賢人会議が設立された。1993年11月にシアトルで開催された第5回APEC閣僚会議では，初めて経済非公式指導者会議という形式で首脳会議が実施された。実質的には，ウルグアイ・ラウンドに自由貿易を促進するための圧力をかけるため，「ウルグアイ・ラウンドに関するAPEC宣言」に加えて，「ウルグアイ・ラウンドに参加しているAPEC諸国・地域による声明」を採択し，ヨーロッパなど他の地域に圧力をかけた。そして，1994年のAPEC首脳

会議では,「ボゴール宣言」が採択され, 貿易自由化および投資円滑化プログラムや開発協力の方針が示された。1995年に大阪で行われたAPEC会議では,「大阪行動指針」が採択され, 今後の活動として, 貿易自由化および投資円滑化プログラムとともに経済・技術協力プログラムが示された。

　このボゴール宣言が, APECの主要目標となり, 2010年に横浜で開かれたAPEC首脳会議では, その達成度が評価された。また, このような貿易・経済分野以外にも, 対テロ対策 (2001年), 感染症対策 (2005年), 気候変動・エネルギー安全保障対策 (2007年) 等さまざまなテーマが取り上げられた。

　なお, APECでは, アメリカは当初から加盟国であり, 1991年には中国が, 93年にはメキシコが, 94年にはチリが, 98年にはロシアが加盟国となり, アジア太平洋諸国を幅広く含むメンバー構成となっている。

◆ 組織の一般性・非公式性

　APECにおける主要な活動分野は, 貿易, 投資, 開発協力といった経済分野であった。しかし, その後, 環境, 保健, 運輸, 観光, 科学技術協力, エネルギー, 食料安全保障等, さまざまな分野が取り上げられるに至った。その結果, 一般性をもつ国際組織となっているといえる。

　ただし, すべての国に画一的な対応を求めているわけではない。例えば, 2001年のAPEC首脳会議付属文書である「上海アコード」においては, 一部の加盟国による先行的実施を許容する先遣隊方式 (Pathfinder Initiative) が認められた。

　2010年の横浜におけるAPEC閣僚会議において採択された「横浜ビジョン」では, 今後のテーマとして, 自由化, 円滑化, 経済・技術協力, 人間の安全保障 (食料, 保健, 防災, 対テロ対策など) を掲げた。このような幅広いテーマの中で, どこに比較優位を見つけるのかが課題となる。

　なお, APECは政府間の地域組織であるが, 憲章採択前のASEANと同様, 設立条約がない。そして, そのような非公式的性格を基本的には現在に至るまで維持している。

　また, APECにおいては, 企業との連携が重視されている。例えば, APECビジネス諮問委員会 (ABAC) が1995年のAPEC首脳会議において設立された。これは, APECの正式な諮問機関であり, APECの活動状況をモニタリ

ングするとともに，産業界の優先事項等に関して，APEC に助言を行い，APEC 首脳会議の際に首脳との対話を実施することになっている。

◆ 政府間調整メカニズムとピア・レビュー

　APEC における基本的な調整方式も，各国政府間の直接的接触による調整であり，重層的に設定されている。各国の外務大臣および経済大臣による閣僚会議が創設以来の主要な意思決定機関である。1993 年以降，これに加えて，首脳会議が実施されている。

　また，分野別担当大臣会合も，貿易，財務，観光，海洋，教育，運輸，環境，中小企業，保健，人材養成，科学技術協力，女性問題，エネルギー，鉱業，電気通信・情報産業，食料安全保障といった幅広い分野で行われている。

　このような閣僚レベルの制度の下に，実務レベルでの調整メカニズムが設定されている。閣僚会議の下には，総括的な準備を行う SOM が存在し，その下に，経済委員会 (EC)，貿易・投資委員会 (CTI)，経済・技術協力運営委員会 (SCE)，財政管理委員会 (BMC) 等が設置されている。EC は域内の経済問題に関する調査・分析および意見交換を実施し，構造改革関連作業のとりまとめを担当している。CTI は，貿易・投資に関する各課題の進展を審査し，閣僚に対し，その活動状況・結果を提出し，さらには活動計画について提言する。SCE は，APEC 加盟国間の発展の格差の縮小と成長の障害の除去を目的とする経済・技術協力活動の強化や優先事項の調整を行うことになっている。

　ASEAN は当初，APEC 構想に慎重であり，むしろ ASEAN 拡大外務大臣会議の修正活用を考えていた。最終的には APEC 構想に賛成したが，その過程で，政府間調整に関して，ASEAN を重視する制度が埋め込まれた。まず，閣僚会議の開催地に関しては，ASEAN・非 ASEAN 交代開催ルールがただちに確立された。また，ASEAN 事務局を SOM に参加させることが認められた。さらに，日程的に APEC 閣僚会議の前の ASEAN 拡大外務大臣外議が事実上，事前調整の機能を果たしていること，APEC の場においても ASEAN 諸国のみの調整が並行して行われることによって，ASEAN の影響力は強化されている。

　日常的な調整メカニズムとしては，1994 年のボゴール宣言と，それを具体化した 1995 年の大阪行動指針（第 1 部 貿易自由化および投資円滑化プログラム，

図 7-2　APEC の組織図

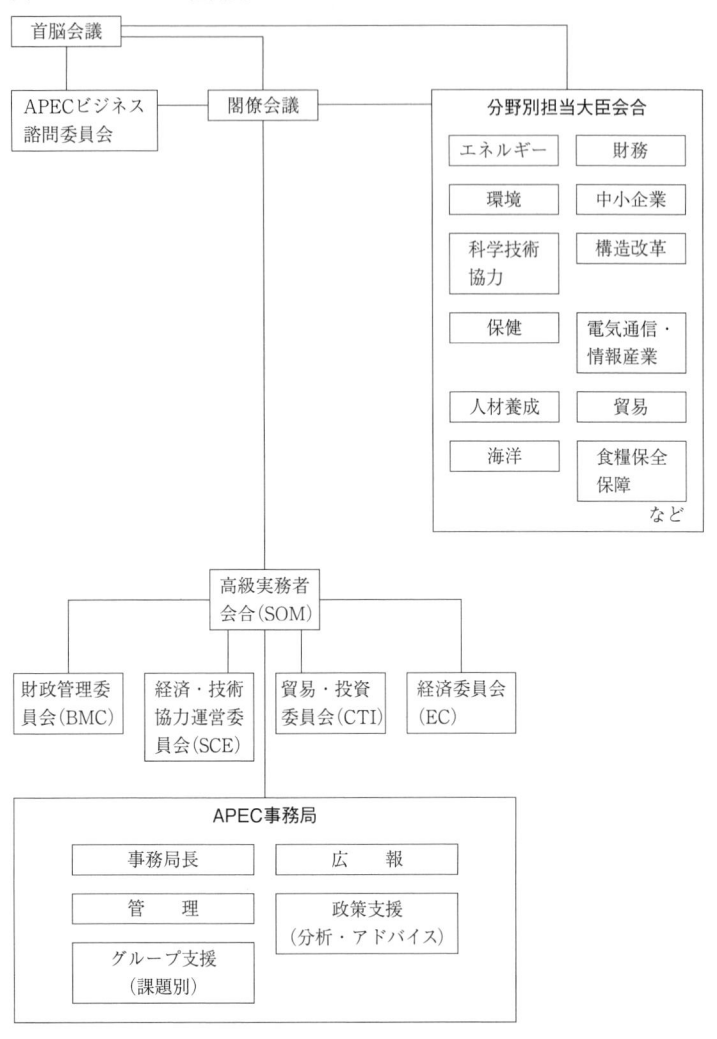

```
                        首脳会議
                           │
        ┌──────────────────┼──────────────────┐
  APECビジネス          閣僚会議          分野別担当大臣会合
  諮問委員会                             ┌─────────────────────┐
                                         │ エネルギー │ 財務   │
                                         │ 環境      │中小企業 │
                                         │科学技術   │構造改革 │
                                         │ 協力      │        │
                                         │ 保健      │電気通信・│
                                         │          │情報産業 │
                                         │人材養成   │ 貿易   │
                                         │ 海洋      │食糧保全 │
                                         │          │ 保障   │
                                         │              など   │
                                         └─────────────────────┘
                           │
                     高級実務者
                     会合(SOM)
        ┌────────┬───────┴────┬────────┐
   財政管理委  経済・技術   貿易・投資  経済委員会
   員会(BMC)  協力運営委   委員会(CTI)   (EC)
              員会(SCE)
                      │
                 APEC事務局
         ┌─────────────────────────┐
         │ 事務局長  │  広報         │
         │ 管 理    │ 政策支援      │
         │         │(分析・アドバイス)│
         │ グループ支援              │
         │ (課題別)                  │
         └─────────────────────────┘
```

第2部 経済・技術協力）の実施を確保するメカニズムとして，ピア・レビュー方式が活用されている。貿易自由化および投資円滑化プログラムに関しては，年次閣僚会議に評価のための行動計画を提出している。その前提として，各分野ごとの APEC フォーラム（CTI, EC, 作業部会など）が審査し，その結果をSOM に提出し，SOM が閣僚会議に評価のための報告書を提出する。対象と

なるテーマは,関税,非関税措置,サービス,投資,基準および適合性（透明性含む）,税関手続き,知的所有権,競争政策,政府調達,規制緩和・規制改革,世界貿易機関（WTO）義務の履行,紛争解決,企業関係者の移動,情報収集および分析（基礎的作業）,市場機能の強化等に及ぶ。そして,評価結果に基づいて,行動計画は漸進的に改定される。

◆ 事務局のあり方

　1989年のキャンベラにおける第1回APEC閣僚会議では,常設事務局の設置は当面見送りとなったが,1992年のバンコクにおける第4回APEC閣僚会議では機構整備が行われ,APEC事務局はシンガポールに設置された。

　事務局は,調整・支援業務を行うとともに,多くのプロジェクトを監督する。また,その後,政策支援ユニット（PSU）が設置され,専門的な見地から,研究・分析・政策提言などを行っている。

　事務局の人事については,事務局長,専門職員は出向方式,事務局長は閣僚会議開催国が指名することとされた。2010年の時点で,事務局職員は,計52人であった。なお,事務局長職は,かつては閣僚会議開催国の持ち回りであったが,2010年1月から,任期3年の専任ポストとなった。

　また,事務局については,設立当初,ASEAN事務局を利用すべきという意見もあった。このような意見にも配慮して,別個の事務局とはするが,常設事務局はASEAN諸国内（シンガポール）に設置された。

◆ 制度化

　APECは,設立当初から,設立根拠の非公式性を保っている。現在議論されている環太平洋パートナーシップ（TPP）協定は,APECにおける実行の蓄積を基礎に,これを公式制度化しようとしているものとも理解できる。TPP協定の基礎となったのは,2006年に発効した環太平洋戦略的経済連携協定（Trans-Pacific Strategic Economic Partnership Agreement）と呼ばれるシンガポール,ニュージーランド,チリ,ブルネイ（通称P4）による経済連携協定である。これは,物品貿易については,原則として全品目について即時または段階的関税撤廃をめざし,サービス貿易,政府調達,競争,知的財産,人の移動等を含む包括的協定であった。このP4はAPEC参加国に開放されていたため,2010

年3月に、この4カ国にアメリカ、オーストラリア、ペルー、ヴェトナムを加えた8カ国でP4を発展させた広域経済連携協定をめざすTPPの交渉を開始し、他の国にも参加を求めている。

TPP協定において議論されている分野横断的テーマのひとつに、「規制整合化（Regulatory Coherence）」がある。これは、各国における規制制定手続きを開放的かつ透明なものにすることを求めるものである。このような議論自体は、拘束力のないガイドラインとしては、すでにAPECで行われている。TPPは、これを拘束力のある制度とすることを求めているといえる。

5 ASEANを基礎とする広域地域組織とその運用

◆ ASEAN+3

従来、ASEANと域外諸国の対話の場としては、ASEAN拡大外務大臣会議（PMC）があった。1978年に日・ASEAN外務大臣会議として開催されて以来拡大し、現在域外10カ国・機関と協議している。そのような実践を基礎として、1997年にクアラルンプールで開催されたASEAN設立30周年記念首脳会議に日中韓の首脳が招待され、ASEAN+3という場が設定された。

これは、いくつかの特徴をもつ。第1に、首脳会議が先行して設立され、その後、閣僚レベルの場が設定された。第2に、閣僚レベルの場としては、財務大臣会議が先行して設立され、外務大臣会議等はその後、設置された。ASEAN+3の推進力としては、1997年に発生したアジア通貨危機の存在が大きかった。

その後、1998年にもASEAN首脳会議に合わせてASEAN+3首脳会議が開催され、以後毎年開催されることになった。1999年11月にマニラで開催された第3回ASEAN+3首脳会議において、「東アジアにおける協力に関する共同声明」が採択され、その中の具体的項目として、「利益を共有する金融、通貨、及び財政問題に関する政策対話、調整、及び協力を強化することにつき意見の一致を見た」。

このASEAN+3首脳会議における方針を受けて、2000年5月にチェンマイで開催された第2回ASEAN+3財務大臣会議において、チェンマイ・イニシアティブ（CMI）が合意された。その内容は、すべてのASEAN加盟国を含むように拡大されたASEAN通貨スワップ（交換）協定（10億ドル）とASEAN、中国、日本、韓国との間の二国間通貨スワップ等の取り決めを組み合わせたも

のであった。

◆ EAS

　ASEAN＋3首脳会議では，EASの開催は当初から課題として認識されていたが，中長期的課題と考えられていた。しかし，早くも2005年12月にクアラルンプールにおいて開催された。参加国はASEAN10カ国と日中韓およびオーストラリア，ニュージーランド，インドであった。2005年4月のASEAN非公式外務大臣会議，5月のASEAN＋3非公式外務大臣会議でEASへの参加資格を議論し，①TACの締結国または締結意図を有すること，②ASEANと完全に対等なパートナーであること，③ASEANと実質的な関係を有すること，が参加資格とされた。そして，2005年7月のASEAN＋3外務大臣会議で，オーストラリア，ニュージーランド，インドの参加を正式に決定した。

　この場で，EASに関する「クアラルンプール宣言」が採択された。そこでは，EASは，①この地域における共同体形成において「重要な役割（significant role）」を果たしうる，②開放的，包含的，透明な枠組みである，③グローバルな規範と普遍的価値の強化に努める，④EASでは政治・安全保障，経済，社会・文化の幅広い領域にわたる分野に焦点を当てて活動する，⑤毎年開催し，ASEANが主催・議長を担い，ASEAN年次首脳会議の機会に開催する，参加国はASEANが設定した基準に基づくものとするといった点が確認された。

　EASには，2011年以降はアメリカとロシアも参加するようになった。これには，中国が台頭する中で，アジア太平洋諸国を取り込むことで，バランスをとろうとしているという側面もある（白石＝ハウ 2012）。

◆ 三国首脳会議（日中韓首脳サミット）

　2008年12月には，これまでのASEAN＋3といった機会における日中韓協力を基礎に，福岡において，日中韓による三国首脳会議が開催された。これは，従来行われてきた，ASEAN＋3といった機会を利用するものとは異なり，独立に開催したものであった。ただし，ASEAN＋3，EASといった他の地域組織との補完的関係は強調された。

◆ **首脳会議による主導**

　ASEAN＋3，EAS，三国首脳会議のいずれも，首脳レベルが主導して会議が設置された。そのため，首脳レベルでの直接的接触とその支援メカニズムが重要な意味をもっている。

　このような首脳レベルのイニシアティブを基礎に，具体的活動が組織化されることもあった。例えば，1997年に最初に首脳レベルの会議を開催したASEAN＋3に関しては，99年から財務大臣会議を毎年開催しており，2000年にはCMIといった具体的活動が合意された。

◆ **情報共有と政策対話**

　ASEAN＋3については，CMIに見られるような国際金融に関する協力が具体的な活動として制度化されている。CMIについては，2004年5月に済州島で開催された第7回ASEAN＋3財務大臣会議において，「CMIの有効性の強化」についての検討開始が合意され，05年5月にイスタンブールで開催された第7回ASEAN＋3財務大臣会議において，CMIの強化策が合意され，06年から実施された。

　具体的には，①域内経済の監視のCMIの枠組みへの統合と強化，②多辺化の第一歩としてのスワップを発動するプロセスの明確化と集団的意思決定メカニズム（単一の要請と単一の集団的意思決定，実施は個別）の確立，③規模の大幅な拡大，④スワップ引き出しメカニズムの改善が図られた。

　このような通貨スワップを運用する基礎として重要なのは，情報共有と政策対話である。アジア通貨危機時においても，相手国の状況がよくわからないことに伴う困難が担当者によって認識されていた。そのため，2001年5月にホノルルで開催されたASEAN＋3財務大臣会議において，事務レベルの検討部会を設置し，政策対話のプロセスを強化する取り組みを行った。そして，政策対話に重点を置いた非公式代理会議を開催することになった。2002年4月にASEAN＋3非公式財務大臣・中央銀行総裁代理会議がヤンゴンにおいて開催され，政策対話を開始した。事務局は，アジア開発銀行（ADB）の地域経済監視ユニット（REMU）が務めた。ここでは，非公開の率直な議論が行われ，ピア・プレッシャーがかけられた（城山 2008）。

◆ 事務局機能

　東アジアの地域組織は，必ずしも十分な事務局組織があるわけではない。

　ASEAN＋3の事務局は，一定程度ASEAN事務局が果たしており，2003年ASEAN＋3作業部会がASEAN事務局により設置された。また，前述のように，金融政策対話に関しては，ADBの部門も活用している。

　EASに関しても，一定程度ASEAN事務局が支援している。また，日本はASEAN事務局と連携する形で，ERIAという準国際組織を設立し，EASを支援している。

　なお，三国首脳会議については，2008年に，2009年以降にサイバー事務局を設置することが決定され，2010年には事務局の設置を規定する覚書を締結した。そして，事務局はソウルに置かれた。

◆ 東アジアにおける多様な地域組織の併存とASEANの今後の役割

　東アジア地域には，表7-1で比較しているように，1997年から首脳会議が実施されているASEAN＋3の他に，2005年から開催されているEAS，2008年から開催されている三国首脳会議が併存している。EASはASEAN＋3にオーストラリア，ニュージーランド，インドを加えたものであったが，2011年以降はアメリカとロシアも参加している。また，北アメリカ諸国やラテンアメリカ諸国等を含むAPECも存在している。

　このように組織が「混在」状態にあるわけであるが，そのような中で各組織の比較優位をどこに求めるのか，また，各組織間の調整をどのように図るのか，という課題がある。

　例えば，ASEAN＋3は地域金融協力等の具体的課題に関する実績を積み重ねてきた組織であるのに対して，EASは，何を実質的な討議の素材とするか，比較優位を模索している。具体的なテーマとしては，2005年12月の第1回EASでは感染症問題，07年1月の第2回EASではエネルギー安全保障問題，同年11月の第3回EASでは気候変動・エネルギー・環境問題，09年10月の第4回EASでは国際経済・金融危機対応等が取り上げられた。その後は経済問題が主要課題である。アメリカやロシアが参加する中で性格も変わりつつあるが，現段階では，活動の焦点は定まっていない。

　同様の課題探索プロセスは，日中韓三国首脳会議に関しても観察される。

表7-1 アジアにおける地域組織

	設立年	メンバー	首脳会議	事務局
ASEAN	1967	インドネシア，マレーシア，フィリピン，シンガポール，タイ（以上，原加盟国），ブルネイ（84年加盟），ベトナム（95年加盟），ラオス（97年加盟），ミャンマー（97年加盟），カンボジア（99年加盟）	1976年：第1回首脳会議，1995年から事実上毎年開催。2007年：ASEAN憲章で最高意思決定機関に。	1968年：国内事務局長会議設置。1976年：中央事務局設置（ジャカルタ）。
ASEAN+3	1997	ASEAN加盟国，日本，中国，韓国	1997年：首脳会議が先行，以後毎年開催。	ASEAN中央事務局
東アジア首脳会議	2005	ASEAN加盟国，日本，中国，韓国，オーストラリア，ニュージーランド，インド（以上，原加盟国），アメリカ（2011年加盟），ロシア（2011年加盟）	2005年：首脳会議が先行，以後毎年開催。	ASEAN中央事務局が支援。
APEC	1989	オーストラリア，ブルネイ，カナダ，インドネシア，日本，韓国，マレーシア，ニュージーランド，フィリピン，シンガポール，タイ，アメリカ（以上，原加盟国・地域），中国（91年加盟），中国香港（91年加盟），チャイニーズ・タイペイ（91年加盟），メキシコ（93年加盟），パプア・ニューギニア（93年加盟），チリ（94年加盟），ペルー（98年加盟），ロシア（98年加盟），ベトナム（98年加盟）	1993年：首脳会議（経済非公式指導者会議），以後毎年開催。	1992年：APEC事務局設置（シンガポール）。
三国首脳会議	2008	日本，中国，韓国	2008年：首脳会議開催，以後毎年開催。	2009年：サイバー事務局設置。2010年：事務局設置（ソウル）。

2008年12月に開催された第1回三国首脳会議（日中韓首脳サミット）では「三国間パートナーシップに関する共同声明」が出された。その内容は，政治的，経済的，社会的，文化的な協力を幅広く呼びかけるものであり，具体的課題は防災であった。2009年の第2回三国首脳会議では，環境・気候変動対策，地域での人材育成を目的とする大学間協力が，10年の第3回三国首脳会議では標準化に関する協力，科学イノベーションが，11年の第4回三国首脳会議では，原子力安全協力，再生可能エネルギー，防災が，12年の第4回三国首脳会議では持続可能な森林経営，砂漠化対策，野生生物保全，農業協力がテーマ

となった。

　また，東アジアにおける地域組織化のASEAN依存がいつまで続くのかという課題もある。三国首脳会議に見られるように，日本，中国，韓国といった域内大国がより積極的に東アジアにおける地域組織化に関与しつつある。しかし，日本，中国，韓国の緊張関係が持続していることもあり，現在もASEANが鍵となる主体であり続けている。また，三国首脳会議自体，ASEAN＋3やEASとの補完性を強調している。また，組織的基礎としてASEANを活用し続けるとしても，その事務局の分析機能や支援機能をどのように確保するのかという課題もある。

6　地域組織の比較

◆ 地域組織の多様性

　地域組織には，リーダーシップの所在（大国間主導か中小国主導か），制度化レベル，核となる活動領域，活動深度（国内政治の手段として多層間政治を使える程度に国際的仕組みを活用できるのか）によって，多様なものがある。

　例えば，核となる活動領域に関していえば，欧州連合（EU）は貿易分野を基礎に，環境・社会政策，外交・安全保障，司法・内務分野等に活動分野を拡大してきた。ASEANの場合は，政治協力を基礎に，貿易・経済統合，社会・文化協力等に活動分野を広げてきた。また，同じ経済分野でも，APECの主要活動分野が貿易・投資，開発協力であったのに対して，ASEAN＋3の主要分野は金融であった。

　また，活動分野の規定の仕方も，EUのように，明確に規定して徐々に拡大していく場合もあるが，ASEANのように曖昧に一般的に規定して，徐々に機能の複合化を図っていく場合もある。

◆ 相互学習の可能性

　また，このような多様な地域組織間で相互学習の可能性があるのかという課題がある。EUと当初のASEANを比べると，対照的な組織化手法をとっており，相互学習の可能性がないという見方もありうる。しかし，EUも冷戦後に中東欧諸国を組み込む中で柔軟な対応が必要になっている。また，ASEANもASEAN憲章の策定に見られるように，制度の公式度が高まっていく中で，相

互学習の可能性は高まっているとも考えられる。例えば，ASEAN 憲章によって導入された CPR といった仕組みによる重層的な直接的接触の導入は，EU の経験とも類似している。ただし，ヨーロッパと東アジアの安全保障環境の差異を反映して，ヨーロッパと比べて東アジアにおいては，安全保障と経済等の分野間の切断は明確に残っているといえる。

　なお，地域組織は多様であるが，EU も APEC も，組織化の契機はいずれも貿易問題である。このように貿易組織が，活動領域を拡大して，一般的機能を果たすに至る場合には，共通する問題として正当性の問題に直面する。これは，ヨーロッパにおいては明示的課題であったが，東アジアにおいても課題となりうる。

● さらに読み進める人のために

☞ 山影進『ASEAN──シンボルからシステムへ』東京大学出版会，1991 年。
　＊1960 年代初めから 70 年代末にかけての国際関係をふまえて，ASEAN の起源と，安全保障問題に関する協力を契機として徐々に活動の範囲を拡大させてきた展開を分析する。また ASEAN の組織とその運用の特色も明らかにしている。

☞ 菊池努『APEC──アジア太平洋新秩序の模索』日本国際問題研究所，1995 年。
　＊さまざまな太平洋協力構想の登場，大平正芳首相による環太平洋連帯構想，PECC という産官学の三者から成る組織を経て，いかにして APEC が誕生したのかを分析する。APEC における制度化，安全保障協力，貿易自由化の課題についても論じている。

☞ 白石隆＝ハウ・カロライン『中国は東アジアをどう変えるのか──21 世紀の新地域システム』中公新書，2012 年。
　＊東アジア地域システムを，アメリカをハブとする二国間安全保障条約等の束としての安全保障システムと，アメリカ，日本，東南アジア等による経済統合によって構成されるとする。1990 年代末には，中国も経済統合に参画する中で，アメリカを除く地域構築を進めてきたが，2010 年以降，台頭する中国を抑止するために，アメリカを含むアジア太平洋志向を強めていると主張する。

part III

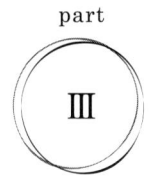

第Ⅲ部

国際行政の管理

第8章

情報資源管理とアジェンダ設定

❶国連統計局が発行している『統計年鑑』と『人口動態統計報告』(東京大学総合図書館所蔵資料)。

　情報,権限,財源,人的資源という4つの主要な行政資源のうち,情報は,信頼醸成,政策決定支援,政策実施支援において役割を果たす。安全保障分野,経済社会分野,環境衛生分野における情報収集・利用の事例に即して,どのような役割を果たしているのかを整理した上で,情報収集の手法の類型(受動的情報収集と能動的情報収集)を提示し,情報収集・利用における具体的課題を整理する。最後に,国際的な政策過程における情報を利用する活動であるアジェンダ設定のメカニズムについて,フレーミング,ネットワーク形成,フォーラム・ショッピングに焦点を合わせて整理し,具体的メカニズムの例を示す。

1 国際行政における情報の役割

　情報，権限，財源，人的資源という4つの主要な行政資源のうち，財源，人的資源，権限の制約の大きい国際行政においては，行政資源としての情報資源の相対的な重要性が高まる。このような情報資源は，国際行政において，以下の局面で役割を果たす。

　第1の役割は，信頼醸成である。例えば，国際行政における各国の軍事力の透明化（防衛白書の刊行，演習の相互事前通知など），同盟における情報交換等の重要な機能は信頼醸成である。ここで提供される情報は，主に自らの意図・能力・行動，関係者の意図・能力・行動に関する情報である。この場合，個別の情報の内容もさることながら，公開するという態度が重要になる。信頼醸成は，迅速な対応あるいは反応性確保の前提ともなる。しかし，情報の発信者に対する信頼感が欠ける場合には，信頼醸成は達成されない。

　第2の役割は，政策決定支援である。国際行政の環境条件に関する情報は，経済指標や環境指標等の変動を通して，環境変動に対する注意を喚起し，政策決定の準備を促す。例えばマクロ経済指標の整備なくしてマクロ経済政策調整はありえない。また，科学的知識に関する情報は，因果の連関を明らかにすることによって，一定の政策課題に対応するための必要性を明らかにし，政策手段を提示する。また，関係者の意図に関する情報は，実施可能な政策案を作成するための基礎となる。

　第3の役割は，政策実施支援である。実施には，監視，誘導，制裁が含まれる。例えば，国際ルールの遵守を検証するには監視が不可欠であり，政策モデルに関して勧告・ガイドライン等のかたちで情報を提示することによって，各主体の行動を誘導することができる。このような勧告は，エコ・ラベリング，エコ・マークに見られるように，民間団体が設定し，認証することもできる。そして，国際ルールへの違反の事実およびその主体の公表は，制裁としての機能を果たす。国際環境行政における未遵守事実の公表，国際人権行政における人権侵害の公表がこれに当たる。

2 情報収集・利用の諸相

◆ 安全保障分野

　伝統的国際行政であったともいえる外交という領域においては，情報をめぐるさまざまな議論が行われてきた（坂野 1971: 第Ⅳ章）。相手国の外交関係者あるいは任国に来ている他国の外交関係者との接触，新聞・雑誌などの公刊資料，社交活動による情報収集，諜報機関の利用といった情報収集の手法が使われてきた。

　安全保障行政に関しても，関係国の各軍等の安全保障関係者，公刊資料，諜報機関は重要な情報源となる。さらに，国際行政に関しては，二国間や多国間協力の次元が加わるため，固有の課題も生じてくる。そこで各国軍間の国際的な共同行動を実施するためには，さまざまな知識や情報の共有が必要になる。このような情報共有には，相互接続性（interoperability）の確保が必要になる。例えば北大西洋条約機構（NATO）においては，BICES（Battlefield Information Collection and Exploitation System）という情報共有システムを構築している。そのためには，相互通信が可能になるような技術的解決も必要になるが，同時に，組織的，文化的障壁も乗り越えなくてはならない。言語を単一にするのか複数言語を用いるのか，各組織における専門用語などをどうやって相互に翻訳するのか等の課題がある。お互いの認識枠組みの差異の意味を理解することは合同訓練を行う際の鍵である。このような情報共有には，パートナーに対する信頼と友好の意思を示すという意味もある。事実が隠されると相手国の認識に問題を生じさせるため，適度に情報を共有しておくことは協力関係の維持のために重要である。また，国際的共同行動を行うためには，活動の現場となる地域に関する知識が必要になる。このような地域に関する深い知識やヒューミント（Human Intelligence; 人的諜報）を得るためには，連携の相手方が小国であっても意味をもちうる（Maurer 1994）。

　1990年代の国際連合（国連）の旧ユーゴスラヴィアでの活動を通して，国連においてもインテリジェンスとそのための機構が必要であることが認識されるようになった。このような多国間での情報共有には，多国籍環境の中で情報源をいかにして秘匿するのかという問題がある。NATOの場合も同様の問題を抱えており，各国からすると，機微な情報はNATOに出せないということが

ありうる。また，国際原子力機関（IAEA）も同様の課題を経験している。北朝鮮の核施設の写真情報を IAEA に提供することにアメリカの中央情報局（CIA）は抵抗した。しかし，一定の条件の下では，インテリジェンス情報も共有されることになる。例えば，テロ活動に関してはロシアと西側の諜報機関間でも接触がある（Herman 1996）。

　冷戦後，国連等による紛争に関する早期警報システムを構築しようという動きも現れてきた。例えば，デクレヤル事務総長によって 1987 年に設置された調査情報収集室（ORCI）もそのような試みを行った。例えば，エチオピアにおいて，1980 年代前半からの飢饉や自然災害を契機に，80 年代後半以降には紛争が激化した事例等を参照しつつ，軍の動きだけではなく，国内の社会状況（民族・宗教・言語集団の状況，抑圧・処罰の状況，治安部隊数，紛争発生状況，政府の対策等についての各国状況）に関する情報も収集・分析しようと試みた。ただし，これらの情報については，情報の不存在ではなく伝達方法（適切な人の間でのネットワーク化）が問題なのではないか，ORCI と国連事務局における紛争に関する通常の情報経路である政治局との関係をどうするのかといった問題もあり，実際にはなかなか機能しなかった（Kuroda 1992）。

　安全保障分野で情報収集・利用が課題になるもう一つの局面は，軍縮・軍備管理条約等の履行確保である。

　1974 年 7 月に署名された弾道弾迎撃ミサイル（ABM）制限条約においては，履行を検証（verification）する手段として，自国の検証技術手段（national technical means of verification）を明示し，また，相手国の検証技術手段を妨害しないこと等に関して明示的に合意した。これは自国の衛星という技術的手段を使った直接監視を意味する。1972 年 5 月に署名された戦略兵器制限交渉（SALT）Ⅰ暫定協定，79 年 6 月に署名された SALT Ⅱにおいても，自国の検証技術手段が規定された（黒沢 1992）。

　その後，1987 年 12 月に署名された中距離核戦力（INF）全廃条約においては，従来からの自国の検証技術手段に加えて，現地査察が規定された。そして，現地査察の運用等に関して生じる技術的紛争を問題解決の精神をもって対処するように特別検証委員会が設置された。さらに，1991 年 7 月に署名された戦略核兵器削減条約（START）では，INF 条約より対象が広範であり，また，兵器の全廃ではなく一定数の削減を目標としているため，より詳細な手段や手続

きが規定された。自国による検証技術手段，データ交換とさまざまな場合の通告，協力措置（要請があった場合には兵器を開示すること），遠隔計測を拒否しないこと，現地査察，合同遵守査察委員会等について規定された（黒沢 1992）。

この検証は，衛星という技術的手段を用いており，しばしば技術的問題だと考えられるが，政治的要素も重要である。政治的要素を重視する観点からは，監視（monitoring: collecting information）と検証（verification: judging compliance）の区別が重要である。監視は，技術的に対応されるものであるのに対して，検証の重要な機能は，違反の発見ではなく，協力関係があるということの再確認（reassurance）であり，政治的プロセスであるということになる。また，十分な検証（adequate verification）を求めるのか，有効な検証（effective verification）を求めるのかという論争がある。前者が検証の政治的性格を理解しているのに対して，後者は小さな違反のないことの明確な証拠を求めるという態度であり，そもそも前提となる協力関係がないことの反映であるとされる（Gallagher 1999）。

このように，軍縮・軍備管理における検証には，協力関係の再確認という側面がある。欧州安全保障協力会議（CSCE）やその後継の欧州安全保障協力機構（OSCE）等で試みられてきた相互視察等の信頼醸成措置（CBM）は，これを一歩進めて，相互に監視をすることで，協力関係の構築を試みてきたと位置づけることができる（百瀬・植田 1992）。

◆ **経済社会分野**

国際経済政策や国際社会政策を遂行する上で，経済・社会の状態を確認するための統計制度の存在は，すべての活動の基礎となる。

このような国際統計制度の構築は，当初，非政府組織によって開始された。1851 年から 78 年にかけて，万国統計会議（International Statistical Congress）が開催され，人口，移住，農業，工業統計等について作業を行ってきた。そして，1885 年には国際統計協会（International Statistical Institute）が設立され，1900 年には世界的に国勢調査の実施を各国に勧告し，日本における「国勢調査ニ関スル法律」制定にも大きな影響を及ぼした。国際統計協会は，1913 年には常設事務局をハーグに設置した（小田原 1963）。

その後，政府間組織においても，国際統計の整備が開始される。1905 年に

設立された万国農事協会の主要な活動領域は，作柄等に関する国際統計情報の整備であった。また，1919年に設立された国際労働機関（ILO）は早くから統計部を設置し，23年以来，国際労働統計家会議を開催してきた。生活状態や労働状態に関する情報収集はILOの活動の基礎であった（Ward 2004）。さらに，国際連盟は，既存の国際統計協会，万国農事協会，ILOの間の調整を図るために委員会を設けて検討を行った。1928年には「経済統計に関する国際条約」が調印され，国際連盟は統計専門家委員会を設置した。その後，先に述べたブルース報告にも述べられていたように，国際連盟は各国の失業の防止，経済活動の大きな変動の防止，快適な住居の提供，疾病の防止等に関する政策を対象として，共通問題の共同研究，経験の共有を図っていくが，各国間で比較可能な国際統計はその基礎であった。

　その後，第二次世界大戦後の国連においても，国際連盟の統計専門家委員会の役割を引き継いで，経済社会理事会の下に統計委員会が常設され，国連の地味だが重要な活動である国際統計の整備を進めた。例えば，マクロ経済政策の前提となる国民経済計算（SNA）については，1968年に国連が勧告し（68SNA），多くの国に受け入れられた。また，その後の経済の変化に包括的に対応して，1993年には新たに93SNAが勧告された（Ward 2004）。その中では，通信，コンピュータ等のサービス活動の重要性を反映して，コンピュータ・ソフトウェアへの支出を中間消費ではなく，投資として総固定資本の形成に計上するという扱いがなされた。

　ただし，基本的には各国が提供する統計情報に依存しているので，十分な経済社会データは必ずしも容易には集まらなかった。例えば，後に，国際通貨基金（IMF）や世界銀行が発展途上国においてプログラム等を実施する際にも，その基礎となる経済データが不足しており，しばしばそのデータ収集から行わなくてはならなかった。その結果，国連とは別に，個別の国際組織が国際経済統計行政を担った（Ward 2004）。

　また，年齢，性別等の条件に応じた個人の経済的・社会的状態を把握しようとする社会指標についても，特に1960年代半ば以降，議論は行われたが，国連の統計委員会においては対応が遅れた（Ward 2004）。

　しかし最近では，基本的な経済社会統計の整備に加えて，新たな課題設定や現状評価を目標として，さまざまな新たな指標（indicator）の構築も試みられ

ている。

　例えば，人権状況の指標化が行われた。『世界人権ガイド（*World Human Rights Guide*）』（1992年版）においては，世界人権宣言，国際人権規約から40項目を抜粋し，これらの項目に関してアンケート調査を100ヵ国以上に行い，4段階に区分して評価した（完全な保障：3点，おおよその尊重：2点，頻繁な侵害：1点，常時侵害：0点）。そして，その際，個人の直接的かつ肉体的苦痛にかかわる7つの権利については加重評価した。そして，その結果を0-100％の範囲で人権指標として提示した。ちなみに，1986年の第1版と92年の第3版を比較してみると，平均的人権の評価は55％から62％へ上昇していた。

　また，開発についても指標化が試みられた。国連開発計画（UNDP）が作成した人間開発指標（HDI）は，経済的指標に社会的要素も加えていた。具体的には，HDIは，寿命（出生時の平均余命），知識（識字率3分の2，就学期間3分の1），所得（限界効用逓減にする）の3つの要素から構成された。また，当初は人権（自由権的要素）を入れようとしたが，結局，途上国の反対があるなどしたため削除となった。

● 環境衛生分野――科学的情報

　国際衛生分野では，19世紀後半以降の細菌学の発展をふまえ，一定の国際合意が成立し，伝染病発生についての情報共有化を行う通知制度が20世紀初頭に構築された（⇒第3章）。

　これは，第二次世界大戦後は，世界保健機関（WHO）憲章第21条に基づいて制定された国際保健規則（IHR，1951年から69年までは国際衛生規則：ISR）に受け継がれた。IHRは，国際交通に与える影響を最小限に抑えつつ，疾病の国際的伝播を最小限に防止することを目的としている。IHRでは，従来，黄熱病，コレラ，ペストを対象としていた。しかし，近年の重病急性呼吸器症候群（SARS），鳥インフルエンザ（高病原性鳥インフルエンザ）といった新興・再興感染症に対応できなかったため，2005年にIHRが改正され，対象を原因を問わず，国際的な公衆衛生上の脅威となりうるすべての事象に広げるとともに，24時間以内に各国に通告する義務が規定された。

　20世紀後半以降，オゾン層破壊，気候変動といった地球環境問題が課題として認識され始め，一定の対応がとられてきた。

このような発展の契機となったのは、大気科学の発展である。ただし、もともと地球環境問題への対応をめざして大気科学が発展したわけではなかった。むしろ、宇宙開発、超音速旅客機開発、軍事衛星配備の副産物として、この分野が発展していった。例えば、地球環境問題の契機となったオゾン層破壊の発見は、超高速旅客機がオゾン層にいかなる影響を与えるのかに関する研究の副産物として生まれた（Litfin 1994）。

　温暖化といった気候変動に関しては、1988年に気候変動に関する政府間パネル（IPCC）が世界気象機関（WMO）と国連環境計画（UNEP）によって設立された。このIPCCの下には、3つの作業部会が設置され、各々、気候変動の今後の動向（科学）、気候変動の地球への影響、気候変動に対応する手段を包括的に評価する（Agrawala 1998）。IPCCの特徴の一つは、今後の気候変動の動向や影響を科学的に評価するとともに、対応手段に関する政策的評価も並行して行っている点である。この点、リスク・アセスメントとリスク・マネジメントを峻別している食品安全の分野（食糧農業機関〈FAO〉とWHOの合同プログラムであるコーデックス委員会が担当している）とは異なる。

　IPCCは複合的な性格をもつ組織である。名称は「政府間」パネルであるが、参加者は、各国政府、国際組織等に推薦された個人としての専門家である。そして、この作業部会においては、ピア・レビューにより報告書が取りまとめられる。ただし、報告の本体部分と、その主要部分である「政策決定者向けの要約」とでは、異なった手続きが用いられる。前者については、専門家間のピア・レビューにより採択されるが、後者については、各国政府が1行ごとに検討するシステムとなっている。

　その後、生物多様性といった分野に関しても、ミレニアム・アセスメントというものが試みられたが、気候変動に比べて議論が拡散しているため、必ずしも影響力を発揮するには至っていない。

3 情報収集手法の類型

　情報収集の手法を整理すると、表8-1のような類型に分けられる（Chayes & Chayes 1995: chapter 7, 城山 1998）。ここでは、まず、基本的に対象者に情報提供を求める受動的情報収集と、行政主体側が能動的に情報収集を行う能動的情報収集に分ける。国際行政は分権的な統治構造の下での行政活動であり、また、

表 8-1 情報収集手法の類型

受動的情報収集		能動的情報収集	
ルール型	自発型	公式型	非公式型
例）通知制度，報告制度	例）非政府組織による情報提供	例）査察，専門的調査，専門家間ネットワーク	例）非公式接触，諜報活動

行政活動のコストを削減する必要があることも考えると，各種の報告等によって情報を提供させる，受動的情報収集をうまく埋め込むことが重要になる。

◆ **受動的情報収集**

受動的情報収集は，一定のルールに基づいて情報提供を対象者に要求するルール型と，関係者の自発的提供に依存する自発型とに分けられる（城山 1998）。

○ルール型　国際行政においては，国際行政機関による独立のデータ収集はコストがかかり，主権への配慮や困難があるため，基本的には各国による情報提供をルールに基づいて求める方法が用いられている。具体的には，まず事象の通知（notification）を求める制度がある。伝染病の発見の通知，周波数帯利用の通知等が，その例に当たる。また，各国の政策や状況を報告させ，その報告を国際的にレビューするという方法も広くとられている。労働や人権の分野，OECD における各政策や世界貿易機関（WTO）における貿易政策に関して，報告と審査の制度が用いられている。また，環境の分野でも同様の制度が試みられつつある（Chayes & Chayes 1995: chapter 7, 10）。

○自発型　国際行政では，特に各国からの報告を審査する際の間接的な情報として，非政府組織が収集した情報が利用されることがある。人権，環境の分野においては，いわゆる NGO による自発的情報提供が一定の役割を果たす（Chayes & Chayes 1995: chapter 11）。

また，企業による自発的情報提供が重要な情報源として機能することもある。例えば，各国の貿易保険の条件等を規制するために OECD において構築された貿易保険レジームにおいては，レジームの条件に違反する企業の有利な貿易保険の事例を聞きつけた企業が，自国政府等にも有利な貿易保険の提供を要求してくる。こうして，違反に関する情報が蓄積され，各国が各々の貿易を伸ばすために有利な貿易保険を競争的に提供して市場を歪めることが防止されるこ

とになるのである（Moravcsik 1989）。

　この自発型はコストという面では最も効率的である。しかし，関係者の自発的提供に依存しているので，当然のことながら収集された情報は包括的なものではありえない。そこで，自発的に提供された情報に不可避な一定の偏向をどう矯正するのかという課題が生じる。

　例えば，安全保障貿易管理においては軍民両用技術の輸出先での利用形態の情報は重要である。例えば日本の場合，アメリカと異なり，輸出された貨物等について海外における状況を確認する政府レベルのメカニズムは存在しない。そのため，輸出された規制貨物等が実際に許可された目的のために使われているのかを確認するためには，輸出した民間企業などが維持・管理などのために訪問した際に得られた情報の自主的提供に，依存することになる。そのため，維持・管理メカニズムがある場合には確認情報が得られるが，ない場合には得られないという偏向が生じることとなる。（城山 2007）。

◆ **能動的情報収集**

　能動的情報収集は，制度化の程度が高い公式型と制度化の程度が低い非公式型とに分けることができる（城山 1998）。

　○**公式型**　　公式型の例としては，第1に，社会・自然事象の変化の探知を目的にした調査統計等を挙げることができる。調査による統計情報収集は国際行政における活動の第一歩でもある。このような調査に際して，調査をどれだけ直接自ら行うのかについてはさまざまな選択肢がありうる。国際統計の大部分は各国からの間接的情報提供に依存している。ただし，軍備管理のように各国が衛星によって直接相手国の軍備状況に関する情報を収集（査察）することもある。また，ヨーロッパの酸性雨問題に関しては，OECDを母体に国際的観測ネットワークが整備されている。

　第2に，政策的課題，個別的課題に関する調査（課題の特定と解決策の検討）を挙げることができる。これによって，科学的知識や政策案に関する情報が産出される。国際行政においても，個別課題に関しては諮問委員会等が組織される。例えば，OECDといった国際組織は先進国共通のシンクタンクとしての役割を果たすことがある。また，資源が限られているため，しばしば，会議を主導するリード国が指定され，その下に組織された委員会に各国からさまざま

な専門家等が参加して課題を調査することもある(コストもリード国その他が分担する)。

　第3に,近年の情報通信技術の発展を背景として,国際的な専門家間ネットワークを構築するという方法がある。例えば,WHOは感染症対応のために,専門機関間ネットワークとして「地球規模感染症に対する警戒と対応ネットワーク(GOARN)」を立ち上げ,国際感染症学会(ISID)も専門家間の世界規模での情報交換を行うためのメーリングリスト(ProMed-mail)を立ち上げている。これらは,2002年の中国広東省におけるSARS発生の際に,中国政府が情報の組織的隠蔽をやめ,WHOを中心とする対策に歩調を合わせる上でも,重要な役割を果たした(元田 2008)。

　○非公式型　　非公式型の典型的な例は,人的ネットワークの構築による個別的かつ柔軟な情報収集である。国際行政においてもこの種の活動は多い。在外公館におけるパーティー(坂野 1971),各国のさまざまな関係者の非公式な接触を可能にする各種の国際ワークショップ等がこれに当たる。また,究極的な例として,諜報活動が存在する。特に限られた関係者の意図に関する情報が必要な場合には,この非公式型による情報収集が有用である。ただし,ネットワーク構築には初期投資がかかる。また,柔軟である半面,包括性に欠け,一定の偏向した情報が流入する可能性がある。ただ,この偏向は,受動的情報収集の自発型の場合とは異なり,一定の裁量に基づくものであり,うまく運用すれば自発型の偏向を打ち消す偏向ともなりうるが,場合によっては偏向を加速させる。

4 情報収集における課題

◆ 情報収集のコスト

　情報収集における第1の課題は,情報資源調達のコストである。コストを下げるためには,なるべく受動的情報収集を埋め込む必要がある。しかし,これは,相手方への情報収集コストの転嫁であり,相手方が途上国の場合のように十分なコスト負担能力がない場合,機能しないおそれがある。

　行政主体の側が負担しうるコストは,目的の主観的重大性の関数でもある。例えば,国際行政の場合,安全保障にかかわる軍備管理では相手方の履行状況に関する情報を収集するために負担しうるコストは大きいが,国際環境にかか

わる相手方の履行状況に関する情報を収集するために負担しうるコストは小さい（Chayes & Chayes 1995: chapter 8）。ただし，安全保障においても，「十分な」検証でいいのか「有効な」検証を求めるのかは，先に述べたように立場によって異なる。また，調査等の情報収集が収集された情報それ自体の価値だけではなく，収集したという事実に基づく象徴的意味を決定過程においてもつ場合，大きなコストでも負担され，機能的に必要な量以上の情報が収集される。

◆ 情報の質

第2の課題は，情報の質の確保である。これは，例えば，受動的情報収集に不可避な偏向をどう補正するのかという問題である。ひとつの方法は，能動的情報収集を行うという方法である。ただし，そのような裁量的な方法によって十分に補正できるという保証はない。主観的には補正を行っていても，客観的にはそうではないという事態も生じうる。

◆ 秘匿性と公開性のディレンマ

第3の課題は，秘匿性と公開性のディレンマである。情報収集は，しばしば，提供された情報の秘匿性を維持するという条件の下で行われる。これは，特に，非公式型の情報収集に当てはまる。例えば，紛争当事者間の非公式会合による情報収集は，その存在が明らかになった途端に継続すること自体が不可能になる場合が多い。

国際組織においても，人道関係組織と人権関係組織の情報共有に際して，この点が問題になることがある。人道関係組織は，紛争当事国の国内の現場活動により，現地の人権侵害状況に関する情報を得ることがある。しかし，このような情報を人権関係組織と共有し，そのことが明らかになると，人道関係組織は当該地域における活動を受入国から拒否されるおそれがある。そのため，組織間において情報が共有されないことも起こりうる。

◆ 信頼性の確保

第4の課題は，信頼性の確保である。仮に優れた専門家による情報提供であっても，それらの専門家が一部の地域から参加していた場合には，その結果に先入観や偏りがあるのではないかと疑われるおそれがある。先に述べたIPCC

の場合，大気科学の専門家はアメリカに集中していたが，アメリカの専門家を中心に議論した結果だと，その結果の信頼性を確保できないおそれがあった。そのため，IPCCにおいては，発展途上国の専門家も含めてバランスよく専門家が参画できるように留意した。これは，IPCCが「政府間」パネルとしての性格をもっているがゆえに可能であったともいえる。

5　情報利用の課題

◆ 希少資源としての注意

情報を利用する際の基本的な考慮事項としては，まず，希少資源としての「注意 (attention)」の重要性が挙げられる。これは，情報処理 (information processing) として組織すなわち行政をとらえたサイモンによって提起された点である。サイモンは，組織において希少資源は情報ではなく，情報に注意を払い処理する能力であるとした。組織の決定過程において情報の欠如は重要な問題ではなく，注意がうまく機能するかどうかが主たる要因であるというわけである。したがって，行政の組織活動においては，希少資源である注意を適切に管理すること (management of attention) が重要な要素となる (Simon 1976)。行政資源論からいえば，資源そのものよりもその利用が注意の限界により限定されているという点で，情報という資源は他の財源，人的資源等の資源とかなり異なるといえる。

◆ 認知的要素の重要性

次に，情報利用に際して注意すべき事項として，情報利用における認知的要素の重要性が挙げられる。ある主体が注意を配分してある情報に接したとしても，その情報がどのような反応を生むかは当該主体の認知的枠組みに左右される部分が大きい。情報には解釈の余地があり，解釈によって対応は異なる。極端な場合，例えば，情報の発信者に対する信頼感が全く欠如する場合，あらゆる情報は悪意に解釈されることになる。この情報処理における認知的要素が最も論じられてきたのは，外交論の分野である。冷戦期の外交のように，入手可能な情報が不完全で，しかも事柄の緊急性のために政策決定者が推測を行う必要がある場合，イメージ等の認知的枠組みが重要になる。

例えば，フランケルは，アメリカ原子力委員会議長が，1960年6月にソ連

が地下核実験を再開したと「確信する」と発表した例を挙げている。この場合，彼の確信は，地下核実験を行ったという情報に基づくのではなく，ある大きさ以下の爆発を探知する手段が存在しておらず，探知を免れる機会が多いので，ロシア人は探知されることなしに，そのような実験を行うことができるという条件の下での，推論に基づいていたに過ぎなかった。しかし，ロシア人は信頼するに値せず，彼らは兵器の改良のために実験を行いたいに違いないという前提が，議長の認知的枠組みを支配していたために，議長は自然に先に述べたような結論に達したのであった（Frankel 1963: chapter 7）。

◆ **情報加工における課題**

調達された情報は一定の加工を経て伝達されることになる。加工の形態にもさまざまなものがあるが，あえて分ければ，形式的加工と実質的加工とに分けることができる（城山 1998）。

○**形式的加工**　形式的加工とは，調達された情報について集計等の整理のみを行って，各主体に伝達するものである。そのような形式的加工の例としては，各種統計情報，化学物質のリスクに関する情報の整理等が挙げられる。なお，この加工のプロセスによって，調達時点において秘密を保持する必要のあった情報が集計されたり，固有名詞をはずしたりすることによって公開可能なものとなる可能性がある。この点で，加工は秘匿性と公開性のディレンマを解くひとつの鍵であるといえる。

○**実質的加工**　実質的加工とは，調達された情報を一定の論理の下に組み合わせたり，一定の仮定・モデルに基づき変換したりすることによって，新たな情報をつくりだすことをいう。そのような加工のひとつの形態として，近年，このような組み合わせや変換を伴う指標の作成と利用が広く行われている（Davis, Kingsbury & Merry 2012）。例えば，前述の人権指標や HDI はその例に当たる。このような指標化の利点としては，単純化されているため情報処理コストが安く，順位付けが可能であり，加工プロセスが透明である点が挙げられる。他方，加工の際の裁量的判断については，常に争われることになる。例えば，人権指標であれば，自由権と社会権の重み付けは適切かということが問題になる。HDI については，自由権的要素の排除は適切か，健康（寿命），教育（知識），経済（所得）のバランスは適切かといったことが問題になる。

また，この場合，誰が加工するのかという問題がある。加工する主体に対する信頼性が欠けている場合には，しばしば加工は御都合主義による操作とみなされる。そのような事態を避けるために，例えば評価に見られるように，加工を第三者に委ねたり，そのような第三者機関の活動の品質保証を確保したりすることが試みられる。例えば，金融市場における格付け機関については，そのような議論が幅広く行われてきた（Davis, Kingsbury & Merry 2012）。

◆ **コミュニケーションの課題**

情報や知識を伝達する際には，以下のような課題がある（城山 1998）。

○**ターゲッティング**　第1の課題は，ターゲッティングである。注意の量が限られている受信者に情報を利用させるには，各受信者の性格と目的に合わせて情報を加工して提供することが不可欠となる。他方，前述のように情報を選別・加工することは恣意性と裏腹であり，情報の仲介者はディレンマに直面する。例えば，理解不可能なデータがいくら公開されても相手方にとっては役に立たない。すべてを包み隠さず公開するという関係者間の一般的信頼醸成を促進することはできるが，具体的な政策決定を支援する手段という点からは不十分である。公開された情報を利用して批判できる媒介的な専門的団体が存在することや，情報を関係者が利用できるような形に加工して提供することが必要になる。世界銀行における環境NGOの役割は，このような専門的仲介者として位置づけることができる。また，伝統的にマスメディアに期待されてきた役割も，これに当たると解釈できる。

○**歪曲の回避**　第2の課題は，コミュニケーション過程における歪曲の回避である。ヴィレンスキーは，組織のコミュニケーション過程における歪曲の原因として以下の3点を挙げる（Wilenski 1967）。第1は，ヒエラルキー（階統制）である。しばしば下位の者は上位の者へ悪い情報を上げず，上位の者は悪い情報に耳を閉ざすという現象が起こる。このような問題は国際行政においても存在する。第2は，専門化と競争である。専門化は効率的だが，正確な情報の共有を阻害するというディレンマも伴う。第3は，集権化である。集権化が進むにしたがって，伝達される情報は少なくなり，情報受信者の数が少なくなり，また情報受信者にも情報処理の負荷が過重となる。このような歪曲に対する方策として，ダウンズは以下のような選択肢を示す（Downs 1967）。第1の

方法は，複数の情報ルートを設ける「情報の重複化」である。第2の方法は，情報の偏向に対して反対方向に偏向を生じさせるような仕組みをつくる「対抗偏向」である。第3の方法は，媒介者をできるだけ減らす「中間媒介者の排除」である。第4の方法は，伝達される情報そのものを記号化・暗号化する等の方法によって歪曲を起こりにくくする「歪曲耐性メッセージの開発」である。このような試み，特に重複性を利用して歪曲を回避するといった工夫は，国際安全保障行政におけるインテリジェンスの扱いに際しても，重要になる。

◉ 不確実性への対応

　科学的情報を収集・利用する際には，科学的情報に不可避な不確実をどのように扱うのかという問題がある。もちろん，科学の進歩によって不確実性の幅が狭まるということはありうる。しかし，不確実性を排除することは困難である。

　このような不確実性問題で国際的対応がうまくいかなかった事例として，鯨の国際的管理を挙げることができる。1974年に鯨の種類ごとの資源状態に応じて捕獲枠を算定するために「新管理方式（NMP）」が提案されたが，前提となる変数である初期資源量，自然死亡率等を観測によって得ることが困難であったために，捕獲枠を算定することができなかった。そこで，管理目的（安定的捕獲枠，資源絶滅リスクの深刻な上昇の抑制，高い資源生産性の達成）をよりよく達成する捕獲枠算定方式として，改定管理方式（RMP）が提案された。これは，幅広いシナリオ（観測データ・仮説・推定に誤りのあった場合，疾病等によって突然半減すること等が起こった場合）に沿ってシュミレーションを行い，不確実性の中でも現実的な捕獲枠を計算しようというものであった。「何が真実か」ではなく「資源管理が直面する不確実性として何があるのか，そして，その範囲の不確実性に対して，頑健で管理目的をよりよく達成できる管理方式はどのようなものか」に注目したものであった。しかし，このような方式も，一定の不確実性が不可避であり，結果として意思決定が阻害された。例えば，RMPは単一種管理を前提としており，複数の生物種間の相互作用は考慮していないので，実際に日本が行ったように，この生物種間の相互作用の不確実性を主張することで，RMPの利用を回避できてしまったのである（大久保 2007）。

　他方，不確実性を受け止めた上で，政策判断を行う場合，「予防原則（precautionary principle)」か「後悔しない政策（no regret policy)」かという，政策を不確実性をめぐる態度を反映して選択することになる。「予防原則」は，不確実性が残る場合でも，何事かが発生すればその被害が甚大であるので，予防的に規制するなどの対処を行うという態度を示す。それに対して，「後悔しない政策」は，何事かが発生するかが不確定である間は，発生することを想定した対応を行うことはせず，発生しなかったとしても，やっておく意味がある対処のみを行うという態度を示す（例えば，温暖化対策としての省エネルギー政策）。この2つの態度のうち，どちらの態度を選択するのかは政策選択の問題であり，気候変動への対応に関しては，この点が重要な論点となってきた。

6 国際的な政策過程におけるアジェンダ設定

◆ フレーミングとネットワーク

　国際的な政策過程において，政策変化をもたらすためには，アジェンダ（議題）設定，選択肢の検討，決定，実施といった政策過程を経る必要がある。特にアジェンダ設定の段階においては，同じ対象であっても，その提示の仕方によって人々の反応が異なるというフレーミング効果が重要である。また，複雑な状況の下で何を中心的な課題として位置づけるかという点でも，フレーミングは重要である。課題の認知のあり方については，さまざまな関係者の間で同一の課題に対しても認知のあり方が異なることが多く，各主体は，自分に有利な形で解釈を一つの方向にもっていこうとする。そして，そのようなフレーミングのあり方が，政策変化のあり方を規定する。例えばラダエリは，欧州連合（EU）の税制政策において，アドホックな問題の定義（「有害な租税競争」）が政策の帰結にどのような効果をもたらすのかということを示した（Radaelli 1999）。

　政策過程において新たなフレーミングや政策アイディアを提示する主体を政策起業家（policy entrepreneur）と呼ぶ場合がある。また，新たなフレーミングは政策過程への新規参入者によって，もたらされることが多い。新たなフレーミングの設定は，関係者の範囲を新たに規定することにもつながる。そして，政策変化のためには，新たなフレーミングやアイディアを支持するネットワークを構築することが必要になる（城山 2008）。このような新たなフレーミングやアイディアが，国際的な専門家集団によって提示されることもある。「特定の分野において専門性と能力が認められ，その分野ないし問題領域内で，政策

上有効な知識について権威をもって発言できる（トランスナショナルな）専門家のネットワーク」である認識共同体は，そのようなものであるといえよう（Hass 1992）。このようなプロセスに，政府組織，国際組織，専門家組織だけではなく，NGO 等が参入することもありうる。

　国際的な政策過程においては，異なる主体は異なるフレーミングを掲げて争う。そのようなフレーミングの差異に対応して，異なった国際組織がフォーラムとして選択されることもある。フレーミングの選択とフォーラムの選択，すなわち，フォーラム・ショッピングは連動しているのである。

　例えば，遺伝子組み換え技術は，OECD とコーデックス委員会とでは異なったフレーミングの下で扱われた。遺伝子組み換え技術の商品化前の段階では，研究開発の観点がフレーミングとして重視され，OECD の科学技術政策委員会が中核的なフォーラムとして選択された。それによって，OECD への参加主体間で共有される「科学的」コンセンサスが，大きな影響力をもって各国に入力された。しかし，遺伝子組み換え技術の商品化が予測していなかったさまざまな混乱をもたらした結果，安全性の観点がフレーミングとして重視されるようになった。そして科学的に安全かどうかという議論だけでなく，経済的，社会的，倫理的問題についても幅広く議論された。さらに，遺伝子組み換え技術の問題は，フォーラムとしては G8 等でも取り上げられるような政治問題となった。最終的には，従来この分野で相対的に役割の小さかったコーデックス委員会が，消費者の健康保護を含む食品安全の観点をフレーミングにおいて強調することで，フォーラムとして選択され，主要なガイドライン策定の場となった（松尾 2008）。

● アジェンダ設定メカニズムの制度化

　以下では，国際的な政策過程において，フレーミングの提供によるアジェンダ設定を担うメカニズムとして，一定程度，制度化が進んでいる事例として，3つの例を示しておきたい。

　○ OECD　　第1の例は，政府間国際組織である OECD である。

　OECD は比較的大きな調査分析スタッフをもっており，他の国際組織への支援機能も果たしてきた。

　例えば，関税及び貿易に関する一般協定（GATT）や WTO といった貿易組

織のアジェンダ設定を支援する機能を果たしてきた。また1960年代末以降，GATTの事前交渉（pre-negotiation）のフォーラム機能を果たしてきた。さらに，東京ラウンドの成果が不十分であった後，新ラウンドに向けての議論もOECDで開始された。具体的には，1982年5月に「1980年代の貿易問題（Trade Issues in the 1980's）」を提出し，農業貿易，サービス貿易に言及した。そもそも，最初にサービス貿易の概念に言及したのは，1972年のOECD報告（The 1972 Report of the OECD High Level Group on Trade and Related Problems）であった。その後も，OECDは国内農業問題を幅広く研究し，ウルグアイ・ラウンドにおける農業貿易問題のアジェンダ設定に寄与した（Woodward 2009）。

しかし，ウルグアイ・ラウンドの結果，WTOが登場し，WTO自身の事務局が強化されると，OECDの役割は縮小してくる。OECDはWTO事務局とのつながりを保持し，研究は多国間交渉に寄与した。しかし，OECDの貿易委員会（Trading Committee）の役割は弱体化し，WTOが設置されているジュネーヴでの議論の重要性が高まった（Woodward 2009）。

また，OECDは，G7/G8の支援機能も果たしてきた。G7はマクロ経済政策協調に関してはある程度自律化に成功した。しかし，G7/G8は自身の分析部門をもたなかったために，構造問題の複雑性に対応できなかった。その結果，G7/G8はOECDに依存することになった。1975-81年，1982-88年を通してOECDへの言及は計26回に限られており，しかもOECDの既存のプログラムへの言及であったのに対して，1989-95年には計37回，OECDに言及し，しかもOECDへの能動的要請であった。さらに，G8における分野横断的調査（interdisciplinary research）の役割が拡大するのに対応して，1996年から2002年にはOECDへの依頼はさらに5倍に拡大し，2007年のハイリゲンダム・サミットでは，計36回，OECDに言及した（Woodwards 2009）。

○**世界経済フォーラム**　第2の例は，非政府組織の世界経済フォーラム（World Economic Forum）である。「ダボス会議」で知られる世界経済フォーラムは，世界的なレベルでのアジェンダ設定活動に注力している。ジュネーヴに本部を置き，70個前後のアジェンダ評議会（Agenda Council）を設置している。アジェンダ評議会は，毎年秋に，各界のメンバーが参加する会議を行い，その結果を続く1月のダボス会議に反映させるようにしている。世界経済フォーラムは，自らの目的を，立法ではなく，問題定義の共有化というユニークな触媒

的役割であると規定している (Pigman 2007)。ある意味では, 民間版 OECD としての役割を果たしているといえる。

世界経済フォーラムの前身である欧州マネジメント・フォーラム (European Management Forum) は, 1971年に, 国際経済におけるリーダーシップをアメリカから奪回するために, ダボスにおいて開催された。当初の3回のテーマは, 欧州企業がいかにしてアメリカ企業のマネジメント手法に追い付くことができるかというものであった。ステークホルダー・アプローチを主張し, アメリカの利益最大化アプローチや東アジアの市場シェア最大化アプローチとの差別化を試みた。その後, 1973年の石油危機を契機に, テーマをマネジメント手法から政治, 経済, 社会課題へと拡張させていく。そして, 1976年にはヨーロッパではなく世界に焦点を当てるようになり, 79年には中国政府を招待した。また, 1982年には各国の閣僚や多国間金融機関 (世界銀行, IMF など) を招待し, さらにローザンヌで通商大臣会合を開催し, ウルグアイ・ラウンドへの弾みをつけた。そして, 1985年には第1回インド経済フォーラムを開催した。1987年には, 名称を欧州マネジメント・フォーラムから世界経済フォーラムと変更した (Pigman 2007)。

世界経済フォーラムは, 基本的に世界の上位1000社によって構成される組織として運営されてきた。また, 1993年以降, 参加者をメンバー企業, 招待者に限定している。組織構造としては, 20のメンバー代表による理事会 (年3回開催) がある。常勤職員は拡大しており, 管理者も2000年までは1人の代表者であったものを, 5人の代表者による運営委員会の体制に修正した。また, 独立性を維持するために外部スポンサーは拒否している (Pigman 2007)。

○トランスナショナル唱道ネットワーク　第3の事例は, トランスナショナル唱道ネットワーク (TAN) である。TAN とは, 国際政治における特定の問題に関心をもつ戦略的な活動家のネットワークである。この TAN が, 問題をいかに設定するかという行為を通して, ネットワークの利益を戦略的に確定し, 国家や国際組織を利用し, さらにはネットワークに取り込む。そうすることによって, いかに国際関係を変えていくのかというプロセスを, ケックとシキンクは理論化した (Keck & Sikkink 1998)。

このような TAN が活躍した事例は, 必ずしも近年のものに限られるわけではない, 例えば, 奴隷反対, 婦人参政権, 人権, 環境, 女性の権利等にかかわ

る歴史的事例がある。特に，価値がかかわり情報が不確実な際に，この戦略は，議論の条件，性格を変え，新たなフレーミングを提供することで有効になる。このプロセスは，国内政治と国際政治の双方にかかわるものであり，NGOや政治的起業家の役割も大きい。トランスナショナル・ネットワークには，3つの類型がある。すなわち，集団的な目的・要求をもつもの，共通の因果理解をもつもの（科学者），共通のアイディア・価値をもつものという3類型が考えられる。このうちTANは，最後のカテゴリーに該当する（Keck & Sikkink 1998）。

このようなTANのメカニズムが機能した例として，対人地雷全面禁止条約の成立過程を挙げることができる。1992年10月に欧米の6つの団体が地雷禁止国際キャンペーン（ICBL）をニューヨークで旗揚げし，93年5月には第1回国際会議を主催した。それを受けて，1993年12月の国連総会が「特定通常兵器使用禁止制限条約（CCW）」再検討会議の開催を決議し，95年9-10月にウィーンで開催された。その後，1996年1月に最初の政府NGO合同会合（CCW再検討会議専門家会議）がジュネーヴで開催され，その後も継続された。そして，同年10月には，カナダ主導で，「対人地雷全面禁止に向けた国際戦略会議（オタワ会議）」が開催され，対人地雷全面禁止条約の交渉へと進むことになった。1997年2月には対人地雷全面禁止条約の条約文に関する検討会議（ウィーン会議）が開催された。同年5月にはイギリスが，8月にはアメリカと日本が参加を表明し，12月にはオタワにおいて条約調印式が開催された。

この国際的な政策過程において，NGOは大きな役割を果たした。それには，NGOが地雷を「兵器」としての軍縮問題ではなく，地雷の及ぼす「影響」に焦点を当てて，人道問題と位置づけ，地雷という兵器のもつ非人道性，無差別性に焦点を合わせたというフレーミング効果が重要であったとされる。また，このフレーミング効果は，地雷利用に関する現実についての調査報告書に示された情報調査能力にも裏打ちされていた（目加田 1998）。

紛争ダイヤモンド取引規制レジームの形成過程においても，NGOはアジェンダ設定や政策案の構築に大きな役割を果たした。紛争ダイヤモンド問題とは，反政府勢力によるダイヤモンド鉱石等の売却収入が紛争継続の財源となっているという問題である。この紛争ダイヤモンド問題の可視化に大きな役割を果たしたのは，イギリスのNGOであるグローバル・ウィットネス（GW）が1998年に発表した報告書であった。この報告書は，国連の制裁措置にもかかわらず，

ナミビアや南アフリカ等の近隣諸国経由で，アンゴラの反政府勢力であるアンゴラ全面独立民族同盟（UNITA）の支配地域で産出されたダイヤモンド原石が輸出され，武器調達の資金源になっていることや，国際的なダイヤモンド流通企業の関与を明らかにした。この報告書を契機に，アムネスティー・インターナショナルやオックスファム等のNGOは不買運動を含むキャンペーンを展開した。

このようなNGOレベルでの動きをふまえて，2000年3月に安保理決議に基づくアンゴラへの経済制裁の履行状況を調査した，カナダのファウラー国連大使を長とする専門委員会の報告書が公開され，制裁に違反する各種取引の実態を明らかにした。このファウラー報告書の2カ月後に，GWは報告書を公表し，国際的な原産地証明と原産地同定システムの構築を提案した。それに対して，国際ダイヤモンド業界も自主的な取り組みを開始し，2000年7月には，「不正な目的に利用されることを防ぐためにダイヤモンド原石の輸出入を追跡するシステムの開発・実施」を目的とする世界ダイヤモンド評議会（WDC）が設立された。そして，ダイヤモンド原石の主要輸出国である南アフリカ政府の呼びかけで，企業，業界団体，NGOも参加して，政府間交渉が開始され，2002年11月に閣僚宣言とともにキンバリー・プロセス認証制度（KPCS）文書を採択した。そして，国際的なダイヤモンド取引をKPCS参加国間に限定し，ダイヤモンドの参加国間の移動は政府の輸出入管理で規制し，国内等の加工・取引に関しては各国独自の国内管理体制とダイヤモンド業界の自主規制で規制するレジームが設立された（西元 2008）。

● さらに読み進める人のために

☞ 坂野正高『現代外交の分析――情報・政策決定・外交交渉』東京大学出版会，1971年。
　＊外交論の観点から，情報について，在外公館における情報入手法，外務省への報告のあり方，外務省における情報処理の課題に焦点を合わせて論じている。また，外務省においては政策決定における情報共有を縦の線だけで行う点で，縦と横の共有を図る通常の官僚制における稟議制とは異なるとする。

☞ 目加田説子『地雷なき地球へ――夢を現実にした人びと』岩波書店，1998年。
　＊1997年にオタワで署名された対人地雷禁止条約締結に至る過程で，国際的NGOネットワークであるICBLが，専門家，メディア，各国のNGO等と連

携して,アジェンダ設定等においてどのような役割を果たしたのかを分析する。
☞Peter M. Hass, "Introduction: Epistemic Communities and International Policy Coordination," *International Organization*, Vol. 46-1, 1992.
　＊国際的な専門家たちによる認識共同体が,国境を越えた専門性に基づく共通の問題認識をもたらすことによって,国際的な政策協調にどのような役割を果たすのかについて論じている。

第9章

国際行政における財政と人事行政

○国連総会第5委員会（アメリカ・ニューヨーク，2005年4月28日，UN Photo/Mark Garten）。

　主要な行政資源のうち，財源と人的資源の管理メカニズムである国際行政における財政と人事行政について，国際組織の財政と人事行政に焦点を当てて，検討する。国際組織の財政では，通常予算に加えて，目的や対象が限定された予算外資金の活用が重要である。各資金提供主体の関心の相補性を活用することで，より多くの資金調達が可能になる。国際組織の人事行政においても，国際委員会やPKO部隊に見られるように各国から人材を調達し，それらを組み合わせて利用することが必要である。現状の分権的な国際行政の基本構造を考えると，このような相補性を活かすマネジメントは不可避であるが，同時に，一定の自律性をどのように確保するのかも考える必要がある。

1 国際組織の財政

◆ 国際財政の概念――3つのレベル

　国際的な影響をもつ財政活動を広く国際財政と呼ぶならば，国際財政の概念は表9-1のような3つのレベルで考えることができる（城山 1994）。

　第1に，各国財政への国際的関与がある。各国の財政活動は，国境を越えて国際的な影響をもつ。そのような観点から各国の財政活動に対して国際的関与が試みられることがある。例えば，先進国間では1970年代末に日本や西ドイツが世界経済を牽引すべきであるという機関車論の名の下に日本や西ドイツの財政政策が国際的に議論されたように，サミットや経済協力開発機構（OECD）では各国財政政策の相互レビューが行われてきた。貿易摩擦への対応として，日米構造協議という二国間貿易関連協議の場でも，日本は一定の公共支出の約束を求められた。また，国際通貨基金（IMF），世界銀行による融資の際のコンディショナリティ（条件）として，各発展途上国の財政政策が検討されることも多い。

　第2に，国際援助活動や国際安全保障活動といったさまざまな国際的行政活動のための財政の各国間調整がある。例えば，先進各国は，政府開発援助（ODA）によって，国境を越えて活動を支援しており，それに伴い国境を越えて資金移転が行われる。2011年時点で，発展途上国へのODAとして，年間約1300億ドル程度の資金移転が行われている。

　第3に，国際組織の財政がある。国際組織には，国際連合（国連），世界銀行，地域組織，分野別の専門機関等がある。財政規模からいえば，ODA全体に比べ，国際組織の財政の規模は小さい。国際組織の財政利用の一部は，ODAとしても換算されており，第3の国際財政は，第2の国際財政と一部重なる。

　この国際組織の財政のさらに一部を構成する国連システムの財政規模は，国連本体の通常予算額についてみると，2010年で約25億ドルである。しかし，国連財政については「多くの重要な人々がこれだけ少ない額のために執拗に議論することはない」ともいわれるように，さまざまな議論が行われてきた。このことは，特に，議会が国際組織に強い警戒感をもつアメリカに当てはまるが，国内財政が悪化する中で，日本においても同様の傾向が見られる。

表9-1 国際財政の概念

対　象	焦　点
各国財政	財政政策の国際的関与
各国間財政	国際的行政活動のための財政（政府開発援助など）
国際組織財政	国際組織の財源調達と支出

　なお，国連システムの中でも，国連本体の財政と各専門機関の財政は基本的に独立しており，国連財政システムには，一元的な管理主体は存在しない。
　以下では，国際財政に関する第3の定義に焦点を絞って，国際組織の財政を検討する。なお，第2の定義の国際財政については，国際援助行政という観点から別途扱う（⇒第13章）。

◉ 国際組織の通常予算

　国際組織の通常予算は，加盟国が義務的に支払う分担金によって構成される。分担金算出の方法としては，基本的には3つの方法がある。
　第1の方法は，加盟国間の平等性を確保し，すべての加盟国が同額支払うという方法である。例えば，地域組織である東南アジア諸国連合（ASEAN）は，活動規模が拡大しつつあるにもかかわらず，このような方法をとり続けている。
　第2の方法は，いくつかの等級を設定し，加盟国は自らが選択した等級に従って分担金を支払うという方法である。国際電気通信連合（ITU）や万国郵便連合（UPU）は，設立以来一貫してこの方法を採用している。
　第3の方法は，諸要素を考慮して一定の算定式に基づき分担比率を算出する方法である。国連では分担比率を算出するにあたっては，加盟国の国民総生産（GNP）という要素が重視されてきた。GNPの比較に際しては過去10年間のGNPの平均値が利用された。また，GNPの低い加盟国に対しては軽減措置をとっており，対外債務額による調整も行っている。
　専門機関の中には，国連の分担比率算定の際に考慮する要素とは異なる要素を考慮して，分担比率を定めているものもある。例えば，国際海事機関（IMO）は，国連の分担比率と各国の船舶保有量の比率を組み合わせて，分担比率を算出している。

分担比率の大きい先進諸国は，分担比率にかかわらず一国一票としている制度は，無責任な支出拡大を引き起こしがちだと考え，国連の行財政問題諮問委員会（ACABQ）や，ジュネーヴにおいて各専門機関の通常予算の主要分担国により非公式に組織されたジュネーヴ・グループといった場において，このような通常予算の拡大に抵抗してきた。そのため，通常予算に関しては，ゼロ・シーリング（前年度と同額か，伸び率がゼロ）による固定化を求められている国際組織も多い。

　このような分担金を基礎とする通常の国際組織とは異なり，欧州連合（EU）の場合，1970年代以降，固有財源制度が導入されてきた。1970年4月の理事会決定（加盟国からの分担金を共同体固有財源に置き換えるもの）を受けて，農業課徴金100％を第1次財源，関税収入100％を第2次財源，さらに加盟国で徴収される付加価値税の1％以内を第3次財源とする，固有財源制度が構築された。そして，第3次財源としての付加価値税の比率は，1986年には1.4％とされ，さらに98年には，加盟国GNPに比例して，各国が不足分を負担する負担金制度による資金を第4次財源として導入した。その結果，各加盟国は，最大限GNP（その後国民総所得〈GNI〉）の1.24％を固有財源として負担することになった（福田 2012）。

　最近では，金融取引や国際航空券等への直接的な課税を行い，国際行政の財源としようという国際連帯税構想が議論されている。2006年には，フランス，ブラジル，チリ，ノルウェー，イギリスが，航空券国際連帯税を財源として発展途上国への医薬品供給を促進するために，ユニットエイド（UNITAID）を設立した（田中 2007）。

● 国際組織の予算外資金

　予算外資金とは，目的を限定して，各国あるいは非政府組織から拠出を受けるものである。これは，さらに，3類型に分けることができる。なお，第2，第3の類型を合わせて，任意拠出金と呼ぶ場合もある。

　第1の類型は，国連における平和維持活動（PKO）等に関する特別会計である。PKOの場合，通常，個々の活動ごとに特別会計が設定され，PKO特別分担率に従って経費が分担される。PKO特別分担率は通常分担率と比べて途上国の負担が軽減され，その分，安全保障理事会（安保理）常任理事国が負担す

るように設定されている。ただし，特に初期においては，通常予算や関係者の自発的拠出によるものもあった。

　第2の類型は，国連開発計画（UNDP），国連人口基金（UNFPA），国連児童基金（UNICEF）等の特定の組織に対して，組織の目的の範囲内で制約をつけずに自発的拠出金を提供するものである。このような資金はコア・ファンドと呼ばれることもある。通常，毎年1回，誓約会議が開催され，その場で毎年の拠出金額が決められる。また，UNICEFは，各国で調達された寄付金やカードの販売による直接収入をもコア・ファンドとしている。

　第3の類型は，目的あるいは受入国の限定された特定のプロジェクトに対して，信託基金を設立し，自発的拠出金を提供する場合である。これは，多国間の国際組織を用いて二国間の援助目的を実現しようとするものであるので，しばしば，マルチ・バイ活動とも呼ばれる。国際保健のような分野では，世界保健機構（WHO）やUNICEFは民間の財団からも拠出金を多く得ている。なお，このような信託基金の資金調達については，専門の資金調達組織を設置している場合もあれば（UNICEF，国連難民高等弁務官事務所〈UNHCR〉は資金提供主体別に担当部門を組織化していた），信託基金を用いて事業を実施することになる事業部局が直接資金調達を行っている場合（1990年代の国際労働機関〈ILO〉，WHOの場合）もある。

　このような予算外資金の利用は，1986年から87年にかけて起こった国連の財政危機以降，増大してきた。特に，信託基金が近年広く利用されているが，それには以下のような理由がある。まず，先進諸国が通常予算の拡大に抵抗しており，資金源拡大には信託基金のような自発的拠出金に頼らざるをえないという事情がある。また，信託基金には行政上の利点がある。具体的には，第1に，信託基金を利用することによって利用可能な資金が拡大する。特に専門機関にとっては，信託基金によって，他の資金源では採用されにくい種類のプロジェクトのための資金を確保できる。第2に，プロジェクトごとにアドホックに資金調達活動を行えるので，緊急事態等に迅速に対応できる。ただし逆にいえば予測可能性が低いということであり，実際，年ごとの変動幅は大きい。第3に，資金提供国には自らの目的のために国際組織の資源を利用できるという利点がある。資金提供国にとっては，目的を限定して資金提供を行う方が，国内的なアカウンタビリティの確保が容易であるという面がある。

他方，国際組織の活動の優先順位設定が資金提供国の優先順位によって歪められるおそれがあるという問題点もある。このような点も含めて，予算外資金の問題点は，多くの場面で議論はされてきた。例えば，ガリ国連事務総長の諮問に対して，国連財政に関する独立諮問委員会（共同議長：ヴォルカー，緒方四十郎）が 1993 年 2 月に提出した「実効的国連財政（Financing Effective United Nations, A Report of the Independent Advisory Group on UN Financing）」という報告書においても，予算外資金の問題点は意識され，任意拠出金に関する調整機能と管理機能の強化，行政経費部分は分担金により拠出すること，複数年約束を可能にすること，PKO については統合平和維持予算を実施すること等がうたわれていた。しかし，基本的には予算外資金制度自体は維持せざるをえないという態度がとられた（緒方 1993）。そして，具体的な大きな改革が予算外資金問題に関してとられたことはなかった。

　個別機関でも，予算外資金，特に目的が強く限定された予算外資金に依存することの問題は意識され，一定の行動が試みられた。例えば，UNHCR では，形式的にはほぼすべての資金源は予算外資金ではあるが，その中でも UNHCR の目的一般に使える一般プログラムに対して，目的がより限定された特別プログラムの比率が大きくなっていた。1991 年には，特別プログラムが一般プログラムの規模を超えた。例えば 1993 年には，一般プログラムは 3 億 1100 万ドルに対して，特別プログラムは 8 億 1800 万ドルに上り，特別プログラムが一般プログラムの 2 倍以上となった。そこで，一般プログラムの比率を上げるべく一定の努力が払われた。その結果，1999 年には一般プログラムが 3 億 2700 万ドルに対して，特別プログラムは 5 億 8500 万ドルとなった。また，2000 年には会計システムが変更されて，従来の一般プログラム，特別プログラムの区別はなくなり，年次プログラム，ジュニア・プロフェッショナル・オフィサー（JPO）プログラム，補充的プログラムとなった。しかし，この会計システムの変更は実態の変化を伴うものではなく，形式的変更にすぎず，実態としての特定目的への限定は継続したのであり，むしろ予算外資金問題が見えにくくなった。

2　国際組織財政の運用
国連本体の場合

● 予算の枠組み

　国連本体においては，かつては伝統的な費目別予算（objects of expenditure）を採用してきた。しかし，1960年代末から行われていた合同監査団（JIU）のベルトランたちの研究に基づき，74年にはプログラム予算制度が導入され，目的（objectives）や期待される成果（expected accomplishments）と合わせて予算が検討された。ただし，その実施に関しては，プログラム予算制度が1974年に導入されたにもかかわらず，プログラム計画予算などの規則の改定が82年（A/RES/37/234）や87年（A/RES/42/215）にずれこんだことからもわかるように，遅れていた。

　主体としては，国連事務局において予算策定の中心となるのは，管理局（Department of Management）のプログラム計画予算会計室（OPPBA）である。このOPPBAの室長が財務官（コントローラー）であり，これは事務次長補（Assistant Secretary General）級の職である。このOPPBAが中心となってとりまとめられた案が，事務総長を通して総会に提出される（田所 1996）。予算形成手続きは，「プログラム計画，予算のプログラム側面，執行監視，評価方法に関する規程・規則（Regulations and Rules Governing Programme Planning, the Programme Aspects of the Budget, the Monitoring of Implementation and the Methods of Evaluation）」において規定されている。これは，規程とより細かい点を定めた規則から構成される。規程は1982年12月に策定され，その後，改正されてきた。規則はより頻繁に改正されている。

　プログラム予算の構造は，部（parts），セクション（sections），プログラム（programmes），サブプログラム（subprogrammes）の4層構造になっている。そして，予算単位ごとに，アウトプット（outputs），目的，期待される成果が記載されている。具体的には，国連事務局の予算は，2007年の時点では，33のプログラムに分かれ，プログラムはさらにサブプログラムに分けられている。組織との対応関係でいえば，概ね，プログラムは局（department）に，サブプログラムは部（division）に対応している（二井矢 2007）。

◆ **予算策定過程——立法的マンデート，中期計画，予算**

2000年段階の規程・規則では，予算策定のプロセスは，以下のようになっている（城山 2002）。

予算の策定に先立ち，まず中期計画が策定される。従来，この中期計画は6年計画であったが，1998年以降，4年計画となり，また，2年ごとに改定される。中期計画は，予算等の配分を方向づけるものである。この中期計画は，総会等の政府間機関によって支出を伴う活動を根拠づけるために設定された立法的マンデート（legislative mandate）をプログラム，サブプログラムに翻訳したものである。つまり，関係する政府間機関の決議等による立法的根拠をもち，中期計画に組み入れられない限り，原則として予算化されない。予想外の必要が生じない限り，中期計画に含まれない活動は行わないものとされている。中期計画にない目的のプログラムは，立法が通過した後にしか提出されないと明示的に規定されている。なお，決議等により支出の根拠となるマンデートが付与された場合であっても，5年以上前に設定されたものについては，継続が正当化されない限り十分な立法的根拠として認められず，予算化されない。また，組織設置法も予算化の根拠としては認められない。

このような中期計画に基づいて，プログラム予算が2年単位で策定される。まず，予算を策定しない非予算年には，事務総長が事務局内で調整したプログラム予算の概要（ここでは優先分野が明示される）を提出し，計画調整委員会（CPC），ACABQにおいて検討される。CPC，ACABQの勧告は総会第5委員会を通して総会に送られる。また，予算年には，事務総長は4月末までに予算案を提出し，同じくCPC，ACABQが審査し，総会の第5委員会が勧告を総会に提出する。そして，最終的に予算は総会で採択される。

従来，CPCの実質的な影響力は少なく，ACABQの方が大きな役割を果たしてきた。ただし，CPCは国連財政に理解のある途上国の実務家の育成については，一定の役割を果たした。CPCには，国連の資金によって会議に参加でき，途上国はこのような機会を通して後のACABQのメンバーになるような人材を輩出してきたといわれる。

また，中期計画，プログラム予算の対象は通常予算に限られるわけではなく，予算外資金も含まれている。ただし，予算外資金については，その額やそれによってつけるポスト数を審査するような体制にはなっていない（ただし，PKO

予算については第5委員会等が実質的に審査している)。また，規程上，予算外資金の基金設立については，適切な機関 (appropriate body) の承認を経て設立される。そして，規則において，適切な機関とはACABQのことであるとされている。したがって，ACABQは予算外資金による信託基金の設立を認めるか否かについては若干の裁量をもつ。

◆ 調達行政

　国際財政活動の実施局面においては，資金をいかに活動の展開，実施につなげていくのかが重要になる。このような，組織の活動に必要なものやサービスを購入・確保し，使用できるように供給する行政を，調達行政と呼ぶ（坂根 2009）。

　このような調達行政を実効的かつ効率的に行うためには，組織間協力も重要である。1976年には機関間調達責任者作業部会（IAPWG）が設置され，国連システム共通の調達ガイドラインの制定，共通使用品目の共同調達，集団価格取り決め等が行われてきた。また，代行調達を実施する国連プロジェクト・サービス機関（UNOPS）のような組織も運営されてきた（坂根 2009）。

　国際行政における調達行政については，公平性，透明性を確保することとともに，特に，発展途上国等の多様な業務環境での仕事となるため，履行能力を確保することが重要になる。例えば，安全性に問題がありうる紛争地域における空輸サービスの調達や，品質の確保が必要な発展途上国における食料調達には困難な場合もあった。

　他方，癒着も防がなくてはならない。そこで，各組織においては，さまざまな工夫が行われてきた。例えば，国連のPKOのための車両の調達では，標準化を進めた上で一定期間内の調達を契約で定められた条件で行うシステム契約を導入し，優良な企業との安定的な関係構築が重視されてきた。また，世界食糧計画（WFP）では，食料やその輸送サービスの確保に関して，効率性，手続きの迅速性等を重視し，一般競争入札ではなく国際制限入札（事前の業者登録が必要）や長期契約を行ってきた（坂根 2009）。

3　国際組織の人事行政

◆ 国際人事行政の概念——3つのレベル

　国際人事行政の概念も，表9-2で示したように3つのレベルで考えることが

表 9-2　国際人事行政の概念

対　象	焦　点
各国人事行政	人事行政の国際的検討，各国間人事交流，途上国への専門家派遣など
各国間人事行政	国際的行政活動のための人事行政（国際組織各種委員会，PKO部隊への派遣など）
国際組織人事行政	国際組織事務局の採用，人事管理など

できる（城山 1994）。

　第1のレベルは，各国人事行政，すなわち各国の人事行政の検討，交流，援助である。例えば，いくつかの国際組織において，各国の人事行政が検討され，報告書や勧告が作成され，各国の人事行政の調整が試みられている。例えば，OECDでは各国公務員の給与政策が検討され，ILOでは各国公務員の労働組合の地位に関して検討されてきた。また，人事における各国間の交流，援助もある。例えば，発展途上国政府の能力開発や制度建設のための技術協力活動の一環として，先進国政府の公務員が，専門家派遣等の枠組みを活用して，発展途上国政府において不足する人材として派遣されることがある。

　第2のレベルは，国際組織の各種委員会や各国混成部隊としてのPKO部隊等への，各国からの派遣に伴う各国間調整である。これらの派遣職員は，一定の国際行政の実施を担うことになる。

　第3のレベルは，国際組織独自の事務局の人事行政である。

　以下では，まず，第3のレベルの国際人事行政の運用と課題について検討し，続いて，第2レベルの国際人事行政の運用と課題についても検討する。

　なお，第2のレベルと第3のレベルの峻別は，国際組織法，国際公務員法における国際公務員の定義の問題としても議論されてきた。例えば，1931年にバドワンは，国際公務従事者と国際公務員とを区別する必要を論じた。国際公務員の基準として，国家間の明示的あるいは黙示的合意の存在，国際共同体の利益のために行動すること，利害関係国の行政枠組みに含まれないこと，特別の法制度・秩序に服することを挙げた。ほぼ同様に，1958年にベジャウィは，国家間合意，共通利益の達成，一国の行政枠組みとの関係断絶，国際的規

則への従属を国際公務員の基準として示した。この区分を前提とすると，例えば，各国が提供する国連軍の構成員は，各国の法規則に服する以上，国際公務員ではないということになる（黒神 2006）。

● 国際組織事務局の人事行政
○**独立性確保と派遣職員**　　国連憲章第 100 条 1 項には「事務総長及び職員は，その任務の遂行に当たって，いかなる政府からも又この機構外のいかなる他の当局からも指示を求め，又は受けてはならない。事務総長及び職員は，この機構に対してのみ責任を負う国際的職員としての地位を損ずる虞のあるいかなる行動も慎まなければならない」と規定され，国連事務局職員の独立性確保が規定されている。さらに同条 2 項では「各国際連合加盟国は，事務総長及び職員の責任のもっぱら国際的な性質を尊重すること並びにこれらの者が責任を果たすに当たってこれらの者を左右しようとしないことを約束する」と規定されており，そのような独立性を各加盟国も尊重することが規定されている。

このような規定からは，各国の公務員が国際公務員として派遣されることは禁止されるようにも思われる。しかし，派遣職員に関しては，所属する国家に対する忠誠と国際組織に対する忠誠の衝突の可能性への懸念がもたれながらも，実際上は許容されてきた。例えば，国連憲章署名直後の暫定協定によって設けられた準備委員会の報告書では，「一国の公務員である職員は，事務局において，2 年を超えない短期間であるならば働きうるようにすべきである。そうすることで，事務局と一国の行政府との間の個人的接点が強まり，国際的経験を積んだ一国の職員団が形成されうる」とされた。この準備委員会では，ユーゴスラヴィアは，より踏み込んで，事務局職員が事務局にとって真の価値を有するためには，政府からの信頼を集めなければならないので，「事務局職員の任用は，自国から候補者を出す加盟国政府の同意を持ってなされるべきである」と提案した（ただし，ひとたび任用されれば，国際的性質を尊重するとした）。しかし多くの国は国連憲章第 100 条に反するとして反対し，前述のような報告書への記載となった（黒神 2006）。

その後，事務総長のハマーショルドは，1961 年に行われたオクスフォード大学での講演において，「事務局に合理的な数の『派遣された』職員の余地がないといっているわけではない。事実，特に，外交の，あるいは，専門的な経

験を要する特別な任務を遂行するために、短期で政府から利用に供される多くの職員の存在は大いに望ましいと認められてきた。……しかし、事務局の大部分——すなわち、3分の1を越えるほど——が短期任用の職員から成るということになれば話は別である」と述べており、一定の範囲での派遣職員の有用性を認めている（黒神 2006: 69）。

　他方、派遣職員の運用に関しては、派遣された職員、派遣国、国連の間で、派遣職員の任期延長の可否等をめぐる争いが起こり、たびたび行政裁判所の判決に委ねられた。その結果、派遣職員の要件については、派遣の条件、特に任期を明記した文書で定め、その文書は関係職員に知らされなければならず、かつ当該職員の同意が必要であるというように明確に規定されることが求められた。他方、このような規定が該当する真正な派遣職員の場合には、当初合意された派遣の任期に、任期延長等の変更がなされる場合には、国連、当該職員および派遣国政府の三者間合意が必要であるとされた（黒神 2006）。

　行政裁判所の判決等を受けて、1990年10月に事務総長が提出した「政府からの派遣」という報告書では、職員が署名する任命書に派遣の旨を記載することによって、派遣を設定できるように職員規則を改正することとされた。また、派遣職員の範囲を厳格に規定するとともに、それに入らないが従来派遣に基づくと考えられていた多くの任期付き任用職員については、実際には派遣職員ではないと扱うこととした。そして、総会決議（A/RES/47/226）において、政府からの派遣は、その任期の長さにかかわらず、国連、加盟国および関係職員の三者の合意に基づくべきであることが決定された。また、政府から派遣された職員の派遣職員としての地位を延長するような任期延長の更新は、国際組織、政府および関係職員による合意に基づくべきであることも決定された（黒神 2006）。

　○**国連職員のカテゴリーと採用**　　国連の職員については、国連憲章第101条第1項において、「職員は総会が設ける規則に従って事務総長が任命する」と規定しており、職員は、職員規程（Staff Regulations）、職員規則（Staff Rules）等の規則に従い、事務総長または事務総長の委任を受けた者が任命することになっている。国連職員には、専門職以上の職員と秘書等の一般職があり、また、それぞれ国際的に採用される者と現地で採用される者がいる。職員規程と職員規則は、国連総会の決定に基づき、事務総長告示（Secretary-General's Bulletin）

として発出される。職員規程は，国連事務局の勤務に関する基本的な条件，職員の基本的権利，職務，義務を具体的に示すものであり，事務局の人員配置と管理運営のための人事政策の大まかな原則を示すものである。それに対して，職員規則はこの職員規程の下のより細かな規定である（二井矢 2007）。

他方，国連において働いていても，事務総長または事務総長の委任を受けた者による任命が行われない者は職員ではない。例えば，専門性を外部から調達するために各部局が雇用するコンサルタント，繁忙期に各部局が雇用する個人契約者などはこれに当たり，国連職員ではない（二井矢 2007）。

そして，国連職員には，財源とも連動する形で，正規職員，プロジェクト職員，臨時職員という主に3つのカテゴリーがあり，これが適用される職員規則とも対応している。正規職員は，実質的プログラム，サポートおよびサービスを担当し，1年以上の任期により採用される。臨時職員は，正規職員の補助として，1年未満の任期で採用される。プロジェクト職員は，技術協力のプログラム，プロジェクトまたは活動の枠組みの下で，助言やサービスの提供または提供の支援を行う（二井矢 2007）。

職員規則には，100シリーズ，200シリーズ，300シリーズという3種類があった。職員規則100シリーズは，プロジェクト職員，会議およびその他の短期業務のために特別に採用された職員を除く，事務総長が採用した職員全員に適用される。これは，正規職員と一部の臨時職員に適用されてきた。財源としては通常予算が用いられる。職員規則200シリーズは，プロジェクト職員に適用されてきた。財源には予算外資金が用いられる。職員規則300シリーズは，6カ月以内の短期任用で通訳等のサービスを行う者や，原則として基本的に3年以内の期間限定任用でPKO部隊に採用された者など臨時職員の一部に適用されてきた（二井矢 2007; 岸本 2009）。

大規模な国際公務員団は国際連盟によって初めて設立されたが，その設立後に提出されたバルフォア報告において，国際公務員に関して国際的性格が求められた。その内容としては，可能な限り能力のある者を採用すること（能力原則），なるべく多くの国から採用すること（地理的配分の原則）の2点が示された。この能力原則と地理的配分の原則の関係をめぐって，その後，議論がなされてきた。この2つの原則がゼロサム的関係にあるという議論がなされる一方で，国際公務員には現場の文化や言語の知識が要求されるので，この2つの原

則は必ずしも矛盾しないという議論がなされた（城山 1994）。

　国連の場合，国際公務員は管理職・専門職（上から D2, D1, さらに P5 から P1 までのクラスに分かれる）と一般職によって構成される。さらに，専門職の上に，事務総長（SG），事務次長（USG），事務次長補（ASG）といった職員が存在する。2012 年 6 月時点では，国連事務局には 4 万 2887 人の職員が存在し，うち専門職以上の職員が 1 万 2289 人存在した。そして，そのうち，2245 人が地理的配分の対象であった（A/67/329）。地理的配分の対象となるのは，通常予算で設置された職員規則 100 シリーズの適用を受ける職員のうち，特殊な語学要件を要しない者とされる（二井矢 2007）。地理的配分に際しては，各国に対する配分枠を算出する数式が存在する。この数式では，メンバーシップ要素，人口要素，拠出金要素が考慮される。そして，このようにして算出された数字に一定の幅を与え，配分枠が設定される。また，地理的配分枠が適用されたとしても，これと能力原則は必ずしも矛盾するわけではない。地理的配分の枠内で採用試験を実施することができる。

　1974 年には競争試験の原則が採択され，1978 年には，新たに採用される P1 と P2 のポストの 30% が一般職からの内部昇格用に確保され，その部分に競争試験が実施された。1980 年には，外部からの採用のための P1, P2 の残りのポストに関しても同様の競争試験が採用された。その結果，P1, P2 の採用は毎年の採用のうちの約 3 分の 1 以上であるが，この部分が競争試験の対象となった（Bertrand 1990: II 2/5）。また，現在では，P3 までの職員について，国連競争試験による採用が原則となっている（二井矢 2007）。この外部採用のための採用試験は，各国に採用団を送って行われる。各国で試験を行うことは，各国の採用枠を設定することになるため，一見不平等である。しかし，実際は，各国で試験を行うことで初めて国際組織の所在地国以外の人々にも採用の実質的機会が与えられるといえる。

　このように，地理的配分の対象となる一部のポストに限定した上で，地理的配分の対象となるポストに関して各国別の競争試験を実施することで，能力原則と地理的配分原則の調整を図っているといえる。

　このような国連における地理的配分による国際的性格の確保の運用を，EU における実践と比べてみよう。当初から，欧州共同体（EC）においては，職員規程に，「共同体諸国民の中からできる限り広い地理的基盤の下で」職員の募

集・選抜を行うことが規定されていた。そして，原則として各国の予算分担比率に比例させることが加盟国間で非公式に合意されている。そして，各政策分野を担当する各総局の下で，ひとつの指揮系統中には原則として異なる国籍の職員が配置されるように「多国籍人事」が実践されてきた。ただし，状況は，欧州委員の私的事務局としての性格をもつ委員官房については異なっていた。通常，委員官房は当該委員と同じ国籍の職員によって構成されており，「飛び領地」ともいわれてきた（福田 1986）。

　IMF，世界銀行等を除く国連システムにおいては，人事行政に関する共通システムが設立され，職務分類等の標準化がなされてきた。そのために，1948年には国際人事諮問委員会（ICSAB）が設立され，74年には国際人事委員会（ICSC）が設立され，75年に第1回会合が開催された（Goossen 1990: Ⅱ. 1）。

　この結果，D2，D1，P5からP1といった職種のカテゴリーについては，共通のシステムが採用されている。そうすることによって，組織間の異動を行う際に，職位のレベルの目安をつけやすくなっており，このような共通システムは一定の人的流動性の確保に寄与しているといえる。しかし，実際の給与レベル等は，必ずしも各組織間で調整されていない。

　○**国際公務員の給与**　　国際公務員の給与に関しては，国際連盟初期のノーブルメア委員会の報告によって，待遇は最も待遇のよい国（この時点ではイギリス）以上とするという原則が示された。この原則は国連でも維持され，現在ではアメリカの連邦公務員の給与が基準とされている（Tassin 1990: Ⅰ. 2/5）。

　しかし，この運用をめぐってはいくつかの問題がある。第1に，基準となる給与以上とした場合，基準値にどれだけ上乗せするのかという点は曖昧である。国連職員は1975年には平均してアメリカ連邦公務員の37％増の給与を得ていたが，財政危機の中，85年には，10～20％増にすべきであるという決議が採択され，上乗せ分の縮小が図られた。第2に，アメリカ連邦公務員が基準とされる場合，具体的にはワシントンが基準地とされるのだが，その場合，物価の格差，為替変動にどう対処するのかという問題が生じる。この問題に対処するために，給与には，勤務地によって異なるポスト調整手当が加えられる。しかし，このポスト調整手当は十分に機能せず，例えば，1975年と86年の給与の実質価値を比較した場合に，ニューヨークでは9.6％下落で済んだのに対して，ジュネーヴでは15.1％下落したというような格差を生んだ。第3に，アメリ

カ連邦公務員を比較対象にする場合に，どのような職種を念頭に置くのかという問題がある。海外での勤務が必要である，調整業務が多いといった活動の状況・性格を考えると，外交官を念頭に置くべきだという議論もありうるが，その場合，手当等も含めて考えると給与水準が高くなる。現在は，一般の公務員を念頭に置いて比較が行われている。第4に，基準国をどこにするのかという問題もある。1980年ごろには，比較対象をドイツ公務員にすべきではないかという議論があり，実際にICSC報告において，ドイツ公務員給与の方が13.7％高いという結果も提出された。しかし，国連総会は比較対象を変更することはなかった（二井矢2007）。

なお，以上の給与原則は上級職に適用されるのであって，各地で採用する一般職の給与は，各地の給与水準を勘案して定められている。

◈ 国際組織の委員会・混成部隊における各国間人事行政

国連のPKOにおいては，各国の軍等の要員が派遣され，国連の指揮の下に混成部隊が組織される。要員の派遣については，各国からアドホックに行われる場合もあれば，国連と各国とがあらかじめ派遣要員を指定しておくスタンドバイ協定を締結している場合もある。ただし，1990年代のルワンダ内戦の際に，なかなか派遣国が現れなかったことからもわかるように，スタンドバイ協定があっても各国が理由をつけて断れば派遣は困難であり，要員確保の不確実性は残る。また，最近では，PKOの人材提供に関して，北大西洋条約機構（NATO）やアフリカ連合（AU）といった地域組織が分業の下で組織として一定の役割を果たすこともある。

PKO要員の派遣に際しては，当初は北欧諸国やカナダのように歴史的に植民地を保有せず利害関係の少ない国の要員が投入されてきた。しかし，最近では必要な装備等の条件が変わったこともあり，アメリカ等の大国も投入されるようになってきた。また，PKO要員派遣国に対しては，先進国にとっては少ない額とはいえ，基本的には経費が支払われる（財政危機により支払いが遅延することは多い）。そのため，特にPKOの場合，途上国が要員を派遣する誘因が大きくなっている。その場合，一定の質をどのように維持するのかという課題がある。

専門機関等の委員会，作業部会等の業務においては，一時的に国際行政のた

めに利用されるが，基本的には各国に所属している職員の役割も相対的に大きい。例えば，OECD，ITU，国際民間航空機関（ICAO），IMO などでは，さまざまなレベルで委員会，小委員会，作業部会といったものが設置され，各国からの参加者が定期的，不定期に集まって会合を行っている（城山 1997: 第2, 3章）。そのようなものの中には，各国が参加経費をもつのみならず，指定された議長国（しばしばリード国と呼ばれる）が通信経費や運営経費を引き受けて運営しているものもある。

このような委員会，小委員会，作業部会といった場は，各国の意見調整の場というだけではなく，人的資源の足りない国際組織の仕事を分担して受け持っているという性格も強くもっている。ただ，実際の運用において，原案等を作成する場合に，事務局主導になるか各国主導になるかについては幅がある。例えば，ICAO，IMO，ITU における技術標準作成過程を比べた場合，ICAO の場合は原案の大部分を事務局が作成しているのに対して，ITU の場合は大部分の原案を各国からの参加者が作成しており，IMO はその中間ということになる（城山 1997: 第3章第2節）。

また，各国が主導する場合も，委員会等のメンバーを限定して各国のバランスを考えて委員を割り当てる場合と，意欲のある国が自主的に参加するのに任せるという場合がある。なお，このように各国からの参加者に依存する場合には，どのような国からの参加者が主要な役割を担うかによって，結果に一定の偏りが生じる可能性がある。

4 国際組織の人事行政の運用
国連本体の場合

● 人事行政の枠組み

国連の人事行政の主たる意思決定機関は，予算と同様，総会であり，その下で，第5委員会が担当している。先に述べたように，国連職員を規律する職員規程，職員規則も総会で決定されている。しかし，第5委員会にとっての主要課題は予算であるため，第5委員会には各国から人事行政に詳しい担当者が出席しているわけではなく，必ずしも十分に議論が深まらないという問題がある。さらに，予算に関しては大きな影響力をもつ ACABQ も，人事行政については重視されていない。他方，ICSC が報告を第5委員会に提出することになっ

ており，潜在的には重要な役割を担いうる。しかし，ICSCの報告の対象は給与問題に偏っており，採用や能力開発を含む人事行政全体に対する関心は薄かった（二井矢 2007）。

ポストには通常予算によるものと，予算外資金によるものとがある。分担金による通常予算を用いるポストの設置については，国連総会による承認が必要となる。したがって，第5委員会における議論のテーマとなる。他方，拠出金による予算外資金を用いるポストについては，一定の条件の下で事務総長が設置できる。例えば，2006-07年予算の段階では，通常予算によるポストが9630ポスト，予算外資金によるポストが9587ポスト，計1万9217ポストが存在した。なお，詳細な人事行政の運用に関しては，事務総長が発出する行政指令（Administrative Instruction）で規定している（二井矢 2007）。

◈ 個別的人事行政の意思決定過程

国連本体において，人事を担当しているのは，管理局に設置された人的資源管理室である。個別人事に関しては，国連では，現職者が他のポストに選ばれたり，退職したりすることで空席が発生するたびに，国連事務局のウェブサイトにおいて個別に空席を公募する。ただし，応募した候補者の実質的選考は各部局中心に行われ，人的資源管理室は各部局が進める選考手続きを最終段階で形式的に確認するだけになっている（岸本 2009）。

従来，各部局が中心となる選考手続きにおいては，選考対象ポストのプログラム管理者（上司）と採用昇進委員会（appointment and promotion bodies）の判断が重要であった。採用昇進委員会がプログラム管理者が推薦する候補者の資質，能力を個別に審査する。ここで，繰り返し拒否することもあり，選考に時間がかかる要因となっていた（二井矢 2007）。組織によっては，採用昇進委員会において，職員組合の力が強いところもあった。

しかし，このような採用昇進委員会の運用が適切な人材確保や流動性の促進を妨げているという認識から，2000年の第55回国連総会において，「人事管理改革に関する事務総長報告」（A/55/253）が第5委員会に提出され，2001年に国連総会決議55/258（A/RES/55/258）が採択された。この決議を受けて，2002年5月に新たな職員選考制度が導入された。この新制度では，採用昇進委員会を廃止し，新たに中央審査委員会（central review bodies）が設置された。

中央審査委員会では，候補者個人の資質，能力等を個別に見るのではなく，事前に選考基準の審査を行い，プログラム管理者等が推薦する候補者が事前に定められた選考基準に沿って選考されたかどうかのみを審査するとされた。その結果，採用に要する期間は短縮されている。また，流動性を促進するために，ポスト占有期間を原則5年とする制度も導入された（二井矢 2007）。

なお，P3-P1レベルの若手の職位の低い職員については，国連職員採用競争試験が行われている。国連職員採用競争試験に合格した採用候補者については，国連側が早急に具体的ポストを提示して実際に採用することが強く求められている（弓削 2002）。また，この点について，ECでは，各国の推薦と，助言を尊重した上で任命する上層官職（A1-A3）と，競争試験を利用してメリット・システムに基づいて任命を行う下層官職（A4-A8）を設け，2つの入口を設定するというアプローチがとられていた（福田 1986: 110）。

◆ アウトソーシング

国際行政においては，近年，調達手続きを用いて，アウトソーシング（外部委託）を行い，NGOや民間企業を政策実施の担い手として確保することも行われている。

例えばUNHCRは，難民を保護・支援し，持続的な解決を追求するために，政府，政府間組織，NGO，国連機関などの幅広い主体を業務パートナー（operational partner）としてきた。そのような業務パートナーのうち，NGO等とは，実施協定（implementing agreement）を締結し，UNHCRが資金を交付して自身の事業を実施してもらっている。このような主体を実施パートナー（IP）と呼ぶ。具体的には，難民への支援物資の配給や難民キャンプの設置・維持をIPが担ってきた。これには，UNHCRの組織肥大化を防ぐ意図もあった。

1990年代後半には，UNHCRの予算の4割程度がIPに配分された。2006年前後ではUNHCRの予算の4分の1はIPに配分されているにすぎない。このようにIP依存度が低下したことは，UNHCRが自身でプロジェクトを実施する割合が増加していることを意味している。その要因としては，UNHCRのプロジェクト実施の方針変更に加えて，NGO自身が活動資金を以前にも増して自前で賄うようになってきたことが挙げられる（坂根 2010）。

表9-3 主な国際組織の予算動向

[単位：100万ドル]

	1995	2000	2001	2002	2003	2004	2005	2006	2007	2008	2009	2010	2011
国連													
通常予算	1,088	1,113	1,113	1,289	1,289	1,613	1,613	1,879	1,879	2,157	2,157	2,320	2,320
PKO予算	3,233	1,999	2,591	2,633	2,824	5,069	5,025	5,246	6,747	7,310	7,364	7,060	7,842
計	4,321	3,112	3,704	3,922	4,113	6,682	6,638	7,125	8,626	9,467	9,521	9,380	10,162
UNICEF													
コア・ファンド	537	658	658	618	626	790	793	1043	1090	1067	1055	965	1071
予算外資金	468	1,021	1,214	1,454	1,688	1,974	2,733	1713	1894	2294	2189	2718	2633
計	1,005	1,679	1,872	2,072	2,314	2,764	3,526	2756	2984	3361	3244	3683	3704
WHO													
通常予算	411	421	421	428	428	440	440	458	458	479	479	473	473
予算外資金	396	557	532	607	678	855	1,117	1,497	1,639	1,309	1,309	1,442	1,378
計	807	978	953	1,035	1,106	1,295	1,557	1,955	2,097	1,788	1,788	1,915	1,851
ITU													
通常予算	138	105	105	104	104	126	126	130	130	129	129	164	172
予算外資金	23	3	11	22	17	10	16	12	20	17	8	12	11
計	161	108	116	126	121	136	142	142	150	146	137	176	183

［出典］　通常予算および予算外資金については，A/51/505, A/57/265, A/61/263, A/67/215。PKO予算については，2001年までは田所・城山編 2004: 29。2001年以降はA/C.5/55/48, A/C.5/57/22, A/C.5/58/35, A/C.5/60/27, A/C.5/61/18, A/C.5/62/23, A/C.5/63/23, A/C.5/64/19, A/C.5/65/19, A/C.5/66/14。UNICEFの1995年予算については，田所・城山編 2004: 221。

5　国際組織の財政・人事行政の動向

◆ 国際組織の予算額の動向

　表9-3は，国連本体，UNICEF，専門機関であるWHOとITUの予算動向を，通常予算と予算外資金（UNICEFについてはコア・ファンドとその他の予算外資金にさらに分けた）について国連の文書を基に整理したものである。この表から以下の点を指摘することができる。

　第1に，国連本体については，通常予算は，2000年代初めまでは安定的であったが，その後，増大する傾向が見られる。他方，PKO予算については，1990年代半ばに，年間30億ドルを超えたが，その後減少し，2003年までは停滞していた。しかし，2004年以後急増し，年間70億ドルを超える規模となっ

ている。第2に、国際保健分野を主たる活動領域とする UNICEF と WHO については、2000年以降、ともに活動規模が拡大している。しかし、規模は、「子ども」という明確なターゲットをもっており、資金調達戦略にも力を入れている UNICEF の方が大きくなっている。ただし、拡大しているのは予算外資金（UNICEF の場合は、特にコア・ファンド以外の予算外資金）であり、専門機関である WHO の通常予算は安定的である。第3に、技術的専門機関である ITU の予算規模は安定的である。また、ITU の予算の大部分は、通常予算が占めている。

また、いくつかの国際組織においては、民間組織からの直接の資金調達の比率が高くなりつつある。例えば、UNICEF の場合、2000年の歳入のうち、国内委員会という民間組織からの財源調達が 30% に上っていた。WHO においても、2000-01年予算の予算外資金の 40%、全体の 25% 程度を民間組織等からの資金調達が占めていた。さらに、技術的機関である ITU の場合も、歴史的に民間組織が国際標準化作業に直接的に参加するメカニズムが整備されているため、歳入面でも収入の約 12% を民間部門のメンバーから得るようになっていた。特に、電気通信標準化部門においては、歳出の 70% 以上を民間部門のメンバーからの収入に依存していた（城山 2004）。

◆ 国連システムにおける最近の NPM 的行政改革

アナン事務総長が 1997年7月に提出した『国連の再生 (Renewing the United Nations: A Programme for Reform)』(A/51/950) という報告書の中でも、NPM（ニュー・パブリック・マネジメント）的行政改革の一環として、結果指向型予算 (RBB) を導入する提案が行われた。そこでの重点は、インプット指向から結果指向への移行、ミクロ・マネジメントからマクロ・マネジメントへ、パフォーマンス測定の重視であった。ただし、1999年10月の国連総会決議「結果指向型予算」(A/54/456) においては、漸進的アプローチの採用が確認された。つまり、2002-03年予算にパフォーマンス指標の導入を提案するが、財務規則やプログラム計画などの規程・規則をすぐに変える必要はないというものであった。そして、2001年1月の国連総会決議 (A/55/231) において、成果に影響を及ぼす外部要因を同定しておくこと、インプット・データについても従前の詳細度を維持すること、人件費とそれ以外の費目間流用は総会の同意を条件と

すること，柔軟性を行使するのに際しては総会の規範・決定を厳格に尊重することを条件に，結果指向型予算の導入を決定した。NPM的マネジメント改革の重要な要素は，結果の評価に関する統制を厳格にする代わりに，財務等に関して柔軟性を付与するというものであった。しかし，事務局の裁量が増大することを恐れた総会は，裁量拡大には制限を付した上で結果指向型予算の導入を認めた。そして，国連各機関においては2002-03年予算から結果指向型予算が導入された。

なお，専門機関等においては，いち早く結果指向型予算が導入された。例えば，世界知的所有権機関（WIPO）は1998-99年予算から結果指向型予算を導入している。また，UNDPやUNFPA等においても，国連本体よりも若干早く検討が進んでいた。ただし，このような結果指向型予算に対しては，事業費の圧縮や人件費の削減に関する懸念，国連の活動において質的活動が軽視されるようになる懸念，予測不可能な外部影響要因に対する対応への懸念等が，発展途上国を中心にもたれていた（蓮生 2012）。

また，2005年に国連世界サミットにおいて採択された「首脳会合成果文書」（A/RES/60/1）をふまえて提出された報告書『国連への投資（*Investing in the United Nations: for a Stronger Organization Worldwide*）』（A/60/692）（2006年3月）では，財政，人事行政改革を含む事務局・マネジメント改革の詳細が示された。ここでは，国連の活動の増加を背景に，事務局の根本的な再構築の必要性が主張された。人事行政に関しては，キャリア・昇進の展望の欠如，過度の官僚制による不満の蓄積，採用手続きの遅れ（PKOの3分の1のポストが空白であること），流動性の低さ，職業グループ（silos）の固定化等の問題が指摘された。そして，迅速な採用，流動性の強化（事務総長が必要と考えるときに異動できるように，ポストの半分をローテーションにする），キャリア・モデルの導入・強制的な研修，継続可能な任期付き契約の導入等が提案された。第2に，情報化に関しては，追加的投資の必要，リーダーシップの必要が強調され，最高情報技術責任者（CITO）を事務次長レベルで設置することが提案された。第3に，サービス提供方法に関しては，移転，民間委託，アウトソーシング等の必要が指摘され，総会がアウトソーシングにさまざまな制約を課すのは問題であるという課題が指摘された。第4に，財政・予算に関しては，予算サイクルの1年への縮減，予算区分の35区分から13区分への削減，PKO会計の一元化等が提案

された。

　この報告のうち，人事に関する部分をより深めて，2006年8月には，『人間への投資（Investing in People）』報告書（A/61/255）が提出された。ここでは，今後の大量の退職者の発生も念頭に置きつつ，特定の分野だけではなく複数の分野にわたるマネジメント技術を身につけた人材養成のための課題について，国連事務局の採用，人材育成，契約制度，処遇見直し等に焦点を絞って問題提起が行われた。その上で，2006年秋から09年春にかけてICSCで審議が継続的に行われ，いくつかの改革は実施に移された（岸本 2009）。

　具体的には，従来の3つの労働契約制度（100シリーズ，200シリーズ，300シリーズ）をひとつの職員規則の下に統合し，業務の性質に応じて，臨時的任用，任期付き任用，継続任用という3つの雇用形態をとることとした。従来，PKOについては300シリーズを利用していた。その場合，制度上4年を超えて雇用することは認められず，昇給制度もなく手当ても簡素化されていたため，2年以内の離職者が半数以上であった。そこで，任期付きを任用にすることで，より安定的な人事行政が可能になるようにした。また，100シリーズについては，かつては任期付きで5年間継続して良好に勤務し，業務を継続する必要がある場合は，恒久任用への切り替えが行われていたが，1995年の財政危機以降，恒久任用への切り替えは凍結されていた（実態は，任期付き任用の継続）。この改革で，恒久任用は廃止されたが，「継続任用」カテゴリーが新たに設定された。ただし，どのような条件で「継続任用」となるのかという課題は残っている。

6　国際組織の財政・人事行政の課題
相補性の管理

　本章では，国際組織の財政と人事行政の現状と課題について整理してきた。この2つの領域のいずれにおいても「相補性」の管理が重要であるといえる。
　国際組織の財政では，信託基金のような予算外資金の活用が重要であった。これは，各資金提供主体の関心の相補性を活用することで，より幅広い国際行政活動を対象としてカバーできる手段であった。特に，緊急性・変動性のある資金需要に対応できるというメリットがある。しかし，場合によっては優先順位の設定を歪め，配分の偏向をもたらすというデメリットもある。これらを回

避するためにも，多様な優先順位をもった資金提供主体を確保する必要があった。

短期的には，PKO等において，会計間貸付という操作によって，分野間が地域間の国際的関心の差異に対応されたが，手段としては限界があった。

国際組織における人事行政においても，人的資源の希少な国連においては各国，各組織から人材を調達して組み合わせて利用することが必要であった。また，国際事務局における人事行政においても，派遣職員が一定程度，活用されてきた。このような手法についても，広い世界から幅広い人材を確保することで，人的能力の「相補性」を確保することに寄与したといえる。しかし，コミュニケーション不足，原則の対立，利益の対立等を人事行政に持ち込む可能性があり，運用上の課題はあったといえる。

このように，現状の分権的な国際行政の基本構造を考えると「相補性」を活かすマネジメントは不可避であるが，同時に，一定の自律性をどのように確保するかも考える必要がある。EUのような固有財源の確保，多様な国際組織の現場を経験させるキャリア・パターンの構築と分野横断的なマネジメント人材養成といったことが，国連における財政，人事行政の今後の具体的な課題となるだろう。

●さらに読み進める人のために

☞ 田所昌幸『国連財政――予算から見た国連の実像』有斐閣，1996年。
　＊財政・予算という観点から国連という組織の日常的運用の分析を試みている。具体的には，国連財政の史的展開をふまえた上で，通常予算，PKO予算，予算外資金（開発援助，UNHCR）における作業手続きと課題に焦点が当てられる。

☞ 福田耕治「EC官僚制と加盟国の関係」『日本EC学会年報』第6号，1986年。
　＊ECの人事行政における各加盟国との関係について，運用における地理的配分のあり方，各総局や委員官房において各加盟国間のバランスをどのように考え，実施しているのかについて，論じている。

☞ 黒神直純『国際公務員法の研究』信山社出版，2006年。
　＊国際公務員の法的地位について，各国からの派遣制度に関する行政裁判判例を素材にして論じるとともに，国際行政裁判所による国際公務員の身分保障の制度と実際について分析している。

第**10**章

国際行政と国内行政のインターフェース

❶日本の国会議事堂（左下）とアメリカの議会議事堂（右上）（PANA, EPA＝時事）。

> 　分権的な諸主権国家制の下で国際行政を実践していくためには，国内行政とのインターフェースが重要になる。本章では，ルール，資金，人的資源という3つの行政資源に着目して，国内行政と国際行政の相互作用のダイナミズムを明らかにする。ルールについては国際条約の国内実施，財政と人事行政については日本を例に国から国際組織への資金や人材の貢献に焦点を当てて，具体的に検討する。また，ルールに関する相互作用を検討する前提として，行政資源としての国際ルールの国内における議会承認の有無や拘束性の有無に即した類型と諸形態について，はじめに整理しておく。

1 国際ルールの公示形式

◆ 諸 形 態

　国際ルールの公示形式としては，条約の他に，規則，協定，勧告，宣言，ガイドライン，決議，覚書などさまざまな形式がある（城山 1994）。そして，これらの国際ルールが一定の文書を参照することもある。例えば，経済協力開発機構（OECD）理事会勧告は，各国が租税条約を締結する際に従うべきモデルとして，OECD モデル租税条約や付随するコメンタリー（各国の専門家によって構成される OECD 租税委員会が作成し，解釈指針として機能するもの）を参照している（藤谷 2012）。これらは，基本的には国家間の合意に基づくものである。また，必ずしも明文化されていない国際慣習法や慣行の役割も国際社会においては大きい。これらのうち，条約（＝国際約束）の特徴としては，形式の安定性，内容の明確性，透明性・公表性，拘束力等が挙げられている（中村 2002）。

　欧州連合（EU）においては，規則（Regulation）と指令（Directive）という公示形式が用いられる。規則は直接適用されるのに対して，指令は「達成されるべき結果」についてのみ加盟国を拘束する。その結果に到達するための形式と方法については，各国に選択が委ねられる（山根 1995）。

　このような国際ルールの各公示形式に関して，以下では，議会承認の有無，拘束性の有無といった点で類型化してみよう。

◆ 議会承認の有無

　このような公示形式間の重要な違いは，各国内における議会承認の必要の有無である。条約，規則，協定の議会承認の必要の有無は，その形式的名称によってではなく実質によって決められるが，この判断は国や時期によって異なる。日本では，旧日米安全保障条約の下の行政協定は国会承認なしで締結されたが，1960 年に締結された新日米安全保障条約に基づく地位協定は国会承認が必要とされた。また，関税及び貿易に関する一般協定（GATT）は，アメリカでは1945 年に立法された通商協定法の下で行政協定として議会承認を得ることなく締結されたが，日本では国会承認の対象となった。

　各国におけるアカウンタビリティを確保する方法として議会承認は重要であるが，議会の処理能力には限界がある。そのため，議会承認を必要とする条約

の締結は限定されざるをえない。やや古いデータであるが，日本では，1960年から78年までに，年平均約7件の二国間条約と年平均約10件の多国間条約を締結してきた（柳井 1979）。この処理能力の限界を克服することを意図して，国会承認を必要としない公示形式の利用が好まれることもあった。議会承認を迂回することで，迅速な対応が可能になるからである。

◉ 拘束性の有無

　また，公示形式によって合意の拘束性が異なる。条約，規則，協定には拘束力があるが，勧告，ガイドライン，決議，覚書には拘束力はない。拘束力のない公示形式の方が参加国の警戒心を解き，結果として自主的履行を確保できる場合もある。また，拘束力のない公示形式は一律的適用を要請しないため，各国の多様な事情や環境条件への適応を可能にするという実質的なメリットもある。実際，多くの分野の国際ルールは勧告という形式で規定されている。OECD等の国際組織によるガイドラインといった公示形式は，自主的な国際的な政策移転の媒体として利用されることが多い。

　ただし，拘束性の有無の判断は必ずしも容易ではない。例えば，国際民間航空機関（ICAO）が採択する国際標準と勧告方式（SARPs）は，条約の付属書という形式で公示されている。形式的には拘束性を有する条約の一部を構成しているが，これは「便宜上」の措置であると位置づけられている。国際標準は「その統一的運用が国際航空の安全又は規律のために必要であると認められ」るもの，勧告方式は「その統一的運用が国際航空の安全又は規律のために望ましいと認められ」るものとされている。つまり，SARPsと各国ルールに相違がある場合には，ICAOへの通告を義務づけているが，相違自体は許容しているのである。他方，SARPsの不遵守国の証明書や免状等を他の締約国は承認しなくてもよいので，不遵守国を国際航空のネットワークから孤立させ，事実上の制裁を加えることができる（横溝 2008）。

◉ 複数の公示形式の組み合わせ

　また，複数の公示形式を組み合わせて利用する場合がある。

　まず，通時的に使い分ける場合がある。例えば，国際海洋法分野においては，まず，深海底活動に関する原則が国連総会決議の形で蓄積された後，国連海洋

法条約の中で深海底制度が規定された（小寺 2008）。新たな規範の原則については決議の形式で蓄積され，その後，条約という形式で規定されたのである。

　他方，同時的に使い分ける場合もある。例えば，国際労働政策の分野では，国際労働条約が各国の遵守しなければならない基準を提示し，勧告が条約上の規範によって設定された各国の義務を実施するための具体的方法を規定する。具体的方法については，各国の状況によって異なり，ひとつの方法に決定することは不可能であり，一定の多様性を許容する勧告に比較優位がある（小寺 2008）。国際通信規制の分野においても，条約，規則，勧告という複数の公示形式が，課題の性格に応じて使い分けられてきた（城山 1997: 第3章第2節）。

　また，ある公示形式が他の公示形式による国際ルールを参照して取り込むこともある。例えば，「海洋法に関する国際連合条約（国連海洋法条約）」の海洋環境汚染の部分に関しては，国連海洋法条約第210条6項に「国内法令及び措置は，投棄による海洋環境の汚染を防止し，軽減し及び規制する上で少なくとも世界的な規則及び基準と同様に効果的なものとする」と規定されている。この中の「世界的な規則及び基準」とは，海洋投棄に関して国際海事機関（IMO）が採択した基準，すなわち勧告であると理解されている。この場合，条約が勧告を参照することで，勧告がより高度の拘束性を実質的に得るに至るのである（小寺 2008）。

　同様の側面が，世界貿易機関（WTO）の衛生植物検疫措置の適用に関する協定（SPS協定）とコーデックス基準との関係についても指摘できる。SPS協定がコーデックス基準を参照することで，コーデックス基準は単なる勧告以上の拘束性を事実上もつこととなる（⇒第14章）。

2　国際ルールの国内実施

◆ ルールに関するインターフェースの課題

　政府レベルの国際ルールを実施する際には，例えば「自動的執行力」をもつと解される条約の場合は国内ルールを設定する必要はないが（谷内 1991），多くの場合，国内ルールに翻訳する必要がある。そのような翻訳に際しても，多様な方式がある。

　国内実施の方式を選択する際には，まず，国内実施法令等の選択が課題となる。法律で対応するのか，政令で対応するのか，法律で対応するとした場合，

新規立法で対応するのか，既存の法律改正で対応するのか，その場合，どの法律の改正で対応するのか，といった選択が必要になる。また，国内実施の方式として拘束力のない自主的措置を選択することもありうる。

　例えば，バーゼル条約（有害廃棄物の国境を越える移動及びその処分の規制に関するバーゼル条約）の日本国内実施のために，「特定有害廃棄物等の輸出入等の規制に関する法律（バーゼル法）」が制定されている。このバーゼル法では規制対象については，それを規定する条約付属書を直接引用するという形式を採用した。そして，条約付属書が改正された場合には，関係省庁と協議し，外務省が告示を行うという運用が行われてきた（島村 2010）。他方，オゾン層保護のためのウィーン条約とオゾン層破壊物質に関するモントリオール議定書の国内実施のためには，「特定物質の規制等によるオゾン層の保護に関する法律（オゾン層保護法）」が制定され，ここでもモントリオール議定書の附属書Aと附属書Bを直接引用して，規制対象を定めている。しかし，その後，附属書Cと付属書Eの追加という形で規制対象が拡大され，それに対応するためにオゾン層保護法の改正が求められた。そのため，その後の対象物質追加手続きを容易にするために，1994年にオゾン層保護法を改正し，規制対象の範囲を確定することは政令に委ねられた（島村 2010）。

　次に，国内実施の方式を設計する際には，国内実施の範囲を設定することが必要になる。一方では，国内実施に際して，規制の実効性を向上させるため，範囲を拡大することがある。他方では，国内実施に際して，国際ルールの具体的内容が曖昧な場合等に，適用対象を明確にするために，範囲を限定することもありうる。

　また，国内実施の方式を設計する際には，国内の重層的な政府間関係への考慮も必要になる。例えば，日本で地方政府を対象とする国際ルールを実施する場合，地方政府が国際ルールに従わなかった場合に，国が地方自治法第245条の4第1項に規定される「適切と認める技術的な助言若しくは勧告」を行うことは問題ないとしても，このような助言・勧告に地方政府が従う保証はない。他方，国際ルールへの違反が，地方自治法第245条の5第1項に規定される「是正又は改善のため必要な措置を講ずべきことを求める」ために必要な，「法令の規定に違反していると認めるとき」または「著しく適正を欠き，かつ，明らかに公益を害していると認めるとき」という要件を満たすのかは問題になり

うる。

　このような国際ルールと国内ルールの相互作用は，一方では，国際ルールの要請と国内ルールの体系の安定性との緊張関係として把握できる（島村 2010）。他方，国際ルールと国内ルールの不一致を，国際ルールが現実適合性を確保するための学習過程として把握することも可能である（鶴田 2005）。

　以下では，このような国際ルールと国内ルールの相互作用について，具体的な事例に即してより詳細に検討したい。事例としては，オゾン層保護のためのウィーン条約とモントリオール議定書，およびWTO政府調達協定を用いる。オゾン層保護のためのウィーン条約とモントリオール議定書については，国内実施における対象範囲の設定が，また，政府調達協定に関しては，重層的な国内政府間関係への配慮が注目すべき点となる。なお，いずれにおいても，国内実施法令の選択は重要な課題であった。

◉ 事例：オゾン層保護のためのウィーン条約とモントリオール議定書

　オゾン層破壊とフロンガスとの関係は，1974年に公表されたモリーナとローランド（ともに化学者）の論文において指摘された。国際的には，1975年にアメリカとカナダが共同でOECD環境委員会に調査報告と問題提起を行い，81年には国連環境計画（UNEP）で一元的に議論されるようになった。そして，1985年3月には枠組み条約としてウィーン条約が採択され，87年9月にはオゾン層破壊物質の生産量・消費量の具体的スケジュールを定めたモントリオール議定書が採択された（久保 2005）。

　ただし，この条約・議定書は，オゾン層破壊物質の生産量・消費量の具体的な削減方法を規定したものではなく，そのあり方は各国に委ねられた。

　アメリカでは，国内的にオゾン層保護問題がアジェンダ（議題）に上り，それが国際的な政策過程に提起された。そして，既存の国内の制度的配置の下で環境保護庁（EPA）がオゾン層保護問題を所管した。国内法的には，当初，有害物質規制法（TSCA）での対応が試みられ，その後，大気清浄法（CAA）の枠組みで対応された。

　日本では，国際的な政策過程の展開を前提として，条約・議定書の受容過程において国内的なアジェンダ設定が行われた。そして，受容過程において公式的な締結手続きが進むと，国内の諸主体も徐々に能動的に対応していった。そ

の結果，日本は，最初のウィーン条約への署名には国内調整が難航したが，その後のモントリオール議定書の署名・批准等は迅速に行われた。また，産業界の姿勢も変化した。国際交渉における日本の政府代表団の構成は通商産業省（通産省。現在の経済産業省），環境庁（現在は環境省），外務省であり，関係業界もオブザーバーとして会合に参加していた。他方，環境NGOの参加は限られていた。また，日本の場合，条約・議定書の公式の締結手続きである国会承認と国内法整備は，ほぼ同時に進んだ。

　国内の省庁の中で，環境庁は既存の政策領域を拡大しうるよう「大気保全」の概念を再定義し，そこにオゾン層保護問題を位置づけようと試みた。それに対し，通産省はまず，オゾン層保護問題を国際協調問題としてとらえ，条約・議定書で課された義務を最低限履行できる下位目的を設定し，この問題を産業界に対する需給調整指導あるいは化学物質規制という産業規制の政策領域に位置づけようとした。最終的には，第3の道として，1988年にオゾン層保護のための新規立法がとられた（久保 2008）。

　全般的には，特に初期段階では，対策はエアロゾール規制として把握されたため，通産省の基礎産業局化学製品課，環境庁の企画調整局環境保健部という「化学物質の審査及び製造等の規制に関する法律（化審法）」を所管する部署が対応した。化審法は1960年代後半に発生したポリ塩化ビフェニール（PCB）問題に端を発した有害物質対策が契機となって立法されたものであった。通産省では，この既存の政策体系・組織への配置が持続された。オゾン層保護法制定後，通産省では1989年に基礎産業局化学製品課に「フロン等規制対策室」が新設され，省庁再編後も，経済産業省（経産省）では製造産業局化学物質管理課オゾン層保護等推進室が担当していた。

　しかし，環境庁においては，「大気保全」さらには「地球環境問題」の一部へと再定義が試みられ，それに対応して，担当する組織も変化していった。担当する組織としては，1988年に大気保全局企画課「高層大気保全対策室」ができ，省庁再編後の環境省では現在，地球環境局地球温暖化対策課フロン等対策推進室となっている。また，国内法化の形態としては新規立法がとられたが，その位置づけと目的をめぐっても各省庁によって異なる対応が行われた。通産省が「生産規制」ととらえたのに対して，環境庁は「排出規制」「環境立法」としてとらえていた。

日本におけるオゾン層保護のための条約・議定書の実施範囲の選択として注目されるのは、条約・議定書上は義務づけられていないにもかかわらず使用者に努力義務を課した点、また、オゾン層保護法の実施ではないが条約・議定書そのものに基づいて事実上の運用として実施された事柄が存在する点である（久保 2005）。

　第1に、実施の有効性を確保するためには、被規制者たる製造業者だけでなく、一般的責務としての排出抑制・使用合理化に関して使用業者に努力義務を課した。そして、このような使用業者に対する行政指導、各種支援措置、事業者団体や企業による自主的な取組みが行われた。オゾン層保護対策には規制物質を削減・全廃し、他の物質や技術に転換することが必要であったため、使用業者の取り組みが不可欠であった。

　そして、特に使用者に対する対応については、事業者団体が大きな役割を果たした。全体では1989年に特定フロン使用合理化推進協議会が設立され、90年には、専従スタッフを置くという組織改革が行われるとともに、オゾン層保護対策産業協議会と名称が改められた。なお、使用業者の取り組みについては、産業の構造や性格の違いを反映して、冷媒分野と洗浄分野に差異が見られた。冷媒分野では、用途先業界（カーエアコン、電気冷蔵庫、業務用冷凍空調機器）ごとの事業者団体が代替冷媒物質の絞り込みに主要な役割を果たし、代替物質導入のためのシステムの技術開発は各社で対応された。洗浄分野では、洗浄の性質に適合的な洗浄剤を選択する必要があり、その選択肢が多様であったため、代替物質・技術の選択は各企業・現場ごとに行われた。その結果、事業者団体や大手企業主導の転換プロセスから漏れる中小企業が多数存在した。

　第2に、自主的取り組みとしては、製造業者やその事業者団体が国際的なネットワークに直接参加し、情報交換等を行ったことも重要であった。事業者等がこのようなネットワークに参加することで学習が進み、国際協調に基づいた研究開発体制が構築された。当初は日本政府主導による研究開発が講じられていたが、実際の代替物質の開発過程では、民間レベルでの他国の産業団体との共同開発・共同評価が推進力になったといえる。例えば、1987年には、世界の主要なフロン製造業者14社が共同で代替物質の毒性試験を行う制度が設立された。

◆ 事例：WTO の GPA

　GATT のウルグアイ・ラウンド交渉において採択された新たな政府調達協定（GPA）は，以下のような構造になっていた。

　まず，重要な一般的条項としては以下の3つがあった。第1に，内国民待遇と無差別原則である。第2に，技術仕様に関する規定である。これは，基本的には，貿易に対する不必要な障害を防止することを目的としていた。第3に，入札の際における供給者の資格審査に関する規定である。GPA 第8条は，「機関は，供給者の資格の審査の過程において，他の締約国の供給者の間又は国内供給者と他の締約国の供給者との間に差別を設けてはならない。資格の審査に係る手続きは，次の規定に合致するものでなければならない。……（b）入札手続きへの参加のためのいかなる条件も，供給者が当該入札に係る契約を履行する能力を有していることを確保する上で不可欠なものに限定されなければならない。……」と規定していた。

　このような一般的条項の他に，調達に関する個別的事項も規定されていた。例えば，調達公告に際しては，WTO の公用語での公示が求められた。

　○日本における GPA の適用　　日本では，GPA 付属書1付表2において，47都道府県および12政令指定都市が GPA の地方政府レベルでの適用対象とされた。地方政府における適用対象基準額は，産品に関して20万特別引出権（SDR），サービス（建設，サービス，その他の技術的サービスを除く）に関して20万 SDR，建設サービスに関して1500万 SDR，エンジニアリング・サービスなどの技術的サービスに関して150万 SDR となっていた。

　このような日本における GPA の地方政府レベルでの適用対象は，次のような特色をもっていたといえる。第1に，地方政府における建設サービスが特別扱いされていた。なぜなら，国内的には中央政府の建設サービスに関する適用基準額は450万 SDR であり，地方政府の適用基準額は中央政府の3倍以上である。また，国際的には，アメリカや EU における建設サービスに関する地方政府の適用基準額が500万 SDR である。これらに比べても日本の地方政府の適用基準額は3倍であった。これは，日本の地方政府における建設サービスの財政的，政治的な重要性を示唆していた。第2に，各地方政府における対象部局と対象品目は画一的に定められていた（城山 2003）。

　また，GPA の締結過程において，公式的に中央政府と地方政府とが公式に

第10章　国際行政と国内行政のインターフェース　213

協議したというプロセスは特に認められない。外務省と当時の自治省間の協議，自治省と地方政府との意見交換はあったと思われるが，公式のものではなかった。

WTO の GPA の締結に伴い，国内の地方政府の政府調達にかかわるルールの改正が必要になり，以下のような改正が行われた。

骨格となる事項については，中央政府レベルで地方自治法や地方自治法施行令で定められていた。また，細目的事項については，各地方政府が財務規則等によって規定していた。GPA 締結を受けて，地方自治法施行令規定事項を改正するために「地方公共団体の物品等又は特定役務の調達手続の特例を定める政令（特定政令）」を制定した。そして，各地方政府の財務規則などの規定事項については各地方公共団体の財務規則で規定することを要する事項として「平成7年11月1日付け自治行第83号自治省行政局長通知（特例財務規則に関する通知）」が作成された。後者については，いわゆる通達であり，行政指導により各地方政府が自主的に対応することが期待された。新たなルールの具体的な内容は，以下の通りであった。

第1に，一般競争入札の参加資格については，既存の地方自治法施行令では，通常，競争に参加しようとする者の販売額，自己資本額，流動比率といった経営の規模や経営の状況に関する実績を，各々の審査項目の数値に対応させ，その総合数値（経営事項審査点数）を算出して，これによって客観的な履行能力を判定してきた。その上で，事業所所在地要件等を課すことが認められてきた。それに対して，「地方公共団体の物品等又は特定役務の調達手続の特例を定める政令（特例政令）」においては，事業所所在地要件の設定が禁止された。しかし，特殊な土壌，地質的条件等の下で施行したことがあること，経営事項審査の一定の点数を要求すること等の資格要件を定めることについては，特例政令では特に制限しなかった。

第2に，一般競争入札の公告については，特例財務規則に関する通知第4（競争入札の公告又は公示事項に関する事項）において，「知事（市長）は……当該公告又は公示に係る特定調達契約に関する事務を担当する部局の名称及び契約の手続において使用する言語を明らかにするほか，下記の事項を，英語，フランス語又はスペイン語により，記載するものとすること」と規定された。ただし，これらは通知による行政指導であり，地方政府によって履行される保証は

なかった。

　このような日本の地方政府にかかわる GPA の国内実施措置の特徴として，以下の点を指摘することができる。第1に，GPA の規定事項のうち，一般的条項は必ずしも国内ルールに転換されていない。例えば，GPA 第3条の内国民待遇と無差別待遇については，明示的に国内ルール化されていない。そのため，特定され転換されたルール以外の内容が内国民待遇と無差別待遇の観点から問題となる場合は，国内で対応できない。

　第2に，すぐ後で述べるアメリカと比べ中央集権的色彩が強い日本においても，地方政府の政府調達については分権化が進み，各地方政府の財務規則等に委ねられている部分が多い。したがって，GPA への対応は，その部分については，各地方政府に対する行政指導の基礎となる自治省通知の制定という対応となった。その結果，地方政府が GPA に従わなかった場合の実施体制に関して不備が残ることになった。

　日本において地方政府にかかわる政府調達案件が WTO パネル（小委員会）にかかった事例はない。しかし，外国政府あるいはその在日大使館から地方政府に対して，外務省を通して，あるいは，直接的に要望あるいは申し入れを行う事例があった。例えば，ある地方自治体での建設工事について，応札者の代表構成員には入札資格として経営事項の審査点数 2000 点以上を要求した。しかし，このような高い点数を要求すると代表構成員になれるのは，日本の一部の大手建設会社に限られてしまう。したがって，要求点数を中央省庁が要求する点数並に引き下げるべきだという申し入れがなされた。

　政府調達の国内実施法令上は，特例政令において，経営事項審査の一定の点数を要求すること等の資格要件の設定については特に制限しなかった。このことを考えると，経営事項審査点数が争いとなった問題事例における地方政府の運用は，国内法令の解釈としては問題はなかった。しかし，GPA の観点から，当該自治体，外務省，自治省等の調整によって，経営事項審査点数の中央政府への横並びが行われた。

　○アメリカにおける GPA の適用　　アメリカにおける WTO の GPA の適用においては，事前に自主的な合意を得られた 37 州のみが対象とされた。したがって，合意を得るプロセスの中で，各州から対象の限定，例外設定の要望が行われ，その結果，アメリカにおける適用対象は各州政府によって異なり，

さまざまな例外規定が置かれるという複雑な構造になっている（城山 2003）。

　また，アメリカにおいては，日本の場合と異なり，政府調達協定の締結に先立ち，中央の連邦政府と地方政府（州）との明示的な調整が行われた。連邦政府においては，アメリカ通商代表部（USTR）が主たる調整の担い手となった。調整において大きな役割を実務的に果たしたのは，各州政府の調達部局職員によって構成される団体である全米政府調達職員協会（NASPO）であった。早くから NASPO を通して州政府と接触したことは，州政府の一定の理解を得る上で大きな意味があった。また，NASPO はコスト削減のために競争入札を志向していた。

　アメリカでは，GPA を含むウルグアイ・ラウンド交渉における成果の国内実施のメカニズムとして，1994 年に，ウルグアイ・ラウンド協定実施法（Uruguay Round Agreement Act）が制定された。ウルグアイ・ラウンド協定実施法は，連邦政府が州政府の WTO 協定違反に際して当該州政府の措置を改めさせるための争訟手続きについても規定していた。その内容は，①連邦政府による訴訟によらない限り，州法が WTO 協定に整合しないことを理由として無効になることはない，②連邦政府は州政府の当該法律が WTO 協定に違反することの挙証責任を負う，③連邦政府が訴訟を提起する場合，訴訟提起の 30 日前までに下院委員会と上院委員会に報告しなくてはならないというものであった。

　アメリカの地方政府の政府調達に関して，GPA 違反という問題が提起されたのは，マサチューセッツ州のビルマ制裁法の事例である。マサチューセッツ州では，1996 年 6 月にビルマ制裁法が成立した。ビルマ制裁法は，ビルマと取引関係等のある企業の入札に関しては，入札価格の 10% の制裁金を課すというものであった。このビルマ制裁法に関しては，日本や EU の GPA 上問題であるという問題提起によって WTO 政府調達委員会協議の対象となった。その後，アメリカ国内において産業団体が国内法を根拠としてマサチューセッツ州を提訴し，1998 年 11 月，連邦地方裁判所は，マサチューセッツ州のビルマ制裁法が違憲であるという判断を下した。最終的に 1999 年 6 月に連邦控訴裁判所，2000 年 6 月に連邦最高裁判所でもマサチューセッツ州が敗訴することで，国内法的に決着がついた。3 つの判決とも違憲という判断は同じであったが，根拠は異なっていた。連邦地方裁判所が連邦政府の専権に属する外交権

限への侵犯を根拠として違憲であると判断したのに対して，連邦控訴裁判所では外交権の侵犯に加えて対外通商条項違反，先占違反という3つの違憲の根拠が示され，連邦最高裁判所では，それらのうち黙示の先占違反のみがとられた。

○日本とアメリカのGPA締結過程の比較　日本とアメリカの政府間実施プロセスにはさまざまな差異もあった（城山 2003）。第1に，日本ではGPAの締結過程において中央政府と地方政府の明示化された調整プロセスは存在しなかったが，アメリカでは，WTOのGPA交渉の早い時点から連邦政府と州政府の調整が行われた。第2に，適用対象の限定方法について，差異が見られた。日本の場合は，地方の建設サービスの適用除外の下限を上げることに集中した。アメリカの場合は，政治的な個別品目の適用除外（石炭，自動車，鉄）を一定の州について埋め込み，交通道路連邦補助金，小企業・少数民族企業等に関する優遇措置を例外化した。何を適用対象外にするのかは，両国において何が政治的に重要な事項であるのかを裏から照らし出していた。第3に，日本では中央政府が管轄する地方自治法施行令規定事項については特例政令が制定され，地方政府の財務規則等が規定する事項については通知に基づく行政指導が行われた。そのため，地方政府の特例政令違反に対しては法的措置が可能であるが，通知違反等に対しては法的措置をとるのが困難であるという課題を抱えていた。他方，アメリカでは，協定を実施するために，包括的なウルグアイ・ラウンド協定実施法が制定された。しかし，連邦政府がWTO協定に違反する州の措置を無効にすることを求める争訟手続きを実際に用いるのは，きわめて難しい仕組みになっていた。第4に，日本では，GPAの締結に対して，地方政府は受動的に対応した。地方自治法施行令等の調達関連部分が根本的に変革されるということはなく，対象をGPAの適用対象に限定した特例政令が制定され，限定的対応が行われた。他方，アメリカでは，WTOのGPA締結を促した圧力として，調達部局等による内在的な調達改革圧力があった。第5に，日本ではGPA上の問題事例は，相手国，当該自治体，外務省，自治省の調整の中で解決された。他方，アメリカでは，マサチューセッツ州のビルマ制裁法の問題が国内訴訟手続きを通して解決されたことからもわかるように，国内産業団体と司法制度が大きな役割を果たした。

3 財政における国家と国際組織のインターフェース

◆ インターフェースの制度的構造

日本における財政に関する国と国際組織のインターフェース（接続）は複雑な構造をしている（城山 2004）。

第1に、国際組織への通常予算分担金・出資金は、さまざまな府省の予算に位置づけられている。多くの国際組織は外務省予算に位置づけられている。例えば、国連本体以外に、専門機関である食糧農業機関（FAO）、OECD、WTO等の通常予算分担金は外務省予算に位置づけられている。他方、多くの専門機関は、国内の各分野の担当府省が担当している。例えば、IMO、ICAO、世界気象機関（WMO）は国土交通省が、国際電気通信連合（ITU）、万国郵便連合（UPU）は総務省が、世界保健機関（WHO）、国際労働機関（ILO）については厚生労働省が、世界銀行（国際復興開発銀行〈IBRD〉および国際開発協会〈IDA〉）、国際通貨基金（IMF）、アジア開発銀行（ADB）への出資金は財務省が担当している。

第2に、国際組織への資金提供には通常予算以外に予算外資金が多く存在する。この予算外資金は、目的ごとにばらばらに予算計上されることが多いので、把握が困難である。また、予算外資金に関する任意拠出金については、通常予算の分担金を担当している府省以外の予算が使われることもある。例えば、OECDについては、通常予算の分担金の担当は外務省であるが、任意拠出金に関しては分野ごとに各府省が出している。また、FAOに関しては、通常予算の分担金は外務省が出しているが、拠出金は農林水産省が支出している。

第3に、多くの場合、一般会計からの資金提供であるが、場合によっては、特別会計からの資金提供が存在する。例えば、総務省の場合、ITUへの資金提供は一般会計から行っているが、UPUへの資金提供は郵政事業特別会計から行っていた。その他、経済産業省は世界知的所有権機関（WIPO）への資金提供を特許特別会計から出しており、厚生労働省はILOへの予算外資金拠出金の一部を労働保険特別会計から出している。

第4に、国際組織への通常予算分担金、予算外資金拠出金の一部については政府開発援助（ODA）として算定されるが一部は算定されない。そして、分担金の場合であっても、そのODA組み入れ比率は組織ごとに異なる。

第5に、予算書や補助金総覧といった公表された文書では把握が困難な資金提供が存在する。例えば、IDAへの財務省からの出資は拠出国債によってなされるため、それが現金化される段階での支出は国債費という大枠の中に計上されており、予算書からIDAへの出資分を明らかにすることは困難である。

第6に、国際組織の定義そのものが困難である。国際組織には、二国間協定で設立されたもの、多国間協定で設立されたものがある。また、それらのうちあるものは国会承認条約によって設立されているが、他については政府間のいわゆる行政協定によって設立されたにすぎないものもある。例えば、1993年に日本政府と旧ソ連諸国政府との協定によって、北方四島住民支援や対ロシア等技術支援・人道支援を目的として設立された支援委員会は、後者に当たる。

● 国家から国際組織への資金の流れ

以下では、いくつかの分類に即して、日本における国家から国際組織への資金の流れを整理してみたい。

第1に、一般会計や特別会計からの国際組織への支出は、表10-1の通りである。大部分は一般会計であり、特別会計はごくわずかであることがわかる。

第2に、分担金と拠出金に関して府省別支出を整理すると、表10-2のようになる。表10-2からは、日本では外務省が国際組織への主たる分担金・拠出金提供主体としての地位を占めていることがわかる。他方、外務省から見れば、省内の最大の予算はODAであるが、国際組織への分担金・拠出金支出もかなり大きな項目である。ただし、日本の場合、外務省のみならず他の関係府省も国際組織への資金提供を行っており、全体としては相対的に分権的な支出構造であるといえる。外務省以外では、財務省、厚生労働省の支出が比較的大きい。

第3に、大部分を占める一般会計分のうちの分担金と拠出金を整理すると、表10-3のようになる。2003年までは拠出金の方が多かったが、その後、拠出金が減少し、分担金が増大する傾向にある。

第4に、IDA、地球環境ファシリティ（GEF）への出資金は、表10-4の通りである。この部分の支出を含めると、財務省から国際組織への資金の支出は、かなり大きくなることがわかる。

表 10-1　一般会計と特別会計

[単位：百万円]

	1995	2000	2001	2002	2003	2004	2005	2006	2007	2008	2009	2010	2011
一般会計	186,606	245,926	247,667	181,759	192,148	191,981	188,252	184,694	181,856	179,713	165,677	166,877	213,452
特別会計	520	1,101	1,232	1,142	662	630	533	834	954	1197	727	662	866
総計	187,126	247,027	248,899	182,901	192,810	192,611	188,785	185,528	182,810	180,910	166,404	167,539	214,318

表 10-2　府省別の国際組織への支出

[単位：百万円]

	1995	2000	2001	2002	2003	2004	2005	2006	2007	2008	2009	2010	2011
外務省	123,251	166,568	66,558	107,613	130,029	133,365	131,027	129,391	126,268	127,519	114,647	117,949	171,558
環境省	25	2,725	776	953	1,001	1,497	1,484	1,538	1,617	1,532	206	1,736	1,854
経済産業省	1,268	1,844	1,874	1,840	1,691	1,695	1,671	1,843	2,001	2,222	1,644	1,532	1,975
厚生労働省	6,290	16,865	16,329	16,114	17462	17,274	17,714	17,014	18,657	17,023	16,025	14,550	10,766
国土交通省	1,545	1,982	2,027	2,199	2,464	2,422	2,535	2,643	2,801	1,503	1,267	1,233	854
財務省	46,540	52,385	55,893	48,402	34,153	30,221	27,783	26,125	24,608	24,110	25,975	24,120	21,379
総務省	1,117	1,089	1,431	1,485	1,251	1,286	1,626	1,568	1,430	1,473	1,391	1,340	1,334
内閣府	170	186	175	233	335	440	556	732	774	941	905	919	882
農林水産省	606	2,056	2,340	2,405	2,696	2,704	2,672	2,733	2,729	2,583	2,616	2,574	2,418
法務省	0	0	3	5	36	40	47	48	54	64	54	54	50
文部科学省	5,261	1,321	1,468	1,651	1,692	1,667	1,670	1,893	1,871	1,940	1,674	1,532	1,248
総計	186,073	247,021	148,874	182,900	192,810	192,611	188,785	185,528	182,810	180,910	166,404	167,539	214,318

表 10-3　分担金と拠出金

[単位：百万円]

	1995	2000	2001	2002	2003	2004	2005	2006	2007	2008	2009	2010	2011
分担金	76,438	116,964	122,432	70,961	91,965	103,296	106,032	107,655	107,902	108,494	97,023	97,390	144,770
拠出金	110,168	128,962	125,205	110,798	100,183	88,685	82,220	77,039	73,968	71,238	69,988	69,487	68,690
総計	186,606	245,926	247,637	181,759	192,148	191,981	188,252	184,694	181,870	179,732	167,011	166,877	213,460

表 10-4　IDAとGEFへの出資

[単位：百万円]

	2003	2004	2005	2006	2007	2008	2009
IDA	165,229	82,615	92,528	185,057	120,898	120,898	120,898
GEF	0	12,189	12,189	12,189	8,422	8,422	8,422
総計	165,229	94,804	104,717	197,246	129,320	129,320	129,320

[出典]　表 10-1、表 10-2、表 10-3 は、『補助金総覧』各年度版。表 10-4 は、IDA については外務省ウェブサイト（http://www.mofa.go.jp/mofaj/gaiko/oda/shiryo/sonota.html、2013 年 2 月 25 日にアクセス）、GEF については『補助金総覧』各年度版。

◈ 財政面でのインターフェースの課題

　財政面での国家と国際組織のインターフェースの最大の課題として、国内の行政組織の分散化を指摘することができる（城山 2004）。

　国際組織への予算がさまざまな府省の予算に位置づけられていることは、すでに述べたが、担当の分散化はこれに止まらない。第1に、各府省内部における担当部署も分化している。例えば、予算が外務省についている国際組織の中でも、外務省の中のどの部局が担当しているのかについては、さまざまである。例えば、国連本体については総合外交政策局国連企画調整課、国連児童基金（UNICEF）については人道人権課、WTOについては経済局国際貿易課、OECDについては経済局経済協力開発機構室が担当している。

　第2に、各府省において窓口となる部署と実質的に担当している部署が分化している場合も多い。例えば、ITUを担当する総務省において、ITUの全般的窓口は総合通信基盤局国際部国際政策課国際機関室であるが、実質面については無線通信の活動に関しては総合通信基盤局電波部、電気通信基準策定活動に関しては情報通信政策局通信規格課が担当することになっている。

　第3に、行政面と政策・政治面で担当部署が分化する場合も多い。例えば、国連本体に関して、政策面・政治面の担当は総合政策局国連政策課の担当であるのに対し、行政面の担当は国連企画調整課や国際機関人事センターである。政策形成・実施においては、政策面と行財政人事といったロジスティックス面を連携させる必要がある。伝統的に、アドホックなネットワークによる意思決定が行われ、行財政人事を担当する総務系統組織・官房系統組織によるコントロールが弱かった外務省においては、その点に関する連携メカニズムが必要だろう（城山・坪内 1999）。

　では、このような分散化の問題に対応するために、いかなる対応が必要であろうか。

　第1に、これらの国際組織への資金提供を一元的に把握するメカニズムを構築し、その上で予算を各省レベルおよび全政府レベルの対国際組織政策形成と有機的に連携させるメカニズムが必要であろう。現在、外務省のウェブサイトで国際組織への資金提供をある程度俯瞰できるようになっているが、各年度の整理の仕方が必ずしも一貫していないこともあり、不完全である。

　また、国家の政策目的と国際組織の目的を連携する仕組みとして、予算外資

金やそれへの拠出金の支出というのは重要な仕組みである。しかし，実際にこれがうまく機能しているのかという点を監視するメカニズムが必要である。信託基金によっては，国際組織の日本人職員の「雇用対策」的に使われている場合もあるようである（勝野・二村 2000）。

　第2に，国際組織のアカウンタビリティを確保する必要がある。国際組織に提供された資金については，会計検査院の検査対象になることはなく，また，管理の場が国内から物理的に遠いために，さまざまな管理問題が生じる。例えば，国内の府省が，使いやすい「ポケット・マネー（自由裁量的経費）」として国際組織への任意拠出金を使うことがありうる。

　他方，国際組織に固有の監視システムがある場合，国際組織への予算外資金の提供は，単なる国際的資金移転と比べて相対的にアカウンタビリティを確保できるメカニズムになる場合もある。例えば，湾岸危機の際，日本は約1兆円の資金援助を行ったが，その際には監視，アカウンタビリティのメカニズムに十分に注意が払われなかった。そのため，十分な会計報告も得ることができなかったという。その教訓も一部反映して，ソマリアへのアメリカ軍派遣支援の際には，国連に信託基金を設立し，そこからアメリカ軍に資金援助を行った。そのため，国連の間接経費はかかったが，一定程度の会計上の明確性は確保できたといわれる（城山 2004）。

4 人事行政における国家と国際組織のインターフェース

◆ インターフェースの制度的構造

　国連では地理的配分の原則がとられており，加盟国ごとに分担率，人口等を基礎として「望ましい職員数の範囲」を算定している。例えば，2003年6月の時点で，地理的配分の対象となるポストは2491人であり，日本の望ましい職員数は251-339人であるとされた。しかし，地理的配分の対象になるポストにいる実際の日本人数は112人であり，この数値を下回っていた（A/58/666）。また，2012年6月の時点でも，地理的配分の対象となるポストは2245人であり，日本の望ましい職員数は202-273人であるとされた。しかし，地理的配分の対象になるポストにいる実際の日本人数は65人であり，この数値を大幅に下回っていた（A/67/329）。同様の事情は，公式的には地理的配分の原則が適用されない国連のポストや他の多くの国際組織についても当てはまる。

現在も続く以上のような事情から，従来から国際組織における日本人職員増強の必要が認識され，外務省においても1997年には「邦人国際公務員の増強のための施策に関する報告書」が出された。また，さまざまな具体的・制度的な仕組みも整備されてきた。

　第1に，外務省本省に国際機関人事センターが設置され，ウェブサイトによる国際組織への就職に関する情報の提供，国際組織への就職に関する各種資料の提供，各国際組織から発出される職員の募集案内の入手および関係機関・団体，希望者への配布，各種照会への応答と助言，適格者の国際組織への推薦・支援等を行ってきた。また最近では，ニューヨーク，ウィーン，ジュネーヴといった海外各地にも国際機関人事センターの支部を設置し，留学生等の海外在住日本人への接触も図っている。

　第2に，1974年以来，日本政府の経費負担によって（形式的には国際組織への予算外資金への拠出となる），国際組織職員志望者を一定期間，国際組織に派遣し，専門知識を深め，国際的活動の勤務経験を積むことで，正規職員への道を開くための制度として，アソシエート・エキスパート(AE)，ジュニア・プロフェッショナル・オフィサー（JPO）の派遣を行ってきた。実際に継続して国際組織に勤務する人数は増えてきている。1994年合格のAE・JPOの59％が継続して勤務し，この数字は96年合格者については62％，97年合格者については70％以上になっているという。そして日本人正規職員のうちAE・JPO経験者の占める比率は，UNICEFでは約80％，UNDPでも50％以上になっている（弓削 2002）。

　第3に，国際組織の側が，日本人職員を増やすために，採用ミッションを送るようになっている。例えば，人事部長等の採用担当者を日本に派遣し，書面審査の上で日本人候補者の面接等を行い，国際組織が適格と判断した候補者については具体的なポストへの選考の際に考慮されるようにする。

　第4に，特に国家公務員の国際組織への派遣を促進するため，1970年に「国際機関等に派遣される一般職の国家公務員の処遇等に関する法律」が制定され，一般職の国家公務員は国家公務員としての身分を保有したまま国際組織に派遣されるようになった。また，派遣された職員には，派遣先の「勤務に対して支給される報酬の額が低いと認められるときは」，俸給等のそれぞれ「100分の100以内を支給する」ことができるとされた（人事院規則18-0第7条。なお

比較の対象としては外交官が用いられる）。

◉ 各国際組織における日本人職員の現状

ここでは，各国際組織における日本人職員の採用後の推移と現状について概観しておきたい。各国際組織によって状況は異なるため，ここでは国連本体，国連難民高等弁務官事務所（UNHCR），国連開発計画（UNDP），UNICEF，国連教育科学文化機関（UNESCO），WHO，ITU を対象とする。

表 10-5 は，各国際組織の幹部職（D 以上），専門職（P），一般職（GS），その他，JPO の日本人採用人数を 1995 年以降についてまとめたものである。

全体としては日本人職員の増加傾向を確認することができる。今回対象とした 7 つの国際組織（国連，UNHCR，UNDP，UNICEF，UNESCO，WHO，ITU）についていえば，総数で 1995 年には 289 人であったものが，2000 年には 394 人，2010 年には 559 人に着実に増加している。

ただし，総数の増加率に関しては国際組織ごとの差異が見られる。1995 年時点と 2010 年時点を比べた場合，WHO の増加率は約 4%，ITU の増加率は 20%，UNHCR の増加率は 33% にとどまる。それに対して，国連本体の増加率は約 86%，UNESCO の増加率は約 124% であり，UNICEF は約 191%，UNDP は約 245% という高い増加率を示している。一般的には WHO，ITU のような技術的分野では急増が難しいのに対して，UNICEF や UNDP のような現場活動分野では比較的容易であったといえよう。

表 10-5 においても明らかなように，職員のカテゴリーごとに状況が異なる。幹部職員（D 以上）全体での 1995 年から 2010 年にかけての増加率は 55% であり，専門職レベル（P レベル）での専門職増加率の約 108% に比べて少ない。特に，UNICEF，UNDP，国連本体では増加しているが，その他では現状維持あるいは減少している。

また，JPO については，全体では，1995 年の 41 人から 2000 年の 85 人に急増しているが，2010 年時点では 62 人に減少している。特に UNICEF では継続的に採用が続いており，UNDP も多くを採用し続けているが，UNHCR や UNESCO はむしろ減少している。また，国連本体は元来多くを受け入れてはいない。また，WHO，ITU においては JPO をあまり受け入れていない。

表10-5　各国際組織における日本人職員数（2003-12年）　　　［単位：人］

年	幹部職	専門職	一般職	その他	JPO	合計	年	幹部職	専門職	一般職	その他	JPO	合計
国連							UNESCO						
1995	5	69	15	1	2	92	1995	3	15	2	0	9	29
2000	5	76	12	8	2	103	2000	6	13	3	10	25	57
01	6	74	12	6	3	101	01	6	14	2	8	28	58
02	6	80	12	6	2	106	02	6	24	2	6	23	61
03	4	77	15	3	0	99	03	4	41	2	0	14	61
04	4	88	13	3	3	111	04	4	42	0	2	12	60
05	5	94	12	4	5	120	05	4	51	2	0	14	71
06	5	97	12	3	3	120	06	4	50	2	0	8	64
07	4	107	13	5	1	130	07	5	52	1	0	5	63
08	5	109	17	8	2	141	08	5	56	1	0	6	68
09	8	118	20	9	2	157	09	4	55	1	0	7	67
10	12	123	22	10	4	171	10	2	57	2	0	4	65
11※	13	126	23	10	4	176	11	3	57	2	1	3	66
12※	13	122	24	12	3	174	12	4	54	2	1	3	64
UNHCR							WHO						
1995	2	35	8	0	10	55	1995	5	33	2	2	4	46
2000	3	37	6	2	16	64	2000	5	38	12	0	3	58
01	3	44	7	2	9	65	01	4	38	4	0	2	48
02	3	46	8	2	7	66	02	5	39	2	0	5	51
03	3	48	7	2	11	71	03	4	40	0	0	7	51
04	3	49	8	0	12	72	04	5	43	3	0	2	53
05	3	48	8	2	11	72	05	4	42	4	0	2	52
06	2	51	7	1	13	74	06	4	43	4	0	2	53
07	2	59	8	0	7	76	07	5	38	2	0	1	46
08	1	59	7	1	7	75	08	4	38	7	0	1	50
09	1	58	8	1	4	72	09	4	35	8	0	1	48
10	2	55	9	1	6	73	10	2	37	8	0	1	48
11	2	56	10	1	7	76	11	3	41	10	0	2	56
12	3	55	9	1	5	73	12	2	39	7	0	3	51
UNDP							ITU						
1995	3	15	2	0	9	29	1995	1	4	0	0	0	5
2000	6	13	3	10	25	57	2000	1	5	0	0	0	6
01	6	14	2	8	28	58	01	1	6	0	0	1	8
02	6	24	2	6	23	61	02	1	6	0	0	0	7
03	8	28	2	6	27	71	03	1	8	0	0	1	10
04	8	29	3	3	35	78	04	1	7	0	0	1	9
05	8	32	3	9	36	88	05	1	7	0	0	0	8
06	8	36	2	14	24	84	06	1	7	0	0	0	8
07	8	38	3	14	25	88	07	1	4	0	0	0	5
08	7	40	3	14	22	86	08	1	4	0	0	0	5
09	9	42	3	15	19	88	09	1	5	0	0	0	6
10	9	50	3	15	23	100	10	0	6	0	0	0	6
11	10	63	5	0	19	97	11	0	7	0	1	0	8
12	11	60	7	0	22	100	12	0	7	0	0	0	7
UNICEF													
1995	1	18	7	0	7	33							
2000	2	24	6	3	14	49							
01	3	26	6	4	16	55							
02	3	29	5	5	20	62							
03	3	36	5	2	29	75							
04	4	39	5	2	40	90							
05	6	39	4	0	41	90							
06	5	45	4	1	28	83							
07	4	41	5	0	22	72							
08	3	59	5	0	13	80							
09	4	61	7	0	21	93							
10	4	63	5	0	24	96							
11	4	65	2	0	17	88							
12	3	66	5	0	15	89							

［注］※は，国連ミッションを含む数値。　　［出典］外務省資料。

Column ⑥ 明石康

　明石康は，1931年に秋田県に生まれた。東京大学に進学し，1954年，東京大学教養学部アメリカ学科を卒業する。その後，アメリカに留学し，ヴァージニア大学大学院修士課程を修了し，タフツ大学フレッチャー・スクール博士課程に進学した。1957年に，ハマーショルドが事務総長であった時代の国連に職員として採用された。1963年には，国連職員組合委員長も務めた。その後，1974年には国連日本政府代表部参事官といったポストも務めた後，再度国連に戻り，79年には国連広報担当事務次長となり，以後，軍縮等の分野に携わった。1992年には，国連カンボジア暫定統治機構（UNTAC）事務総長特別代表となり，カンボジアにおけるPKO活動を指揮した。また1994年には，旧ユーゴスラヴィア平和維持担当事務総長特別代表として，旧ユーゴ問題にも携わった。現場の活動においては，「あらかじめ敵を想定しない」「相手が何を考え，何を心配し，何を夢見ているのかを無視し」ないという態度で臨んだという。このような現場での活動に際しては，各方面との一定の緊張もあった。カンボジアにおいては，総選挙の後，第1党となったフンシンペック党と第2党となった人民党とが連立政権を樹立することになったが，当初，国連本部は賛成ではなかった。また，旧ユーゴスラヴィアにおいては，ボスニア戦争の実態は西ヨーロッパのマスメディアによって描かれているのとはやや異なり，双方とも残虐行為を働いていたと認識していた。NATOによるユーゴ空爆はセルビア人勢力に対してだけでなくボスニア軍勢力に対しても行われうるという立場を国連はとっていたが，この立場も一定の緊張をもたらした（明石 2010）。1996年には人道問題担当事務次長となり，1997年に国連を退任する。その後，2006年からは，スリランカ問題担当日本政府代表を務めた。

◆ **人事面でのインターフェースの課題**

　日本でも国会が国際組織の問題に関心をもつようになってきている。その際の視点は，特に日本人職員増強問題と国際機関のアカウンタビリティ確保の問題である（城山 2004）。

　自由民主党（自民党）政務調査会においては，国際機関を通じた国際協力を厳しい経済状況，財政事情の下で進めていくためには，国会議員をはじめとする国民に対しその実情，妥当性をより明確に説明し，その支持を得ていく必要があるという認識を示した。その上で，まずは国際機関への任意拠出金を中心に検討すべく，1999年11月に「国際機関の改革を促す」という観点から外交

部会の下に「国際機関等に関するワーキング・チーム」（座長：福田康夫，事務局長：武見敬三）を設置した。このワーキング・チームでは，①国際機関の有用性，成果の妥当性を考慮しているか，②拠出に際しての理念や戦略は明確か，③使途を確認しているか，④改革を働きかけているか，⑤日本人職員増強のための取り組みを行っているか，⑥日本の顔が見える工夫をしているか，⑦日本にある国際機関の活用促進を行っているか，⑧世界銀行等における日本特別基金のように官僚の留学など，本来の目的とは異なる目的に使われていないかといった観点から拠出を検討し，2000年5月に「国際機関に関する提言」をまとめた。その概要は，以下のようなものであった。①拠出にあたっては各省の所管の範囲を超えて日本の政策全体の中に位置づける必要がある。②拠出金については，年1回，外務省が一元的に情報収集を行う。③効果的な活用のために政策対話を強化する。④日本人職員数を確保するために人材を養成し，人事に関する戦略的取り組みを行う。⑤日本の顔が見えるようにする。このように拠出の明示化と「顔の見える」国際協力という観点等からの日本人職員の増強が主要な内容であったといえる。

　このような政党レベルの活動を背景に，国会でも議論が展開された。特に参議院で国際機関問題が議論されている。参議院では，1998年8月に「21世紀における世界と日本」を議論するために「国際問題に関する調査会」が設置され，緒方貞子前国連難民高等弁務官をはじめとした内外の有識者，研究者，ジャーナリストなど，35人を招いて，意見聴取と質疑応答を行った。さらに，外務大臣からの報告と質疑応答，国連大学等の視察を経て，2001年6月に最終報告書を取りまとめた。その中の主要項目の一つが「国連の今日的役割」である。そこでの提言として，人間の安全保障という概念を整理し世界に通じる基準をつくりだすこと，日本人職員を増やすこと，政府は国際機関への拠出に関する情報の一元化に努め，国民や国会への開示を積極的に行い，国会の関係委員会においても関心を強めることにより，納税者である国民への説明責任を果たすべきであること等がまとめられた（第151回参議院本会議2001年6月21日議事録）。また，この国際問題に関する調査会やその他の場で，一般論として，また，環境や財政・金融という個別分野における日本人職員増強問題が論じられてきた。

　他方，衆議院外務委員会においても日本人職員増強問題が論じられている。

Column ⑦　緒方貞子

　緒方貞子は，1927年に東京で生まれた。聖心女子大学を卒業後，アメリカに留学し，ジョージタウン大学で修士号を取得し，その後，カリフォルニア大学バークレー校に進学し，博士号を取得する。博士論文は，満洲事変や国際連盟にかかわる政策形成過程を扱った政治学の業績であった。その後，外交史と政治学の研究者として，日中・米中国交正常化過程，国連の諸側面に関する研究を行った。研究者・教育者としては，1974年から79年にかけて国際基督教大学準教授を務めた後，1980年に上智大学教授となった。同時に，国際関係の実務にも携わった。1976年には国連日本政府代表部公使となり，78年から79年にかけて，UNICEF執行理事会議長を務めた。また，1982年から89年には国連人権委員会の日本政府代表となった。その後，1991年から2001年にかけて国連高等難民弁務官を務めた。女性，日本人，学者出身という3点において初の高等弁務官であった。冷戦後，東西関係が改善する中で，アフリカの角，カンボジア，中央アメリカ等において長期紛争が終結し，再定住が可能となった。他方，内戦と地域紛争が増加し，紛争の中での難民保護や不安定な情勢の故国への難民帰還が迫れたたこともあった。UNHCRの役割を難民保護に限定することは不可能であり，国内避難民や紛争に巻き込まれた市民の保護も必要であった。このように業務内容が拡大する中で，人道機関の長として，「人道問題に人道的解決なし」，つまり，難民問題は本質的に政治問題であるので，関係各国や国連の政治機関が人道問題の解決に本腰を入れる必要があることを強く主張し続けた（緒方 2006）。高等弁務官を退任した後，2001年には「人間の安全保障委員会」共同議長を務め，03年から12年まで独立行政法人国際協力機構（JICA）理事長を務めた。

　その中では，「少なくとも，日本の要求を満たして，拠出金に合った邦人職員数の採用ということを一生懸命やってきた，そういう機関に対しては，我々としても，当然，拠出金のあり方について好意的に考えていく必要がある」といった自民党議員の考え方が示されている。

　民主党政権期にも，国会の関心は一定程度，持続していた。2011年8月には，国連等の国際組織に勤務する日本人職員の活動と日本人職員数の増強を支援するとともに，国連諸機関と日本政府との連携強化を図ることを目的として，「国連邦人職員との連携を推進し，その活動を支援する議員連盟」（国邦議連：

鳩山由紀夫会長）が設立された。

　このように，政治における関心が高まっていることは国内におけるアカウンタビリティを確保する上で適切であるが，日本人の数に特化することが果たして国益確保の観点からも適切かという課題は残る。

　また，国際組織への人材供給を増やすという観点からは，国内の人材養成のキャリア・パターンの中に国際組織での勤務をどのように位置づけるのかという課題がある。国連事務次長となった明石康や国連難民高等弁務官となった緒方貞子の場合，単に国際組織に勤務するだけでなく，国連日本代表部公使として活躍したことが，重要なステップとなったが，最近はそのような人事運用はあまりないようである。他方，日本の現在の政策は，若手職員の候補者に対して，予算外資金をつけてJPO等として国際組織に派遣して経験を積ませるというものである。JPOの正規採用率は上がっており，これはひとつの方法として有効であったと評価できる。しかし，幹部クラスの日本人職員が相対的に少ないという問題が残っている。

　また，自国出身の国際公務員に，どのようなインセンティブを供与するのかという課題も存在する。これは国際機関での金銭的待遇が他の職種と比べて必ずしもよくはない先進国について共通の問題である。例えば，日本の場合，国家公務員を派遣する場合に限って，国際組織に派遣された国家公務員には，国際公務員としての給与に加えて一定の限度で国家公務員としての給与を支払う仕組みができている。ただし，これは国家公務員派遣以外の自国出身国際公務員との取り扱いの公平の問題，あるいは国際組織との忠誠の衝突可能性の問題（同種の補助は，海外諸国でも行われているようであるが）を指摘することができる。他方，国によっては，逆に多くの国民が国際公務員になりたいので，自国出身の国際公務員の給与から天引きしたりする例もあるという。

●さらに読み進める人のために
☞ 小寺彰・道垣内正人編『国際社会とソフトロー』（ソフトロー研究叢書 第5巻）有斐閣，2008年。
　＊国際法におけるソフトローの概念を整理するとともに，海洋秩序維持，国際海商法，宇宙法，国際航空法，安全保障輸出管理，紛争ダイヤモンド取引規制といった分野におけるソフトローのあり方や機能について論じている論文集。

☞「特集：国際社会におけるルール形成と国内法」『法律時報』1051号，日本評論社，2012年。
　＊国際ルール形成とその国内実施のメカニズムについて，個人データ保護，金融規制，コーポレート・ガバナンス規制，租税法などの分野における事例を分析している。また，分野横断的なメカニズムとしてTPPの潜在的インパクトやWTOのTBT協定に基づく貿易上の懸念に関する多国間レビュー・メカニズムについて論じている雑誌の特集企画。

☞田所昌幸・城山英明編『国際機関と日本──活動分析と評価』日本経済評論社，2004年。
　＊さまざまな国際組織について，人事財政面での実情を整理し，活動の評価を試みる。また，加盟国と国際組織との人事面，財政面でのインターフェースのあり方について，各国（日本，アメリカ，スウェーデン）比較を行っている論文集。

第11章

実効性と正当性の確保

❶世界貿易機関（WTO）閣僚会議の開幕を阻止しようとするデモ隊を排除する警官（アメリカ・シアトル，1999年11月30日，AFP＝時事）。

　非階統制の下における国際行政では，いかにして実効性を確保するかということが重要になる。実効性を確保する手法としては，信頼醸成によるコミュニケーションの円滑化，利益調整，能力構築のための援助，制裁の4つがある。このような手法を整理した上で，本章では，実効性評価にかかわる基本的課題を整理し，国際行政における評価制度の試みと運用上の課題を検討する。正当性の担保されない国際行政は，たとえそれが短期的に実効的であったとしても，長期的にはその実効性が掘り崩されていく可能性がある。そこで，正当性の問題としての公平性確保の課題を検討した上で，非政府組織，政府間組織，国家といった国際行政の担い手のアカウンタビリティを確保するメカニズムについて論じる。

1 実効性の確保

　国際行政において，世界政府が存在せずに一定の秩序は成立しているとしても，このような国際行政が常に実効的であるわけではない。したがって，いかなる条件の下で国際行政が実効的であり，いかなる条件の下で国際行政が実効的でないのかが，検討すべき課題である。実際に，このような実効性に焦点を合わせた研究が見られる（Chayes & Chayes 1995; Keohane, Haas, & Levy 1993; Keohane 1996; Mitchell 1994; Oye 1986; Victor, Raustiala, & Skolnikoff 1998）。

　実効性を確保するための手法は，以下のように，信頼醸成によるコミュニケーションの円滑化，利益調整，能力構築のための援助，制裁の4つに整理できる（城山 1999）。

◆ 信頼醸成によるコミュニケーションの円滑化

　例えば，各国の軍事力の透明化（防衛白書の刊行，演習の相互事前通知など）や，同盟国間での情報交換等を行うことで信頼醸成が可能となり，その結果，協力が促される。ここで提供される情報は，主に自らや関係者の意図・能力・行動に関する情報である。この場合，公開するという態度が重要になるが，情報発信者に対する信頼感が欠けている場合には，信頼醸成は達成されない（⇒第8章）。

　実務的には，情報を共有することで，適時の協力関係の構築が可能になる。ドイッチュの「反応性」概念は，この点にかかわる（⇒第2章）。しばしば協力関係を阻害する要因として，不適切なタイミングがある。しかし，情報共有はこのようなタイミングの調整を一定の範囲で可能にする。例えば，国際標準化の場は，そのようなタイミング調整の場としての役割も果たしてきた（城山 1997: 第3章第2節）。

　ただし，情報公開が常に，信頼醸成，協力関係の確保につながるわけではない。情報公開が攻撃を誘発する場合もありうる。情報公開によって敵の実情がわかれば，攻撃戦略も立てやすくなるという可能性も出てくるのである。

　また，このような情報共有における信頼醸成，協力関係の確保は，同盟内の各国間関係や大規模な組織の組織内関係（例えば，国連本部と現場事務所の関係）においても重要である。

◆ 利益調整──政府間の利益調整と国内の利益調整

　各国政府の限定的合理性の下での判断や，取引費用の削減の観点から，政府間には一定の協力関係を維持するインセンティブが働く（コヘイン 1998／原著 1984）。また，各国内に政府間の協力維持に関心のある集団，すなわち外交官の集団が存在することは，このような政府間の本来的な協力志向性を補完する。

　また，各国政府がともに利益のある場合には，相対的な利益配分をめぐる争いが起こる可能性はあるものの，各国政府間の協力は確保される。

　他方，特定の国際合意それ自体が利益をもたらさない場合には，利益をもたらす別の案件と意図的にパッケージ・ディール（一括取引）を行うことによって，支持を得るという方法がある。ただし，組み合わせ可能な適切な案件が見つかるのかという問題がある。逆に，冷戦期の東西関係に見られるように，あらゆる案件が東西対立と結び付けられることで，すべての協力可能性が凍結されることもある。

　また，他国の行為に伴う外部効果により被害を受けていた当事者には，一定の資金等を提供し，被害の原因行為を他国に停止させるインセンティブが生まれる。経済学者コースによれば，一定の条件が満たされた場合（取引費用がゼロという現実にはあまり起こりえない事態ではあるが）には，責任を賦課するルールの有無にかかわらず（加害者側の責任を問うルールがない場合は，被害者側が「補償」することによって），同じ対応や措置がとられることになるという（Coase 1960）。

　このように，政府間で補償措置が明示的に実施される場合だけではなく，「事実上の補償措置」が存在することで，政府間の協力関係が維持されることもある。つまり，国際合意が各国内でも支持を得るようにそれを工夫・操作することによって実効性を高めるわけである。例えば，ヨーロッパにおける酸性雨対処を目的とした硫黄酸化物を削減するための議定書は，一部の国にメリットとなる酸性雨を抑えるという効果だけではなく，局所的に公害問題を引き起こす硫黄酸化物を削減し，局所的な大気汚染を防止するという追加的なメリットも存在したがゆえに，実効的となった（Kotov & Nikitia 1998; Victor, Raustiala, & Skolnikoff 1998）。

　他方，例えば気候変動枠組み条約に基づく二酸化炭素の削減の場合，そのような局所的メリットが見られないので，各国内の支持を確保するのは，より困

難であると思われる。ただし，エネルギー効率の向上によって二酸化炭素の排出削減を実施する場合には，エネルギー効率の向上に伴う燃料費の削減という追加的メリットがあるので，支持を確保しやすくなる可能性がある。

ところで，国内的な利益の表出の形態自体，国際的な対応や制度のあり方によって左右される（Goldstein 1998）。貿易に関する利益の表出に関しては，一般的に，保護貿易の受益者は少数に集中しているので組織化されやすく，自由貿易の受益者は広く薄く分散しているので組織化されにくい。しかし，保護貿易措置に対する国際的な制裁の可能性が存在し，その結果，自由貿易の受益者が不利益を被る可能性がある場合には，自由貿易の受益者が，国際的な制裁を回避するために，保護貿易の受益者に対して対抗的組織化を行う可能性がある。また世界貿易機関（WTO）等が自由化案を一括して提示することによっても，組織化の機会費用が減るため，自由貿易の受益者が組織化を行う可能性が拡大する。また，保護貿易の潜在的な受益者に対するサイド・ペイメント（ある種の「賄賂」）を制度化することによっても，一定のコストはかかるが，保護貿易受益者の反対を弱体化させることができる。

したがって，国際的・国内的制度を操作することで，国際合意が実施できるような国内の利益調整を促すことができる。

◆ 能力構築のための援助

国際合意の不履行は，必ずしも意図的な不履行によって生じるとは限らない。場合によっては，履行の意図はあるものの，国際合意の履行に必要な資金的あるいは技術的能力がないために，履行できない場合がある（Chayes & Chayes 1995）。そのような場合には，能力構築を促すための援助を行うことが，実効性を確保するための有効な手段となる。

実際に環境等の分野においては，このような根拠に基づき，多くの援助がなされてきた。しかし，それらの成果は必ずしも芳しいものではなかった。その理由としては，以下の4点が考えられる。第1に，能力構築に必要な援助総量に比べて，移転可能な援助総量が絶対的に小さい。国際開発援助に関しては論じられることが多いが，その総量は世界全体で年間1300億ドル程度であり，各国内における公的資金移転の総量，民間の資金移転の総量に比べれば，はるかに小さい（⇒第13章）。第2に，援助の転用可能性が挙げられる。援助の資

金が受入国の国内に入った後，それが実際にいかに使われるのかを監視するのは難しい。また，形式的には合意の通り援助資金が利用されたとしても，援助資金を得た結果，追加的に利用可能になった国内資金については，受入国が通常その使途の決定権をもつ。第3に，歪曲（わいきょく）の可能性がある。受入国側には，能力不足による不履行を装うことによって，援助資金を不当に獲得しようとするインセンティブが生じる。第4に，援助が行われたとしても，それが生かされるか否かは相手の関心の程度次第である。特に，最終的には受入国内の民間主体の変更が目的とされている場合には，たとえ受入国自身が真剣であっても，民間主体に真剣になるインセンティブがなければ，実効的にはならない。

◆ 制　裁

　国際行政においては，確かに，階統制的な集権的組織による制裁は存在しない。しかし，各主体による，相互主義（reciprocity）に基づく制裁（ルール・合意に反した主体に対して相互主義に基づき他の主体が制裁を加えること）は行える。

　制裁の形態には，武力行使以外にも経済制裁など，さまざまなものがある。また，国際社会において相対的に利用しやすいものとして，ルール・合意に反した主体との関係を絶つというメンバーシップ制裁（「村八分」）がある。経済制裁も当該対象国との経済的交流を絶つという点では，メンバーシップ制裁のひとつといえる。また，国際海事の分野では一定の基準を満たさない船舶の入港を禁止できる。国際金融の分野では自己資本比率等に関する一定の基準を満たさない金融機関の国内での営業を禁止できる。

　ゲーム論の枠組みでいえば，囚人のディレンマ状況にあっても，主体が継続的ゲームにおいてしっぺ返し戦略（相手が協力すれば協力し，裏切れば裏切るという戦略：相互主義戦略）をとれば協力解に到達しうることが，国際社会においても国家間の協力が可能であることの根拠とされた（Oye 1986）。この理論に従えば，しっぺ返し戦略を適切に行使できること（相手が裏切った場合には相互主義に基づき制裁を加えること）が実効的かつ国際的な協力確保の条件ということになる。逆に，適切に制裁を行わないと，相手方に協力を継続するインセンティブがなくなる。その意味では，仮に利用頻度が少なくとも，制裁という選択肢を保持しておくことは重要である。

　しかし，このような制裁という手段は，現実にはなかなか適用が難しい

(Chayes & Chayes 1995)。国連憲章においては，集団安全保障措置が規定されているが，集団安全保障措置あるいはこれに類するものが発動されたのは，朝鮮戦争，湾岸戦争など，限られた場合だけである。また，アメリカ通商法301条に基づく不公正貿易措置に対する一方的制裁措置は，より頻繁に用いられてきたが，その成功率はそれほど高いものではなかった。また，メンバーシップ制裁は利用しやすいように思われるが，実際にはあまり利用されていない。日本の関税及び貿易に関する一般協定（GATT）加入交渉や中国のWTO加入交渉に見られるように，メンバーシップ加入前に条件の達成を求められるが，加入後に排除可能性を梃子に条件への合意を求めることは少ない。

このように，制裁の適用が難しい理由としては，5つの理由を挙げることができる。第1に，適用の非均一性が挙げられる。制裁を大国に対して行うことは実質的に不可能に近く，仮にその他の諸国が連合して適用したとしても，あまり有効ではない。第2に，判断主体に対する信頼性が挙げられる。しばしば制裁を行うという判断は，制裁を行う主体によって行われる。その場合，制裁を行う主体の自己利益によって行動しているのではないかという疑いを受ける。制裁実施の判断を他者に委ねる試み（国連の安全保障理事会の判断やWTOの紛争処理パネルの判断への委譲）は，そのような疑いを回避するための措置である。第3に，制裁コストの配分が挙げられる。制裁の結果生じた利得は各国に広く配分されるが，制裁のコストが一部に集中する場合には，そのコストを配分するメカニズムができない限り，制裁の過小供給となる。第4に，合意を履行しているか否かに関する情報の不足が挙げられる。相手方が違反しているか否かが判断できない場合には，制裁の実施の判断は不可能である。逆に言えば，履行に関する情報を収集しやすくなるようにルールを設定することが重要になる。第5に，関係の継続性が挙げられる。国際社会における他国，特に隣国との関係は，基本的には排除することも，それから退出することもできない。したがって，制裁を考慮する案件以外にも，同時的あるいは通時的に他国とはさまざまな関係をもっている場合が多く，それらへの波及効果を考えると制裁の実施はしばしば難しくなる。

なお，メンバーシップ制裁にまで至らなくても，国際社会からのピア・プレッシャーというソフトな制裁もありうる。人権・環境等の分野における報告制度や経済協力開発機構（OECD）における政策の相互批判は，このようなソフ

トな制裁の活用を図ってきたものといえる。このようなソフトな制裁は、適用は比較的容易であるが、実効性の点については疑問も多い。ただし、国際航空安全の領域では、1990年代半ば以降、国際民間航空機関（ICAO）による安全規制にかかわる附属書の遵守状況の評価を、遵守のための資源を十分にもっていない国への援助等とも連携させることで、実際の遵守状況の改善を図ってきた（横溝 2008）。

また、制裁の副作用を削減することで、制裁の利用可能性と実効性を強化するという、スマート・サンクションの試みも行われてきた（中谷 2008）。例えば、経済制裁については、被制裁国の無辜の人民に対する打撃が過大にならないようにし、他方、原因行為に責任のあるエリート層に対する打撃を極大化することが行われてきた。具体的には、食糧・医薬品の除外、有責者の個人資産凍結・旅行禁止、金融制裁といった標的をより明確にした制裁手法がとられる。しかし、このような対象を個人化した制裁戦略が誤った対象を標的にすることもあり、そのような場合には、私人の権利侵害のリスクがあるといえる。

2 実効性の評価

実効性を確保するためには、その前提として、実効性をいかにして評価するのかという問題に対応する必要がある。国際行政における実効性の評価に関しては、以下の5つの基本的な問題がある（城山 1999）。

◆ 評価基準

第1に、評価基準として何を用いるのかという問題がある。通常は、当事者の合意内容が事後的な評価の基準になるが、合意を履行すれば実効的といえるかというと、それほど単純ではない。合意の「深さ」の問題、つまり、そもそも合意内容が、合意がなかった場合に当事者が自主的に行ったであろう行動に比べて、どの程度の行動の修正を求めるものであったのかという問題がある（Downs, Rocke, & Barsoom 1996）。「浅い」合意であった場合、たとえ合意が履行されたとしても実効的であったとは言い難い。他方、一般的合意に「深い」合意を読み込んで、結果として、ほとんどすべての国際行政が実効的でないと結論づけることも、生産的であるとは言い難い。例えば、国際連合（国連）については、「実際の能力とは無関係な基準」によって評価されてきたともいわ

れている (Roberts & Kinsbury 1994)。

◆ 評価の対象

第2に，合意・ルールの対象として国家の行動の変化を目的とするのか，企業等の民間主体の行動の変化を目的とするのかという問題がある。国際合意における通常の主体は国家であるため，直接的には国家の行動の変化を目的とする場合が多い。しかし，合意の最終的な目的は，民間主体である企業等の行動の変化である場合も多い。例えば，気候変動枠組み条約は，最終的に民間主体が二酸化炭素等の温暖化物質の排出を削減することを目的としている。また，非関税障壁を扱う貿易協定は，民間企業などが商取引慣行等を変えることを目的としている。そのような場合，国家が行動を変更しただけでは国際行政が実効的であるとはいえない。国家の行動を民間主体の行動へと翻訳するメカニズムが，実効性を規定する上できわめて重要になるのである。

◆ 乖離の許容度

第3に，評価基準が定められたとして，それからどの程度乖離することが許容されるのか（acceptable）という問題がある（Chayes & Chayes 1995）。これは，課題領域によっても異なる。国内行政においても，例えば制限速度を規定する交通規則については，ある程度の逸脱までは許容されていると思われる。他方，不法な薬物の所持については，許容される逸脱の範囲は大変狭い。国際行政においても，環境に関しては許容される逸脱の範囲は相対的に広いが，軍備管理については狭い。

◆ 環境条件の変動の影響

第4に，環境条件の変動の影響をどのように考えるのかという問題がある。例えば，ヨーロッパにおける酸性雨防止を目的とした硫黄酸化物を削減するための議定書に関しては，ロシアは削減目標を履行していると報告されている（Kotov & Nikitia 1998）。しかし，この削減が可能となったのは，経済体制の移行に伴う経済活動の不振という環境条件の変動によるものであったとされる（したがって経済が回復すれば排出は再び増加すると予想された）。このように，意図せざる環境条件の変動によって合意内容が達成された場合には，国際行政が実

効的であったとは言い難い。

◆ 寄与度の評価

　第5に，個別の国際組織の実効性への寄与度をどのように評価するのかという問題がある。国際行政の実効性は，多くの場合，多様な国際組織，各国政府や民間組織等の複数の主体の行動の複合的な相互作用によって規定される。そのような場合，仮に総体として実効性が高かった場合に，個別の国際組織の実効性への寄与度を評価することは難しい（城山 2004）。この寄与度分析は，国内の政策評価においてすら難しい。これが多様かつ複雑な要因が作用する国際社会における活動が対象となると，より困難になる。

3　国際行政における評価制度の試み

◆ 国際援助行政におけるロジカル・フレームワーク

　国際行政のさまざまな活動の中で，比較的早くから評価制度の組織的運用が試みられてきたのは，国際援助行政の分野である（城山 2007: 第4章）。

　国際援助行政におけるプロジェクト・マネジメントでは，アメリカの援助行政における実践を通して，ロジカル・フレームワーク（Logical Framework）という方法が開発された。ロジカル・フレームワークの基本的発想は，当初目標に対する実際の達成度を測定しようとするだけのものであり，経済収益率分析のように投下資源と達成された効用とを比較するという発想ではない。具体的には，目標（goal），目的（purpose），アウトプット（output），活動（activitiy）という当初目標のレベルと，各レベルに対応する指標があらかじめ設定され，評価時に各指標の達成度とその要因が判断され，記入される。目標や目的の達成度は，まとめてアウトカム（outcome）と総称されることもある。

　このような手法の運用を通して，意図せざる結果を含む援助の実施に関する知識が蓄積されていった。そして，近年は，そのような手法を展開したものとして，より高次の政策目的の達成度を測定するためのアメリカ国際開発庁（USAID）における「成果枠組み」や，世界銀行における援助全体の実効性を評価する試みが見られる。なお，この枠組みを利用しつつも，指標達成度および実効性を規定する要因の判断にどれだけの厳密さを求めるかについては，いろいろな種類の手法がありうる。

例えば，世界銀行においては，ウォルフェンソン総裁の下，1997年から開発援助活動の効果を評価する年次報告書（*Annual Review of Development Effectiveness*）が発行されている。これは，プロジェクトのアウトカム，持続性，制度建設へのインパクト等を測定するものである。そして，これらの諸要素を組み合わせて，総合的なプロジェクトのパフォーマンス指標が作成されている。また，国連開発計画（UNDP）においても，従来の毎年の評価報告に加えて，結果指向マネジメントを反映して，成果重視型の年次報告書（Result-Oriented Annual Report: ROAR）が2000年から出されている。これは，目的を達成できたプロジェクトの割合を提示している。ただし，この報告書は自己評価であるという限界があり，また，アウトカムの定義が限りなくアウトプットに近いものとなっている。

◆ アウトカム測定の課題

このように，国際援助行政におけるプロジェクト・マネジメントで蓄積されてきた手法を基礎に，これを政策レベルに応用することで，国際行政を評価することができる。10の国際組織に関する暫定的な評価の試みの結果，以下の点を指摘できる（田所・城山編 2004）。

アウトカムの測定に関しては，比較的測定可能な分野と，なかなか測定困難な分野が存在する。比較的測定可能な分野としては，安全保障がある。例えば，紛争数については，紛争の定義は課題であるが，一定の統計は存在している。また，人道分野のうち難民救援活動についても，難民数の推移は確認できる。人道関連分野のうち，国連児童基金（UNICEF）や世界保健機関（WHO）が力を入れる感染症等に関する国際保健活動についてもアウトカムの測定は比較的容易である。ポリオ，エイズ，マラリア，結核等の発症件数，5歳未満児死亡率等がそれに当たる。ただ，国際保健分野においても感染症対策のアウトカムは測定しやすいが，各国の保健システム改善のアウトカムの測定は難しい。ただし，5歳未満児死亡率には，単一の疾病対策の実効性に関する指標ではなく，保健システムの状態に関する代替指標という側面もある。また，各家庭等の保健システムの現場における実効性を規定する要因として，女性識字率に注目することもある。さらに，専門機関の活動分野のうち，国際電気通信連合（ITU）の例に見られるように，通信や交通にかかわる国際行政については，

通信量，交通量の傾向を把握することは比較的容易である。

　他方，アウトカムの測定の前提となる指標が作りにくい分野は多い。まず，開発分野については，そもそも開発概念自体が多義的かつ流動的であるため，その測定も困難である。国内総生産（GDP）成長率で測定するのか，人間開発指数（HDI）で測定するのか，あるいはミレニアム開発目標（MDGs）を構成する諸指標に即して測定するのか，それ自体に関して議論がある。また，人権分野も困難である。国際人権規約の経済的社会的権利に関するA規約については，平均余命，成人識字率等で代替的に測定することは可能であるが，一義的に定めることは困難である。また，国際人権規約の市民的政治的権利に関するB規約に関しては，何をもって測定するのかはなかなか困難である。さらに，国連教育科学文化機関（UNESCO）の活動分野である教育，科学，文化，コミュニケーション，特に知的フォーラムの機能の成果を測定することも難しい。

　なお，評価が容易になるように国際ルールのあり方自体を工夫することがある。つまり，当事者の行動に関する透明性が増すように，すなわち，合意されたルールの履行に関する情報を収集しやすいように，ルールを設定することで，履行を促進できる。例えば，船舶からの原油の意図的な流出に関しては，ルールを排出基準から技術設備基準に変更することによって，履行の確認が容易になり，実効性が高まった。つまり，公海上等で船舶が原油を排出しているか否かを監視することは難しいが，排出防止のための設備を設置しているか否かの監視は寄港地で行えるので，実施活動のモニタリングが相対的に容易であるというわけである（Mitchell 1994）。

◆ 評価制度運用の課題

　一般的には，アウトプットとアウトカムの指標を可能な限り設定し，評価することは，国際行政における国際組織等のマネジメント上不可欠である。しかし，過度にこのような評価を自己目的化することも危険である。

　例えば，安全保障分野においては，フォーラムの提供という政治的機能，あるいは正当化機能とでもいうべきものがきわめて重要である。例えば，安全保障理事会（安保理）の開催回数や決議数の増加によって，これを間接的に読み取ることは可能であるが，これらの機能のアウトカムを定量的に示すことは困難である。国際開発分野においても，世界銀行やUNDPのような多国間国際

組織に関しては、一般的な国際開発政策に「お墨付き」を与える機能、すなわち正当化機能がある。これらの機能は定量的評価にはなじまないが、重要である。

また、事前評価に関しては「無知」も重要であるという、逆説的な指摘もある。距離の離れた現場における実施活動を伴う国際援助には、不確実性が不可避である。この不確実性に関しては、ハーシュマンの指摘するように、潜在的な課題に関する不確実性について、援助計画の決定時点では無知であるがゆえに、困難な案件に躊躇することなく関与し、結果としてうまくいく場合がある（目隠しの原理〈the principle of the hiding hands〉）（Hirschman 1967: chapter 1）。

4 正当性の確保と公平性

国際行政が実効的であったとしても、それが正当性の担保されたものである保証はない。正当性の担保されない国際行政は、たとえそれが短期的に実効的であったとしても、長期的にはその実効性が掘り崩されていく可能性がある（城山 1999）。

◆ 大国と中小国

まず制裁を大国に対して行うことは実質的に不可能に近い。例えば、国連の集団安全保障措置が対象としうるのは、中小国であり、これを大国に対して発動することは事実上困難である。特に安保理の常任理事国である5大国に関しては、安保理の運営上、拒否権が保証されているため、それらに対して集団安全保障措置が発動されることは制度的にありえない。また、貿易障壁に対するアメリカの通商法301条に基づく経済制裁措置のようなものも、アメリカのような巨大市場をもつ国が行えば実効的であるが、小さな市場しかもたない国が大国に対して行っても実効的ではない。そのため、大国に対しては発動されない。確かに、国際組織などの場を用いて小国が連携すれば大国に対して一定の圧力をかけられるが、制裁にまで至りうるかは疑問である。

◆ 制裁実施の非均一性

また、制裁を大国が行う場合であっても、その適用が均一である保証はない。制裁によって生じた秩序回復の利得は各国に広く配分されるが、制裁のコスト

が制裁に参加する一部の国に集中する場合には，そのコストを分担するメカニズムができない限り，制裁の過小供給となる。そして，実際に制裁が実施されるのは，制裁を行う大国が制裁に伴い相対的に多くの利得を得る場合に限られることが多い。あるいは，CNN 効果（マスメディアが国家の外交政策の決定に影響を与えること）といわれるように，メディアの注目を集めた案件のみが，制裁を行う国の国内の関心を集めるがゆえに，制裁等の対象になる可能性がある。

このように，国際行政のルールの運用において，公平性が欠如していたり，公平性が欠如していると認識されることにより，国際行政の正当性は掘り崩される。

5 アカウンタビリティ確保のメカニズム

国際行政の正当性を確保するためには，国際行政の担い手のアカウンタビリティを確保することが必要になる（城山 1999）。

◆ 非政府組織のアカウンタビリティ

国際行政においては，非政府組織が当事者団体，専門家団体，そして，組織化されていない利益を代弁するアドボカシー団体（いわゆる NGO のひとつの種類）として，大きな役割を果たしている。しかし，このような広範な非政府組織の役割は，アカウンタビリティあるいは代表性の確保という観点からは，問題を内包している。

事業者団体としての非政府組織が大きな役割を果たす場合には，国際行政は事業者のカルテル（談合）を担保しているだけだという批判を受ける可能性がある（城山 1997: 第 2 章 ; Zacher et al, 1996）。例えば，国際航空，国際海事に関する国際行政においては，国際航空運送協会（IATA）や国際海運会議所（ICS）といった国際事業者団体が大きな役割を果たしている。また国際通信に関する国際行政においては，政府間国際組織である ITU 自身が国際事業者団体であるという側面をもつ（多くの国において通信事業は国家直営事業であった）。

専門家団体としての非政府組織が大きな役割を果たす場合には，その代表性と専門的中立性をどうやって担保するのかが課題となる。例えば，環境衛生分野のリスクを認定する国際委員会のメンバーとなる科学者の人選をどのように行うのかといった場合に問題となる。専門的能力により人選を行うといっても，

具体的に誰がどのように選任するのかということになると，きわめて政治的な課題となる。科学的な専門的中立性は出身国とは関係ないという議論からは，専門的知識のみに基づいて選任するという考え方もありうる。しかし，気候変動に関する政府間パネル（IPCC）においては，代表性の確保にも注意を払い，メンバーは実際には出身国等のバランスも考えながら選任されている（⇒第8章）。

また，組織化されていない利益を代弁するアドボカシー団体としてのNGOのアカウンタビリティの確保は，より困難な課題である。代弁を自称しているNGOが実際にある種の組織化されていない利益を本当に代弁しているのか，それとも自己の利益を代弁の名の下に偽装しているのかは判断が難しい場合が多い。特に，環境問題に見られるように，将来世代の代弁が必要な場合には，より困難である。将来世代は未だ実在しないのであり，その代弁の真偽は判断のしようがない。

NGOや事業者団体の活動の透明性を図るというのは，アカウンタビリティを確保するためのメカニズムのひとつであるといえる。また，NGOと企業が直接的に連携することで「シビル・アカウンタビリティ」の確保を図る試みも見られる。しかし，これも一定のバランスを可視化する仕組みではあるが，なぜ当該NGOと企業の組み合わせが選択されたのかという一義的な説明は困難である。

◈ 政府間組織のアカウンタビリティの確保──「民主化」の必要

国際的合意は通常，国際的な政府間交渉の場で合意される。国際組織の多くも政府間組織である。つまり，国際組織あるいは国際的合意に対しては，市民は間接的にしか代表されていない。市民が各国政府を選び，各国政府が国際的な場への代表を選ぶからである（構成国が非民主的政府の場合には，このような間接代表さえ保証されない）。

そのために，「民主化」という名の下に，国際組織に対してより直接的に市民を代表させるべきであるといった議論が登場する。そして，しばしば国連等の政府間国際組織の場への非政府組織の参加が，この文脈で主張されることになる。例えばグローバル・ガバナンス委員会の報告書では，非政府組織によって構成される「市民社会フォーラム（Civil Society Forum）」を国連に設立する

という案が示された（グローバル・ガバナンス委員会 1995／原著1995）。これは正当性を確保するための納得できる戦略であるとともに，リスクを伴う戦略でもある。非政府組織の参加には，参加する非政府組織の質や代表性をどう担保するのかという問題が残るからである。

　公式的責任の確保という点では，当初の欧州共同体（EC）議会の考え方に類似する，「国連議員総会（UN Parliamentary Assembly）（当初は各国の国会議員によって構成され，いずれは直接選挙によって構成される）」案の方が優れているかもしれない（Childers & Urquhart 1994）。この場合には，各国からの参加者は選挙という公式的メカニズムの洗礼を受けているために，少なくとも公式的にはアカウンタビリティは担保されているからである。

　また，より基本的な問題としては，国際組織の場で通常各々1票をもつ主権国家という単位の人口や経済規模が，不均一であるという問題がある。国際組織を一種の間接代表の場と考えれば，代表の基盤となる人数に関して，国内の選挙区の定数不均衡問題と同様の問題を抱えている。つまり，なぜ人口10万人の国も10億人の国も，同じ1票なのかという問題である。国際通貨基金（IMF）や世界銀行といった一部の国際組織では，資金分担と連動させて加重投票制をとることで，この問題に対する解答を試みている。しかし，この場合も，なぜ資金分担と連動させるのか，なぜ人口比ではないのかといった問題に対する解答はない。これについては，地域組織を媒介させることで代表される人数を均等化するという方式（ほぼ同数の人口ごとに諸国を地域組織で括り，各地域組織から各委員会等に対する代表を選出させるようにする）が提案されている。

◆ アカウンタビリティ確保のメカニズムとしての国家

　このように考えると，規模が不均一であるという問題を抱えているにしろ，国家という単位は，民主化されている限り，間接的な代表を確保するメカニズムとしてきわめて重要であるといえる。逆にいえば，国家は，軍事力や財政力をもっているからではなく，選挙という仕組みをもっていることによって，アカウンタビリティ確保のメカニズムとして一定の比較優位をもっているといえる。

　そのような観点からは，政府間国際組織のアカウンタビリティを確保するためのメカニズムとしては，アカウンタビリティ確保の媒体である各国代表が参

加している各国際組織の総会・理事会，特に総覧的立場から論じることができる国連やIMF，世界銀行等の総会や各理事会を活性化させることが重要になる。理事会については，理事会メンバーの選出基準の問題は残るが，現実的に議論ができる規模であることを考えると，活性化の対象として重要である（田所・城山編 2004: 終章）。

先に述べたような，さまざまな国際行政の実効性の評価も，基本的には総会や理事会がアカウンタビリティを確保するために利用できる。このような評価の利用は，事務局自身の自己改善のための自己評価とは異なる目的，すなわち管理者によるコントロールのための利用ということになる。

◆ アカウンタビリティ・メカニズムの対象としての国家

他方，アカウンタビリティ確保の担い手であると同時に，国際行政への主要な資源提供者としての国家自身を，アカウンタビリティ・メカニズムの対象，すなわち評価対象として設定し，被評価者としての国家を考えることも重要である。実際に，国際組織に投入される資源の絶対量が少ない以上，実は加盟国自身がどのように振る舞うかによって，国際組織の実効性は変わる。言い換えれば，国際組織を評価する際には，加盟国は外在的な評価者なのではなく，本来はその国際組織への貢献を評価されるべき被評価者であるべきだともいえる。しかし，国際組織の事務局は，なかなか管理者たる加盟国に対して，それを明示的に主張することは困難である。したがって，各国の国際組織への貢献を評価するような第三者機関を外部に構築するのも一案であるといえる。

◆ 誰に対するアカウンタビリティの確保か──異議申し立て手続きの場合

ここまでアカウンタビリティという概念をやや一般的に用いてきたが，より突き詰めて考えると，誰に対するアカウンタビリティを確保するのかが問われる。理論的には，ある組織のアカウンタビリティを考える場合，委任者に対するアカウンタビリティを考えるのか，ある組織の行動により影響を受ける者に対するアカウンタビリティを考えるのかが，大きな分岐点となる。前者はアカウンタビリティの「委任（delegation）モデル」，後者はアカウンタビリティの「参加（participation）モデル」と呼ばれる（Grant & Keohane 2005）。

国際行政の中でも，例えば国際援助行政においては，2つの考え方がある。

ひとつは，援助国に対するアカウンタビリティ，すなわち資源を提供する納税者に対するアカウンタビリティを重視する考え方である。もうひとつは，受入国に対するアカウンタビリティ，すなわち国際援助プロジェクトの影響を受ける受益者に対するアカウンタビリティを重視する考え方である。評価制度の運用においては，このような二重のアカウンタビリティの要請を，いかに調整するかという課題が現れる。

　国際援助における評価制度自体，受益者に対するアカウンタビリティを確保する手段という側面があった。国内に受益者が存在しないために，受益者にとっての影響を，評価制度を通して可視化することを試みたといえる。そして，影響を可視化することで，援助国の納税者に対するアカウンタビリティを果たし，国内的にも支持を得ようとした。そのように考えると，評価制度自体が2つのアカウンタビリティの確保を，ある特定の仕方でつなげる方法であったといえる。

　二重のアカウンタビリティ確保という課題をつなげる興味深い試みとして，世界銀行等における「異議申し立て手続き」がある。世界銀行や国際金融公社（IFC）といった国際開発金融機関では，環境社会配慮等のための異議申し立て手続きを導入してきた（城山 2007: 第4章第4節）。

　世界銀行では，1980年代半ばから問題となったインドのナルマダ・ダムへの融資に対する環境社会配慮の観点からの批判を背景に，事務局（総裁を含む）から独立した常設機関としてインスペクション・パネル（査閲パネル）が1993年9月に理事会によって設立された。世界銀行は環境社会配慮を含めた，さまざまな課題に関する方針・手続きを内部で定めているが，インスペクション・パネルは，これらの遵守（compliance）あるいは不遵守を管理者たる理事会が監督するメカニズムとして公式的に位置づけられた。当時，世界銀行では，プロジェクトの数をこなすのではなく，質（quality）を上げる，特に実施（implementation）を重視し，また，相手国がプロジェクトにオーナーシップ（ownership）をもつように変えていこうという方向が打ち出された。そのため，実施段階で問題となっている事例に関して，判断のための独立の情報源が必要となった。そこで，インスペクション・パネルのようなものをつくるべきだということが論じられたのである。

　インスペクション・パネルでは，世界銀行のプロジェクトによって負の影響

を受けた2人以上のグループ（影響を受けている住民を代弁していることを立証できれば，当該地域における団体が代行して申し立てを行うこともできる。国際的団体については，影響を受けている住民を代弁していることに加え，当該地域に代行できる団体が不存在であることを立証することが必要である）等が世界銀行の方針・手続きの不遵守によって被害を受けた場合に申し立てを行うことができるようになっている。申し立てを受けたインスペクション・パネルが申し立てを適格と判断した場合は，パネル調査勧告を理事会に提出し，理事会の決定によって正式の調査が開始される。その後，パネルは調査に基づき方針・手続きの遵守・不遵守を判断し，理事会に報告書を提出し，理事会が最終判断をする。また，このような正規の手続きにのらない場合でも，インスペクション・パネルがNGO等から非公式に環境社会配慮上の懸念に関する情報を取得し，世界銀行事務局の関連部局に非公式に働きかけている場合が多くある。

　このような世界銀行のインスペクション・パネルは，理事会に対して世界銀行事務局本体のアカウンタビリティを高めるための手段，つまり，世界銀行理事会が巨大な世界銀行事務局という組織をコントロールするための手段であるというのが，公式的な性格である。また，世界銀行という組織内のマネジメント手段，言い換えれば，政府間組織としての加盟国に対するアカウンタビリティを確保するための手段であるともいえる。そのため，世界銀行の場合，インスペクション・パネルへの異議申し立て者は理事会あるいは，被害者としての世界銀行外部の申し立て者に限定されている。外部の被害者に異議申し立てが認められているのは，マネジメント手段としての異議申し立て手続きという観点からは，外部の被害者がマネジメントの担い手である理事会がもっていない情報をもっており，その情報を提供することで理事会のマネジメント活動の端緒にすることができるからである。

　しかし同時に，インスペクション・パネルには，紛争解決を通して現地社会におけるアカウンタビリティ確保を図る手段としての側面もある。異議申し立て手続きは，紛争解決という目的を媒介として，受入国社会において影響を受ける者に対する対外的なアカウンタビリティを確保する手段という性格を保持している。プロジェクトの対象である社会に対する対外的なアカウンタビリティを確保する機会は，援助主体あるいは受入国によるプロジェクト作成段階，環境影響評価段階，受入国内の事業承認段階，司法的プロセスも含めた国内の

紛争解決メカニズムの段階といったさまざまな段階で存在する。異議申し立て手続きも，それらの中で一定の役割を果たすことになる。

　世界銀行の初期の役割規定においては，理事会による内部マネジメントの補完的手段としてのインスペクション・パネルの側面が意識されていた。しかし，実際にインスペクション・パネルを運用していく中で，紛争解決機能，すなわち事実上果たされる社会に対するアカウンタビリティ確保という側面がかなり重視されてきた。このように，ひとつの仕組みの中で，二重のアカウンタビリティ確保を連携させる試みも行われてきたのである。

●さらに読み進める人のために

☞ Abram Chayes & Antonia H. Chayes, *The New Sovereignty: Compliance with International Regulatory Agreements*, Harvard University Press, 1995.

　＊階統制的なエンフォースメント（法施行）・アプローチと対置されるマネジメント・アプローチの観点から，報告制度，検証とモニタリング，政策レビューとアセスメント，NGOの役割等に焦点を合わせて，非階統制の下におけるルールの実効性確保といったメカニズムとプロセスについて論じている。

☞ David G. Victor, Kal Raustiala and Eugene B. Skolnikoff, eds., *The Implementation and Effectiveness of International Environmental Commitments: Theory and Practice*, MIT Press, 1998.

　＊オゾン層破壊防止，海洋環境保護，大気汚染防止等の国際環境規制に関して，各国における措置の国際的レビュー・メカニズムと，各規制の各国における実施に焦点を合わせて，国際的な規制の実施過程と国内実施において実効性を規定する要因について分析した論文集。

☞ 秋山信将『核不拡散をめぐる国際政治——規範の遵守，秩序の変容』有信堂高文社，2012年。

　＊核不拡散レジームでは，実効性確保のメカニズムとしてIAEAの保障措置だけではなく，二国間原子力協定や六者協議のようなアドホックなメカニズム等が用いられていることを示す。また，そのようなメカニズムの選択に際して，メンバーの普遍性を通した正当性確保と，実効性確保の間でトレードオフが生じるとする。

part IV

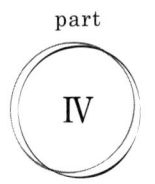

第 IV 部

国際行政の活動

第12章

平和活動

❶国連カンボジア暫定統治機構（UNTAC）のトラックに荷物を積み込む日本の自衛隊員（カンボジア・プノンペン，1992年10月3日，時事）。

　国連の平和維持活動は当初，関係国政府の同意が必要とされてきたが，冷戦後，ガリ事務総長の下での「平和への課題」，「追補」，ブラヒミ報告に見られるように，試行錯誤しつつも一定の強制的契機も必要であると認識されるようになった。そして，カンボジアや旧ユーゴスラヴィアにおける活動に見られるように，複合型の平和維持活動が求められるようになる。同時に，地域組織も一定の役割を果たしつつある。また，非政府組織も，特に国内紛争の場合，一定の役割を果たしてきた。さらに，旧体制の責任者への免責に反対する考え方が強くなってきたこともあり，国際刑事司法への関心が高まり，ICTY，ICTR，ICCなどが設置，運用されるようになった。

1 紛争解決・紛争管理と平和活動の課題

　現代の世界において利害対立としての紛争を除去することは容易ではない。しかし，このような紛争の形態をコントロールすることは可能である。

　国際政治学者のガルトゥングは，紛争を行動システムが両立できない2つ以上の目標状態をもつ場合と定義する。そして紛争状態における行動形態として，武力行動を伴う行動形態である破壊的行動（destructive behavior）と暴力を伴わない紛争行動（conflict behavior）とを峻別した（Galtung 1965）。さらに，紛争行動が必ずしも破壊的行動になるとは限らないが，紛争行動は破壊的行動に転化する傾向にあり，紛争のコストを引き下げる努力，すなわち紛争管理（conflict management）が必要になるとする。その上で，紛争管理への2つのアプローチを提示する。第1のアプローチは，行動コントロール（behavior control）である。これは，特定の紛争状況において，破壊的行動の主体と手段を限定して，紛争行動の部分を多くしようとする。このアプローチの下では，両立しない諸目標状態の存在という紛争状態は維持される。第2のアプローチは，紛争解決（conflict resolution）である。これは，紛争の不存在，すなわち両立しない2つ以上の目標状態が並存しない状態に到達する過程を指す。

　また，ザートマンは，紛争解決を紛争の根底にある原因の除去と定義し，紛争管理を紛争・危機における手段の除去・中立化・コントロールと定義している（Zartman 1989）。この場合，紛争解決の概念の使い方は，ガルトゥングと同一であり，紛争管理はガルトゥングの行動コントロールに当たる。いずれにしろ，紛争状態やその根本原因の除去だけではなく，紛争形態のコントロールも重要であるということになる。以下では，紛争管理をザートマンの用語法に従って，紛争解決と対置して用いる。

　平和活動（peace operation）は，紛争予防，平和創造，平和維持，平和構築を包含する活動である。紛争予防とは，平和のための基盤が揺らいだ時に主に外交努力によって補強する活動である。それに対して，平和創造とは外交や調停等によって進行中の紛争を停止させる活動である。また，平和維持は国家間紛争や内戦の後の停戦監視活動を基礎とするものである。それに対して，平和構築は，単なる戦争の欠如以上に平和の基盤を再確立するための諸活動である。これは紛争を軍事的なものから政治的なものへと移行させる作業という側面を

もつ（篠田 2003）。これらの平和活動の各局面において，分権的な現在のグローバル・ガバナンスの下では，認識の変化や軍事力によって紛争解決を図ることは容易ではない。そのため，軍備・武器の管理，政治的・軍事的な信頼醸成措置，平和維持活動（PKO）等によって実質的には紛争管理をどのように行うのかということが基本的に重要になる。

その上で，現代の平和活動においては，以下のような課題を指摘できる。

第1に，特に冷戦後においては，国内秩序が十分に確立されていない「準国家」あるいは「破綻国家」という状況において，国内における秩序確保という基礎的機能が求められることが多くなった。独立後のアフリカにおいて，パトロン・クライエント関係に基づいて国際的に付与された資源を用いて暴力的かつ抑圧的に市民社会領域を侵食していたといわれる「ポストコロニアル家産制国家」の解体への対応という課題も，このような基礎的機能の確保に関するものといえる（武内 2009）。

第2に，最近の平和活動，特に平和構築活動においては，軍事的秩序維持とさまざまな政治的，司法的，行政的な基本制度を建設するという課題への複合的対応が求められている。そのため，民軍関係が重要になる（上杉 2008）。民軍関係とは，国際的な紛争管理の文脈における文民組織と軍事組織の関係である。具体的には，人道支援組織，国連専門機関，国連平和活動の文民部門，開発援助機関等の国際的文民組織と国連平和活動の軍事部門，多国籍軍，有志連合軍，二国間取り決めによる派遣軍といった国際的軍事組織との関係である。ただし，これに加えて，現地国軍や武装勢力との関係，さらに，文民のさまざまな部門の間の関係も重要になる。このような民軍関係の問題は，軍事組織の兵站上の問題としては常に存在していた。北大西洋条約機構（NATO）の軍事用語としては「民軍協力（CIMIC）」として議論されている。

第3に，秩序維持や平和維持と一定の価値に基づく正義との間で生じるディレンマという課題もある。単に紛争管理だけではなく，一定の共通価値に基づく紛争解決も求められているといえる。これは，古典的な政治思想の課題でもあり（安武 2001），平和構築と法の支配の葛藤の問題としても意識されてきた（篠田 2003）。ただし，この2つは必ずしも矛盾するものではない。実効性と正当性の関係の問題として考えれば，仮に短期的に合意に基づいた安定的な秩序であったとしても，正当性が不十分な場合には，持続的な安定は確保できない

ということもある（⇒第10章）。このような正義の確保を重視する観点から、近年は国際刑事司法への関心が高まり、その制度化と実践が行われている。かつては紛争を終結させるためには、紛争当事者間の和解を促す観点から免責が実践されることが多かった。しかし近年は、それとは異なる考え方が採用される傾向にある。ただし、国際的な司法制度が用いられる場合でも、すべての役割を国際組織に期待することは現実の資源配分上、不可能であり、現地の司法機関への支援が求められる（篠田 2003）。

以下では、このような国際刑事司法による対応を含めて、平和活動という国際行政活動を検討する。

2 PKO の展開

◆ 国連における PKO の原型

国連において、集団安全保障措置の活用が限定される中で、実践を通して拡大してきたのが PKO である（⇒第4章）。PKO の原型は、紛争当事者間に国際部隊を配置することで、平和の維持を図るというものである。その際、原則として関係国政府の同意が必要とされ、紛争当事者による一方的行為を抑止する手段として、国際部隊等の駐留が確保された。そして、そのための部隊の構成は、当初、中立性を確保するため、安全保障理事会（安保理）の常任理事国や特別な利害をもつ国は排除されてきた。

1956年7月のスエズ危機に際してエジプトとイスラエルとの間に介在する部隊として派遣された「国連緊急軍（UNEF）」の経験が総括され、58年10月にハマーショルド事務総長は「UNEF の設置および活動に基づく経験の研究摘要」（A/3943）という報告書を総会に提出した（香西 1991）。

この報告書では、PKO の基本原則が示された。具体的には、①PKO は国連憲章第7章に基づく措置ではなく、関係国政府の同意が必要であること、②軍事部隊の構成の決定権限は国連にあるが、受入国の見解も最重要要素のひとつとして考慮すべきであり、また、安保理の常任理事国や地理的位置などの理由で特別の利害をもっている国を排除すべきであること、③本質的に国内的性格をもつ事態への国連軍の利用は排除する必要があり、特定の政治的解決を強制したり、解決にあたっても政治的バランスに決定的な影響を与えたりしてはならないこと等が示された。このような基本原則を基礎に、その後の国

Column ⑧　ダグ・ハマーショルド

　ハマーショルドは，1905 年にスウェーデンで生まれた。ウプサラ大学に進学し，言語学・文学・歴史学，経済学，法学といった多様な分野を学んだ。そして，公務の世界に入り，主として経済分野を担当する。1930 年から 34 年にかけては，失業問題委員会の事務局を担った。1933 年には「ビジネスサイクルの波及」と題する論文でストックホルム大学から博士号を取得した。その後，早くも 1936 年には財務次官，41 年から 48 年までスウェーデン銀行総裁を務め，45 年には財政経済問題顧問となり，さまざまな経済問題に関する計画の立案と調整やイギリスやアメリカ等との貿易金融交渉を担当した。経済のテクノクラートとして，マーシャル・プランの契機となった 1947 年パリ会議に出席し，欧州経済協力機構（OEEC）の 48 年パリ会議のスウェーデン代表を務め，後に OEEC 執行委員会副議長となった。その後，1949 年に外務省次官，51 年には無任所大臣となった。1951 年から 52 年にかけての第 6 回国連総会では，スウェーデン代表団の副団長を務めた。このように経済分野における活動を基礎に，外交一般に活動領域を広げてきた。

　1953 年 4 月に，第 2 代国連事務総長に任命された。最初は，マッカーシズムで低下した国連事務局の士気を高めることや行政組織の改革に集中した。その後，さまざまな仲介活動も行った。1954 年末には北京を訪問し，朝鮮戦争で中国の捕虜となった 15 人のアメリカ人操縦士の釈放にこぎつけた（明石 2006）。また，1956 年 10 月のスエズ危機においては，カナダが主導した UNEF の設置を求める決議を受け，UNEF の性格，編成，機能に関する青写真の作成を国連事務局において主導した。1957 年には事務総長に再任された。1960 年にはベルギーから独立した後のコンゴの内戦とそれへのベルギーの介入に関しては，脱植民地化後の力の空白を国連が埋めることによって大国の介入を防ぐという観点から，比較的大規模な国連軍派遣を主導した（香西 1991）。ソ連からは，この UNEF 派遣について，脱植民地化への努力が不十分として批判を受けた。この任務の最中に，1961 年 9 月，北ローデシア（現在のジンバブエ）で墜落事故により死去した。没後，ノーベル平和賞が授与された。

連の PKO は展開されることになった。

◆ **ガリ事務総長の下での『平和への課題』と「追補」**

　PKO は，冷戦の終焉とともに急増し，性格も変質した。そのような実態の

変化を受けて，1992年1月の安保理の首脳会議声明に基づく事務総長報告として，『平和への課題 (*Agenda for Peace*)』と題する報告書が92年6月にガリ事務総長によって提示された（A/47/277-S/24111）。この報告書では，時系列に沿って段階的な活動として，予防外交，平和創造，平和維持，平和構築という4段階の活動が示された。

　第1段階の予防外交 (preventive diplomacy) とは，当事者間の争いの発生や現に存在する争いが紛争に発展することを防ぐとともに，紛争が発生した場合の拡大を防止するための行動である。具体的な手段としては，信頼醸成措置，事実調査，早期警報，予防展開がある。

　第2段階の平和創造 (peacemaking) とは，主として国連憲章第6章で想定されている平和的手段を通じて，敵対する当事者間で合意を取りつけることをいう。例えば，調停と交渉は，安保理，総会，あるいは事務総長に任命された個人が担当することができる。その上で，国連憲章第7章に基づく制裁措置の可能性もあるとする。

　軍事的制裁に関しては，国連の安保理は国連憲章第42条に基づき，国際の平和と安全を維持または回復するために軍事行動をとる権限をもっている。この種の行動をとるのは，あらゆる平和的手段が失敗した場合のみでなければならない。しかし，こうした行動も辞さないという選択権をもつことが肝要である。そして，停戦が合意されても，それが守られないことに対応するため，安保理が，明確に定義された状況においては，その委任事項を事前に明記した上で，通常の平和維持軍よりも重装備な平和実施部隊の利用を考慮することを勧告した。

　第3段階の平和維持 (peacekeeping) とは，現地に国連の存在を確立することである。これまでは全当事者の合意をもとに，通常は国連の軍事・警察要員等が参加して行われてきた。平和維持は，紛争の防止と平和創造の双方の可能性を増大させる技術である。そして，PKOでは，文民の政務担当者，人権監視員，選挙担当員，難民・人道的援助の専門家，警察官などが，軍事要員に劣らない中心的な役割を演じることが必要とされている。

　第4段階の平和構築 (post-conflict peacebuilding) は，紛争の終結後に，紛争の再発を防ぐために平和を強化，固定化するのに役立つ構造を確認し，支援する行動である。具体的な活動としては，紛争当事者の武装解除，秩序の回復，

兵器の管理と可能ならばその破棄，難民の送還，治安維持要員用の諮問と訓練面での援助，選挙の監視，人権擁護努力の強化，政府機関の改革あるいは強化，公式・非公式の政治参加の促進などが含まれる。

　このような構想に基づき，平和実施部隊が実際にソマリア等で展開されたが，必ずしもうまく機能しなかった。このような経験を基礎に，1995年1月に「平和への課題　追補（Supplement to An Agenda for Peace）」という事務総長の報告書が出された（A/50/60‐S/1995/1）。

　この報告書は，新たな平和維持の課題を次のように認識する。第1に，今日の紛争の多くが国内紛争であり，そのような紛争では国家制度，特に政治と司法が崩壊しているため，そのような文脈におけるPKOは，従来に比べ，はるかに複雑で，費用が高く，継続的な危険を伴う。第2に，人道的援助活動を保護するための国連部隊の利用が増大しているとする。第3に，冷戦期の国連PKOは，停戦の後，当該紛争調停交渉の前に展開されたのに対して，1980年代後半以降は，調停交渉が成功した後に，合意した総合的解決の実施支援を目的とするPKOが行われているとする。第4に，交渉による合意は，軍事協定ばかりでなく，広範な文民問題にかかわるものであり，その結果，国連には前例のないさまざまな機能が求められるようになった。例えば，停戦監視，兵力の再編成と解散，兵力の文民生活への再統合と兵器の破棄，地雷除去計画の作成と実施，難民や避難民の送還，人道的援助の提供，既存の行政構造の監督，新たな警察力の設置，人権尊重の確認，憲法・司法・選挙改革の監視，選挙の観察・監督・主催・実行，そして経済の復興・再建への援助の調整といった機能である。

　その上で，多国籍軍等によるPKOの実施に関しては，近年の経験は，安保理が実施に関する任務を加盟国グループに委ねた場合のメリットとデメリットの双方を明らかにしてきたとする。メリットとしては，この取り決めは国連に対してそれ以外では得られない実施能力を与え，国連に無関係な加盟国による一方的な武力行使よりも望ましいとする。他方，デメリットとしては，国連の偉大さと信頼性に否定的な影響を及ぼすことがあるとする。

　また，個別的な運用課題としては，指揮統一の問題が指摘された。ソマリアでの失敗経験は，PKOが統合された全体として機能する必要性を明らかにしており，その必要は，派遣部隊が危険な状況で展開される場合に一層重大であ

る。特に、困難な状況下に置かれたPKOでは、効果的な情報能力が必要であるとされる。

このように、PKOの新たな状況を確認した上で、『平和への課題』で提示された平和実施部隊の活用については、慎重な態度が示された。そして、このような反省をふまえ、国連のPKOは、1990年代後半には規模を縮小し、この時期のPKOの実務の多くはNATOによって担われた（Center on International Cooperation 2009）。

◆ ブラヒミ報告

平和活動については、その後の経験もふまえて2000年に、『国連の平和活動に関するパネル報告（Report of the Panel on United Nations Peace Operation）』、通称「ブラヒミ報告」（A/55/305-S/2000/809）が提出された。

ブラヒミ報告では、第1に、武力だけでは平和を構築することはできないとしつつも、「どれだけの善意をもってしても、信頼できる兵力を展開できる根本的能力に代わることはできない」として、一定の軍事的な能力の確保が主張された。そして、同意はさまざまな駆け引き材料とされかねないため、ある和平合意当事者が明白で疑う余地のない規定違反を犯している場合に、国連が全当事者を同様に扱い続ければ、合意が骨抜きとなるばかりか、悪と手を結ぶことにさえなりかねない。被害者と加害者との区別を躊躇したことが、1990年代に国連PKOの地位と信頼が失墜した最大の原因とされる。そして、国連が派遣する部隊は自らを守るだけでなく、ミッションの他の部門やミッションの職務権限も守れなければならないとする。

第2に、複合型のPKOでは、平和維持要員が現地の平和の維持に努める一方で、平和構築要員が平穏な環境の定着を図ることになるため、平和維持要員と平和構築要員の連携が重要であるとされた。そして、法の支配と人権の尊重、複合型PKOの初期段階からの武装解除・動員解除・元兵士の社会再統合（DDR）を組み入れること、国連の平和活動の責任者が人々の生活を実質的に向上させることができる「即効性プロジェクト」に資金を利用できる柔軟性を与えることなどを求めた。

他には、「平和への課題 追補」と同様、情報活動が重視された。事務総長と平和安全執行委員会（ECPS）の委員の情報と分析のニーズを満たすため、新

たな情報収集・分析主体の創設が勧告された。また，迅速な対応を可能にする能力の確保も主張された。安定的な平和と新規活動の信頼性をともに確立するためには，停戦または和平合意直後の6～12週間が勝負となることが多い。したがって，「迅速で効果的な展開能力」を，従来型のPKOであれば安保理による活動設置決議の採択後30日以内に，複合型PKOであれば採択後90日以内に，それぞれ全面的に展開すべきであるとして規定することを勧告した。

実際に，このような方向に進み，2008年には国連のPKOの80％以上は国連憲章第7章型の活動となった。また，基本的な教え方としても，アメリカ，イギリス，フランス，インド等ではPKOと軍事活動を連続的にとらえるようになった（Center on International Cooperation 2009）。

◆ **最近のPKOの展開**

PKOの財政規模については，1990年代半ば以降しばらく停滞していたが，再度増大している（⇒第9章，表9-3）。主な要員提供国については表12-1，国連と地域組織の提供要員数については表12-2の通りである。

これらのデータから，以下の点を指摘できる。

第1に，国連のPKOの規模は，ソマリアにおける平和実施部隊の失敗等もあり停滞する。「平和への課題 追補」に見られるような反省をふまえ，国連のPKOは1990年代後半には規模を縮小したが，その後，再度，2004年以降急増している。2008年の世界金融危機後も，主要な財政負担国からは，要員派遣国への払戻し方式等に関する見直し要求はあるが，現実の量的影響はわずかであり，PKOの強靱性を示している（Center on International Cooperation 2012）。

第2に，地域組織の役割が拡大している。アフガニスタンにおけるNATOの役割，スーダン等におけるアフリカ連合（AU）の役割が大きい。例えば，2011年には要員総数に関する比率でいえば，NATOが国連をはるかに上回る軍事要員を提供している。ただし，近年は国連の活動が増大する傾向にあり，中長期的には地域組織の関与が国連の関与の減少をもたらしているわけではない（Heldt 2008）。地域組織と連携する場合には，細かな管理上の課題も生じうる。例えば，AUと国連の連携に関しては，AUと国連の間で手当ての水準に差異があるため，人材流出が起こっている（瀬谷 2008）。一般的には，地域組織の活用には，国連の動員能力の限界を補完する，当事者が地域組織の関与を

表 12-1　主な要員提供国（2012 年 11 月末時点）

順位	国　　名	要員数（人）
1	パキスタン	8,958
2	バングラデシュ	8,841
3	インド	7,846
4	エチオピア	5,697
5	ナイジェリア	5,556
6	ルワンダ	4,584
7	ネパール	4,492
8	エジプト	4,109
9	ヨルダン	3,596
10	ガーナ	2,805
11	ブラジル	2,200
12	ウルグアイ	2,188
13	南アフリカ	2,123
14	セネガル	2,113
15	インドネシア	1,971
16	中国	1,870
17	モロッコ	1,563
18	タンザニア	1,398
19	ニジェール	1,141
20	イタリア	1,124
計		74,175

［出典］http://www.un.org/en/peacekeeping/documents/backgroundnote.pdf（2013 年 7 月 28 日アクセス）

表 12-2　国連と地域組織の軍事要員提供数　　［単位：人］

	2008 年	2009 年	2010 年	2011 年
国連	78,118	84,924	85,147	84,735
NATO	65,703	83,861	140,585	145,080
AU	3,070	5,122	7,200	9,754

［出典］Center on International Cooperation 2009: 148, 175;
　　　　Center on International Cooperation 2010: 144, 173;
　　　　Center on International Cooperation 2011: 120, 149;
　　　　Center on International Cooperation 2012: 142, 171.

望む場合があるといった利点もある。しかし，地域の大国の自己利益に引きずられるおそれがある，NATOのような場合を除いて，経験や組織能力に欠ける場合があるといった問題が指摘されている（Bellamy & Williams 2010）。

　第3に，国連についていえば，発展途上国からの要員派遣が多いことがわかる。これは，発展途上国にとっては，要員派遣が収入を得る手段となっていることにもよる。他方，運営上の問題としては，このような発展途上国からの軍事要員の質をどのように確保するのかという問題がある。

3 複合型のPKOの実施過程
　　　事　例

　ここでは，複合型のPKOの契機ともなった，カンボジアと旧ユーゴスラヴィアにおける活動を詳細にみてみたい。これらの事例を通して，複合型のPKOの実効性を規定する要因と課題を整理する。

　このような複合型のPKOは，近年では，スーダンやアフガニスタンにおいて，より大規模に展開されている。

◆ カンボジア

　カンボジアにおける経緯は，表12-3の通りである。

　○和平過程　　1975年4月にポル・ポト派がプノンペンを制圧したのに対し，1979年にベトナム軍がカンボジアに侵攻し，親ベトナム政権，プノンペン政権（カンプチア人民共和国）が樹立され，人民革命党（後に人民党）が政権を握った。それに対して，1980年代にはソン・サン派，シアヌーク派，ポル・ポト派という3つのグループが対抗し，82年にはこれら三派の連合が形成され，民主カンボジア政府を名乗った。

　そのような状況の中で，1987年12月にはパリで，シアヌーク国王と，プノンペン政権のフン・セン首相の非公式会合が行われた。また，合意形成のための地域的な動きとして，ジャカルタ非公式会合（JIM）が1988年7月と89年2月に開催された。その上で，公式レベルで1989年7月に第1回パリ会議が開催された。しかし，移行期の間のパワー・シェアリング（権力分有）の問題で交渉は難航し，1989年9月のヴェトナム軍のカンボジアからの完全撤退で内戦はむしろ激化した。しかし，オーストラリアが，パワー・シェアリングに

表12-3 カンボジア事例年表

紛争過程	1975年 4月	ポル・ポト派プノンペン制圧。
	79年	ヴェトナムに支援されたプノンペン政権樹立。
	82年	ソン・サン派,シアヌーク派,ポル・ポト派の三派連合形成。
和平過程	87年12月	シアヌーク国王,フン・セン首相(プノンペン政権)非公式会合(パリ)。
	88年 7月	ジャカルタ第1回非公式会合。
	89年 2月	ジャカルタ第2回非公式会合。
	89年 7月	第1回パリ会議。
	9月	ベトナム軍のカンボジア撤退。
	91年10月	第2回パリ会議——パリ和平協定調印。
実施過程	92年 2月	国連カンボジア暫定統治機構(UNTAC)設置。
	6月	武装解除をポル・ポト派が拒否。
	93年 5月	選挙実施。
	97年	フン・センによるクーデタ。
	2000年	武装解除・動員解除・社会復帰(DDR)の議論。

かわり,移行期間中はカンボジアを国連の統治下に置くという案を提示した。1990年1月以降,オーストラリアの案を基礎に国連安保理の5つの常任理事国(P5)による案の検討が進められた。1990年9月には,カンボジアの4派も基本的にはこの案を基礎として交渉することに合意した。91年10月に開催された第2回パリ会議で,パリ和平協定が調印された。

○**実施過程** 暫定統治機関として,1992年2月に国連カンボジア暫定統治機構(UNTAC)が設置された。これは,国際要員2万人以上(うち軍人1万6000人)を投入し,一般行政機能をも代替するという,これまでになく大規模なものであった。国際要員の中には,3600人の文民警察,1200人の文民も含まれていた(石原 2008)。

国連安保理決議745(SCR/745, 1992年2月)には,軍事部門の活動領域として,外国軍の撤退の確保,兵員の集結・収容,武装解除・動員解除,軍事援助停止の確保,軍事物資の確認・押収,地雷除去といったことが規定されていた。また,文民部門の活動領域としては,文民警察,人権,選挙管理,行政管理,難民帰還,復旧・復興の各部門が規定されていた。

軍事部門については,1992年6月に予定されていた武装解除が第2段階に入ることをポル・ポト派が拒否した。これに対して強制力を使用すべきか否かという議論が起こったが,基本的には使用しないという方針がとられた(石原 2008)。

運用過程では，効果的な情報活動が重要であることが認識され，アメリカ国務省のカンボジア専門家を中心に情報教育局が大きな役割を担った（石原 2008）。
　そして，1993年5月には89.56％という高い投票率の下で選挙が行われ，政府機能が移管された。ただし，その後も，1997年にフン・セン首相によるクーデタが起こるなどの混乱は続き，DDRは2000年以降にやっと議論された。国際刑事裁判をめぐる議論が先送りされたように，積み残しもあった。
　〇**評価**　このようなUNTACの活動全体については，条件付き成功という評価がなされている（Howard 2008: Chapter 5）。
　まず，全体的な問題点としては，動員の遅れが指摘されている。和平協定の締結から安保理への実施計画の提示（1992年2月末）までに4カ月を要した。その後，さらに，部門長や職員が赴任し，十分な要員が動員されるまでに9カ月を要した。また，個別部門に関しては，まず一般行政部門に関しては，プノンペン政権の力が強く，それを十分にコントロールできなかった。プノンペン政権の職員数が約20万人であったのに対して，UNTACの職員は国際職員200人，現地職員600人に限定されていた。そのため，選挙実施の公平性を確保するために，一般行政部門全体ではなく，主たる業務を，コントロール・チームによる監視の実施に限定するように再編した。また，ポル・ポト派の抵抗に見られるように，動員解除もできなかった。これも，国際部隊1万6000人に対して，国内の正規軍20万人，民兵25万人という規模の差があったことが大きい。さらに，戦略不足（国連本部におけるクメール語を理解する職員の欠如），後方支援の計画不足，国際部隊の到着の遅れが，ポル・ポト派とプノンペン政権の協定違反を誘発したといった問題もあった。その結果，軍事部門においても，選挙実施の支援，具体的には，選挙民登録支援，政党事務所保護，投票所保護等に目的が再編された。また，文民警察部門もあまり機能しなかった。人材の質の問題や，当初武器をもたず，逮捕権限もなかったという仕組みの問題もあった。その後，権限を付与し，監獄もできたが，裁判所は欠如していた。
　これに対して，最も成功した部門は，情報部門であった。これは，当初規定されていない活動であったが，現地に詳しい担当者が赴任することで重要な役割を果たした。例えば，1992年11月までにUNTAC情報教育部門の運営するUNTACラジオ局が設置され，日本から1万4300台のラジオがもちこまれ

た（山内 1997）。このような直営ラジオ局は，提供する情報に対する信頼性や人気があった。また，定期的な世論調査や，500人の現場兵士からの報告を分析し，各派の状況についての包括的な政治報告を作成するといった活動も行われた。

また，難民帰還活動も，36万人をほぼ選挙前に帰還させたという点では成功であった。ただ，土地不足といった問題もあり，選挙に間に合うように帰還させるために現金を提供するという手段をとったために，平均年収の4倍の格差をカンボジアに持ち込んだという批判があった。そして，選挙部門も成功であったといえる。これは，国連が監視ではなく選挙の実施に直接的に責任を負った最初の例であった。460人の国際ボランティアが駐在し，1000人の国際監視人が5万人のカンボジア人とともに監視を行った。5万人のカンボジア人が参画したことは，民主主義を定着化させる上での資産となった。具体的には，400万人の選挙人登録，ポル・ポト派等のボイコットを求めるプロパガンダへの対抗，政治的暴力への対抗が行われ，最終的にはポル・ポト派等も静観した。

このような過程において，国連は，合意形成段階，実施段階で役割を果たした。事前の非公式交渉には，地域のイニシアティブも重要であったが，合意案の作成はオーストラリア案に基づき国連安保理の常任理事国が主導した。また，実施段階でも，選挙，情報部門等については成功を収めた。

このように，カンボジアにおけるPKOが一定の成功を収めた条件としては，安保理の常任理事国といった主要国間で問題の定義についてコンセンサスが存在し，適切な関心レベルが確保されたこと（Howard 2008: 143），情報収集や戦略形成，人員・資源動員に関して，国連の内部組織の運用が一定の成功を収めたことを挙げることができる。

◆ 旧ユーゴスラヴィア

旧ユーゴスラヴィア連邦におけるPKOの経緯は表12-4の通りである。また，地理的関係は図12-1の通りである。

○和平過程　旧ユーゴスラヴィア連邦は，分権的な自主管理社会主義に基づく国家であった。主要地域は，経済的には相対的に発達しているスロヴェニア，クロアチア，多数派であるセルビア，ムスリム系44％，セルビア系32％，クロアチア系12％等の混在地域であるボスニア・ヘルツェゴヴィナ（以下，ボ

スニア）等に分かれていた。

　このうち，まず，1991年6月にスロヴェニア，クロアチアがユーゴスラヴィア連邦からの独立を宣言し，スロヴェニア軍とセルビア人を主とするユーゴスラヴィア連邦軍との武力衝突が発生した。7月には欧州連合（EU）の仲介によりスロヴェニアとユーゴスラヴィア連邦政府が停戦に合意する。また，9月の国連安保理決議713（SCR/713，武器禁輸，国境保持を求める）をふまえて，翌年1月にはクロアチア軍とユーゴスラヴィア連邦軍が停戦に合意した。そして，この時点で，独立を支持していたEUがスロヴェニアとクロアチアを国家承認した。2月には，国連安保理は国連保護隊（UNPROFOR）を1万4000人派遣する決議を採択した。

　続いて，ボスニア地域が焦点となった。1992年2月に行われたボスニアの住民投票では，6割の住民が独立に賛成した。ただし，セルビア系住民は，これを無視し，セルビア系住民とボスニアのムスリム系住民等の対立は続いた。これに対し，3月にはEUの調停案であるクティリュロ案（3民族間で5年かけて領域を確定する提案）が提示されたが，4月にアメリカとEUがいち早くボスニアの国家承認を行ったこともあり，ボスニア内戦は激化した。同時期に，セルビアとモンテネグロが新ユーゴスラヴィア形成を宣言した。それに対して，5月には安保理が，包括的な対セルビア，モンテネグロ経済制裁を決議した。そして，8月には，人道援助保護のために，国連憲章第7章に基づいて「すべての必要な手段（all necessary means）」をとることができるUNPROFOR 2が安保理により設立されたが，なかなか機能しなかった。その後，1993年1月にはヴァンス国連特使とオーウェンEC特使による10分割案が，7月にはオーウェンと国連を代表するストルテンベルグ特使による3分割案が，94年7月には米ロ英仏独の5カ国コンタクト・グループ（連絡調整グループ）による2分割和平案（分割比率は51：49）が提示された。その間，1994年1月には明石国連事務総長特別代表が着任した。同年8月には，セルビア共和国とボスニア内セルビア人勢力とが断交を宣言し，セルビア系の結束が緩まる中で，8月から9月にかけてNATOがサラエヴォ近郊でセルビア人勢力を空爆した。12月には，カーター元アメリカ大統領がサラエヴォ入りし，翌年1月には，コンタクト・グループの修正和平案を基に合意が成立し，ボスニアにおける4カ月の停戦が発効した。しかし，1995年5月に停戦協定が失効すると，その後ボス

表12–4　旧ユーゴスラヴィア連邦事例年表

	年　月	事　項
〔スロヴェニア，クロアチア〕		
紛争過程	1991年 6月	スロヴェニア，クロアチアが旧ユーゴスラヴィア連邦からの独立宣言。
和平過程	7月 9月 1992年 1月	EUの仲介によりスロヴェニアと旧ユーゴスラヴィア連邦政府が停戦合意。 国連決議713（武器禁輸，国境保持）。 クロアチア軍，旧ユーゴスラヴィア連邦軍停戦合意。 EUがスロヴェニア，クロアチアを国家承認。
実施過程	2月	国連保護隊（UNPROFOR）派遣。
〔ボスニア〕		
紛争過程	1992年 2月 4月 5月 8月	住民投票で6割独立賛成。 アメリカ，EUがボスニア国家承認。 セルビア，モンテネグロが新ユーゴスラヴィア形成宣言。 国連安保理によるセルビア，モンテネグロ経済制裁決議。 UNPROFOR 2設立。
和平過程	93年 1月 7月 94年 1月 7月 8月 12月 95年 1月 5月 8月 11月	ヴァンス・オーウェン10分割案。 オーウェン・ストルテンベルグ3分割案。 明石国連事務総長特別代表着任。 5カ国コンタクト・グループによる2分割案。 セルビアとボスニア内セルビア人の断交宣言。 NATOがサラエヴォ近郊でセルビア人空爆。 カーター元アメリカ大統領仲介。 4カ月停戦合意，発効。 停戦協定失効で戦闘激化。 NATOがサラエヴォ近郊空爆。 NATOがボスニアのセルビア人拠点大規模空爆。 デイトン和平合意。
実施過程	95年末 96年12月	NATOが和平実施部隊（IFOR）を展開し，デイトン合意の履行状況監視。 OSCEが民生面担当。 IFORは和平安定化部隊（SFOR）と名称変更。民軍協力に取り組む。
〔コソヴォ〕		
紛争過程	1991年 98年 99年 3月	住民投票で独立路線が99％支持。 セルビアが中心となって新ユーゴスラヴィア連邦軍を派遣し，紛争激化。 国連安保理の授権なしでNATOが空爆開始。
和平過程	5月 6月	G8外務大臣会合議長声明。 NATOと新ユーゴスラヴィア連邦共和国間で軍事技術協定締結。 国連安保理決議1244——G8原則と軍事技術協定を追認。
実施過程	6月	軍事技術協定に基づきコソヴォ安全保障部隊（KFOR）展開。国連事務総長特別代表が率いる文民組織とNATOが率いる軍事組織の2本立てで展開。

第12章　平和活動

図12-1　旧ユーゴスラヴィア連邦

ニア各地で戦闘が激化し，NATO が新たにサラエヴォ近郊を空爆した。8月にはNATOがボスニアのセルビア人勢力の拠点に対して大規模爆撃を行う中で，11月にアメリカ・オハイオ州デイトンにおいて和平準備協議が進展し，和平合意が成立した（デイトン合意）。

しかし，紛争は，その後，コソヴォに波及した（篠田 2008）。コソヴォでも1991年の独立について住民投票を行っており，アルバニア系住民によって，独立路線が99％の支持を得ていた。その後，過激な独立勢力であるコソヴォ解放軍（KLA）が勢力を拡大していった。それに対して，1998年にセルビアが中心となって新ユーゴスラヴィア連邦軍を派遣し，紛争は激化し，コンタクト・グループによる和平交渉も決裂した。

このような状況の中で，安保理による授権のないままで，NATO は1999年3月に空爆を開始した。この安保理の決議に基づかない介入を，カナダ政府の支援により設立された「介入と国家主権に関する国際委員会」は，「保護する責任（Responsibility to Protect）」により説明した。しかし，事後の国際的な正当化は試みられた。1999年5月に開催された主要8ヵ国（G8）外務大臣会合議長声明では，「国連によって承認された，効果的な国際文民・治安組織の配

備」が謳われた。6月には軍事技術協定（MTA）がNATOと新ユーゴスラヴィア連邦共和国との間で締結され、空爆が終了した。また国連安保理決議1244（SCR/1244）によって、G8外務大臣会合議長声明とMTAが追認された。

　○実施過程　　和平の実施過程では、ボスニアにおいては、NATOが和平実施部隊（IFOR）、当初約6万人を展開し、1995年末からデイトン合意の履行状況を監視した（吉崎 2008）。IFORは1996年までは和平の軍事的側面に重点を置いており、欧州安全保障協力機構（OSCE）が民生的側面を担当した。その後、1996年12月には、和平安定化部隊（SFOR）へと名称を変更し、その中で、NATOは民軍協力に取り組むようになった。

　コソヴォでは、1999年6月に締結された軍事技術協定において、コソヴォ安全保障部隊（KFOR）が展開され、「コソヴォの全人民の安全な環境の確立と維持」という包括的目的を担うことが規定された。そして、これは、1999年6月の国連安保理決議1244によって追認された（篠田 2008）。この体制においては、国連事務総長特別代表が率いる文民組織（国連コソヴォ暫定行政ミッション：UNMIK）とNATOが中心となる軍事組織であるKFORの2本立てが想定されており、両者の調整が重要な民軍関係の課題となった。その中で、KFOR安保理決議1244の下で、旧ユーゴスラヴィアの軍隊・警察・準軍隊の撤退確保、アルバニア系住民武装解除、難民・国内避難民の帰還に向けた環境整備、治安確保、地雷除去の監督、国際文民組織の支援調整、国境監視、部隊・国際文民組織・国際組織の防護と移動の自由確保といった広範な役割を担った（篠田 2008）。他方、UNMIKの活動の柱のひとつが緊急人道援助である。これがまもなく警察・司法組織に再編成され、文民警察部門を管轄したため、この警察領域にかかわる軍民協力が具体的な課題のひとつとなった。

　○評価　　この旧ユーゴスラヴィアにおけるPKOは、歴史上最も複雑かつ高価なオペレーションであった。しかし、全体的にはUNPROFOR 2の主要目的については、失敗であったと評価されている（Howard 2008）。

　具体的には、UNPROFOR 2において規定された、「安全地帯（safety areas）」の保護機能が失敗であった。1993年6月の安保理決議836（SCR/836）によって、UNPROFOR 2の役割は拡大され、従来からの人道支援保護に加えて、安全地帯への攻撃の抑止、停戦監視、軍隊や準軍事組織の撤退促進、地上の重要な拠点の確保を目的とし、武力の行使を含む必要な措置をとることが認められ、

加盟国あるいは地域組織は安保理の授権の下で空軍力を行使することもできるとされた。しかし，実施レベルでは，1993年6月の安保理決議844（SCR/844）が任務遂行のための増員を求めたものの，3万4000人増の要請に対して，安保理は7600人の増員を認めただけであった。そのような要因もあり，和平協定を締結する直前の1995年7月には，ボスニアのセルビア人による攻撃を許容することとなり，スレブレニツァ事件では7000人程度のジェノサイド（集団殺戮）が発生した。全体では4万人以上の被害者が存在するといわれている（Howard 2008）。

　また，安全保護が不十分であったということとも表裏の関係にあるのだが，国連の保護機能の実施について，中立性・公平性をめぐる課題があったことも指摘されている。例えば，1992年にはムスリム系勢力の司令官であるオリッチ等が他の地域でセルビア人が行ったのと同様の「民族浄化」作戦を実施し，1200人のセルビア人を殺害したにもかかわらず，そのことはあまり問題視されなかった。さらに，1993年4月の安保理決議819（SCB/819）によるスレブレニツァの「安全地帯」指定の際には，セルビア人には攻撃即刻停止，即時撤退が求められたが，ムスリム人やボスニア軍にはそのような要請はなかった。このような不公平な国連の対応は，正当性の課題を惹起するものであった（長 2009）。

　ただし，国連の本部と現場でも齟齬があった。UNPROFOR 2の現場では，安保理の強硬姿勢とは一線を画した方法が模索され，ムスリム勢力側にも武装解除を要求していた。しかし，その実効性には課題もあり，スレブレニツァ事件後，ムスリム人勢力に挟まれたセルビア人部隊は壊滅的打撃を被っていた（長 2009）。

　安全地帯の保護機能の確保にもかかわる問題として，人道援助の実施体制の問題がある。1992年には国連難民高等弁務官事務所（UNHCR）が旧ユーゴスラヴィアにおける人道援助の主導機関になり，ボスニアではUNHCRが人道援助組織を登録し，紛争当事者との交渉をほぼ一元的に行っていた。1995年時点で，傘下に250以上の国際NGOが活動し，3000人以上のNGO要員がUNHCRの身分証を携帯していた。このように，UNHCRは，一定の独立性をもちつつ，各紛争当事者と交渉し，人道援助業務を行っていた。そのため，ムスリム系勢力が支配する地域に物資を送るにはクロアチア，セルビア系勢力が

支配する地域を経由するほかないこともあり，ボスニアで配分される人道援助物資量は，避難民の困窮度やニーズ（必要）ではなく紛争前の民族人口比で各民族グループに配分された（長 2009）。このような活動手法をとっていたこともあり，緒方貞子・国連難民高等弁務官は，UNPROFOR の武力行使に反対であった。しかし，このような態度は，必ずしも他の国連組織とは一致していなかった（Howard 2008）。

他方，コソヴォでは，UNHCR は NATO と一体化して行動した。UNHCR は，NATO と協調してその輸送の恩恵を受け，紛争当事者の一方の軍事組織と一体となって人道援助を行った。そのため，事後的に，UNHCR はコソヴォ紛争中の活動について第三者評価報告書をまとめた。そして，中立性を標榜する組織としては本来あるべきではない状態に陥ったが，人命の実質的危機・損失を避けるため，軍事組織との協力は必要であったと総括した（篠田 2008）。

このようなプロセスにおいて，主要国間，特に安保理常任理事国間において問題認識にずれがあったことが，ボスニアにおける安全地帯の設定・管理における実効性が不十分であったという問題の背景にある。フランスがセルビア系勢力，ムスリム系勢力に対して公平な対応をとったのに対して（ただし 1995 年のシラク大統領の登場で変化したという），ドイツ・EU は，セルビア系勢力の大セルビア主義の表れであるという解釈をとっていた。また，アメリカは，ユーゴスラヴィア連邦のミロシェヴィッチ大統領が民族問題を政治的手段として利用していると考えていた（Howard 2008）。

このような問題認識のずれが，安全地帯の定義の差異にもつながっていた。一方では，安全地帯は軍を排除し，中立的立場を維持し，人道援助の配分のみを許容する地域と認識されていた。他方では，ボスニアのムスリム系勢力が保護され，その軍事的能力を確保する拠点になるものと認識された。このような目的の差異を抱えていたために，安保理における意思決定は，妥協のための名目的なものにならざるをえなかった（Howard 2008）。このような安保理常任理事国間の問題認識の差異は，コソヴォについてはより大きく，そもそも安保理において武力行使に対する事前の授権もできなかった。

また，国連の現場での組織運用に関しては，ボスニアの場合，安保理決議による実施能力の付与が不十分であったという問題があった。そして，関係組織間の緊張関係も存在した。例えば，UNHCR が武力行使に反対の立場をとった

のに対して，他の国連組織の中には武力行使を支持する組織もあった（Howard 2008）。さらに，国連本部と現地司令官との間，国連部隊とボスニア政府との間にも緊張が存在した。

ただし，実施段階においては，ボスニア，コソヴォのいずれの場合においてもNATOが利用され，軍事部門を提供したNATOと文民部門を提供した国連との間で，一定の民軍協力が行われた。

◆ 組織間連携と複合型PKOの実効性を規定する要因

カンボジア，旧ユーゴスラヴィアのいずれの事例においても，複数の国際組織が関与した。カンボジアにおいては，和平合意に至る入口の段階ではJIMのような地域的イニシアティブが重要な役割を果たし，その後の合意形成，合意実施の段階では国連が重要な役割を果たした。他方，旧ユーゴスラヴィアにおいては，合意実施段階では，国連とともに地域組織であるNATOが重要な役割を果たした。ボスニアにおいては，紛争持続段階でも，国連が一定の役割を果たし，また，コソヴォにおいては，合意形成段階ではNATOが主導したが，事後的な合意の正当化は国連も行った。

国連による複合型PKOの実効性は，主要国間の合意形成，受入国内の政治状況（国内合意形成），国連内・外の組織運用の3つの要因に規定される（Howard 2008）。このような3つの要因を中心に2つの事例を比較すると表12-5のようになる。このうち，国連組織内外の組織運用には，国連本部・現場関係，動員・調達のタイミング・質，現場でのコミュニケーション・連携といった要因が含まれる。また，国内の合意形成を規定する上でも，タイミングは重要であった。合意形成が行われるためには紛争当事者が疲労感を認識することが重要である。そのような認識が成熟する前に介入しても合意形成は難しいといわれる（Zartman 1989；ルトワック 1999／原著1999）。また，受入国内の合意形成のためには，選挙のタイミングも重要である。選挙は平和活動を撤退させるシナリオに不可欠であるが，拙速に行うと紛争を持続させてしまう。1993年に実施されたカンボジアでの選挙に関しては，97年のフン・センのクーデタ後には，選挙のタイミングが早すぎたという論調も見られた（篠田 2003）。そして，カンボジアと旧ユーゴスラヴィアの対比が示すように，安保理常任理事国といった主要国間で一定の合意があるか，認識や利益に齟齬があるかという差異は，

表 12-5 カンボジアと旧ユーゴスラヴィアにおける PKO の比較

	カンボジア	旧ユーゴ
和平協定の主要な担い手	国連	NATO, G8 (国連は事後的に正当化)
実施の主要な担い手	国連	NATO
主要国間 (P5) の合意	○	△
国際組織間の合意	○	△
当事者間の合意	△	×
実効性	○	△

大きな影響を及ぼした。

4 平和活動における非政府組織の役割

◆ 非政府組織の活動事例

　非政府組織も平和活動において一定の役割を担っている。特に国内紛争の場合，政府間国際組織の関与は内政不干渉の原則等から難しい場合が多いため，非政府組織の役割が相対的に大きい。以下では3つの非政府組織の活動を例示的に示してみよう（城山 1994）。

　○ MRA／Initiatives for Change　　第1の組織として，道徳再武装（MRA。現在，Initiatives for Change と改称）の例を見てみたい。MRA は，各個人が自らを変えていくことにより社会の変革をもたらそうという社会運動であり，1938年に創設された。例えば，MRA が一定の役割を果たした事例には，以下のようなものがある。

　第1の事例は，第二次世界大戦後の独仏和解である。第二次世界大戦後のドイツとフランスとの和解において，MRA は，独仏間のさまざまなレベルにおいて交流・和解を促進した。活動拠点であったスイスのコーにおける会議に，MRA は，当時占領下で簡単には国外に出られなかった各レベルのドイツ人を参加させ，フランス人等との民間レベルでの和解を促進した。また，そのような蓄積の上に，閣僚，首脳レベルの仲介を促す非公式なチャネルを提供した。

　第2の事例は，南ローデシアがジンバブエとして独立するに至る過程における白人勢力と黒人勢力の和解である。南ローデシアでは，人種差別主義をとる白人勢力が政権を握り，1965年に一方的独立宣言を出し（ローデシアと名乗る），

第12章　平和活動　　273

黒人の解放諸勢力と対立した。イギリス，アメリカ，近隣諸国が調停にのりだし，最終的には1979年末にランカスター・ハウス協定が締結された。その結果，1980年2月に選挙が行われ，黒人勢力が勝利を収めた。選挙後は，黒人勢力と白人諸勢力が和解路線をとったため，協力関係が成立した。MRAはこの過程で，早くから白人勢力，黒人勢力間の民間レベルでの和解を促進した。1975年には黒人，白人の多くのリーダーが参加した国際会議がMRAによって開催された。また白人，黒人双方による定期的な会合である「良心の内閣」も設置された。「良心の内閣」は，映画等の手段を用いて和解を浸透させた。また，選挙の投票終了後から開票結果発表までの間に，MRAは白人勢力のリーダーと当選した黒人勢力のリーダーであるムガベとの会談の機会を設定し，両者を和解路線に関与させた。

　○カーター・センター　　第2の組織として，カーター・センターがある。カーター・センターは，1977～81年にアメリカ大統領を務めたカーターが，82年に設立した非政府組織である。当初，特に2つの活動が重視されていた。

　第1に国際交渉ネットワーク（INN）の運営である。INNの起源は，カーターと，国連，米州機構，英連邦の各事務総長らによる1987年のカーター・センターにおける会議であった。その会議で，国内紛争が増大しているため，大部分の紛争が既存の政府間国際組織による紛争解決システムの管轄外に置かれてしまうという「調停ギャップ」問題の存在が認識され，その問題に対応するためにINNが設立された。INNは各地の有力者によって構成され，日常的に世界中の紛争状況を監視するとともに，実際に調停等を行った。

　第2に，ラテンアメリカ諸国等における選挙監視の運営である。ラテンアメリカ地域の現職，元職の元首によって構成される自由選挙国元首評議会が選挙監視の運営主体として設立された。カーター・センターによる選挙監視が紛争解決に一定の役割を果たした事例として，ニカラグアの事例がある。ニカラグアでは，1979年7月にサンディニスタ民族解放戦線（FSLN）が政権を奪取したが，その政権に対する反政府活動が続いた。そのため，近隣諸国（メキシコ，コロンビア，ベネズエラ）や関係当事国（グアテマラ，ホンジュラス，エルサルバドル，コスタリカ，ニカラグア，パナマ：中米サミット構成国）が政府側と反政府側の和平案の作成に努力した。1989年2月の中米サミットにおいてエルサルバドル合意が成立し，90年2月に総選挙を実施することになった。この選挙の監

視団として，政府間国際組織である国連，米州機構とともに，非政府組織であるカーター・センターがオルテガ・ニカラグア大統領の要請に基づき参加した。カーター・センターは，各国からの援助の約束を取り付けることで公正な選挙を実施するインセンティブを提供した。また投票終了後から結果発表までの間に敗北した現職大統領に助言するとともに，政府側と新政府側の移行チーム間の定期的接触の場の設定に貢献した。

○インターナショナル・アラート　第3の組織として，インターナショナル・アラートをみてみたい。インターナショナル・アラートは，人権侵害に対応するためには，その原因である国内紛争自体に対処しなくてはならないという認識に基づいて設立された組織と，カンボジアのポル・ポト派によるジェノサイド等の行為に反対する国際世論を動員するために設立された組織とを母体として，1985年に設立された。インターナショナル・アラートは，個々の人権侵害ではなく，その原因となる集団間紛争に焦点を絞り，人権侵害を告発するような「目立つ路線」ではなく「目立たないで活動する路線」を採用している。

インターナショナル・アラートが一定の役割を果たした事例としては，ウガンダにおける事例がある。ウガンダでは，軍内派閥政治で凝集性を欠いた政府に対抗するため，1981年7月に軍事部門として国民抵抗軍（NRA）をもつ国民抵抗運動（NRM）が結成され，86年1月にはNRAは首都カンパラを制圧し，ムセベニ大統領の下に新政府が樹立された。ムセベニは，政党政治を禁止し，「政党のない民主制」という草の根の参加に基づく独特の民主制を促進しようとしていたが，国内における紛争，軍統合，人権侵害の問題を改善する意図はもっていた。そのため，ムセベニ・ウガンダ大統領の招待により，インターナショナル・アラート等が主催して国内紛争に関する国際会議が1987年に開催された。そして1989年にはフォローアップのための代表団を受け入れた。このような活動は，ウガンダの民主体制移行に関しては「時間的寛容」が必要であると考えていた北欧諸国の支援を得た。これらの場では，法制度改革，軍の統制確保（軍統合，準軍事組織の廃止），現地での信頼醸成の前提となるラジオ等のコミュニケーション手段の改善，現地の長老への紛争解決技術の訓練といったことが勧告された。

◆ 非政府組織の活動手段

非政府組織の基本的な活動手段には，仲介と技術援助の2つがある。

仲介とは，紛争当事者間の直接的接触を媒介するものである。これは，MRAのように信頼しうる当事者の相互の紹介を通して行うこともあれば，カーター・センターのようにINNによる直接交渉の場の設定や選挙監視の実施を通して行うこともある。いかにして当事者の信頼を確保するのかが，仲介成功の鍵になる。そして，信頼を確保するためには，人的ネットワーク，選挙監視，分析・調査，援助等の具体的な手掛かりが必要になる。

また，仲介には，入口（紛争当事者間のネットワーク構築）重視のものと出口（個別的合意形成）重視のものがある。例えば，MRAの活動は前者に焦点を当てており，カーター・センターのINNの活動は後者に焦点を絞っていた。

次に，ここでいう技術援助とは，紛争管理や紛争解決を目的とするソフトな技術援助である。第1に，諸民族間，政府軍・旧ゲリラ間等での軍統合問題や準軍事機関の廃止に関するものがある。第2に，国内地域の信頼醸成に関するものがある。これには，地域レベルでのマスメディア等のコミュニケーションの改善に関するものや平和ゾーンの創設に関するものがある。第3に，紛争管理・解決技術自体の訓練や民族的多元性や人権を尊重するための教育カリキュラムの作成がある。第4に，民主制運用の際の重要な制度である選挙実施に関するものがある。

◆ 非政府組織の活動における課題

非政府組織の活動には，以下のような課題がある。

第1に，当事国の合意調達の問題がある。非政府組織の紛争への関与は，基本的に関係国政府の個別事例ごとの合意を前提とする。例えば，カーター・センターの場合，ニカラグアにおける選挙監視はオルテガ大統領の招待を受けて行われたものであった。またインターナショナル・アラートのウガンダへの関与もまた，ムセベニ大統領の積極的招待に基づいたものであった。したがって，非政府組織の活動の設計にあたっては，当事国の合意調達が不可欠となる。

第2に，政府レベルの活動との連携という課題がある。平和活動における非政府組織の活動は，何らかの形で政府レベルの活動との連携が常に必要とされてきた。この連携には，3つの類型がある。第1の類型は，非政府組織の活動

を政府レベルの活動に引き継ぐという類型である。第2の類型は，政府レベルの活動を非政府組織の活動が引き継ぐという類型である。第3の類型は，政府レベルの活動と非政府組織の活動が協力する類型である。

　非政府組織の活動における最大の問題は，そのアカウンタビリティをどのように確保するのかである。特に非公式チャネルによる仲介の提供については，「二元外交」批判が行われたこともある。政府レベルの活動との適切な連携は，アカウンタビリティ確保のためのひとつの戦略としても位置づけることができる。

　第3に，各非政府組織の比較優位をどのように確保するのか，また，多様な非政府組織間の調整をどうするのかという課題がある。非政府組織は，政府間国際組織の関与しにくい国内紛争における比較優位をもっており，カーター・センター，インターナショナル・アラートは，この点を戦略として明示していた。MRAの実践においても，国内紛争の比率は増大してきた。

　各非政府組織は，主たる活動段階・手法も異なる。例えば，MRAが入口段階での仲介機能を重視するのに対して，インターナショナル・アラートは紛争管理・解決実施局面での技術援助を重視する。その結果，非政府組織間の分業が成立することもある。例えば，フィジーにおいては，1987年にインド系住民の増大を恐れたフィジー系住民によるクーデタが発生した。しかし1990年には，MRAが両者を集めた会議を開催し，フィジー系酋長の態度転換を促し，国内和解の契機を提供した。その後，1992年には暫定憲法案作成に向けた合意がなされ，以後，インターナショナル・アラートが関与して，憲法改訂の具体的協議の場が設定された。また，一般的には，MRAが紛争管理・解決に向けた心理的手法を重視したのに対して，インターナショナル・アラートは，国内の信頼醸成措置（中立なラジオ放送実施など），軍統合，多文化教育プログラム構築といった分析的手法を重視した。さらに，非政府組織の財政のあり方も異なっていた。インターナショナル・アラートが政府開発援助（ODA）に依存しているのに対して，カーター・センターは民間の大口寄付，MRAは個人寄付に依存する比率が大きかった。

　このように多様な非政府組織が存在することは，対象地域において，これら相互の調整が必要であるということでもある。政府レベルでの活動との連携はそのような調整のひとつのメカニズムにもなる。

第12章　平和活動　277

5　国際刑事司法

◉ 国際刑事司法の活性化

　国際刑事司法への関心が高まった背景には，前体制の責任者への免責に反対する考え方が強くなってきたことがある。従来，紛争終結後は，前体制の責任者を免責することにより和解路線をとることが多かった。しかし，1980 年以降，責任者に対する刑罰の適用を求める矯正的司法（retributive justice）の考えが強くなってきた。特に，ラテンアメリカにおいては，犠牲者とその支援者の努力もあり，加害者の訴追が求められてきた（大串 2012）。

　そして，国連の枠組みの下で，安保理の決定により，1993 年には旧ユーゴスラヴィア国際刑事裁判所（ICTY）が，94 年にはルワンダ国際刑事裁判所（ICTR）が設置された。また，1998 年には，条約を基礎として，国際刑事裁判所（ICC）が設立された。さらに，国際法廷と現地の法廷を組み合わせた混合法廷という試みもある。

　しかし，現在でも，平和と司法，免責と訴追のディレンマは存在する。具体的な事例では，1999 年ミロシェヴィッチ大統領を ICTY が訴追した際も，すぐには移送を要請しなかった。また，シエラレオネのロメ合意やモザンビーク戦争犯罪についても全面免責が行われた。このような例にも見られるように，司法機関は，平和構築の観点から必要だと判断できる政治的要請を率直に認めることも必要になる場合がある。また，上司の命令に逆らえない下級将校を裁くことをどう考えるのかという，責任の個人化に伴う難しい問題も存在する（篠田 2003）。

　他方，司法と平和が調和的な場面もある。司法機関による訴追は，紛争勢力から過激派分子を取り除くという戦略的試みの中で有益になることもある。また，責任者個人の訴追は，民族紛争が犯罪的な諸個人によって政治的に作り出されたものだと示すことで，民族集団間の対立を和らげる面もある（篠田 2003）。

　また，紛争後の社会において秩序が回復するためには，矯正的司法の適用だけでは不十分であり，国際刑事司法機関の活用の中でも，修復的司法（restorative justice）のような手法を活かす必要もある。これは，真実究明委員会が活用される理由でもある。また，国際刑事司法機関の運用の中でも修復的司法の

考えを活かした手法が部分的に用いられることもあった。

◆ 国際刑事司法の手法と運用――ICTY の場合

　最初の国際刑事司法組織である ICTY は，1993 年 2 月に安保理決議 808（SCR/808）によって設立された。しかし，最初に公判手続きが開始されたのは，スレブレニツァ事件の 2 カ月前の 1995 年 5 月であったことからもわかるように，運用開始は遅れた。

　運用開始が遅れた理由のひとつは，平和維持部隊による拘束に依存していたことであった。例えば，イギリスは，1997 年の労働党政権成立までは，軍事的拘束に慎重であった。また，一般的に，軍事要員は特定の個人を拘束する作戦の訓練を受けていなかった。他方，戦争犯罪人の捜査・逮捕は，非武装の文民警察官には荷が重かったという面もあった（篠田 2003）。

　国際刑事司法の運用におけるさまざまな困難もあった。例えば，旧ユーゴスラヴィアにおける証人からの聞き取り調査の際には，証人たちが国際刑事司法自体に強い猜疑心をもっていた。また，捜査の対象とする国際犯罪の取捨選択に関する検察当局の裁量が非常に大きかった。さらに，一人の証人が同じ事件について何度も証言を聴取されると証言内容に少しずつ齟齬が生じる，証言の「汚染（contamination）」という現象が生じた。他方，集団殺害の被害者が埋葬されている場所を掘り起こし，その復元作業によって殺害状況を検証するという科学的作業が戦争犯罪の立証に不可欠であり，そのための専門的な非政府組織も存在した。

　さらに，法技術的な課題も存在した。国際刑事法においては，共犯の一形態として，共同犯罪計画（JCE）という犯罪類型が判例を通して形成され，定着している。その際，JCE の認定を行うために，どのような「上位者・下位者の関連を示す証拠（Linkage evidence）」が要求されるのかという課題があった。また，ジェノサイドの認定において，集団を破壊する明確な意図をどのように認定するのかという課題があった。

　このようなさまざまな課題はあるものの，司法的メカニズムを活用する場合の比較優位である司法的公平性を一定程度示したこともあった。セルビア系勢力の側だけが訴追されたわけではない。例えば，ムスリム系勢力のオリッチ（スレブレニツァ防衛隊の指揮官）も 1992 年から 93 年の間に発生したスレブニツ

ァ近郊でのセルビア系住民や捕虜に対する殺人，非人道的な待遇，不当な破壊活動等によって，2003年3月にICTYに起訴された。そしてオリッチは検察から18年の禁固刑を求刑され，06年6月30日に第一審裁判部では禁固刑2年を言い渡された。

　また，国際刑事司法が紛争後の集団記憶の形成に果たしうる役割，紛争の最中に起きた事件に関する「説明（narrative）」としての役割を指摘する議論もある（藤原 2007）。国際犯罪捜査において収集された証拠は多量であり，分析の質も高く，立証と反証という公判手続きを通して透明性も確保されているので，事実の公的性格を担保し，集合的記憶につながっていく可能性がある。これは，国際刑事司法の修復的司法としての観点ももった運用である。他方，これは容易ではないという批判もある。ジェノサイドの立証のための証拠収集が，定型性・共通性のある殺傷方法等に関心があるのに対して，集団記憶の形成に際しては，被害者の特定性・個別性のある情報が求められ，両者に焦点の違いが存在するからである（Stover & Shigekane 2004）。

◆ 真実究明委員会の手法と運用——CAVRの場合

　集団記憶を構築することで，紛争後の和解を試みる手法として真実究明委員会がある。このような手法を用いた著名な例として，アパルトヘイト（人種隔離政策）後の南アフリカがある。

　独立後の東ティモールにおいても，東ティモール受容真実和解委員会（CAVR）が設立され，活動した。ここでの真実とは，人権侵害の事実だけでなく，紛争全体にかかわる国際要因も国内要因も含むものとされている。また，CAVRの活動目的は，共通の歴史認識をつくりだし，その上で和解を構築することをめざすというかなり広範なものであった（松野 2007）。

　広範な網がけ調査としては，約8000人が自発的に「陳述採取」という手続きを通して証言した。その上で，ピンポイント調査として「リサーチ」が行われ，さらに，リサーチを基にした「公聴会」が開催された。科学的手法を用いた「死者数の算定」も行われた。ただし，CAVRにおいては，独立派内部の抗争に由来する人権侵害の証言の収集は困難であった。また，重要な当事者であったインドネシア側の証言が欠落しているという問題もあった。

　CAVRは，真実の探求とともに和解をも目的としており，「コミュニティ和

解プロセス」が実施された。和解プロセスにおいては，加害者が罪を告白し，謝罪し，ある場合には一定の償いを行うことで，加害者が許され，コミュニティに復帰するというプロセスがとられた。実際に，1371人に対して実施された。ただし，重大犯罪は免責されるべきではないという正義の原則から，コミュニティ和解プロセスが対象としたのは，重大犯罪でないものに限られていた。

◆ 新たな制度化──ICC

ICCは，1998年7月に採択された，「国際刑事裁判所に関するローマ規程（ICC規程）」という条約により設立された。ICC規程は，ICCの管轄権，訴訟手続き，裁判所の構成と管理，国際協力，司法共助等を定めた文書である。ICCは，個別の事例のために安保理の下で設立されたICTY，ICTRとは異なり，条約に基づく独立の常設的組織であった。なお，このICCの設立過程においては，アジェンダ（議題）設定等について，非政府組織が大きな役割を果たした。

しかし，仕組みとしては，ICCは警察や刑務所をもたなかったために，各国の協力に依存していた。そもそも，ICCを運用していくためには，各国がICC規程を批准し，適切な実施規則を採択し，国内法を調整し，ICCと協力する必要があった。そして，「補完性の原則」が主張され，各国内で対応できることはなるべく各国で対応することとされた（河島 2008）。ただし，当初あまり想定されていなかったが，国内統治が脆弱な締約国が自国内の事態を自己付託する事例が起こっている。例えば，ウガンダ政府は2003年に反政府組織「神の抵抗軍（LRA）」に関する事態をICCに付託した。このような場合，訴追が国内統治の正当性維持に用いられるおそれがある（下谷内 2012）。

また，ICCが外部世界の厳しい監視に耐え，かつ公平性，独立性，プロ意識についての高い基準を守る必要があった。そのため，第1に，公平性を担保するために，検察官が自発的に捜査を開始する場合には，予審裁判部の許可が必要であるという制度が設計された。これは独立性と自律性をもつ検察官が，政治的な動機から捜査に着手することを防ぐ方策の一例である。第2に，ICCの職員の採用では，ICCは世界の主な法制度が確実に代表されるようにするという考えがとられ，多様な法文化圏からの採用が志向された。

興味深い試みとして，ICCには，被害者参加・賠償部が設置されている。被

害者を関与させることで,国際刑事司法組織に対して距離感をもつ被害者と国際刑事司法組織の距離を縮め,被害者の思いを受け止める方策を講じることは,修復的司法の重要な要素でもある。

被害者参加の運営については,いくつかの実務的課題が存在する(マッケイ2007)。第1に,被害者とは誰かという問題があった。例えば,問題となっている危害に対してどれくらい近接した関係にあった必要があるのかが問題になる。第2に,ICCが被害者にどのように接触するのかという問題がある。具体的には,どのような仲介集団を介して,被害者に接触するのかが問題となる。第3に,被害者はどのような形で訴訟手続きに参加するのかが問題となる。例えば,被害者が自分たちの物語・身の上話を裁判所で語りたいと要望する場合に,裁判所はどのような態度をとるべきか,といったことである。

●さらに読み進める人のために

☞ 篠田英朗『平和構築と法の支配——国際平和活動の理論的・機能的分析』創文社,2003年。
　＊平和構築の概念および法の支配の概念について論じ,その相互の関係を整理する。また,平和構築の具体的な活動形態について,和平合意,選挙支援活動,法執行活動,司法活動に焦点を当てて,その機能を分析している。

☞ 上杉勇司・青井千由紀編『国家建設における民軍関係——破綻国家再建の理論と実践をつなぐ』国際書院,2008年。
　＊平和活動として破綻国家に介入し,国家再建を支援する場合に,軍事組織と文民組織の間の民軍関係にどのような課題があるのかを整理する。そのうえで,カンボジア,東ティモール,コソヴォ,アフリカ,アフガニスタンの事例研究を行っている論文集。

☞ 城山英明・石田勇治・遠藤乾編『紛争現場からの平和構築——国際刑事司法の役割と課題』東信堂,2007年。
　＊さまざまな紛争事例をふまえたうえで,ICCの設立過程,その過程におけるNGOの役割,ICCにおける犯罪捜査と集合的記憶形成の関係,被害者参加のあり方等の運用上の課題,真実究明委員会の役割や被害者参加のあり方について論じている論文集。

第13章

国際援助活動

❶トーゴから隣国ベナンにある UNICEF の難民キャンプに逃れて来た子どもたち（ベナン，2005 年 5 月 30 日，AFP＝時事）

> 行政資源としての資金を主として活用する国際援助活動について検討する。ただし，資金以外に，情報（政策モデルなど），人的資源（専門家など）も活用される。国際援助活動の運用に関しては，まず，援助主体が多様であるために，援助主体間の調整問題が存在する。また，国際援助活動と受入国の国内財政とのインターフェースをどのように設計し，運用するのかという課題も存在する。さらに，国際援助活動の実施段階においては，さまざまな要因がその実効性を規定する。国際援助の現場における実施では，受入国の政府だけではなく，地方政府，非政府組織，企業等が重要な主体となる。このような受入国内外の多様な主体のインセンティブと能力は，国際援助活動の実効性を規定する。

1 国際援助活動の内容と課題

　本章では，国際行政における資源のうち，主として資金を活用する国際援助活動について検討する。国際援助活動においては，資金以外に，情報（政策モデルなど），人的資源（専門家など）も活用されることがある。また，資金提供が一定の国際的ルールの受け入れを条件として行われることもあり，その限りにおいて，援助とルールという国際行政資源も連関している。

　国際援助活動には，いくつかの類型がある。まず，一定の譲許性を有する政府開発援助（ODA）がある。それ以外に，より譲許性の低いその他の政府資金（OOF）がある。また，1990年代以降，国際的な資金移転における民間市場における金融や，移民による海外送金の役割の増大が指摘されており，それらと国際援助活動との関係についても考える必要がある。さらに，軍事援助，安全保障援助，平和維持活動（PKO）経費分担などについても，国際援助活動の一定の類型であると把握することができるが，本章の検討対象から除いておく。

　援助活動は，さまざまな援助主体（donors）によって実施される。各国によって提供される二国間援助，国際組織によって提供される多国間援助が存在する。また，多国間援助の中にも，多くの分野にかかわる一般目的の援助と，感染症対策や地球環境対策といった特定の目的のための援助が存在する。このような国際援助活動全体のあり方については，1960年代以降，経済協力開発機構（OECD）の開発援助委員会（DAC）等において議論され，国際援助活動に関する一定のルールが策定されてきた。さらに，最近では，公的主体による援助活動以外に，民間財団等による援助活動の重要性も増大している。

　このような国際援助活動に関しては，以下のような課題が存在する（城山2007）。

　第1に，援助主体間の調整問題が存在する。多様な援助主体による援助活動が，同一地域，あるいは同一分野を対象として行われるため，これらの援助活動間の調整が不可避となる。ただし，そもそも，各援助主体間において，密接な連携や調和化（harmonization）が必要なのか，あるいは，各援助主体の独自性がより発揮されるべきなのか，についてはさまざまな考え方がありうる。近年，ヨーロッパを中心に援助主体間の調和化が主張され，実施される半面，アメリカ等においては，援助主体の独自の判断を強調する動きが見られる。また，

DACの参加国ではない，中国などのいわゆる新興援助主体（emerging donors）の援助方針や実行のあり方も独自性が強い。

　第2に，国際援助活動と国内財政とのインターフェース（接接）をどのように設計し，運用するのかという課題が存在する。例えば，援助主体ごとの国際援助行政の意思決定サイクルと，受入国財政の意思決定サイクルとを調整するだけでも大変である。また，実際に，個々のプロジェクト等において，国際援助活動による資金と国内財政による資金が各々一定の部分を分担することがある。その場合は，国際援助活動に関する意思決定と国内財政に関する意思決定をプロジェクト等のレベルで整合化する必要がある。さらに，援助主体の観点からいえば，本来，国内財政案件としても採用されるはずであったプロジェクトを単に国際援助という資金源によって代替するだけであれば，国際援助提供のインセンティブをもたないことになる。あるいは，国際援助を提供することによって，受入国に生じた余剰財源が適切ではない目的（例えば軍事支出）に用いられることは，援助主体の観点からは望ましくない。

　第3に，国際援助活動の実施段階においては，さまざまな要因がその実効性を規定する。国際援助の現場における実施では，受入国の政府だけでなく，地方政府，非政府組織，企業等が重要な主体となる。また，受入国の政府は必ずしも一体ではなく，その内部では省庁が分立しており各々が異なったインセンティブをもつ。さらに，国際援助活動においては，援助国内の企業がしばしば実施主体であり，これらのインセンティブも重要な要因になる。このような受入国内外の多様な主体のインセンティブと能力は，国際援助活動の実効性を規定する。

2　国際援助活動の背景と歴史的展開

　国際援助行政活動は，表13-1のような経緯で成立し，展開してきている。

◆ 背　景

　国際援助活動が生まれた第1の背景には，金融市場における変動に対して緩衝機能を確保したいという要請による国際金融行政システムの公化という変容がある。

　19世紀半ば以降，国際投資と国際貿易の拡大は，国際金融に関する国際的

表 13-1　国際援助行政活動の歴史的展開

年	事　項
19世紀半ば	外国債券投資家協会 (CFB) による国際的債権管理
1922	国際連盟によるオーストリアの財政危機・インフレへの対応
46	ブレトンウッズ体制による IMF・世界銀行の設立
47	マーシャル・プラン援助開始
60	OECD において DAG 設立 (1961 年に DAC と改称)
65	DAC：ODA を GNP の 1% とする目標設定
69	ピアソン委員会報告
80年代	構造調整融資の実施
90	世界銀行『世界開発報告』(貧困テーマ)
96	OECD『新開発戦略』策定
2000	国連「ミレニアム宣言」(ミレニアム開発目標の設定)
02	アメリカ，ミレニアム挑戦会計 (MCA) 設置
03	「調和化に関するローマ宣言」
04	アメリカ，ミレニアム挑戦公社 (MCC) 設置
05	援助の実効性に関するハイレベル・フォーラム開催 (パリ)

仕組みの必要を生み出した。デフォルト（債務不履行）に陥った場合に，債務者側が一部債権者のみに返済して，その債権者の一部から追加投資を受けることを防止し，今後の融資可能性等を梃子として債権の回収を図るため，民間の金融機関等の債権者自身の自発的組織として外国債券投資家協会（CFB）が設立され，国際的な債権管理を行っていた（Fishlow 1985）（⇒第1章）。

このように，20世紀初頭までの国際金融行政は，非政府レベルの枠組みによって担われていたが，戦間期には政府間組織である国際連盟も関与するようになった。国際連盟は，経済財政部門が中心となり，1922年8月以降，オーストリアの財政危機・インフレ（物価上昇）への対応では，紙幣印刷の即時禁止，財政支出の劇的な統制，融資への政府保証といったコンディショナリティ（条件）を課す代わりに，民間金融機関がオーストリアへの融資を行った。資金自体は民間金融機関によって提供されたが，政府間国際組織が融資のコンディショナリティ設定に関与するという枠組みが構築されたのである（⇒第4章）。

このような展開を前提として，第二次世界大戦後のブレトンウッズ体制においては，政府間国際組織である国際通貨基金（IMF）や世界銀行が，枠組みを設定するのみならず，直接的に資金を提供するようになった。このような国際金融行政の公化が，国際援助活動のひとつの背景となった。

国際援助活動の第2の背景は，第二次世界大戦後の脱植民地化に伴う，「準

国家（quasi-state）」の増殖である。

　第二次世界大戦後，第三世界において植民地統治の下にあった諸地域の独立が進み，国家の数は急増した。しかし，このような独立は，「事実」の変化によるものではなく，「規範」の変化によるものであった。つまり，第三世界諸国の独立は，行動や抑止する能力に基礎づけられた「積極主権（positive sovereignty）」に基づくものではなく，内政不干渉の権利や外部の干渉からの自由に基礎づけられた「消極主権（negative sovereignty）」に基づくものであった。そのため，新興独立諸国は，形式的には独立しているものの，実質的にはそのような能力を欠いていた（Jackson 1990）。

　このような「準国家」においては，政治的意思，制度的権威，人権保護・社会経済的な福祉提供のための組織化された権力が不十分であり，便益の提供も限られたエリートに対象が限定される。植民地統治下において，低開発は国内問題であった。しかし，脱植民地化の結果，低開発の問題は国際化された。そして，国際的に独立した準国家が生存するためには，援助活動は不可欠な要素となった。援助活動の規模は，先進国の予算においては小さな部分に過ぎないが，南北格差の存在ゆえに，第三世界の一部の発展途上国にとっては大きなものとなった（⇒第2章）。

　国際援助活動の第3の背景は，冷戦に伴う反共産主義と輸出振興の必要という国際政治経済上の条件である。一方で，政治的には，冷戦の中で，東西間の援助競争が促進され，西側諸国は反共産主義を目的として第三世界諸国に援助を行った。他方，経済的には，西側諸国は，輸出振興を図る観点から，国際援助活動を手段として用いるインセンティブをもっていた。ただし，冷戦の終焉とともに，東西間の援助競争も終焉する。また，輸出振興のための国際援助の利用は，OECD等の場において徐々に制約されていった。

　このような背景の下に，第二次世界大戦後の国際援助活動は，以下のように歴史的に展開していった。

◆ マーシャル・プランの経験

　第二次世界大戦後の国際援助活動のひとつの原型は，アメリカがヨーロッパの復興のために提供したマーシャル・プランである。これは，1947年に，トルーマン大統領による特別教書「欧州復興計画の概要」において提示され，

1948年4月から52年6月までで，170億ドルの提供が予定された。これは，当時のアメリカの国民総生産（GNP）の3％に相当し，現在の援助の規模に比べて，相対的に大きなものであった。そして，実際に，1951年6月までで102.6億ドルが提供された。なお，大部分は贈与であった（永田 1990）。

　実施組織としては，大統領直属の組織として，経済協力庁（ECA）が設置された。これは，軍事組織の命令系統を応用したものといわれ，そのヨーロッパ特別代表の裁量権は大きかった。現地代表の裁量権が大きいという性格は，現在のアメリカ国際開発庁（USAID）のシステムにおいても基本的に維持されている。また，ヨーロッパ側では，援助受入国間の組織として，欧州経済協力委員会（CEEC）が設立された。これは，後に欧州経済協力機構（OEEC）へと再編された。これらは，さまざまな分野を横断する組織であった。

　マーシャル・プランでは，アメリカがヨーロッパを扶養することは不可能であり，復興のエンジンに点火するに過ぎないという認識から，ヨーロッパの自主的努力の尊重が謳われた。そして，自主的努力の一環として，援助を受け入れる欧州各国間での共同計画の策定が行われた。共同計画の策定においては，単なる援助案件の「ショッピング・リスト」の作成ではなく，各国間の政策調整が求められた。具体的には，各国の通商財政政策が同時に共同で検討された。これは，数量規制の撤回等の貿易自由化や後の欧州決済同盟（EPU）につながる決済自由化に関して効果があった。援助配分も被援助国が関与する形で行われた。当初，一定の方式に基づく援助配分が試みられたが，前提としての資源状況の調査にソ連が反対したことなどもあり，基礎的な情報収集自体がなかなか困難であった（城山 2007: 第Ⅰ章2）。

　このようなマーシャル・プランは，先進国向けの復興援助であり，被援助国間の政策調整を重視したという点においては，後の発展途上国向けの開発援助とは異なっている。しかし，援助は自助の手助けであるという原則を示した点，現地事務所に裁量を付与する援助主体側の組織を構築した点，援助供与と政策調整を連動させた点で，後の国際援助活動の枠組み構築に一定の貢献を行った。

◆ 1960年代におけるシステム化──ピアソン委員会報告

　第二次世界大戦の後，IMFと世界銀行によるブレトンウッズの諸機関の成立，国際連合（国連）の設立とそれを基礎とした開発関係の国連諸機関の設置，

発展途上国の開発のために技術支援を行うというアメリカの1950年代の「ポイント・フォー計画」の開始，旧植民地宗主国による植民地独立後の二国間援助等を通して，発展途上国に対する国際援助の多様な試みが開始された。また，「相互安全保障（mutual security）」の名の下に，共産主義圏の周辺地域に対する，経済安定のための大規模な支援も行われた。これは，ギリシャ，トルコ，韓国，台湾，南ヴェトナム，ラオス等に対して供与された。

　これらのさまざまな国際援助活動は，1950年代には「システム」を形成しておらず，各活動の相互作用に対して国際的に無関心であった。ところが，1960年代には，これらの諸活動が「開発援助」として，ひとつのシステムを構成するものと見られるようになる。

　世界銀行総裁によって設立された国際開発委員会によって1969年に提出された報告書（「ピアソン委員会報告」）は，このようなシステムとしての国際援助活動に対する認識を示すものであった（国際開発委員会 1969）。「ピアソン委員会報告」は，以下のような現状認識をもっていた。第1に，援助資金総量は1950年代後半には急速に拡大したが，1960年代，特に後半には，援助資金総量は停滞していると考えた。第2に，二国間援助は従来，目先の政治的恩恵の供与，戦略的利益の獲得，貿易促進といったアドホックな目標のために行われることが多かったが，「今や一つの転換点にさしかかっている」と考えた。そして，開発協力は単なる資金移転以上のものであり，相互の理解と自尊心の上に打ち立てられる必要があり，よき開発関係は援助供与側あるいは受入側の直接の政治的・経済的な利害や圧力によって支配されてはならず，援助が効果的であるためには確実性と連続性が必要であるとする。

　このような現状認識を前提として，援助の根拠，総量，効率化に関する議論を行った。第1に，援助の根拠に関しては，世界的共同体に属しているという認識に基づく道徳的義務，啓蒙された建設的私利といった要因が指摘される。第2に，援助の総量に関しては，民間投資等を含めた途上国に対する資源の移転量についてGNP比1％を確保すべきであるという目標が支持された。そして，ODAについては，1975年まで，あるいは1980年より遅くならないなるべく早い年において，GNP比0.7％が達成されるべきであるという中期的目標を示した。第3に，援助の効率化に関しては，援助に対する手続き上の障害を明らかにし，それを減少させる方策を検討することや，援助供与国の規則を

Column ⑨　レスター・ピアソン

　ピアソンは，1897年にカナダのトロントで生まれた。1919年にはトロント大学の一部を構成するヴィクトリア大学を卒業し，21年から23年にはイギリスのオクスフォード大学に留学し，修士号を取得した。帰国後，大学でしばらく教えた後，外交官試験に合格し，1928年からはオタワで勤務し，30年のロンドン海軍軍縮会議や国際連盟の会議に参加した。

　1935年にはロンドンに赴任し，ヨーロッパにおけるネットワークを構築する。その後，1942年にはワシントンに赴任し，対米交渉とともに，戦後の国際組織設立にかかわるさまざまな委員会に関与した。1943年7月には食糧農業機関（FAO）の前身である連合国食糧農業暫定委員会（United Nations Interim Commission on Food and Agriculture）の議長となり，1943年から46年には連合国救済復興機関（UNRRA）の調達に関する委員会の議長も務めた。その間，1945年にはカナダの駐米大使となった。

　1946年には外務省次官としてオタワに戻り，48年には外務大臣となり，下院の議席も得て，自由党が選挙で敗れる57年まで外務大臣を続けた。その間，北大西洋条約機構（NATO）理事会議長（1951–52年）や国連総会議長（1951年）を務めた。1952年には，NATO事務総長と国連事務総長候補となったが，NATOについては自身が固辞し，国連についてはソ連が反対したため実現しなかった。1956年10月のスエズ危機の際には，イギリス，フランスが，エジプトのスエズ運河国有化に反対して攻撃を加えたことにアメリカとともに反発し，事務総長にただちに国連緊急軍（UNEF）の計画策定を求める総会決議の採択を主導した。カナダがイギリスの戦争に反対したのは初めてであった。その功績により，1957年にはノーベル平和賞を受賞した。1958年には自由党党首となり，63年4月の選挙で勝利すると，首相に就任し，68年まで務めた。その後，1969年には，国際開発に関する委員会の議長としてピアソン報告と略称される報告書（*Partners in Development: the Report of the Commission on International Development*）を公表し，72年に死去した（English）。

統一し，かつ援助受入国の受け入れ手続きを改善することが勧告された。また，援助配分が毎年の予算で決定されるため不確実な予想しかできないという問題点が指摘され，供与期間を最低3年間にまで延長し，かつ繰り越しを可能にするという勧告が行われた。さらに，使途に条件が付されるような紐付き援助

（タイド援助）の削減，柔軟に利用できるプログラム援助の拡大，技術協力の総合的計画への組み込み等が主張された。このような援助効率化の議論は，今日でも論じられている議論の原型である（城山 2007：第 I 章 3）。

◆ 1980 年代以降における受入国ガバナンスへの関心

世界銀行は，1980 年代に，構造調整融資を行い，援助受入国に対して援助提供のコンディショナリティを課す代わりに，プログラム援助を広く提供してきた。当初，構造調整は短期的現象であり，成長はすぐ再開し，悪影響は一時的であると考えられていた。また，コンディショナリティの対象は，緊縮財政，通貨切り下げ，金利引き上げといったマクロ経済政策であった。しかし，1990 年代に入ると，調整に時間がかかることが認識され，調整コストを和らげる意識的活動や，社会集団間の配分問題への配慮が必要なことも強く認識されるに至った。そして，コンディショナリティや制度建設の支援対象も，歳入増をもたらす税務行政の確立，政治的な困難を伴う公務員制度改革，金融部門改革，公企業改革等へと拡大してきた。国レベルのガバナンスのあり方，すなわち，基本的制度建設にかかわる分野に焦点が当てられてきた。さらに，援助受入国のオーナーシップも重視されるようになってきた。これは，ひとつの例であるが，その後においても，世界銀行は政策過程の上流におけるアジェンダ（議題）設定において大きな役割を果たし続けている（神田 2012）。

国連開発計画（UNDP）においては，1989 年に「国家実施（National Execution)」の決議（DP/1990/33）が採択された。その内容は，実施（execution）と執行（implementation）の峻別に基づき，執行は専門機関等が担ってもよいが，実施は援助受入国である各国レベルで行われなくてはならないというものであった。これは，具体的には，援助受入国政府の管理調整能力の強化や，UNDP と専門機関とのパートナーシップ原則を再検討する必要を意味した。より具体的には，前者は，受入国政府の評価・管理能力を高めるためにプロジェクトを強化する必要を意味する。後者は，これまで実施のみであった UNDP と専門機関との関係を，計画・評価の局面を含めたものへと拡大していく必要を意味する。

このような，援助受入国の制度建設やオーナーシップを重視する姿勢は，1990 年代後半以降の，世界銀行が主導する包括的開発フレームワーク（CDF）

表 13-2 ODA 総額の推移

[単位：100万ドル]

	ODA総計	二国間援助機関	多国間援助機関	非DAC構成国
1960(年)	4,843.37	4,261.60	581.77	—
65	7,178.29	6,214.68	952.11	—
70	8,281.33	7,007.42	1,281.91	390.17
75	21,902.40	17,730.64	4,171.76	6,164.63
80	41,401.17	31,655.89	9,741.68	10,235.71
85	36,437.15	28,405.43	7,951.72	3,738.73
90	71,591.80	55,457.64	16,148.20	7,937.79
95	73,690.21	54,037.60	19,332.48	1,389.78
00	66,968.88	48,333.22	18,655.65	1,345.48
05	132,171.77	105,706.13	26,465.65	3,377.24
06	133,891.00	104,382.39	29,508.60	5,009.89
07	135,800.97	103,817.52	31,983.47	6,257.43
08	159,405.27	122,793.66	36,611.64	8,890.30
09	152,318.60	114,572.12	37,746.45	6,183.35
10	161,758.59	122,097.31	39,661.32	6,109.17
11	177,299.17	134,826.39	42,476.66	8,663.83

〔出典〕 OECD. StatExtracts, Total flows by donor（ODA＋OOF＋Private）[DAC1]（Database）.をもとに筆者作成（実施総額）。

や貧困削減戦略ペーパー（PRSP）の策定において，より鮮明に見られるようになる。そのなかで，受入国の「ガバナンス」改革が援助の焦点に浮上する。しかし，援助の実効性の前提として受入国のガバナンス改革を要求する議論に見られるように，しばしばオーナーシップ重視の掛け声の下で，実質的なオーナーシップが否定され，ガバナンス改革の押しつけが進められるという現象も起こっている（城山 2007）。

◆ 民間資金の役割の増大

1990年代前半以降は，ODA以外の市場経由での民間資金移転が拡大している（城山 2007）。表13-2ではODAの毎年の新規供与総額，表13-3では毎年の民間資金移転額（ネット＝移転純額＝移転総額－回収額）と公的資金移転額（ネット＝移転純額＝移転総額－回収額）を示している。表13-3に見られるように，

表13-3 公的資金と民間資金の移転額　　　　　　［単位：100万ドル］

資金類型　年	公的資金および民間資金総移転額	ODA（多国間援助機関経由含む）	OOF	民間資金（市場）	民間資金（援助）
1970	15,948	6,712.88	845.17	7,017.96	859.6
75	44,817.39	13,253.98	3,832.76	25,705.42	1,346.26
80	73,934.53	26,195.05	5,143.97	40,315.68	2,386.33
85	44,287.96	28,755.47	3,231.84	9,505.22	2,883.69
90	78,196.59	54,326.89	8,528.77	10,023.58	5,076.91
95	167,206.45	58,895.7	9,872.63	91,677.15	5,973.25
2000	134,168.4	53,970.17	-4,994.87	78,330.58	6,964.32
05	307,531.47	107,864.98	2,983	182,885.31	14,822.6
06	311,849.28	104,855.79	-9,527.56	202,107.87	14,749.06
07	435,692.62	104,254.32	-5,956.87	318,625.63	18,351.64
08	275,607.46	122,002.74	-6.42.5	129,921.23	23,786.72
09	333,841.75	119,821.78	8,050.43	181,859.93	22,046.88
10	507,826.92	128,292.21	5,393.03	342,910.28	30,775.44
11	495,256.3	133,716.45	8,930.5	322,335.9	30,596.13

［出典］　OECD. StatExtracts, Total flows by donor（ODA＋OOF＋Private）［DAC1］（Database）．をもとに筆者作成（実施総額）。

　民間資金移転額に関しては，1970年に約52億ドルとなり，ほぼ公的資金移転額と同額であったが，1980年には約510億ドルとなり，公的資金移転額（約333億ドル）を上回るようになる。しかし，1980年代は債務危機等があったために民間資金移転は伸び悩み，85年には約267億ドルに減少し，公的資金移転額（約351億ドル）を下回るようになる。1990年には約416億ドルに回復するが，未だに公的資金移転額を下回っていた。しかし，その後，1990年代前半以降，民間資金移転額は急増する。1995年には約1735億ドルとなり，公的資金移転額（約593億ドル）を大幅に上回るようになる。そして，民間資金移転額の増加傾向はその後も続いており，2005年には約4212億ドルとなり，公的資金移転額よりも，はるかに大きな額となっている。

　しかし，民間資金移転の配分には地域的なばらつきがある。世界的に民間資金移転が公的資金移転に比べて急増した1990年代半ば以降においても，発展

途上国において民間資金移転が公的資金を上回っているのは，中国やインドといった大国や，タイやインドネシアといった比較的発展した途上国に限られていることがわかる。バングラデシュ，ケニア，ザンビア，ウガンダ，タンザニアにおいては，民間資金に比べODAの重要性が圧倒的に高い。

3　援助主体間の調整
　　場の提供者・触媒としての国際組織

◆ グローバル・レベルの枠組みと運用——DAC

　開発援助がひとつの「システム」として見られるようになったのは，1960年代に入ってからであった。1960年に，アメリカが中心となり，援助促進の手段について定期的に検討するための開発援助グループ（DAG）の設立が合意された。1961年3月には，DAG第4回会合において，「共同援助努力に関する決議（Resolution on the Common Aid Effort）」が採択された。その決議では，①量の拡大，②有効性（effectiveness）の改善，③安定性（確実かつ継続的な援助提供）の重視，④譲許的な資金の提供の必要，が主張された。そして，具体的活動として，援助貢献の量・性格（nature）に関する定期的レビュー，「共通援助努力」に関する公平な貢献基準の研究が提案された。これらは，DAGを改称して設立されたOECDのDACにおいて実現されていく。また，同じく1961年3月には，資金移転に関する最初の包括的な報告書（*The Flow of Financial Resources to Countries in Course of Economic Development*）がとりまとめられた。

　DACの主要な活動方式には，以下の2つがある。第1の活動方式は，年次援助レビューである。これは，構成国の援助政策，プログラム，実行を定期的にレビューする制度である。この制度においては構成国間相互のピア・レビューが用いられる。この過程は，建設的な「相互批判」を管理するプロセスであると規定することができる。第2の活動方式は，年次援助レビューの後に，年に1度開催されるDACハイレベル会合における討議である。これは，各国の援助を統括する機関の長が参加する準執政レベルの制度である。この場では，優先的課題についての討議，討議結果・経験の伝播の促進が行われる（城山2007）。

　具体的には，以下のような課題について，DACレベルでの調整が行われて

きた（城山 2007: 第Ⅰ章4）。

　第1に，調整の前提としての援助活動の測定問題である。これが解決できなければ，量や負担の分担の議論すらできない。まず，ODA の定義を明らかにする必要があった。輸出信用や賠償は ODA に入るのか，ODA とされるための譲許性の必要条件はどの程度なのか，といった点が明確にされた。また，負担分担論を行うためには，借款と贈与の相対的評価を行う必要が出てくる。そのために，1969年に，ODA と OOF を峻別する定義が行われるとともに，援助における贈与的要素を可視化するためにグラント・エレメントという指標が開発された。

　第2に，負担分担に関する目標値の設定がある。当初，各国の対前年比伸び率がひとつの評価基準として用いられてきたが，1965年に DAC において，GNP 比1％という目標値が設定された。目標値は，各援助主体が国内で援助予算増大を正当化するのにも，ある程度寄与した。

　第3に，優先分野の設定がある。

　第4に，援助のあり方に関する規制がある。例えば，援助主体による紐付き援助が援助の実効性を損なうと議論されてきた。

　第5に，援助政策の方向性がある。例えば，1996年には，冷戦後の状況をふまえて，その後の援助政策の基本方針に関して，『21世紀に向けて──開発協力を通じた貢献』（いわゆる『DAC 新開発戦略』）が策定された。そこでは，後述のミレニアム開発目標（MDGs）の基礎となる指標が提示された。

◆ 各受入国レベルでの援助調整の枠組み──援助調整グループの設立と構造

　援助受入国は多くの援助主体に対応しなければならない。例えば，ケニア政府は，1980年代初期において，約60の援助主体に対応し，約600のプロジェクトを実施していたといわれる。また，UNDP の推計によると，マラウイには50の援助主体と188のプロジェクトが，レソトには61の援助主体と321のプロジェクトが，ザンビアには69の援助主体と614のプロジェクトが存在したという。このような援助主体の増殖は1960年代から70年代にかけて起こった（World Bank 1985; Morss 1984）。

　このような多数の援助主体による援助活動が調整されない場合，援助活動の効果は減ってしまう。そのため，各援助主体からの援助を調整するために，さ

まざまな援助受入国を単位とした，援助調整グループが設立された。この援助調整は直接的には援助主体間の調整であるが，必然的に分野間調整としての意味をもつ。つまり，援助主体間の調整とは，どの援助主体がどの分野のプロジェクト・プログラムに参加するかを決定するということである。そしてその決定を行うためには，当該援助受入国レベルにおける分野間調整が論理的に必要となる。このような援助調整グループは，1988 年時点で 71 カ国に存在していた。このうち，世界銀行が主導する支援国会合（Consultative Group）は 45 個であり，UNDP の主導するラウンド・テーブル（Round Table）は 24 個であった。

1980 年代に構造調整プログラムが開始される中で，支援国会合とラウンド・テーブルも強化されていった。世界銀行では，1984 年，援助調整における自身の役割が再検討された。そこでは，援助受入国における援助主体数がますます増大し，サブサハラ地域の開発の展望が思わしくなく，構造調整の中でより広範な政策課題が重要となってくる中で，援助調整はますます重要になっているという認識が示された。その上で，世界銀行が，特にサブサハラ地域において，さらに援助調整支援を増大させること，単なる情報交換ではなく，政策目的への合意を確保するために分野ごとの調整への関心を増大させることが勧告された。また，調整・投資プログラムの質，対外援助のレベルや柔軟性の改善，協議対象の拡大（中期調整計画，多年度財政計画を含む）が進められた。

1980 年代から 90 年代初頭にかけて固まったと思われる援助調整グループの制度的枠組みについて，世界銀行の場合を例としてまとめておくと，以下のようになる。

世界銀行が主導する支援国会合の基本的目的は，「政策対話」，すなわち政策・投資の共同検討を行い，資金提供の約束をとりつけることである。つまり，政策調整と資金調達という 2 つのレベルが存在する。頻度としては，基本的には年に 1 度開催される。

外部からの関与の大きい支援国会合でも，責任の所在が援助受入国にあるという原則は確認されている。ただし，伝統的には，議長は世界銀行であり，開催場所は，受入国外であることが多かった。参加者は実質的な協議が行えるよう主要な援助主体に限定される。具体的には，世界銀行と受入国とが協議して決定する。世界銀行の中では，各国担当部局が援助調整を主導する。

支援国会合における重要なインプットは，各種の文書である。これは，各援

助主体が参照し，調整の基礎となっているといえる。具体的には，世界銀行が作成する国別経済分析書（CEM），世界銀行とIMFとが共同で準備する政策枠組み文書（PFP），援助受入国が世界銀行の支援の下で作成する公共投資プログラム（PIP），公共支出プログラム（PEP）等であった。

また，資金提供の約束を取り付けるにあたっては，世界銀行は各援助主体に対し「援助見込み表（Aid Indication Table）」を送り，各援助主体は将来の「援助見込み（indication）」等を書き込んで返送する。

年に1度の，しかも数日の支援国会合ですべての調整を行うことはできない。調整が実効的であるためには，現地における調整グループの活動，分野別の調整活動と連携される必要がある。そして，分野別調整においては，援助主体間で分業が行われていた。つまり，分野別調整の担い手として複数の援助主体の中から分野別にリード・ドナーを指定したのである。例えば，バングラデシュの場合，鉄道分野に関してはアジア開発銀行（ADB）が，農村開発における農村インフラ分野に関してはスウェーデンが，農村開発における農村雇用に関してはデンマークが，農村開発におけるNGOに関してはカナダが，リード・ドナーとして指定されていた（Barry 1988）。この援助主体間の分業の管理は，相補性の管理といえる。

◆ 援助調整グループの運用

援助調整グループの運用に関しては，以下の3つの要素が重要になる（城山 2007: 第Ⅰ章4）。

第1に，分野間調整の基礎となる共通の文書，例えば，PFP，PIP，PEP等が，運用上重要な基礎となった。制度として，各国レベルでの援助調整には，政策調整と資金調達・配分という2つのレベルがある。政策対話においては，これらの文書は重要な素材あるいは産物であり，また，援助受入国への援助を含めた資源を分野別に資金配分する際の指針となるものでもあった。

第2に，政策対話の実効性を規定するのは，基本的には双方の信頼関係であった。この双方の信頼関係を維持しつつ「相互批判」あるいは討議を管理することが必要になる。この管理の失敗例としては，1980年代のタンザニアの事例が挙げられる。双方の信頼関係が欠如していたため，政策対話は双方を非難し合うイデオロギー論争と化してしまった（Cassen et al 1994）。

第3に，援助主体間の競争のプラスとマイナスを，どのように「相補性」を満たす形で調整するかが重要になる。援助調整における援助主体間の競争の機能としては，選択肢の拡大，分業（特定の分野への競争的特化。例えば北欧の援助活動の人道分野への集中）による分野レベルの調整の促進というプラスの機能と，他の援助主体にとられないためのプロジェクトの持続，限られた資源（例えば現地の管理職の人材）の争奪というマイナスの機能の双方が見られる。これらのうち，いかにプラスの機能を発揮させ，マイナスの機能を抑えるか，そしてその両者を調整するかという「相補性」の管理が重要になる。

　「相補性」の管理としての援助調整の運用を規定する要因としては，いくつかのものが考えられる。第1に，援助主体側，援助受入国側の思惑が挙げられる。援助主体側の思惑のうち，資源を効率的に利用したいという要求は調整を促進する方向に働き，商業的・政治的な利益を自由に追求できなくなる可能性への警戒は調整を阻害する方向に働く。また，受入国側の思惑のうち，援助主体への対応のための行政的負荷を削減したいという期待は調整を促進する方向に働き，援助主体間のカルテル（談合）へのおそれ（例えば冷戦時の東西関係のように援助主体を競わせて利得を得る機会を失うおそれ）は調整を阻害する方向に働く。第2に，援助調整が短期資金の確保を目的としたものか（その場合分野間調整との関連は間接的），長期資金の確保を目的としたものかによっても，調整の管理の難しさが異なる。後者（直接的に分野間調整にからむプロジェクト援助のための中長期の資金確保）においては，各国援助主体が特定分野に既得権をもっている場合が多いので，調整は難しい。

4 受入国の財政・計画とのインターフェース

◆ インターフェースにおける課題

　国際援助活動の実施においては国内の財政・計画との調整をめぐって，いくつかの課題が生じる。

　調整課題としては，まず手続き的な調整課題が存在する。援助主体ごとの国際援助の意思決定サイクルと，受入国の財政・計画の意思決定サイクルとを調整する必要がある。年度予算の開始時期は各国ごとに異なる。また，年度予算と数年次にわたる計画が併存する場合には，その相互関係も問題になる。

　次に，個々のプロジェクトを実施するにあたっては，国際援助による資金と

国内財政による資金（カウンターパート資金）が各々一定部分を分担する場合，各々がどの部分を担当するかについて調整が必要になる。さらに，組織的には，国際援助活動の実施に際して，独立したプロジェクト実施ユニット（PIU）を設置し，援助受入国内の通常の行政ラインから切り離すか否かを選択する必要がある。最近は，後述の援助調和化の議論の文脈の中で，PIUを受入国の通常の国内行政単位と統合することも求められている。

また，あるプロジェクトを国際援助案件とするか国内財政案件とするかについて選択の余地がある場合，援助受入国の観点と援助主体の観点が異なることもありうる。援助主体の観点からは，国際援助を提供することによって，援助受入国に生じた余剰財源が適切ではない目的（例えば軍事支出など）に用いられることは望ましくない。これは，ファンジビリティ（fungibility：転用可能性）の問題として議論される。さらに，援助主体の観点からは，援助受入国の国内財政のあり方は，汚職のあり方とも関連しており，援助受入国のガバナンス改革が国際援助の条件とされることが多い。さらに近年，制度建設やガバナンス改革の対象としても，受入国の財政管理能力はひとつの鍵となっている。しかし，援助受入国の観点からは，国内の財政制度は長期にわたる実践の蓄積の上に成立しているので，これを短期間のうちに変革することは，なかなか困難である。

◆ 援助受入国による多様性

このような国際援助と国内計画・財政のインターフェースのあり方は，当然のことながら各援助受入国で状況が異なる（城山 2007：第Ⅱ章）。

タイは，比較的早い時期からタイ政府主導で援助調整を進め，援助活動からの卒業も進みつつある。また，首相府予算局，財務省や国家経済社会開発委員会等によって構成される国内の財政・計画の行政制度も比較的しっかりしていた。

フィリピンは，支援国会合の下での援助調整が進められてきたが，援助への依存が一定程度続いてきた。また，国家経済開発庁，財務省，予算省を中心とする国内の財政・計画の行政制度は存在するが，同時に議会が大きな役割を果たしている。

インドネシアは，支援国会合の下での援助調整が進められてきており，歴史的に援助依存度がかなり高かった。その後，援助依存度はかなり下がってきた

が，1997年のアジア通貨危機後に民間資金の国際的逃避が発生し，国内財政が国際的な関心事項となった。国内の財政・計画の行政制度は当初，経常予算が財務省に，開発予算が国家経済企画庁によって分担管理されるという，発展途上国にしばしば見られる仕組みをとっていた。しかし，このような分担は，1990年代末の体制変動を契機に一元化され，議会の役割も強化された。また一貫して，非公式財政（正規の予算に載らないオフ・バジェットの活動。非公式特別会計や政府の関与する民間財団の活用といった方式がある）が大きな役割を果たしていた。

このように，タイ，フィリピン，インドネシアといった東南アジア諸国においても，国内の財政・計画の行政制度は異なる制度配置と運用が行われている。これらは，それぞれ異なる課題を国際援助とのインターフェースに対して突きつけている。

他方，サブサハラ地域のアフリカ諸国における援助調整と国内の財政・計画の行政制度の改革の議論は，国ごとに異なる経済状況を背景に，そもそも異なる次元の問題が議論されていた。例えば，タンザニアでは，1995年にタンザニア財務省とデンマーク外務省の主導によってヘライナー報告がまとめられた（Helleiner & Denmark Udennigsministeriet 1995）。そのなかで，国際援助活動による開発支出の大部分は，タンザニア政府を通して実施されておらず（「直接ファンド」の問題と呼ばれた），国際援助活動による資源の投入の全体像の一定の推計すらもっていないという問題が指摘された（城山 2007）。

◆ **インターフェースにおける制度的選択肢**

受入国の財政・計画の行政制度やその運用と，国際援助のインターフェースにおける基本的課題と制度的選択を整理すると，以下のようになる（城山 2007: 第Ⅱ章）。

第1に，例えばタンザニアのようなサブサハラ地域のアフリカ諸国においては，国際援助活動を援助受入国政府が十分に把握してないという基本的課題があった。これは，タイ，フィリピン，インドネシアといった東南アジア諸国の課題とは次元を異にする，より基本的な課題であった。東南アジア諸国においても，並行的なPIUの課題や国内の予算プロセスとの調整といったインターフェースをどう管理するかという課題は数多く存在する。しかし，そもそも国

際援助案件を把握できていないという状態とは異なっていた。

　逆にいえば，タンザニアのような状態の国においては，財政管理の最新の方式を導入することよりも，より基本的な情報共有の仕組みを構築することが重要であるといえる。

　第2に，援助受入国における計画制度の役割という課題がある。計画の年次予算に対する縛りをどのようにするかについては，東南アジア諸国ではそれほど強くなかった。その意味では，国際援助を実施する上で，受入国の国内予算との調整は重要であるが，受入国の中期・長期計画との調整は実務的にはそれほど重要ではないといえる。ただし，近年，世界銀行等が主導して財政管理改革の一環として，新たな中期的枠組みとして中期支出枠組み（MTEF）が導入され，特に2000年以降その利用が拡大している（World Bank 2013）。

　また，計画と年次予算の関係は，しばしば計画担当部局と予算担当部局の力関係に連関する。例えば，タイにおける国家経済社会開発委員会と首相府予算局との関係，フィリピンにおける国家経済開発庁と予算管理省との関係，インドネシアにおける国家経済企画庁と財務省との関係，タンザニアにおける計画委員会と財務省との関係が，それに当たる。一般に，予算担当部局の力が強まる傾向が確認されている。援助主体は，援助受入国内におけるこのような力関係の変化に注意する必要がある。同時に，このような力関係は，世界銀行のような外部の援助主体が，どの組織の試みを支援するかによっても影響を受けることがある。

　第3に，予算策定において，開発予算と経常予算を切り離すのか，借款や技術協力に関する決定プロセスを予算・計画プロセスとの関係で切り離すのか，といった制度設計の課題が存在する。インドネシアやタンザニアでは開発予算と経常予算が分離されていたのに対して，タイやフィリピンでは分離されていなかった。ただ，最近では，インドネシアでも統合が行われ，タンザニアでも，形式的な分離は継続しているものの，実質的には財務省の一元的管理の下に置かれている。

　また，フィリピンでは借款や技術協力についても，国家経済開発庁と予算管理省を中心的主体として，基本的には国内の案件と同一のプロセスがとられていた。それに対して，タイでは，各々について別途の管理プロセスが存在し，借款に関しては財務省，技術協力に関しては首相府技術経済協力局というよう

に，対象ごとに異なる主体が主要な役割を果たしていた。インドネシアでは借款と技術協力は合わせて国家経済企画庁が中心的に管理しており，財務省の関与は比較的小さかった。

第4に，他の国内制度とのインターフェースに関しては，各国は各々独自の課題を抱えている。

フィリピンでは，国際援助活動による案件を含めて，議会の議決対象であるので，議会がどこまで関与できるのかが課題となった。実質的には，議会では，国際援助案件の予算を削減することで，他の国内案件への予算を増やすための圧力にすることがあった。対外的な約束もあるので，国際援助案件の予算は最終的には認められるが，国際援助案件の予算削減分を原資に，追加的に認めた国内案件の予算も維持されることが多いからである。

インドネシアでは，国内財政における準財政活動の役割は国際援助活動の実効性を規定する条件でもあった。あるいは，国際援助活動に伴う資源が，国内において準財政資源として運用されることもあった。

また，国際援助案件における国内負担分を適切に準備できるかという点に関しては，タイでは問題はなく，フィリピンやインドネシアでも概ね大丈夫であった。しかし，タンザニアなどのサブサハラ地域のアフリカ諸国では，これ自体が大きな問題であった。

このように，援助受入国側において，さまざまな諸制度をどのように設計・統合するかは，国際援助活動のみならず，国内の財政・計画の行政制度の実効性を規定する重要な要因となっている。どのような設計が適切であるかは，各々の文脈にも規定されるので，一義的に答えの出せる問題ではない。最近は，受入国の財政管理能力の向上という点が重視され，一元的に統合された財政管理がめざされている。ただし，これが個別の文脈に即して適切な方向であるのかに関しては，分散化が管理コストを下げるという面もあり，現実的な管理能力の評価に基づく慎重な検討が必要であろう（Caiden & Wildavsky 1980）。

5　国際援助活動の実施過程

◆ 多様な主体の多様なインセンティブ

国際援助の現場における実施では，援助受入国の中央政府だけでなく，地方政府，NGO，企業等が重要な主体となる。また，中央政府や地方政府は各分

野別の省庁や部局に分かれている。援助主体についても，各省庁や企業等の多様な主体が存在する。そして，国際援助活動の実施過程には，このような多様な主体が多様なインセンティブと能力をもって参画している。

　国際援助活動におけるインセンティブや能力への配慮と対応の必要性は，さまざまな論者によって指摘されてきた。オストロムたちは，開発行政の現場では，各主体の自己利益追求行動のために官僚制による集権的な目的の実現が阻害されること（＝政府の失敗）を認めた上で，市場も常に最適な解ではない（＝市場の失敗）とする。そして，一定の制度的枠組みの下では，各主体の自己利益追求行動を前提とした上で，それらをうまく導いて共通目的を実現することが可能であると主張する（Ostrom, Schroeder & Wynne 1993）。

　また，インセンティブも多様である。例えば，国際政治学者モーゲンソーは，1960年代初頭に，援助主体側にとっても受入国側にとっても，経済成長は必ずしもインセンティブとはならないという，援助活動をめぐる政治的論理を分析している。受入国側にとっては，仮に経済成長に役立たないとしても，政権の象徴となる大規模な建造物は政治的に重要なものである。他方，援助主体側にとっても，経済成長を促すことは受入国の社会構造を変容させ，ひいては安定を突き崩すおそれがあるので，経済成長とは関係のない建造物に対する援助にインセンティブをもつという（Morgenthau 1962）。このように，政治的インセンティブというのも，援助の実施を規定する重要な要因になる。

　あるいは，ハーシュマンは，大型プロジェクトの方が技術的に規定されているゆえに裁量の余地が少なく，その可視性（visibility）ゆえに規律が要請されるというインセンティブ構造を指摘する。その上で，大型プロジェクトでは，受入国の人材等の希少資源を特定の裁量領域に集中させることで，プロジェクトが成功する可能性を高めるという（Hirschman 1967）。

◆ 国際援助活動の実効性を規定する要因

　国際援助活動は多様な分野において多様な方法を用いて行われている。以下では，3つの事例に即して，国際援助活動の実効性を規定する要因を具体的に示してみたい（城山 2007: 第Ⅲ章）。

　○**3つの事例**　　第1の事例は，インドネシアの地方分権改革に関する国際援助活動である。インドネシアでは，集権的なスハルト体制の下で，一定の

分権化の実験的試みが、国際援助活動として行われていた。例えばドイツの技術協力機関である技術協力公社（GTZ）は、1992年から分権の制度的側面に関して技術協力を行っていた。また、アメリカのUSAIDも1991年から自治体財政や地方財政制度に関する技術協力を行ってきた。また、世界銀行も、1994年に出版された報告書『インドネシアにおける政府間財政関係（*Intergovernmental Fiscal Relations in Indonesia*）』に連なる一連の中央地方政府間の財政制度に関する研究を行い、同時に各地の県・市での実験の支援を行ってきた。このように、制度改革を支援する援助活動は継続的に行われていたが、その目的である分権化の実施は、援助主体の意向というよりは、スハルト政権の退場という政権交代に伴う政治変動によって、急速に進んだ。スハルト後のハビビ政権は、分権化を重点課題として、GTZの国際援助活動にかかわった関係者たちを登用して、分権化を急速に進め、1999年5月には地方行政法と中央地方財政均衡法を成立させた。

　第2の事例は、フィリピンにおける低所得者向けの住宅に関する国際援助活動である。フィリピンでは、当初、世界銀行が支援する形で、不法占拠者である低所得者向け住宅の建設支援を目的として、コミュニティ抵当事業（Community Mortgage Program）が設立され、1989年から実施された。これは国営住宅金融抵当公社からの低利融資によって不法占拠者が集団で地主から土地を買い取り、土地所有権を安定させることを通して、住宅建設を促進させようとする枠組みであった。実施過程においては、オリジネーターと呼ばれるNGOが一定の教育機能をもつ組織化のファシリテーター（調整役）として大きな役割を担った。コミュニティ抵当事業の融資の回収率は、低所得者を相手にしているにもかかわらず、高かった。

　第3の事例は、1990年代に中国における石炭の燃焼などに伴う環境負荷を改善するための技術移転を目的とした国際援助活動である。例えば、日本の通商産業省（現在の経済産業省）によるグリーン・エイド・プランは、排煙脱硫装置等に関して、中国に適した簡易型技術の実証実験を、日本企業と中国企業の共同で中国において行い、それによって中国に適した技術を開発するというものであった。同時に、中国側にその技術を実体験させ、最終的には中国における環境技術の普及を図ろうというデモンストレーション・プロジェクトであった（通商産業省通商政策局経済協力部編 1997）。また、世界銀行が執行機関となっ

ている地球環境ファシリティ（GEF）の産業用ボイラー・プロジェクトは，中国側の産業用ボイラー企業と海外のボイラー企業との協力に関して，ライセンス料と訓練の経費をGEFがもつというものであった。これらのプロジェクトは，短期的には技術移転やその成果の国内普及に成功しなかった。しかし，中期的には中国は国内においてこれらの技術の能力を確保していったともいえる。

これら3つの事例からは，国際援助活動の実効性を規定する条件として，以下の点を指摘することができる。

○**実効性を規程する要因**　　第1に，援助受入国内における地方政府のインセンティブと能力を挙げることができる。インドネシアの地方分権化においては，ハビビ大統領のイニシアティブを契機とした，分権化を求める地方政治のダイナミズムが，分権化を強化する方向で自律的に展開した。また，中国において環境への負荷が低い技術を導入するインセンティブを付与するためには，環境規制の強化が必要であった。しかし，中国では中央政府以上に経済成長を重視する地方政府のインセンティブや地方環境部局の能力不足等により，地方政府の環境規制の実施は弱体化された。

第2に，NGOの活動も実効性を規定する要因であった。フィリピンの低所得者向けの住宅政策においては，さまざまな現場で活動を行うNGOと政府が連携する中で，一定の実効性が確保された。ただし，その処理能力には，一定の限界があった。他方，中国の環境規制に関しては，NGO等による社会的圧力が不十分であったために，実効性が欠如していた。

第3に，企業のインセンティブも実効性を規定する要因であった。特に，先に述べた第3の事例のような，技術移転を志向する案件においては，企業が技術の実質的な所有者であったため，企業の役割は大きかった。国際援助活動の実施を期待された援助国内の企業は，しばしば技術流出を恐れて積極的な関与を自重した。他方，援助受入国内においても，伝統的な国有企業の労働問題等への配慮から，技術を有する企業の能力を十分に活用できない場合もあった。

第4に，中央政府の各部局のインセンティブも実効性を規定する要因であった。第3の事例においても，部局ごとにインセンティブが異なっていた。製造者側の部局は，国内の技術能力を高めることにインセンティブをもっていたが，利用者側の部局は，質の良い海外の製品を確保することに短期的インセンティブをもっていた。

6 今後の課題
さらなるシステム化

　このような1980年代から90年代初頭にかけて固まった援助調整の基本的プロセスは，90年代末以降，特にグローバルなレベルにおけるマネジメントを志向して再構造化されつつある。

◆ MDGsの活用

　国連は，2000年9月に行われたミレニアム・サミットにおいて，平和と安全・軍縮，開発と貧困削減，環境保護等の項目を盛り込んだ「ミレニアム宣言」(A/55/2) を採択した。そして，総会決議55/162が国連事務総長に行程表の作成を求めた。それを受けて，ミレニアム宣言を具体的に実施する方向性を示すものとして，国連事務総長報告「国連ミレニアム宣言の実施に向けた行程表 (Road map towards the implementation of the United Nations Millennium Declaration)」(A/56/326) が，2001年の第56回国連総会に向けて取りまとめられ，その中で「ミレニアム開発目標 (MDGs)」が公表された。

　MDGsは以下の8つの個別目標によって構成されていた。
　　①極度の貧困と飢餓の撲滅
　　②初等教育の完全普及の達成
　　③ジェンダーの平等の推進と女性の地位向上
　　④乳幼児死亡率の削減
　　⑤妊産婦の健康改善
　　⑥HIV/エイズ，マラリア，その他の疾病の蔓延の防止
　　⑦環境の持続可能性の確保
　　⑧開発のためのグローバル・パートナーシップ

これらの目標の個別の内容自体は，必ずしも新しいものではなかった。1990年代には，UNDPが『人間開発報告』を発表し，その中でさまざまな人間開発指標 (HDI) を提案した。世界銀行も，1990年の『世界開発報告』で貧困を取り上げた。また，1996年にはOECDのDACハイレベル会合で『21世紀に向けて——開発協力を通じた貢献』と題する報告書 (『DAC新開発戦略』) が採択された。その報告書では「すべての人々の生活の質の向上」を持続可能な

開発目標として位置づけ，その実現に向けた国際開発目標（International Development Goals）として，貧困，教育，保健，環境などに関する7つの数値目標と21の測定指標を示していた（冨本2003）。

　また，個別的には，国際保健領域における，乳幼児死亡率の削減，妊産婦の健康改善，HIV/エイズ，マラリア，その他の疾病の蔓延の防止への焦点化は，1970年代以来のすべての人々の健康を目標とするプライマリー・ヘルス・ケア（PHC）アプローチの国際的潮流をふまえたものであった。そこでは，治療中心のアプローチから予防・公衆衛生中心のアプローチへの転換が見られ，1978年世界保健機関（WHO）・国連児童基金（UNICEF）国際会議において「アルマアタ宣言」として定式化された。妊産婦の健康改善については，1994年にカイロで開催された国際人口開発会議（ICPD）において，「2015年までに妊産婦死亡率を1990年水準の4分の1に」という目標が掲げられた。これが1995年の北京世界女性会議，96年の『DAC新開発戦略』を経てMDGsに組み込まれた。

　この点は，国連事務総長報告書「国連ミレニアム宣言の実施に向けた行程表」においても，目標の個別の内容自体が新規なものでないことは認識されていた。この行程表では，人類の直面している問題は相互に密接に関連しており，包括的なアプローチ（comprehensive approach）と調整された戦略（coordinated strategy）が必要であり，ミレニアム宣言は調整されたアプローチが意味をもつ複数の分野に関係する問題に焦点を合わせようとした，と述べられている。

　このようなMDGsの導入には，目標による管理というマネジメント改革的な側面があった（⇒第5章）。MDGsの活用には，組織再編ではなく，共通の目標を設定することで，さまざまな組織間の連携を図るという趣旨があった。また，このようなMDGsの設定と管理には，国連システムに限定されない，国際援助活動全体のマネジメント改革という側面があった。実際にMDGsの設定には，世界銀行といったブレトンウッズ機関やNGOも参画した。そして，MDGsは，イギリスなどのヨーロッパ諸国の二国間援助の主体においても，共通の目標として採用されつつある。このように利用が拡大しつつあるMDGsには，明確に課題が設定されているので，わかりやすいというメリットがある。

　ただし，モニタリング・メカニズムの課題や，仮に目標を達成した場合に関

係組織間での寄与率の配分の判断をどのようにするのかといった課題が残っている。また，個別の目標の相互関係が明らかではないために，個別目標の追求が貧困削減という大目標の達成に結果として寄与しないというおそれもある（城山 2007: 第Ⅰ章4）。

◆ 援助調和化への関心の増大

国際援助活動の実効性を改善し，MDGsの達成を目標として政策，手続き，実践の調和化を図るために，援助機関の長，IMFの代表，援助受入国等が集まり，調和化に関するハイレベル・フォーラム（High-Level Forum on Harmonization）が2003年2月にローマで開催された。そして，「調和化に関するローマ宣言（Rome Declaration on Harmonization）」が採択された。このローマ宣言では，援助主体の要求手続きの多様性が非生産的な取引費用を生じさせており，援助受入国の限られた能力を消費させていることを懸念する。また，援助主体の実行が各援助受入国の開発優先順位，予算，計画サイクルと合致しないという認識が示された。そして，そのような事態に対処するために，各援助受入国のオーナーシップ，政府のリーダーシップを重視する国別アプローチ（country based approach）が重要であるとされた。

その後，2005年3月には，パリにおいて，援助の効果向上に関するハイレベル・フォーラム（High-Level Forum on Aid Effectiveness）が開催され，ローマ宣言の検証を行った。援助の効果向上に関するハイレベル・フォーラムでは，ローマ宣言での約束を再確認し，その上で，「援助の効果向上に関するパリ宣言（Paris Declaration on Aid Effectiveness）」を採択した。このパリ宣言は，指標，タイムテーブル（行程表），目標の具体的特定を行っており，管理のための手段としてローマ宣言よりも踏み込んだものであった（城山 2007: 第Ⅰ章4）。

このように，近年の動きとして，新たな政策手段を用いてグローバル・レベルでの調整をめざす動きが見られる。MDGsというグローバル・レベルでの共通目標を用いて援助調整を試みるという仕組みや，調和化への具体的な目標設定を試みる仕組みが，その例である。

ただし，このような方向性は必ずしも世界共通のものではない。例えば，ヨーロッパとアメリカでも向いている方向はそれぞれ異なる。ヨーロッパ諸国は，援助の調和化を欧州連合（EU）等のさまざまなレベルで主導し，受入国に対

する条件も，共通のものを設定しようとしている。例えば，イギリスなどは二国間援助の評価基準にも MDGs を正面から用いている。他方，アメリカは，2001 年の 9.11 テロ後，二国間国際援助を大幅に増額し，新たな援助組織として設立されたミレニアム挑戦公社（MCC）における供与対象国の選定手続きに見られるように，単独主義的色彩を色濃く残している（城山 2007: 第Ⅰ章 5）。さらに，DAC に入っていない中国等の新興援助主体は，より独自な選好と制度・手続きを保持している（城山 2007: 67-73）。例えば，中国の経済協力は，DAC の原則とは異なり，互恵性を重視し，投資と貿易を促進するための対外経済政策の手段として直接的に用いられている（白石＝ハウ 2012）。

●さらに読み進める人のために

☞ ロバート・カッセン／開発援助研究会訳『援助は役立っているか？』国際協力出版会，1993 年。
　＊援助のマクロ経済への影響，政策対話，プロジェクト援助，プログラム援助といった援助形態別のパフォーマンスや援助調整を分析し，多国間援助と二国間援助の比較等を行っている。

☞ 城山英明『国際援助行政』（行政学叢書 7）東京大学出版会，2007 年。
　＊国際援助行政の歴史をふまえた上で，国際援助行政制度とその運用について，援助主体間調整，援助主体と受容入国財政との調整，多様な主体が関与する国際援助プロジェクトの実施過程や実効性の規程要因を中心に分析している。

☞ 元田結花『知的実践としての開発援助――アジェンダの興亡を超えて』東京大学出版会，2007 年。
　＊開発援助の制度的特質として，問題解決志向と援助主体の優位，コントロール志向と技術的対応への傾斜，受益者と負担者の乖離に伴う責任の不明確性，被援助国の国境を越えた国際的活動であるということを指摘する。そして，このような特質が援助主体が依拠する理論や実践方法，困難を乗り越える試みにいかなる影響を及ぼすかを明らかにする。

第**14**章

国際規制活動

❶第41回ICANN国際会議（シンガポール，2011年6月20日，AFP＝時事）。

　主としてルールを活用する国際規制活動ではいくつかの課題がある。第1に，担当者間の直接的接触の場や情報共有のメカニズムをどのように設計するのかという課題である。第2に，フォーラム・ショッピングの課題がある。いかなる国際組織の場に案件を持ち込んでいくのかについて，各主体は戦略的決定を行う。本章では，国際コミュニケーション規制を素材に具体的なプロセスを検討する。第3に，国際レベルで規制を調和させるのか，各国や地域における差異を持続させるのかという課題がある。これは適切な規制レベルの政策選択の問題であるとともに，企業が単一のリスク規制での調和化を望む場合があることからもわかるように，経済インセンティブへの配慮の課題でもある。本章では，自動車安全・環境基準，食品安全基準の事例を検討する。

1 国際規制活動の課題

　本章では,国際行政における資源のうち,主としてルールを活用する国際規制活動について検討する。

　国際規制活動を実施するにあたっては,手続き的には,一定の規制を国際レベルでの規制として設定し,その国内実施を考えることになる。その場合,国際レベルの規制をいかなる公示形式を用いて定めるのかを選択する必要がある（⇒第10章）。また,国際ルールの国内実施プロセスを構築する必要もある。

　その際,実質的には,どのようにして規制の内容を国際的に調整するのかというのが焦点となる。このような調整は幅広い分野で行われている（Braithwaite & Drahos 2000）。このような調整方式を設計するにあたっては,以下のような課題がある。

　第1に,国際的調整の場,すなわち各国間の担当者間の直接的接触の場をどのように設定し,どのように運用するのかが重要になる。具体的には,各国からの参加者を誰にするのか,各国による適切な提案とそれへの対応を確保するために,各国間の情報共有のメカニズムをどのように設計するのか,などが考慮すべき事項となる。

　第2に,フォーラム・ショッピングの課題がある。国際規制活動の組織化は機能別に行われているが,このような「機能」は必ずしも客観的・中立的に設定されるわけではない。「誰」にとっての機能（＝必要）を対象とするのか,そのような機能を「誰」が設定するのかによって,関係者の範囲が異なってくるとともに,権力的関係が埋め込まれる。「機能」のフレーミングは多様であり,同一の対象を異なる「機能」の下で扱うことが可能になる。このように多様な機能設定に基づく多様な国際規制活動の場が存在するため,各国,特に大国は,フォーラム・ショッピングを行うことになる。どのような国際組織の場に案件を持ち込んでいくのかについて,国家などの各主体の利益・権力追求の観点から戦略的決定が行われる（⇒第1章）。

　第3に,国際規制の内容として,国際レベルで規制を調和させるのか,各国や地域における差異を持続させるのかという実質的調整も重要になる。例えば,リスクに関する規制を考える場合,地域の事情に応じた対応が求められることが多い（城山 2003）。まず,地域的条件等の差異がリスク規制差異化の理由と

なる。地域的条件が異なると各人のリスクに対する曝露量(リスクにさらされる量)が変わってくる。地域的条件には，地形・気候等の物理的条件，生活パターンを含む社会的条件がある。例えば，大気汚染の場合，排出物を風が流してしまうような条件では厳しい規制は必ずしも必要ではないが，山に囲まれた地域では排出物が蓄積するので厳しい基準が必要になる。また，人口稠密地域と人口過疎地域でも必要な規制は異なってくる。社会的条件の差異もリスク規制差異化の理由となる。例えば，残留農薬規制といった食品安全規制は，各社会の食事パターン等の生活パターンに依存する。つまり，残留農薬規制を策定する際には，一定の食事パターンを仮定して，その下で各食品に含まれていると想定される残留農薬の量の総計を推定することが必要になる。

さらに，リスク評価の基礎となる科学的知識には，常に科学的不確実性がつきまとっている。この残された不確実な領域をどれだけ深刻な問題であると考えるかは，政策判断であり，各地域・政府によって判断が異なりうる。あるいは，あるリスクを削減すると別のリスクが増大するという状況におけるリスク・トレード・オフに関する政策判断も，どのリスクを相対的に重視するのかという政策判断であり，これも各地域の政府によって変わりうる。特に，先進国と途上国のように経済・衛生条件が異なる場所では，この判断は異なる(→第8章)。

また，国際規制の内容を調和させるのか，あるいは差異化するのかは，経済的利益にもかかわってくる。規制が国際的に異なったままにすることは，規制の対象となる製品を製造する企業にとっては必ずしも望ましいことではない。企業にとって規制に対応するコストは関連する生産規模によって異なり，単一規制に基づく生産規模が大きくなればコストは下がる。そのため，企業は，単一のリスク規制での調和化を望むことになる。このような現象は「頂上への収斂(trading up)」と呼ばれる(Vogel 1995)。もちろん，常にそうなるという保証はない。企業の立地を求めてリスク規制の切り下げ競争が起こる「底辺への競争(race to the bottom)」や，保護貿易の利益を求めて安全等のリスク政策上の正当性を掲げて国際的規制の差異化を求めることもある。社会的リスクを名目にして，より厳しい規制を求める現象は，20世紀初頭のアメリカにおいて，密輸人が密輸に伴う利益を増大させるために，禁酒法の支持勢力であったことを念頭に置いて，「聖職者と密輸人の同盟」と呼ばれる。実証的には，ど

のような条件の下で,「頂上への収斂」が生じるのか,あるいは「聖職者と密輸人の同盟」が生じるのかということが重要な論点となる。

　第4に,政府レベルの国際規制活動を行うのか,非政府レベルの国際規制活動を行うのかという選択がある。国際海事行政や国際金融行政の分野において,非政府レベルの国際規制活動が大きな役割を担ってきた(⇒第1章)。また,最近重要性が高まっている非政府レベルの国際規制を策定する主体の例としては,国際標準化機構(ISO)を挙げることができる(Murphy & Yates 2009)。

　非政府レベルの国際規制活動は,迅速性や柔軟性の確保といった特質がより強く表れる。他方,非政府レベルの国際規制活動は,策定者の代表性が必ずしも担保されていないために,正当性の問題が出てくる。また,非政府レベルの国際規制活動が,特定の集団にキャプチャー(捕囚)された場合には,逆に,環境条件の変化に応じた柔軟かつ迅速な対応が難しくなる可能性がある。このような政府レベルの国際規制活動の場を選択するのか,非政府レベルの国際規制活動の場を選択するのかというのも,フォーラム・ショッピングのひとつの形態であるといえる。

　なお,国際規制活動において,政府組織と非政府組織の役割を組み合わせる場合もある。紛争ダイヤモンド問題に関しては,NGOによるアジェンダ(議題)設定を契機に,ダイヤモンド原石の主要輸出国である南アフリカ政府の呼びかけで,企業,業界団体,NGOも参加して,政府間交渉が開始された。そして,2002年11月に採択されたキンバリー・プロセス認証制度(KPCS)に基づいて,紛争ダイヤモンド取引規制レジームが設立された(⇒第8章)。このレジームでは,政府レベルにおいて,国際的なダイヤモンド取引をKPCS参加国間に限定するとともに,参加国間のダイヤモンドの移動を政府の輸出入管理で規制する。非政府レベルでは,ダイヤモンド業界が中心となった自主規制である「システム・オブ・ワランティ」が導入された。これは,世界ダイヤモンド評議会(WDC)に加盟する製造業者や取引業者が,研磨,加工,小売りの引き渡しといった各段階で,それらが紛争地域から供給されたものではないことを保証する宣誓文を記載した文書を添付するというものである(西元 2008)。

2 国際規制の調整枠組みの運用とフォーラム・ショッピング
国際コミュニケーション規制の場合

　ここでは，国際的調整の場の設定とフォーラム・ショッピングの課題を検討する。その際，国際コミュニケーション規制を事例として用いる。国際コミュニケーション規制は，1865年に国際電信連合が設立されて以後の長い歴史をもち，さまざまな通信技術に関して，さまざまな政府間国際組織や民間組織が関与してきた分野である。こうしたことから，国際的調整の場の設定の多様性やフォーラム・ショッピングの動態を観察する上では適切な事例であるといえる。また，近年でも，インターネットの発達に伴い，大きく展開している。

◆ ITUの連邦的構造

　国際コミュニケーション規制の主要な担い手である国際電気通信連合（ITU）は，分野別国際行政組織の中でも最も長い歴史をもつ。ITUの基礎である国際電信連合は，一般郵便連合よりも早く1865年に設立された。コミュニケーションという分野は，恣意的にさまざまな活動を分断し国民国家という単位に収斂させた諸主権国家制においても，国際的取扱いが不可避な領域であった。

　ITUは，国際電信規制，国際無線通信規制，国際電話規制という諸分野の複合体であり，組織的には「連邦的構造（federal structure）」と規定される複雑な構造がとられてきた。その意味では，ITUはアドホックな目的ごとの組織化（＝機能的アプローチ）を特徴とする国際行政全体の縮図であったともいえる。国際電信規制については1865年に国際電信連合が成立し，国際無線規制については1906年に国際無線電信連合が成立し（国際無線電信連合は国際電信連合と事務局を共用していたが，別個に組織化された），国際電話については1924年に長距離電話に関する国際諮問委員会（CCI）が成立した。CCIは設立後まもなく公式的には国際電信連合の傘下に入ったが，実質的には自律性が維持された。その後，国際電信連合と国際無線電信連合の合併により，1932年にITUが設立された。その後も「連邦制構造」への対応は課題とされたが，基本的には維持され，1992年の全面的な組織の再編成においても，無線通信部門（ITU-R），標準化部門（ITU-T），開発部門（ITU-D）の「3部門」制として各部門の

自律性はむしろ強化された(城山 1997: 第2章)。

さらに,国際コミュニケーション規制においては,従来から,ISO や国際電気標準会議(IEC)等が大きな役割を果たしてきた。

◆ **国際標準化活動における調整枠組みと運用——政府レベルと非政府レベル**

ITU において,政府レベルの国際標準化活動の調整枠組みとなったのは,国際諮問委員会(後の標準化部門)という,各国の実務関係者の直接的接触の場であった。ここでは,国際組織の事務局の役割は小さく,各国関係者が提出する寄書(提案等を記載した文書),各国関係者が参加する研究グループの会合における各国関係者による提案,実験結果,コメント等の情報の共有を通して,参加者間の相互作用が図られた。また,事務局の役割は,各研究グループの議長を補佐して,その運営を支援することに限られていた。

国際標準化活動においては,最終的に,国際標準は勧告という公示形式で提示される。勧告という形式は,各地域・国の事情に合わせて適用できるので,柔軟性がある。また,勧告は,法的拘束性は条約等よりも低いが,各主権国家の批准を要さないため,迅速な対応が可能であり,実際に実効性も高かった。公示内容としては,各地域・国の事情に適応するため,また,各地域・国の利益を調整するため,複数の標準が採用されることもあった。さらに,発展途上国に対しては,執行を支援するため,技術援助と勧告適用がセットとされることもあった。

このような国際標準化活動の運用を規定する要因としては,タイミングという戦略的要因が重要である。すなわち国内標準化活動に先駆けて早期から国際標準化の試みを開始することが,標準化が成功するために重要なのである。遅すぎると,市場において,場合によっては複数の「事実上の標準」が固定化してしまうおそれがある。他方,あまりに早すぎると,技術が未成熟な段階で特定の技術にロックイン(固定化)してしまうという問題もあった。また,国際標準化活動のための専門家という資源は不足しているため,各国が可能な部分を分業して貢献するという分業の論理,各国関係者による寄書の提出や勧告の執行に見られるような各国の自己利益に基づく行動への依存も,一定の偏りが生じてしまうリスクを生むが,不可避である(城山 1997: 第3章第2節)。

非政府レベルの国際標準化活動を調整する枠組みとしては,ISO や IEC も

重要な役割を果たしている。例えば，ISO は各国の標準化機関によって構成されているが，最近は，発展途上国のメンバーが増加したこともあり，メンバーの3分の2は標準化機関である政府機関となっている（Murphy & Yates 2009）。ISO は，総会（General Assem），理事会（Council），技術委員会（Technical Committee）によって構成される。総会は ISO における最高意思決定機関であり，方針などの基本的事項を検討する。理事会は18カ国のメンバーによって構成され，総会で定められた方針に従って ISO の管理を行う。理事会の下には，技術管理評議会（TMB）が設置され，アジェンダ設定を担うとともに，技術委員会の設置や廃止を理事会に対して勧告する。技術委員会の設置は，その幹事国の指名とともに理事会が決定し，その研究の範囲は TMB が理事会にかわって承認する。技術委員会は国際規格を作成することを役割とし，さらに分科委員会（Sub-Committee），作業グループ（Working Group）等を設置することがある。技術委員会には，当該分野の規格に関心をもっているメンバーであれば参加できる。また，ジュネーヴには中央事務局（General Secretariat）が存在する。これは，ISO の活動規模を考えると小規模なものであり，基本的には各技術委員会や技術委員会を担当する幹事国に運営を分権的に委ねている（城山 1997: 第3章第2節; Murphy & Yates 2009）。このように，非政府レベルの国際標準化活動においては，政府レベルの ITU の場合以上に，各国からの参加者や委員会の幹事国の役割が大きい。

　なお，ISO はさまざまな分野において国際規格を策定している。最近では，品質管理システム，環境管理システム，企業の社会的責任（CSR）に関する国際規格も策定している。歴史的には，世界市場における基盤作りの分野において活動してきている。例えば，第二次世界大戦後にコンテナ船を導入・普及する際に，ISO の国際規格が果たした役割は大きかったといわれる（Murphy & Yates 2009）。

◆ 国際規制活動におけるフォーラム・ショッピング——インターネットと電子商取引
　国際コミュニケーション規制活動に関しては，規制緩和が進み，インターネット等の技術革新が進む中で，企業，NGO といった非政府組織の役割が格段に増大している。また，国際規制活動の場をめぐる関係組織間の競合，すなわちフォーラム・ショッピングがより幅広く行われている。

○インターネット規制の例　このようなフォーラム・ショッピングが観察される場として，第1に，インターネット規制の領域がある。インターネット規制活動に関しては，インターネット・コミュニティと呼ばれる自律的な専門家の諸組織が大きな役割を担ってきた。例えば，研究者，ネットワーク・デザイナー，オペレーター等によって組織されたインターネット技術タスクフォース（IETF）は技術関連文書の作成等を行ってきた。

また，インターネットにおいて重要なドメイン・ネーム・システム（DNS）の管理（IPアドレスの付与など）に関しても，インターネット・コミュニティは重要な役割を果たしてきた（城山 2002）。従来はアメリカ政府との契約により，IANA（Internet Assigned Numbers Authority）がDNSの日常的管理を行ってきた。その後，1997年6月，アメリカ政府は「グローバルな電子商取引のための枠組み」を公表し，DNSの民営化による競争の導入，DNS管理の国際化の促進を方針として掲げた。その後，アメリカ商務省の下の国家通信情報庁（NTIA）が1998年1月に「インターネット・ネームとアドレスの技術的管理の改善提案」と題するグリーン・ペーパーを発行し，IPアドレスの配分等を担う中央調整機関として新たに民間非営利組織を設立することが提案された。このような提案に対しては，アメリカ政府が引き続きDNSの管理を続けるべきだという意見，その提案においてもアメリカ政府の関与が強すぎるといった意見，ITUや国際連合（国連）のような政府間国際機関がDNSの管理を行うべきだという意見が出てきた。しかし，アメリカ政府は民間非営利組織を設立するという案を維持した。

そして1998年6月にアメリカ政府によって「白書」が出され，それに基づいて，10月にカリフォルニア州に本拠地を置く非営利法人であるICANN（Internet Corporation for the Assigned Names and Numbers）が設立された。ICANNの理事会は，9人の暫定一般理事，ドメイン・ネーム支援組織，アドレス支援組織，プロトコル支援組織という技術と政策に関する各支援組織から3人ずつ計9人の理事，および理事長の計19人によって構成された。また，政府からの意見表明は，政府諮問委員会（GAC）を通して行われることとなった。そして，1998年11月にICANNとアメリカ政府との間で結ばれた覚書（MOU）に基づいて，ICANNは一定のDNS管理を担うこととなった。

その後，一般理事のうちの5人について，代表性を確保するという観点から

2001年秋に選挙を行った。世界を5つの地域（北米，ラテンアメリカ，アジア太平洋，アフリカ，ヨーロッパ）に分けて，ICANNのウェブサイトで有権者登録をした上で投票が行われた。しかし，アジア太平洋等の一部の地域で動員による大量の登録が行われ，地域による有権者数の偏差があまりにも大きくなったために，選挙後このような投票方式への懐疑が広がった。

　2002年2月にはICANNの理事長であるリンにより，ICANNの改革報告が提出された。このリン報告では，第1に，ICANNの構想は純粋な民間組織として設立することであったが，各国政府の支援は不可欠であり，純粋な民間組織は現実的ではないことが明らかになったとした。第2に，ICANNはプロセスと代表のあり方（例えば一般理事選挙のあり方）に気をとられすぎており，本来の中心的な業務に十分に集中することができなかったとした。このような認識に基づき，リン報告は，10人の一般理事のうち5人は各国政府による指名，5人は透明性の高い指名委員会の指名に基づいて理事会が承認することとした。また，GACの議長等も投票権のないメンバーとして理事会に参加できるようにするという組織改革に関する勧告を行った。このような議論を受けて，ICANN展開・改革委員会は2002年5月に，一般理事の選出方法については，これまでの投票による選出，リン報告のいう政府による選出のいずれをも退け，指名委員会による指名によるべきだとした。つまり，政府の関与を強化すべきであるとするリン報告の趣旨には同意するものの，ICANNは基本的には民間組織であるという立場を守り，GACの機能強化（GAC議長が理事会に参加する）にとどめるべきであると判断したのである。

　このように，DNSの管理に関しては非政府組織のICANNが中心的役割を果たし続けたが，他の組織が一定の役割を主張することもあった。例えば，ITUは，歴史的にコミュニケーションに関して政府レベルと非政府レベルの連携を発展させてきた点が特徴的である。そのような資産を利用し，ITUはICANNが広範な意見，特に途上国も含めて政府の意見を組み込むに際して支援することができると主張した。また，政府間国際組織や国連のオブザーバー資格をもつNGOが使うドメイン・ネーム（"int"）の管理については，国際的に合意された管理原則・手続きを策定することで貢献できるとITUは主張した。国際的な消費者組織である環大西洋消費者対話（TACD）は，ICANNは企業の利益に支配されており，ICANNには少なくともプロバイダーの利益と

同程度に，消費者の利益が代表されるべきであると主張した。

　○**電子商取引規制の例**　　フォーラム・ショッピングが観察される場として，第2に，電子商取引の領域がある（城山 2002）。電子商取引規制に関しては，1998年6月に欧州委員会（European Commission）委員の呼びかけに応じて1999年1月に設立された事業者団体であるGBDe（Global Business Dialogue on electronic commerce）が，アジェンダ設定に関して大きな役割を果たしてきた。GBDeは，1998年10月にカナダのオタワで開催された電子商取引に関する経済協力開発機構（OECD）閣僚級会議に合わせて第一次世界行動計画を策定し，その後99年10月に第二次世界行動計画に改訂した。この世界行動計画では，民間組織による自主規制が重視された。例えば，電子署名については未成熟な技術によるロックインを避けるために技術的な中立性・柔軟性が強調された。また，税制に関しては，世界貿易機関（WTO）が1998年5月に出した電子商取引に関する非関税宣言を，安定性と予測可能性を確保する観点から支持した。

　他にも，米欧間の貿易を促進するビジネス対話の場として1995年に環大西洋ビジネス対話（TABD）が設立された。TABDでは，自動車，医薬品，バイオ・テクノロジー等に関する基準・規制の調和化および相互認証等と並んで，電子商取引を促進するための制度整備も大きなテーマであった。

　他方，消費者団体も一定の役割を果たした。イギリスに本拠を置く国際的な消費者団体である国際消費者機構（CI）は，TABDに対応する消費者組織としてTACDを1998年9月に設立し，電子商取引における消費者保護の原則，プライバシー保護，電子商取引における裁判外紛争解決手続き（ADR）の役割等について積極的に発言した。

　このような事業者と消費者の双方の動き等にも対応して，先進国間の政府間国際組織であるOECDが1997年以降，積極的に電子商取引に取り組んでいった。1998年10月にはオタワで「ボーダレス世界――世界的な電子商取引の潜在的可能性の実現」と題する電子商取引に関するOECD閣僚級会議が開催された。この会議では，「電子商取引における消費者保護に関する閣僚宣言」，1980年に発表されたOECDプライバシー・ガイドラインの原則がグローバル化したネットワークにおいても基礎となることを確認した「グローバル・ネットワークにおけるプライバシー保護に関する閣僚宣言」，そして「電子商取引における認証に関する閣僚宣言」という3つの重要な閣僚宣言が採択された。

さらに，1999年10月には，パリで「OECD電子商取引フォーラム」が開催され，実施段階の課題として，自主規制と規制の組み合わせの必要，デジタル・ディバイド（情報格差）の問題が論じられた。また，このフォーラムでは市民社会の関係者を巻き込むことが具体的に試みられ，パブリック・ボイス会合が開催された。このようにOECDにおいてはパブリック・ボイス会合を通して消費者団体等のNGOの声も聞きながら電子商取引における消費者保護，プライバシーに関するガイドライン等を作成していった。

OECDがこのような態度をとったのには，いくつかの理由があった。第1に，OECDは消費者政策委員会等における消費者保護政策の経験をもち，NGOとの関係も保持していた。第2に，OECDが他の国際組織との関係で比較優位を発揮するために，NGO等の接触を通した消費者保護ガイドラインの作成に力を入れた面がある。純粋な技術の点ではIETFといった非政府組織に，コミュニケーション分野における管轄という点ではITUといった通信に関する専門的国際組織に，拘束的ルールの策定という点ではWTOに劣後する中で，NGOからの要求を吸い上げることによってアカウンタビリティを確保するという点にOECDの活路を求めたといえる（城山 2002）。

3 国際的な調和化と差異化のダイナミズム

国際規制の実質的内容が国際的な調和化の方向に向かうのか，各国間の差異化を強化するのかは，分野によって異なる。各分野における産業構造といった，国際行政の環境条件も大きな影響を及ぼす。また，このような国際的な調和化と差異化のダイナミズムにおいては，国際組織と各国との相互作用とともに，政府レベルの活動と非政府レベルの活動との相互作用も大きな影響を及ぼす。

以下では，自動車安全・環境基準と食品安全基準を事例として，政府間調整の枠組みを確認した上で，国際的な調和化と差異化のダイナミズムを比較してみたい。

◆ 政府間調整枠組み──UNECEとコーデックス委員会

国際規制の内容を調整する政府間メカニズムとしては，各分野別に設定されている調整枠組みが存在する。また，これとは別に，貿易組織が分野横断的な観点から国際的な調和化を促す機能を果たすことになる（⇒第5章）。自動車安

全・環境基準分野と食品安全基準分野における,具体的な調整枠組みのあり方は以下のようになっている。

○**自動車安全・環境基準**　自動車安全・環境基準に関する国際的な調和化の政府間メカニズムとなってきた組織に,国連欧州経済委員会(UNECE)の第29作業部会(WP29)がある。UNECEに付属していることからもわかるように,当初の参加者はヨーロッパ中心であった。

この活動の基礎になっているのは,1958年に採択された「自動車装置及び部品認可の統一基準の採用ならびに認可の相互承認に関する多国間協定(Agreement Concerning the Uniform Conditions of Approval and Reciprocal Recognition of Approval for Motor Vehicle Equipment and Parts)」(以下,1958年協定)である。この1958年協定は,主に2つの部分からなっていた。第1に,この協定は,自動車関連基準について統一基準を規則(Regulations)として定めることを目的としていた。そして,第2に,この統一基準を受け入れた諸国間では,ある国でその統一基準に基づいて認証を受けた自動車等については,他国はその認証を相互承認することを求めていた。

ヨーロッパでは1958年以降,ライトの方式,安全基準,環境基準,テスト方法,認証・相互承認の条件等に関して,多くの統一基準が規則として作成されていった。例えば,自動車の排出ガス基準についても,1970年以降,規則15番(Regulation NO.15)として作成されている。

しかし,1980年代半ば以降,欧州共同体(EC)がより厳しい基準を作成し始めたため,EC加盟国は1958年協定に基づく基準を適用しなくなった。そのため,非ヨーロッパ諸国の参加を求め,グローバルな国際的な調和化の場として存在意義を再確立しようと考えた。1958年協定は1995年に改正され,「車両並びに車両への取付け又は車両における使用が可能な装置及び部品に係る統一的な技術上の要件の採択並びにこれらの要件に基づいて行われる認定の相互承認のための条件に関する協定(Agreement Concerning the Adoption of Uniform Technical Prescriptions for Wheeled Vehicles Equipment and Parts which can Be Fitted and/or Beused on Wheeled Vehicles and the Conditions for Reciprocal Recognition of Approvals Granted on the Basis of These Prescriptions)」となった。この改正によって,規則採択手続きの迅速化が図られた。そして,参加国の世界大への拡大も図られ,例えば日本は1998年11月に参加した。また,参加国の拡大

をふまえて，名称を変更することになり，1999年には「自動車基準調和世界フォーラム（World Forum for Harmonization of Vehicle Regulation）」と改称された（しかし，通称としてのWP29は残った）（城山 2005a）。

○**食品安全基準**　食品安全基準策定を担当する主要な国際組織であるコーデックス委員会は，食糧農業機関（FAO）と世界保健機関（WHO）の共同プログラムとして1963年に設立された。その目的は，国際基準の設定を通して，消費者の健康保護を図るとともに，公正な貿易の発展を確保するというものであった。コーデックス委員会の総会は2年ごとに開催され，国際基準を採択する。そのコーデックス委員会の下には食品添加物汚染物質部会（CCFAC），食品残留動物用医薬品部会（CCRVDF），残留農薬部会（CCPR）等の下部組織が存在する。

コーデックス委員会とその下部組織は政府間委員会であり，これらへの参加者は各国政府によって決められる。各国から科学者，産業界の代表，消費者団体の代表が参加するが，これらは政府代表団の一部を構成する。

コーデックス委員会は1995年の第21回総会において「コーデックス決定過程における科学の役割とその他の考慮事項に関する原則（Statements of the principle concerning the role of science in the codex decision-making process and the extent to which other factors are taken into account）」を採択した。この原則は，一方では，コーデックス委員会の基準，ガイドライン，勧告は「十分な科学的分析と根拠（sound scientific analysis and evidence）」に基づくべきだとする。他方，コーデックス委員会は「消費者の健康保護と公正な貿易の促進に意味のある他の正当な要因（other legitimate factors relevant for the health protection of consumers and for the promotion of fair practices in the food trade）」にも配慮を払うべきであるとする。しかし，「他の正当な要因」が何を意味するかは明らかではなく，その後，広く議論された。

食品安全基準の策定に関しては，このような政府間機関に加えて，専門家による科学的アドバイスを提供する科学的諮問機関が存在する。常設の専門家委員会として，FAO/WHO合同食品添加物専門家会議（JECFA）とFAO/WHO合同残留農薬専門家会議（JMPR）がある。これらは1950年代に，コーデックス委員会に先立って設立された。JECFAは食品添加物についてCCFACとCCRVDFにアドバイスを行い，JMPRは残留農薬についてCCPRにアドバイ

スを行う。これらの専門家委員会への参加者は，個人としての専門家であり，その選択に関しては FAO と WHO の事務局が大きな裁量をもっている。この点が，コーデックス委員会のような政府間委員会とは異なる。そして，この裁量行使に偏りがあるのではないかとしばしば批判されている（城山 2005b）。

◆ **産業界主導による国際的な調和化メカニズム——自動車安全・環境基準の場合**

自動車安全・環境基準の国際的な調和化は産業界が主導した。そのようなプロセスの中で，政府間調整メカニズムである UNECE の WP29 の役割が一定程度，再発見されることになった。

○**初期環境規制の日米欧間の差異と最近の収斂**　自動車による環境排出が問題になったのは，1960 年代から 70 年代である。このような問題認識に対応して，1970 年代から 80 年代末にかけて窒素酸化物等に関する初期排出規制が導入された。そして，この初期排出規制に対応するためには三元触媒という技術が利用されたが，それには燃料品質の改善，すなわち燃料の無鉛化が必要であった。しかし，この初期排出規制のレベル，あるいは導入時期に関しては，表 14-1 に見られるように，大きな地域差があった（城山 2005a）。

日本は，アメリカで提案されたがそのままでは実施されることのなかった 1970 年大気清浄法（マスキー法）の内容（ガソリン車の窒素酸化物規制値：0.25 g/km）を，若干時期を遅らせただけで 1975，78 年に達成した。この背景には光化学スモッグ等が事件となり地方政治圧力が増大したこと，マスキー法の提案国アメリカに対する輸出の必要があったこと，技術検討会という政府・企業間あるいは企業間情報共有レジームの下で企業間競争が促進されたことがあった。また，燃料に関しても，1970 年の牛込柳町事件（結果としては誤りであったが，自動車起因の鉛中毒による被害が発生したと考えられ，その原因として燃料の鉛が疑われた）により低鉛化が進み，三元触媒を装備した車に対応した無鉛ガソリンも 1975 年から供給され始めた。

アメリカでは，カリフォルニアを中心とした光化学スモッグへの関心の高まりや大統領選挙競争熱を背景に，マスキー法が 1970 年に成立した。当初案の 1976 年の規制値は 0.25 g/km であったが，大統領選挙熱がさめ，業界の反対が強まる中で，マスキー法の実施は遅れ（最終的には 1983 年に実施），またその内容も窒素酸化物 0.6 g/km へと緩和された。ただし，地域差は残り，カリフ

表14-1　日米欧の自動車排出規制

	アメリカ	日本	ヨーロッパ
初期排出規制	当初案1976年（実施されず）：ガソリン車窒素酸化物 0.25 g/km 1983年：ガソリン車窒素酸化物 0.6 g/km	1978年：ガソリン車窒素酸化物 0.25 g/km	1989年（1992年実施）：ガソリン車窒素酸化物 0.6 g/km
最近の排出規制	1994年：ガソリン車窒素酸化物 0.4 g/km 2004年：ガソリン車窒素酸化物 0.07 g/km	2000年：ガソリン車窒素酸化物 0.08 g/km 2002年：ディーゼル車 0.28-0.3 g/km 2005年：ガソリン車窒素酸化物 0.05 g/km、ディーゼル車窒素酸化物 0.14-0.15 g/km	2000年：ガソリン車窒素酸化物 0.15 g/km 2005年：ガソリン車窒素酸化物 0.08 g/km

ォルニアの規制は先行した。また，燃料に関しては，三元触媒を装備した車用の無鉛ガソリン供給は1974年から始まったが，車の保有年数が日本に比べて長く，中小の製油所も多かったため，有鉛ガソリンは1990年代に至るまで供給され続けた。

　ヨーロッパでは，窒素酸化物等の排出規制は1980年代前半まで事実上無視され続けた。例えばイギリスでは，窒素酸化物によって健康被害が起こるか否かは不確実であるので，現段階では対応しなくてもよいという意見が大勢であった。その後，1982年頃になると，西ドイツ等で「森の死」（酸性雨）に対する関心が高まり（つまり「人の死」よりも「森の死」が政治的影響力をもった），その酸性雨の原因物質として硫黄酸化物と並んで窒素酸化物に対する関心が高まった（Boehmer-Christiansen & Weidner 1995）。それでもイギリスは，環境・社会条件の差異を理由に無視し続けた。そのため，EC内の調整は手間取り，最終的にECがアメリカの1983年の規制と同程度の規制を採択したのは1989年（1992年施行）であった。そして，燃料に関しては，三元触媒を装備した車用の無鉛ガソリンの一般的供給は1989年までずれ込んだ。

　このように，1970年代から80年代末にかけては排出燃料規制の差異化が見られたが，表14-1に見られるように，1990年代，特に1997-98年以降，窒素酸化物および粒子状物質規制の強化と，それに対応する技術に必要な燃料の低硫黄化に関しては，収斂の傾向が確認される（城山 2005a）。

日本では，1997年11月に中央環境審議会の2次答申が出され，ガソリン車新短期規制が提案され，2000年に実施された（ガソリン乗用車窒素酸化物基準値0.08 g/km）。ディーゼル車に関しては，1998年12月の中央環境審議会の3次答申においてディーゼル車新短期規制が提案された。そして，2002年に実施された（ディーゼル乗用車窒素酸化物基準値0.28g〈小型〉－0.30g〈中型〉/km）。また，2000年11月の中央環境審議会の4次答申において，軽油における硫黄分として50 ppmが提案された。軽油の硫黄分は1993年に2000 ppm，1997年に500 ppmとされていたが，更なる削減が決定された。その後，2002年4月の中央環境審議会の5次答申において，軽油およびガソリンにおける硫黄分50 ppmを前提として，ガソリン乗用車については2005年に窒素酸化物基準値0.05 g/km，ディーゼル乗用車に関しては2005年に窒素酸化物基準値0.14g〈小型〉－0.15g〈中型〉/kmを達成することとされた。また，硫黄分については，将来それ以上の低硫黄化が求められると明記された。これを受けて，更なる低硫黄化が進められた。2001年以降，石油業界，自動車業界による検討が進み，02年11月には日本自動車工業会が石油連盟に硫黄分10 ppmを内々に要望し，最終的には，ガソリンおよび軽油について硫黄分10 ppmを達成することとされた。

　アメリカでは，1990年の大気清浄法の改正に基づき，1994年に「第1段 (tier 1)」規制（ガソリン乗用車窒素酸化物基準値0.4 g/kmなど）が実施された。さらに1998年には，アメリカ環境保護庁（EPA）が2004年以降に発効する予定の「第2段 (tier 2)」規制案（ガソリン乗用車窒素酸化物基準値0.07 g/kmなど）を提案した。そして，ガソリンの硫黄分について2004年に平均30 ppmになった。

　ヨーロッパでは，1998年指令98/69によって，いわゆるEuro IIIとして2000年にはガソリン車で窒素酸化物基準値0.15 g/km，Euro IVとして2005年には0.08 g/kmを達成することが規定された。燃料に関しては，1998年指令98/70によって，硫黄分については2000年時点で，ガソリンで150 ppm，2005年時点で50 ppmを達成することが規定された。さらに，硫黄分を低下させることが推進され，2003年指令2003/17/ECにおいて，2005-09年にかけて硫黄分10 ppm以下が基準となった。

　このように，アメリカが若干遅れ気味であるものの，日米欧においては窒素

酸化物等の排出基準と，それに対応するための燃料の硫黄分規制について高いレベルでの収斂の傾向が見られた。

　○産業界主導の国際的な調和化　　産業界主導の国際的な調和化の契機となったのが，前節のTABDである。1995年11月にスペインのセヴィリアで開催された第1回会議では，多様な基準・認証手続きが貿易拡大の主たる障壁として認識され，WTOの貿易の技術的障壁に関する協定（TBT協定）を支持した。また，分野ごとに技術基準の調和化，輸出国と輸入国における認証の相互承認を具体的に進めていくことが確認された。

　このような分野ごとの具体的な技術基準の調和化，輸出国と輸入国における認証の重複排除（つまり相互承認）の試みのひとつとして，電子商取引等とともに，自動車分野が取り上げられた。1996年4月半ばには，アメリカと欧州連合（EU）の自動車メーカー，部品メーカーの代表がワシントンに集まり，基準の調和化と基準認証の相互承認を行うことを決めた。

　また，TABDの場に日本も加えて，三極作業グループ（Trilateral Working Group）が設立された。三極作業グループは，当時のアメリカ，EU，日本の自動車業界団体によって構成された。そして，安全と環境の分野における基準の調和化に取り組んだ（城山 2005a）。

　1998年6月，米国自動車工業会，欧州自動車工業会，日本自動車工業会等は「世界規模の燃料品質に関する提言——国際燃料仕様（World-Wide Fuel Charter）」（世界燃料憲章）を提案し，12月に最終版をとりまとめた。これは，1996年以来の自動車業界における国際的な検討を通してまとめられたものであった。この憲章の特色として，以下の点を挙げることができる（城山 2005a）。

　第1に，世界を3つの地域に分けて，求められる燃料品質を規定した。第1カテゴリーは排出ガス規制があまり厳しくない発展途上国向けの燃料，第2カテゴリーは現状の排出ガス規制に対応するために必要な燃料，第3カテゴリーは現状の排出ガス規制がさらに厳しくなった場合に必要な燃料である。このように，既存の各国・各地域別の基準の調和化を図るとともに，経済状況・規制状況の差異を考慮し，3つのカテゴリーに分けるという戦略がとられた。

　第2に，以上のように3つのカテゴリーに分けられているが，すべてのカテゴリーにおいてすべて無鉛化が求められている。これは，自動車業界としては，仮にコストが多少安かったとしても，有鉛ガソリン対応の自動車を別途に製造

し続けるインセンティブがなくなったことを示している。

　第3に，第3カテゴリーにおいては，レギュラー・ガソリン，ディーゼル用軽油ともに，最大硫黄分30 ppmという値が求められている。日米欧の各国内地域内規制においては硫黄分の引き下げが求められている。これは，石油業界が必要な資本コスト等の観点から強く反対していたものであった。

　このような世界燃料憲章の作成は，これまで排出ガス削減の負担分担において大きな割合を占めてきた自動車業界が，石油業界により大きな負担分担を求めたものといえる。特に，ヨーロッパでは，石油業界の力が強く自動車業界が相対的に弱かったので，トランスナショナルな連携を通して，石油業界により多くの圧力をかけようとしたのである。

　○ UNECEのWP29の再発見　　自動車業界は，このように自主的に国際的な調和化等の道を探るとともに，正当性を補完するため，政府間の場として前述のUNECEのWP29を再発見した（城山 2005a）。

　先に述べた1995年協定の締結過程では，アメリカは当初熱心であり，当然これに参加するものと考えられていた。しかし，最終的には，相互承認原則は受け入れられないという原則に立ち戻って，アメリカは参加しなかった。そして，そのかわりに，相互承認の部分を除いて，統一基準の策定のみに焦点を当てた協定として，「車両並びに車両への取付け又は車両における使用が可能な装置及び部品に係る世界技術規則の作成に関する協定（Agreement Concerning the Establishing of Global Technical Regulations for Wheeled Vehicles, Equipment and Parts Which Can Be Fitted and/or Be Used on Wheeled Vehicles）（以下，1998年協定）」が締結された。

　1998年協定の目的は，高レベルの安全，環境保護，エネルギー効率，盗難防止を確保する地球規模での技術規則を策定し普及させていくためのプロセスを設立することである。そして，1998年協定の特色は，単に地球規模での統一された技術規則を策定するだけではなく，「高レベル」の技術規則を策定することを目的として明示していることにある。第1条1.5においては，明示的に，「この協定の結果，各締約国の管轄内あるいはその地方政府の管轄内の既存のレベルを低下させないようにする」としている。このように「高レベル」設定が明示化された理由としては，国内政治，特にアメリカの国内政治的要因が挙げられる。国際的な調和化に関しては，しばしば「最低限」の共通レベル

の統一基準になるのではないか，「底辺への競争」になるのではないかという懸念が抱かれていた。そのため，そのような懸念に配慮し，国際的な調和化への支持を獲得するためには，「高レベル」で調和化することを明示する必要があったのである。

このWP29という場の性格をめぐっては，従来は自動車業界がキャプチャーしている場であり，例えばEUにおける基準策定プロセスと比べた場合，環境NGO等からの提案や影響が少なかったという指摘がなされてきた。実際に，1970年代においては「最低限」の共通レベルでの調和化が行われてきたといわれている。

確かに，現在でも産業界，特に自動車業界からの参加が多く，そのような正当性をめぐる危惧が抱かれる客観的理由がある。しかし，変化の兆しも見られる。CIのような国際消費者団体がWP29に参加するようになった。また，1998年協定においては，前述のように，「高レベル」の世界技術規則を追求することが明示されている。国際的な調和化への支持をアメリカ国内で獲得するためには，「高レベル」であることを明示する必要があったのである。

◆ 不確実性・価値等をめぐる判断と差異の持続——食品安全基準の場合

WTOの衛生植物検疫措置の適用に関する協定（SPS協定）が，コーデックス基準を参照すべき国際食品安全に関する国際基準として参照することによって，政府間調整枠組みであるコーデックス委員会によって策定されたコーデックス基準の強制性が強化された。しかし，コーデックス基準違反でWTOパネル（小委員会）に提訴され，負けたとしても，各国が従う保証はなかった。ホルモン牛の事例の場合，EUはパネルで敗れたものの，基準は変更しなかった。また，逆に，乳牛成長ホルモン（BST）事例に見られるように，コーデックス委員会における国際基準の策定過程が困難になった面がある（城山 2005b）。以下では，ホルモン牛事例，BST事例を取り上げる。論点となる，科学的不確実性および他の正当な考慮事項に関するEUの主張をあらかじめ整理しておくと，表14-2のようになる。

○ホルモン牛の事例——科学的不確実性をめぐる争いの持続　まず，ホルモン牛の事例を検討する。ヨーロッパ諸国では，成長促進のためのホルモンの使用は，1970年代以来の問題であった。そのため，消費者団体が子牛の購買

表14-2　食品安全紛争事例におけるEUの主張

争点	ホルモン牛事例	BST事例
科学的不確実性	成長促進ホルモンの人間への健康影響	BST利用の結果，増える物質（IGF-1）の人間への健康影響
他の正当な考慮事項	伝統的農業システムへの影響	動物への健康影響

を控えるよう呼びかけたこともあった。そのような状況の下，ECは1981年の指令（81/602/EEC）において，成長促進のためのホルモンの使用を禁止した。

その後，1982年に欧州委員会の家畜飼料専門家グループによる「ラミング報告」が出された。この報告では，3つの天然ホルモンは人間の健康への悪影響はなく，2つの人工ホルモンについては，追加的な情報が必要であるとされた。この結論に従って，欧州委員会は天然ホルモンの条件付き使用の自由化を提案した。しかし，欧州議会が拒否したため，欧州委員会は提案を修正し，最終的には1985年に指令（85/649/EEC）において成長促進目的のすべての物質の使用が禁止された。その後1995年に，欧州委員会は，再度，食肉生産における成長促進に関するEC科学会議を開催し，天然ホルモンを成長促進に使用することによって消費者の健康を侵害する証拠はないと結論づけた。しかし，EUは政策を変更しなかった。

天然ホルモンの成長促進を目的とした利用に関するリスクの検討は，国際的レベルでも進んでいた。JECFAは，1988年の報告において，3つの天然ホルモンは人間の健康への悪影響はなさそうであり，基準値を設定する必要はないと結論づけた。他方，2つの人工ホルモンについては，各々最大残留レベルとして牛肉については$2\,\mu g/kg$，牛レバーについては$10\,\mu g/kg$を設定した。このJECFA報告に基づいて，1995年のコーデックス委員会第21回総会において，33カ国賛成，29カ国反対，7カ国棄権という僅差で，勧告が承認された。このような僅差での採択自体，対立が持続していたことを示している。

そして，1996年には，アメリカが締結されたばかりのSPS協定に基づき，WTOパネルにEUのホルモン牛の事例を提訴し，97年にはパネル報告が，98年には上級委員会報告が出された。この上級委員会報告では，専門家間で意見が異なった場合の扱いについて方向性を示した。ある専門家は他の専門家と異なる意見を表明し，ホルモンが発がん性をもつ可能性を認めていた。それに対

して，上級委員会は，この場合，ある専門家によって表明されたひとつの異論は，他の科学研究において到達している，それに反する結論を覆すほど「合理的に十分（reasonably sufficient）」なものではないと判断した。ただし，上級委員会は，SPS協定第5条1項はリスク評価が「関連する科学者共同体の多数の見解（the view of a majority of the relevant scientific community）」のみを採用することを求めているわけではないとしている。また「有能な科学者による異論（divergent views presented by qualified scientists）」があるということは科学的不確実性の状況を示しているのかもしれないとする。そして，多くの場合，政府は立法・行政措置を「主流の（mainstream）」科学的意見に基礎づけるが，一定の場合には，政府は「異論ではあるが有力な尊敬される意見（divergent opinion coming from qualified and respected sources）」に基づいて行動することもある，という議論を行った（WTO 1998: 75）。つまり，一般論としては有能な科学者による異論を採用する可能性を認めたものの，この事例はそれには当たらないという判断を行った。

このように，このホルモン牛の事例の場合，EUはパネルで敗れたが，食品安全基準を変更しなかった。そして，アメリカによる対抗的措置としての貿易制限を受け入れるにとどまった。

○ BSTの事例——考慮すべき価値・要因の範囲をめぐって　次に，BSTの事例について検討する。BST（Bovine Somatotropin）は乳牛からのミルクの生産を増大させるために用いられる，遺伝子改変によってつくられたホルモンである。アメリカでは食品薬品局（FDA）が，モンサント社（アメリカの大手化学会社）からの申請に対して，1993年11月に遺伝子が改変されたBSTの承認を与えた。FDAの決定は，BSTを使用した結果，増える物質（IGF-1）は人間の健康にとって有害ではないというリスク評価に基づいて下された。また，FDAは，BSTを使用した結果増える病気（乳房炎：mastitis）に対応するために用いる抗生物質を投与すると，残留抗生物質が増大する可能性に関する証拠も検討し，残留によって引き起こされる健康リスクもないとした。他方，ヨーロッパでは，1994年の欧州理事会決定（94/936/EEC）によって，BSTの販売と使用を99年12月まで禁止した。その後，禁止期間は延長された。

国際的レベルでは，JECFAが1992年にBSTを検討し，BSTを使用した結果，増えるIGF-1には人間の健康にとって有害ではないという結論を下した。

そして，CCRVDF によって勧告案が作成され，コーデックス委員会に提出された。しかし，1995 年のコーデックス委員会第 21 回総会においては，BST に関する議論は延期された。1997 年のコーデックス委員会第 22 回総会では，JECFA によるリスク評価を再度行うべきであるとして，BST に関する基準の検討を中断した。また，BST に関して「他の正当な要因」の検討も行うべきであるとした。

　この決定に基づき，JECFA が 1998 年に BST を再度評価し，BST を使用した結果増える IGF-1 には人間の健康にとって有害ではないという結論を再度下した。JECFA は，また，BST を使用した結果増える乳房炎に伴うリスクも検討した。そして，この乳房炎自体は動物の健康上の問題であるが，これは JECFA の考慮事項の枠外にあるとした。さらに人間の健康に与える影響に関心を限定し，乳房炎に対応するために用いる抗生物質の増大によって引き起こされる残留抗生物質による人間の健康への影響については，高いものではないと判断した。この再評価は，1998 年に CCRVDF で検討された後，BST に関する同様の勧告提案が，再度 1999 年のコーデックス委員会第 23 回総会に提出された。

　このように，JECFA や CCRVDF は BST の安全性を再確認したが，各国政府や EU は異なる対応をとった。1999 年 1 月に，カナダの保健省は，BST の販売をカナダにおいては許可しないと発表した。人間の健康への影響を研究している独立専門家委員会は，BST に起因する大きなリスクはないと判断した。しかし，動物の健康への影響を研究する独立専門家委員会は，BST の利用により乳房炎のリスクが高まり，その結果，不妊症（infertility）や跛行疾患（lameness）のリスクも高まるため，最終的に BST の使用は乳牛の安全に十分かつ許容不可能なリスクを課す，という結論を下した。

　EU においても，1999 年 3 月に動物の健康と福祉に関する科学委員会が報告を公表した。その結論は，BST は，牛の乳房炎や跛行疾患を増大させるので，利用すべきではないというものであった。また，公衆衛生にかかわる畜産施策に関する科学委員会の報告書では，最近の疫学的研究によれば，BST の使用によって増大する物質 IGF-1 は相対的に発ガンのリスクを増大させるとして，更なる研究が必要であるとされた。また，乳房炎に対応するために用いる抗生物質の増大によって引き起こされる残留抗生物質による人間の健康に対する 2

次的なリスクも存在するとされた。

このように各国・地域組織の判断が分かれる状況の下で，BST に関する勧告案は 1999 年 7 月のコーデックス委員会総会において再検討された。しかし，その結論は，コンセンサスがないとして検討を延期した。これは，事実上無期延期を意味するものとされた。

BST の事例の含意として，以下の点を指摘できる。第 1 に，考慮すべきリスクの範囲はどこまでかという論点，すなわち動物の健康リスクを扱うべきか否かという論点がある。JECFA やコーデックス委員会は，動物の健康を直接的には扱わず，増大する乳房炎に対して用いる抗生物質の残留が与える人間の健康への影響のみを扱った。それに対して，カナダの動物の健康への影響を研究する独立専門家委員会，EU の動物の健康と福祉に関する科学委員会は，直接的に動物の健康を扱い，それへの悪影響を認定した。第 2 に，関連して，コーデックス委員会が 1995 年に採択した「コーデックス決定過程における科学の役割とその他の考慮事項に関する原則」における「他の正当な要因」とは何かという論点がある。例えば，1997 年のコーデックス委員会総会において JECFA と CCRVDF によって BST の再評価を行うべきであるとされた際にも，BST に関して「他の正当な要因」を検討すべきであるとされた。この点に関して，EU は，BST の導入に伴い生産性が改善され，余剰生産力が生じるという問題も，正当な要因であると主張した。また，消費者需要に対する否定的影響の可能性がある（消費者が BST の使用を知ると乳製品の消費が減る可能性がある）という主張や，そもそも BST の使用を伴う集約的農業はヨーロッパの伝統と異なり，伝統的農業を守るのは正当な要因であるという主張も行った。

◆ 分野間比較と WTO 協定・国際基準運用の課題

自動車関連の環境・安全規制に関しては，日米欧を中心に特に自動車の産業構造のグローバル化が進む中で，国際的な調和化の動きが見られた。この結果，自動車の排出基準とその確保のために必要な燃料品質基準に関しては，かなり高いレベルでの国際的な調和化が達成されている。

他方，食品安全基準に関しても，貿易政策の観点からは，食品安全基準の差異化は非関税貿易障壁とみなされた。この問題に対処するために，WTO において SPS 協定が制定され，各国の衛生検疫措置が「国際基準，指針あるいは

勧告」に基づくか，国際基準よりも厳しい規制を行う場合には，「科学的正当化」や「リスク評価」に基礎づけられることが求められた。そして日常的にはSPS委員会において監視されるとともに，WTOパネル・上級委員会が，各国規制がリスク評価に基づいたものかを判断するようになったことは，潜在的にはきわめて大きな影響をもつものであった。

　しかし，このSPS協定も，現実の運用においては限界をもっていた。ある国の規制には科学的根拠がないとWTOパネルが判断したとしても，その判断が当該国の規制にどれだけ実際に影響を与えるかは，その判断がどれくらい政治的に受容されるかに依存していた。実際に，ホルモン牛の事例では，アメリカがEUをWTOパネルに提訴し，EUの牛の生産増強のためのホルモン利用の禁止は科学的根拠がないとされたが，EUが自らの基準を変更することはなく，アメリカが対抗措置をとることで終わった。また，SPS協定が発動されるのは，どこかの国がパネルに提訴するインセンティブをもち，実際に提訴する必要がある。しかし，各国の運用が大なり小なりそれなりのリスク評価に基づく国際基準から外れている場合は，WTOパネルに他国を提訴できないことが多い。さらに，SPS協定の担い手であるWTOの正当性の問題がある。SPS協定という手段を通して，WTOという貿易組織が各国の規制にリスク評価を浸透させていく担い手となっている。しかし，なぜ，貿易組織がリスク規制に関与するのか，といった疑念が常に付きまとう。このような状況の下では，「覆審的審査」を否定したホルモン牛の事例におけるWTO上級委員会に見られるように，現実のSPS協定の運用は抑制的なものとならざるをえなかった。

　他方，WTOにおけるSPS協定の実施は，コーデックス委員会の内部プロセスに大きな影響を与えた。従来，コーデックス基準は勧告であり，それに従うか否かは各国が自主的に決めることができたので，コーデックス委員会における勧告の採択は比較的容易であった。しかし，SPS協定の成立によりコーデックス基準が事実上の強制力に近いものをもつようになると，各国はコーデックス勧告に簡単に合意することができなくなった。勧告に従っていない場合には，各国はWTOパネルにおいて科学的正当化を求められることになり，結果として自国の規制が不利になることを各国は恐れたのである。その結果，コーディクス委員会での勧告の採択は困難になった。

　また，コーデックス基準の策定やSPS協定の運用の中では，専門家をどう

選ぶかという問題も指摘された。BSTの事例において，1992年にBST基準に関する報告書を出したJECFAでは，BSTをすでに承認していたアメリカのFDAの専門家が過度に役割を果たしたこと，そして，そのうちの一部の専門家は製造元であるモンサント社に雇用されていた経験があり，情報をモンサント社と共有していたことが，NGOであるCIによって問題とされた。このような専門家の選択の結果，JECFAの評価における潜在的な偏向性を高めたと主張された。

このように，食品安全規制に関して差異が大きく，それが持続しているのは，産業上の理由も考えられる。国際自動車産業の場合と異なり，国際食品産業は各国において分断されている性格の強い産業構造をもっていると考えられる。また，食品に関する認知については，文化的要因も大きいといえるかもしれない。

4 国際規制活動の行方

最後に，国際規制活動の将来的課題について，指摘しておきたい（城山2012）。

◈ 国内規制への介入形態の変容

国際的規制により国内規制が影響を受ける形態としては，従来，個々の機能的分野において，国際ルールが設定され，そのような国際ルールが国内ルールに翻訳されるという方式が一般的であった（→第10章）。これに加えて，WTOのTBT協定やSPS協定では，国内ルールが，貿易制限的でないか，さらには科学的合理性があるかといった観点から，横断的にレビューを行う介入形態が導入された。そして，パネルによる紛争解決という司法的メカニズム以外に，WTOの所在地であるジュネーヴで定期的に開催されるTBT委員会，SPS委員会において，各国が関係する国内ルール制定について事前報告を行い，参加国がレビューを行うという日常的プロセスも制度化された（→第5章）。

さらに，近年，各国の個別の実質的な国内ルールではなく，国際ルールが国内のルール形成過程に介入するという形態も見られる。例えば，規制整合化（Regulatory Coherence）といった横断的枠組みの下で，各国におけるルール形成過程に関係者の参画や規制影響分析等の透明性の高い評価手段の導入を求め

るといった動きが，アジア太平洋経済協力（APEC）や環太平洋パートナーシップ（TPP）において進んでいる。

◆ **プロセス透明化の必要**

国際ルールを形成したり，それを国内で実施したりする際の実践的課題のひとつは，プロセスの透明性を確保することである。国際行政においては，機能的アプローチがとられていることもあり，プロセスの分断化（fragmentation）はある程度不可避である。しかし，その中でプロセスにおける手続きや手段の透明性を高め，一定の規格化を進めていくことは必要である。WTO等の貿易レジームを通して，このような方向性での一定の展開は見られるが，今後は正当性確保の要請もふまえ，よりバランスのとれた観点からの規格化が必要であろう。

また，実質的には，このような各機能的分野における国際ルール形成と国内実施の担い手としては，国内の分野別省庁や専門家のコミュニティがとても重要である。しかし，このような政策ネットワークの構造は分野により異なり，また，国際ルールが実質的に国内ルールをどの程度拘束するのかも分野により異なる。今後は，このような分野別の実質的特性を可視化していくことが，研究のみならずアカウンタビリティの確保のためにも必要であろう。

◆ **国際規制への国内対応体制**

このような国際規制の形成と実施に対応するための，国内対応体制・組織に関する課題もある（藤井 2012）。国際規制を策定する提案やそれへの対応を政府レベルや企業レベルで担っていくためには，各分野の国際的な政策ネットワークに継続的に参加し，各分野の現場知を蓄積することが重要になる。しかし，例えば日本の場合，政府内，企業内のいずれにおいても，短期での人事ローテーションの慣行もあり，このような人材育成は十分に行われていない。継続性を確保できるように外部人材の活用も図りつつ，どのように人材を育成し，処遇していくのかという意識的なプロセスの構築を行っていく必要がある。

●さらに読み進める人のために

☞ David Vogel, *Trading Up: Consumer and Environmental Regulation in a Global Economy*, Harvard University Press, 1995.
　＊国際的な調和化と差異化を規定する要因として，受入国における市場の規模と生産者の保護主義的動機，そして環境や消費者安全にかかわる NGO の役割等を指摘する。そして，欧州統合，ホルモンを使用した牛肉に関する米欧関係，北米自由貿易協定，GATT 等に関する事例研究を行っている。

☞ 中川淳司『経済規制の国際的調和』有斐閣，2008 年。
　＊国際的な調和化について，基準認証，知的財産権，労働基準，競争法，金融規制，国際経済犯罪規制等を対象として，その背景・目的，交渉のプロセスと結果，そしてその国内実施の管理に注目して，分野横断的かつ実証的に分析している。

☞ 氷見野良三『検証 BIS 規制と日本〔第 2 版〕』金融財政事情研究会，2005 年。
　＊銀行の自己資本比率に関する国際基準である BIS 規制について，最近の交渉の当事者であった著者が，導入の背景・経緯，交渉プロセスを分析している。日本にとっては，BIS 規制は単なる外圧ではなく，金融の自由化が進んだ安定成長期の経済におけるリスク負担の調整のために内在的に必要であったと評価する。

引用・参考文献

◆ 複数の章で参考にしたもの

遠藤乾編 2008『グローバル・ガバナンスの最前線――現在と過去のあいだ』東信堂。
遠藤乾編 2010『グローバル・ガバナンスの歴史と思想』有斐閣。
勝присутствует正恒・二村克彦 2000『国連再生と日本外交』国際書院。
グローバル・ガバナンス委員会／京都フォーラム監訳編 1995『地球リーダーシップ――新しい世界秩序をめざして：グローバル・ガバナンス委員会報告書』日本放送出版協会（原著 1995）。
香西茂 1991『国連の平和維持活動』有斐閣。
小寺彰・道垣内正人編 2008『国際社会とソフトロー』（ソフトロー研究叢書 第5巻〈中山信弘編集代表〉）有斐閣。
コヘイン，ロバート・O.／石黒馨・小林誠訳 1998『覇権後の国際政治経済学』晃洋書房（原著 1984）。
酒井哲哉 2007『近代日本の国際秩序論』岩波書店。
白石隆＝ハウ・カロライン 2012『中国は東アジアをどう変えるか――21世紀の新地域システム』中公新書。
城山英明 1994「国際行政学」西尾勝・村松岐夫編『行政の発展』（講座行政学 1）有斐閣。
城山英明 1997『国際行政の構造』東京大学出版会。
城山英明 2007『国際援助行政』（行政学叢書 7）東京大学出版会。
城山英明 2010「アーサー・ソルター――越境する行政官の行動と思考様式」遠藤乾編『グローバル・ガバナンスの歴史と思想』有斐閣。
城山英明・山本隆司編 2005『環境と生命』（融ける境 超える法 5）東京大学出版会。
田所昌幸・城山英明編 2004『国際機関と日本――活動分析と評価』日本経済評論社。
西尾勝 2001『行政学〔新版〕』有斐閣。
西元宏治 2008「紛争ダイヤモンド取引規制レジームの形成と展開」小寺彰・道垣内正人編『国際社会とソフトロー』（ソフトロー研究叢書 第5巻〈中山信弘編集代表〉）有斐閣。
日本国際連合学会編 2002『グローバル・アクターとしての国連事務局』（国連研究 第3号）国際書院。
坂野正高 1971『現代外交の分析――情報・政策決定・外交交渉』東京大学出版会。
平島健司編 2008『国境を越える政策実験・EU』（政治空間の変容と政策革新 2）東京大学出版会。
山本草二 1969「国際行政法の存立基盤」『国際法外交雑誌』第 67 巻第 5 号。
山本吉宣 2008『国際レジームとガバナンス』有斐閣。
横溝大 2008「ソフトローの観点から見た国際航空法――国際標準と勧告方式の遵守を中心として」小寺彰・道垣内正人編『国際社会とソフトロー』（ソフトロー研究叢書 第5巻〈中山信弘編集代表〉）有斐閣。
「特集 国際社会におけるルール形成と国際法」『法律時報』1051号（2012年9月号）。

Chayes, Abram and Antonia H. Chayes 1995, *The New Sovereignty: Compliance with International Regulatory Agreements*, Harvard University Press.
Fishlow, Albert 1985, "Lessons from the past: capital market during the 19th century and the inter-war period," *International Organization* 39-3.
Gordenker, Leon, 2010, *The UN Secretary-General and Secretariat Second edition*, Routledge.
Haas, Peter M. 1992, "Introduction: Epistemic Communities and International Policy Coordination," *International Organization*, vol. 46-1.
Hirschman, Albert O. 1967, *Development Projects Observed*, The Brookings Institution.

Jackson, Robert H. 1990, *Quasi-States: Sovereignty, International Relations and the Third World*, Cambridge University Press.
Woodward, Richard 2009, *The Organization for Economic Cooperation and Development*, Routledge.

◆ 第1章

カウフマン，ヨハン／山下邦明訳 1983『国連外交の戦略と戦術』有斐閣選書R（原著1980）。
斎藤誠 2011「グローバル化と行政法」磯部力・小早川光郎・芝池義一編『行政法の基礎理論』（行政法の新構想Ⅰ）有斐閣。
城山英明 1999「ヨーロッパにおける国際行政の形成」小川有美編『EU諸国』（国際情勢ベーシックシリーズ6）自由国民社。
城山英明 2001「国際行政──グローバル・ガヴァナンスにおける不可欠な要素」渡辺昭夫・土山實男編『グローバル・ガヴァナンス──政府なき秩序の模索』東京大学出版会。
城山英明 2010「グローバル化における国家機能の行方──メタガバナンスはいかにして可能か」『世界』809号。
ストレンジ，スーザン／櫻井公人訳 1998『国家の退場──グローバル経済の新しい主役たち』岩波書店（原著1996）。
福田耕治 2003『国際行政学──国際公益と国際公共政策』有斐閣。
福田耕治 2012『国際行政学──国際公益と国際公共政策〔新版〕』有斐閣。
ポラニー，カール／野口建彦・栖原学訳 2009『大転換──市場社会の形成と崩壊』東洋経済新報社（原著初版1944）。
松下圭一 1991『政策型思考と政治』東京大学出版会。
森田朗 2000『現代の行政〔改訂版〕』放送大学教育振興会。
蠟山政道 1928『國際政治と國際行政』厳松堂書店。
Angell, Norman 1912, *The Great Illusion: A Study of the Relation of Military Power to National Advantage*, G. P. Putnam's sons.
Barr, Michael S., and Geoffrey P. Miller 2006, "Global Administrative Law: The View from Basel," *The European Journal of International Law*, Vol. 17-1.
Claude, Jr., Inis L. 1984, *Swords into Plowshares: The Problems and Progress of International Organization, 4th Edition*, Random House.
Dolowitz, David P., and David Marsh 2000, "Learning from Abroad: The Role of Policy Transfer in Contemporary Policy-Making," *Governance*, Vol. 13-1.
Drezner, Daniel W. 2007, *All Politics is Global: Explaining International Regulatory Regimes*, Princeton University Press.
Hill, Norman L. 1931, *International Administration*, McGraw-Hill Book Company.
Hirst, Paul, Grahame Thompson and Simon Bromley 2009, *Globalization in Question*, 3rd edition, Polity Press.
Keohane, Rober O. and Elinor Ostrom, eds. 1995, *Local Commons and Global Interdependence: Heterogeneity and Cooperation in Two Domains*, Sage.
Kingsbury, Benedict, Nico Krisch, and Richard Stewart 2005, "The Emergence of Global Administrative Law," *Law and Contemporary Problems*, Vol. 68.
May, Christopher 2007, *The World Intellectual Property Organization: Resurgence and the Development Agenda*, Routledge.
Ostrom, Elinor 1990, *Governing the Commons: the Evolution of Institutions for Collective Action*, Cambridge University Press.
Sayre, Francis, B. 1919, *Experiments in International Administration*, Harper & Brothers Publishers.
Slaughter, Anne-Marie 1997, "The Real New World Order," *Foreign Affairs*, Vol. 76-5.

◆ 第 2 章

遠藤乾 2010「グローバル・ガバナンスの歴史と思想」遠藤乾編『グローバル・ガバナンスの歴史と思想』有斐閣．

カー, E. H./原彬久訳 2011『危機の二十年――理想と現実』岩波現代文庫（原著初版 1939．翻訳の底本は第 2 版 1981 年刷）．

カー, E. H./大窪愿二訳 2006『ナショナリズムの発展〔新版〕』みすず書房（原著 1945）．

コヘイン, ロバート・O.＝ジョセフ・S.ナイ/滝田賢治監訳 2012『パワーと相互依存』ミネルヴァ書房（原著初版 1977．翻訳の底本は第 3 版〈2011〉）．

Deutsch, Karl W. 1954, *Political Community at the International Level: Problems of definition and Measurement*, Doubleday.

Deutsch, Karl W. and Associate 1957, *Political Community and the North Atlantic Area: International Organization in the Light of Historical Experience*, Princeton University Press.

Finnemore, Martha and Kathryn Sikkink 1998, "International Norm Dynamics and Political Change," *International Organization*, Vol. 52-4.

Haas, Ernst B. 1964, *Beyond the Nation-State: Functionalism and International Organization*, Stanford University Press.

Haas, Ernst B. 1968, *The Uniting of Europe: Political, Social, and Economic Forces, 1950-1957*, 2nd edition, Stanford University Press.

Haas, Ernst B. 1990, *When Knowledge is Power: Three Models of Change in International Organizations*, University of California Press.

Keohane, Robert O. 1988, "International Institutions: Two Approaches," *International Studies Quarterly*, Vol. 32-4.

Keohane, Robert O. and Joseph S. Nye, eds. 1971, *Transnational Relations and World Politics*, Harvard University Press.

Mitrany, David 1933, *The Progress of International Government*, George Allen and Unwin.

Mitrany, David 1966, *A Working Peace System*, Quadrangle Books.

Rosenau, James N. 1992, "Governance, Order and Change in World Politics," in James N. Rosenau and Ernst-Otto Czempiel, eds., *Governance without Government: Order and Change in World Politics*, Cambridge University Press.

Vaubel, Roland 1986, "A Public Choice Approach to International Organization," *Public Choice*, Vol. 51-1.

Woolf, Leonard 1916, *International Government: Two Reports*, G. Allen and Unwin.

Woolf, Leonard 1940, *The War for Peace*, G. Routledge.

Young, Oran R. 1994, *International Governance: Protecting the Environment in a Stateless Society*, Cornell University Press.

◆ 第 3 章

入江昭/篠原初枝訳 2006『グローバル・コミュニティ――国際機関・NGO がつくる世界』（アジア太平洋研究選書 4）早稲田大学出版部（原著 2002）．

山田哲也 2010『国連が創る秩序――領域管理と国際組織法』東京大学出版会．

Cooper, Richard N. 1989, "International Cooperation in Public Health as a Prologue to Macroeconomic Cooperation," in Richard N. Cooper, et al., *Can Nation Agree?: Issues in International economic Cooperation*, The Brookings Institution.

Hankey, Lord 1946, *Diplomacy by Conference: Studies in Public Affairs, 1920-1946*, G. P. Putnam.

Jordan, Robert S. 1971, "The Influence of the British Secretariat Tradition on the Formation of the League of Nations," in Robert S. Jordan, ed., *International Administration: Its Evolution and Contemporary Applications*, Oxford University Press.

Murphy, Craig N. 1994, *International Organization and Industrial Change: Global Governance Since 1850*, Polity Press.

Salter, J. A. 1921, *Allied Shipping Control: An Experiment in International Administration*, Clarendon Press.

Salter, Arthur 1944, "From Combined War Agencies to International Administration," *Public Administration Review*, Vol. 4-1.

◆ 第4章

明石康 2006『国際連合――軌跡と展望』岩波新書。

草原克豪 2012『新渡戸稲造 1862-1933――我、太平洋の橋とならん』藤原書店。

北岡伸一 2007『国連の政治力学――日本はどこにいるのか』中公新書。

篠田英朗 2010「ウッドロー・ウィルソン――介入主義、国家主権、国際連盟」遠藤乾編『グローバル・ガバナンスの歴史と思想』有斐閣。

篠原初枝 2010『国際連盟――世界平和への夢と挫折』中公新書。

西崎文子 1992『アメリカの冷戦政策と国連 1945-1950』東京大学出版会。

松浦博司 2009『国連安全保障理事会――その限界と可能性』東信堂。

最上敏樹 2006『国際機構論〔第2版〕』東京大学出版会。

横田洋三編 1998『国際機構論〔補訂版〕』国際書院。

Beigbeder, Yves 1987, *Management Problems in the United Nations Organizations: Reform or Decline?*, London: F. Pinter.

Ghebali, Victor-Yves 1975, "The League of Nations and Functionalism," in A. J. R. Groom and Paul Taylor, eds., *Functionalism: Theory and Practice in International Relations*, University of London Press.

Langrod, Georges 1963, *The International Civil Service: Its Orgins, Its Nature, Its Evolution*, A. W. Sijthoff, Oceana Publications.

Loveday, A. 1956, *Reflections on International Administration*, Clarendon Press.

Ranshofen-Wertheimer, Egon 1945, *The International Secretariat: A Great Experiment in International Administration*, Carnegie Endowment for International Peace.

Schechter, Michael G. 2005, *United Nations Global Conferences*, Routledge.

Wilson, Woodrow 1887, "The Study of Administration," *Political Science Quarterly*, Vol. 2-2.

◆ 第5章

明石康・高須幸雄・野村章男・大芝亮・秋山信将 2008『日本と国連の50年――オーラルヒストリー』ミネルヴァ書房。

国連広報センター「コフィー・アナン国連事務総長の略歴」(http://unic.or.jp/know/annan.htm)

西元宏治 2003「国際関係の法制度化現象とWTOにおける立憲化論議の射程」『ジュリスト』1254号。

パットナム、ロバート・D.＝ニコラス・ベイン／山田進一訳 1986『サミット――先進国首脳会議』TBSブリタニカ（原著1984）。

ベルトラン、モーリス／横田洋三監訳 1991『国連再生のシナリオ』国際書院（原著1986）。

ボルカー、ポール＝行天豊雄／江澤雄一監訳 1992『富の興亡――円とドルの歴史』東洋経済新報社（原著1992）。

最上敏樹 2007『国際立憲主義の時代』岩波書店。

Bernes, Thomas A. 2011, "IMF Legitimacy and Governance Reform: Will the G20 Help or Hinder?," in Colin I. Bradford and Wonhyuk Lim, eds., *Global Leadership in Transition: Making the G20 More Effective and Responsive*, Brooking Institution Press.

Bradford, Colin I. and Wonhyuk Lim 2011, "Introduction: Toward the Consolidation of the G20:

From Crisis Committee to Global Steering Committee," in Colin I. Bradford and Wonhyuk Lim, eds., *Global Leadership in Transition: Making the G20 More Effective and Responsive*, Brooking Institution Press.

Cooper, Andrew F. 2011, "The G20 and Its Regional Critics: The Search for Inclusion," *Global Policy*, vol. 2-2.

Dobson, Hugo 2007, *The Group of 7/8*, Routledge.

Lang, Andrew and Joanne Scot 2009, "The Hidden World of WTO Governance," *European Journal of International Law*, vol. 20-3.

Linn, Johannes F. 2011, "How the G20 Can Break the Stalemate in the Reform of the Multilateral Development System: Proposal for Action," in Colin I. Bradford and Wonhyuk Lim, eds., *Global Leadership in Transition: Making the G20 More Effective and Responsive*, Brooking Institution Press.

Rasche, Andreas and Georg Kell 2010, Introduction: the United Nations Global Compact — Retrospect and Prospect, in Andreas Rasche and Georg Kell, eds., *The United Nations Global Compact: Achievements, Trends and Challenges*, Cambridge University Press.

United Nations (Jackson, R.G.A.) 1969, *A study of the Capacity of the United Nations Development System*, United Nations.

Wynhoven, Ursula and Matthias Stausberg 2010, The United Nations Global Compact's Governance Framework and Integrity Measures in Andreas Rasche and Georg Kell, eds., *The United Nations Global Compact: Achievements, Trends and Challenges*, Cambridge University Press.

◆ 第6章

網谷龍介 2008『「社会モデル」言説の定着とその制度的基盤——EU レベル専門家ネットワークの機能」平島健司編『国境を越える政策実験・EU』（政治空間の変容と政策革新2）東京大学出版会。

石黒一憲 1987『国際通信法制の変革と日本の進路——電気通信事業法等の見直し問題との関係において』総合研究開発機構。

伊藤武 2008「分権化と再集権化の狭間で——現代化改革後のヨーロッパ競争政策」平島健司編『国境を越える政策実験・EU』（政治空間の変容と政策革新2）東京大学出版会。

上原良子 2008「ヨーロッパ統合の生成 1947-50 年——冷戦・分断・統合」遠藤乾編『ヨーロッパ統合史』名古屋大学出版会。

遠藤乾 2008「ヨーロッパ統合の歴史——視座と構成」遠藤乾編『ヨーロッパ統合史』名古屋大学出版会。

遠藤乾 2010「ジャン・モネ——グローバル・ガバナンスの歴史的源流」遠藤乾編『グローバル・ガバナンスの歴史と思想』有斐閣。

小川有美 2005「新しい統治としての OMC 開放的協調とヨーロッパ化する政党政治——あいまいな制度を求めて？」中村民雄編『EU 研究の新地平——前例なき政体への接近』ミネルヴァ書房。

鴨武彦 1980「政策決定システムと主要諸機関」細谷千博・南義清編『欧州共同体（EC）の研究——政治力学の分析』新有堂。

川嶋周一 2007「欧州共通農業政策の成立とヨーロッパ統合の政体化——コミトロジー・システムの成立・拡散の考察から」『政経論叢』第 76 巻第 1・2 号。

城山英明 2006「EU における自動車関連環境規制の政策形成・実施過程——技術的基準の形式と変容，設定プロセスとアカウンタビリティーの確保を中心に」『社會科學研究』第 57 巻第 2 号。

鈴木一人 2003「欧州統合における制度の柔軟性をめぐる研究・序説」『筑波法政』第 34 号。

田中俊郎 1980「欧州統合の理念とその歴史的展開——欧州共同体の歩み」細谷千博・南義清編『欧州共同体（EC）の研究——政治力学の分析』新有堂。

中村民雄 2005「EU 法制度の形成と東方拡大」森井裕一編『国際関係の中の拡大 EU』信山社出版。

中山洋平 2006「CAP（共通農業政策）の転換とフランス農業セクターの統治システムの解体」『社

會科學研究』第 57 巻 2 号。
八谷まち子 1999「コミトロジー考察――だれが欧州統合を実施するのか」『政治研究』（九州大学法学部政治研究室）第 46 号。
平島健司 2008「変化する政体と政策革新のメカニズム」平島健司編『国境を越える政策実験・EU』（政治空間の変容と政策革新 2）東京大学出版会。
森井裕一 2005「拡大 EU の概要――歴史と制度」森井裕一編『国際関係の中の拡大 EU』信山社出版。
Hayes-Renshaw, Fiona and Helen Wallace 1997, *The Council of Minister*, St. Martin's Press.
Hayes-Renshaw, Fiona and Helen Wallace 2006, *The Council of Minister*, 2nd editions, Palgrave Macmillan.
Milward, Alan S. et al. 1992, *The European Rescue of the Nation State*, Routledge.
Moravcsik, Andrew 1998, *The Choice for Europe: Social Purpose and State Power From Messina to Maastricht*, Cornell University Press.

◆ 第 7 章

石川幸一 2008「ASEAN 経済共同体とは何か――ブループリントから読めるもの」『国際貿易と投資』第 20 号。
菊池努 1995『APEC――アジア太平洋新秩序の模索』日本国際問題研究所。
白石隆 2004『帝国とその限界――アメリカ・東アジア・日本』NTT 出版。
城山英明 2000「東アジアにおける国際規範実現の組織的基盤――国家間関係を基礎とする漸進的方式の意義と課題」大沼保昭編『東亜の構想』筑摩書房。
城山英明 2008「グローバル化の中の東アジア地域金融協力」遠藤乾編『グローバル・ガバナンスの最前線――現在と過去のあいだ』東信堂。
鈴木早苗 2011「ASEAN における組織改革――憲章発効後の課題」山影進編『新しい ASEAN――地域共同体とアジアの中心性を目指して』日本貿易振興機構アジア経済研究所。
山影進 1991『ASEAN――シンボルからシステムへ』東京大学出版会。
山影進 1997『ASEAN パワー――アジア太平洋の中核へ』東京大学出版会。
山影進編 2011『新しい ASEAN――地域共同体とアジアの中心性を目指して』日本貿易振興機構アジア経済研究所。

◆ 第 8 章

大久保彩子 2007「国際捕鯨規制の科学と政治――日本の捕鯨外交の再検討に向けて」『海洋政策研究』第 4 号。
小田原登志郎 1963『統計行政』一粒社。
黒沢満 1992『核軍縮と国際法』有信堂高文社。
城山英明 1998「情報活動」森田朗編『行政学の基礎』岩波書店。
城山英明 2007「越境する日本の安全保障貿易管理」『公共政策研究』第 7 号。
城山英明 2008「技術変化と政策革新――フレーミングとネットワークのダイナミズム」城山英明・大串和雄編『政策革新の理論』（政治空間の変容と政策革新 1）東京大学出版会。
松尾真紀子 2008「食品の安全性をめぐる国際合意のダイナミクス――遺伝子組換え食品の事例」城山英明編『科学技術のポリティクス』（政治空間の変容と政策革新 6）東京大学出版会。
目加田説子 1998『地雷なき地球へ――夢を現実にした人びと』岩波書店。
元田結花 2008「国境を越える感染症対策」遠藤乾編『グローバル・ガバナンスの最前線――現在と過去のあいだ』東信堂。
百瀬宏・植田隆子 1992『欧州安全保障協力会議（CSCE）1975-92』日本国際問題研究所。
Agrawala, Shardul 1998, "Structural and Process History of the Intergovernmental Panel on Climate Change," *Climatic Change* Vol. 39-4.

Davis, Kevin E., Benedict Kingsbury and Sally Engle Merry 2012, "Introduction: Global Governance by Indicators," in Kevin E. Davis, Angelina Fisher, Benedict Kingsbury and Sally Engle Merry, eds., *Governance by Indicators: Global Power Through Quantification and Rankings*, Oxford University Press.

Downs, Anthony 1967, *Inside Bureaucracy*, Little Brown.

Frankel, Joseph 1963, *The Making of Foreign Policy: An Analysis of Decision Making*, Oxford University Press.

Gallagher, Nancy W. 1999, *The Politics of Verification*, Johns Hopkins University Press.

Herman, Michael 1996, *Intelligence Power in Peace and War*, Cambridge University Press.

Keck, Margret E., and Kathryn Sikkink 1998, *Activities Beyond Borders: Advocacy Network in International Politics*, Cornel University Press.

Kuroda, Michiko 1992, "Early Warning Capacity of the United Nations System: Prospects for the Future," in Kumar Rupesinghe and Michiko Kuroda, eds., *Early Warning and Conflict Resolution*, MacMillan Press.

Litfin, Karen T. 1994, *Ozone Discourses: Science and Politics in Global Environmental Cooperation*, Columbia University Press.

Maurer, Martha E. 1994, *Coalition, Command and Control: Key Considerations*, National Defense University Press.

Moravcsik, Andrew M. 1989, "Disciplining Trade Finance: the OECD Export Credit Arrangement," *International Organization*, Vol. 43-1.

Pigman, Geoffrey Allen 2007, *The World Economic Forum: A Multi-Stakeholder Approach to Global Governance*, Routledge.

Radaelli, Claudio M. 1999, "Harmful Tax Competition in the EU: Policy Narratives and Advocacy Coalitions," *Journal of Common Market Studies*, Vol. 37-4.

Simon, Herbert A. 1976, *Administrative Behavior*, 3 rd edition, Free Press.

Ward, Michael 2004, *Quantifying the World: UN Ideas and Statistics*, Indiana University Press.

Wilenski, Harold L. 1967, *Organizational Intelligence*, Basic Books.

◆ 第9章
緒方四十郎 1993「国連財政の強化へ各国の協力を訴える——活動分野の拡大で迫られる早急な行動」『世界週報』74巻30号。
岸本康雄 2009「国連事務局の人事制度改革について」『人事院月報』722号。
黒神直純 2006『国際公務員法の研究』信山社出版。
坂根徹 2009「国連システムにおける調達行政の意義と企業・NGOの役割」日本国際連合学会編『国連研究の課題と展望』(国連研究 第10号) 国際書院。
坂根徹 2010「UNHCRの難民支援における調達行政」『愛媛大学法文学部論集 総合政策学科編』29巻。
城山英明 2002「国連財政システムの現状と課題——多様な適応とマネジメント改革の試み」日本国際連合学会編『グローバル・アクターとしての国連事務局』(国連研究 第3号) 国際書院。
城山英明 2004「第Ⅰ部 おわりに——比較と検討」田所昌幸・城山英明編 2004『国際機関と日本——活動分析と評価』日本経済評論社。
田所昌幸 1996『国連財政——予算から見た国連の実像』有斐閣。
田中徹二 2007「国際連帯税ならびにUNITAIDをめぐる動向と課題」『公共研究』(千葉大学) 3巻4号。
辻清明 1991「国際公務員制」辻清明『公務員制の研究』東京大学出版会。
二井矢洋一 2007「国連人事について」(http://homepage3.nifty.com/clubjpo/) (2012年9月25日アクセス)。

蓮生郁代 2012『国連行政とアカウンタビリティーの概念——国連再生への道標』東信堂.
福田耕治 1986「EC 官僚制と加盟国の関係」『日本 EC 学会年報』第 6 号.
福田耕治 2012『国際行政学——国際公益と国際公共政策〔新版〕』有斐閣.
弓削昭子 2002「国連日本人職員の可能性と課題」日本国際連合学会編『グローバル・アクターとしての国連事務局』(国連研究 第 3 号) 国際書院.
Bertrand, Maurice 1990, "Policy on Recruitment of United Nations Staff," in Chris de Cooker, ed., *International Administration: Law and Management Practices in International Organisations*, Martinus Nijhoff Publishers.
Goossen, Dirk Jan 1990, "The International Civil Service Commission," in Chris de Cooker, ed., *International Administration: Law and Management Practices in International Organisations*, Martinus Nijhoff Publishers.
Tassin, Jasques 1990, "Administrative Coordination in the United Nations Family," in Chris de Cooker, ed., *International Administration: Law and Management Practices in International Organisations*, Martinus Nijhoff Publishers.

◆ 第 10 章

明石康 2010『「独裁者」との交渉術』集英社新書.
緒方貞子 2006『紛争と難民——緒方貞子の回想』集英社.
久保はるか 2005「オゾン層保護条約の国内実施体制と過程——国内事業者の取組みに焦点を当てて」城山英明・山本隆司編『環境と生命』(融ける境 超える法 5) 東京大学出版会.
久保はるか 2008「国際環境条約の国内受容に関する一考察——国際政治と国内政治の連結の場面」『甲南法学』第 48 巻第 4 号.
小寺彰 2008「現代国際法学と「ソフトロー」——特色と課題」小寺彰・道垣内正人編『国際社会とソフトロー』(ソフトロー研究叢書 第 5 巻〈中山信弘編集代表〉) 有斐閣.
島村健 2010「国際環境条約の国内実施——バーゼル条約の場合」『新世代法政策学研究』第 9 巻.
城山英明・坪内淳 1999「外務省の政策形成過程」城山英明・鈴木寛・細野助博編『中央省庁の政策形成過程——日本官僚制の解剖』中央大学出版部.
城山英明 2003「WTO 政府調達協定の地方政府に対するインパクト——日米比較の視点から」山口二郎・遠藤乾・山崎幹根編『グローバル化時代の地方ガバナンス』岩波書店.
城山英明 2004「インターフェースの実態と課題——日本の場合」田所昌幸・城山英明編『国際機関と日本——活動分析と評価』日本経済評論社.
鶴田順 2005「国際環境枠組条約における条約実践の動態過程」城山英明・山本隆司編『環境と生命』(融ける境 超える法 5) 東京大学出版会.
中村耕一郎 2002『国際「合意」論序説——法的拘束力を有しない国際「合意」について』東信堂.
藤谷武史 2012「租税法における国際的規範形成と国内法——OECD モデル租税条約の規範性を中心に」『法律時報』84 巻 10 号.
谷内正太郎 1991「国際法規の国内的実施」広部和也・田中忠編『国際法と国内法——国際公益の展開』(山本草二先生還暦記念) 勁草書房.
柳井俊二 1979「条約締結の実際的要請と民主的統制」『国際法外交雑誌』第 78 巻第 4 号.
山根裕子 1995『EU/EC 法——欧州連合の基礎〔新版〕』有信堂高文社.
弓削昭子 2002「国連日本人職員の可能性と課題」日本国際連合学会編『グローバル・アクターとしての国連事務局』(国連研究 第 3 号) 国際書院.

◆ 第 11 章

秋山信将 2012『核不拡散をめぐる国際政治——規範の遵守,秩序の変容』有信堂高文社.
城山英明 1999「国際統治の実効性と正当性」井上達夫・嶋津格・松浦好治編『秩序像の転換』(法の臨界 第 2 巻) 東京大学出版会.

城山英明 2004「第1部 活動分析と評価／おわりに――比較と検討」田所昌幸・城山英明編『国際機関と日本――活動分析と評価』日本経済評論社．
中谷和弘 2008「安保理決議に基づく経済制裁――近年の特徴と法的課題」『国際問題』（Web版）570号．
Childers, Erskine and Brian Urquhart 1994, *Renewing the United Nations System*, Dag Hammarskjöld Foundation.
Coase, R. H. 1960, "The Problem of Social Cost," *Journal of Law and Economics*, Vol. 3.
Downs, George W., David M. Rocke and Peter N. Barsoom 1996, "Is the Good News about Compliance Good News about Cooperation?," *International Organization*, Vol. 50-3.
Goldstein, Judith 1998, "International Institutions and Domestic Politics: GATT, WTO, and the Liberalization of International Trade," in Anne O. Krueger, ed., *The WTO as an International Organization*, University of Chicago Press.
Grant, Ruth W., Robert O. Keohane 2005, "Accountability and Abuses of Power in World Politics," *American Political Science Review*, Vol. 99-1.
Keohane, Robert O. 1996, "Analyzing the Effectiveness of International Environmental Institutions," in Robert O. Keohane and Marc A. Levy, eds., *Institutions for Environmental Aid: Pitfall and Promise*, MIT Press.
Keohane, Robert O., Peter M. Haas and Marc A. Levy 1993, "The Effectiveness of International Environmental Institutions," in Peter M. Haas, Robert O. Keohane and Marc A. Levy, eds., *Institutions for the Earth: Sources of Effective International Environmental Protection*, MIT Press.
Kotov, Vladimir and Elena Nikitia 1998, "Implementation and Effectiveness of the Acid Rain Regime in Russia," in David G. Victor, Karl Raustiala and Eugene B. Skolnikoff, eds., *The Implementation and Effectiveness of International Environmental Commitments: Theory and Practice*, MIT Press.
Mitchell, Ronald B. 1994, *Intentional Oil Pollution at Sea: Environmental Policy and Treaty Compliance*, MIT Press.
Oye, Kenneth A. 1986, "Explaining Cooperation under Anarchy: Hypotheses and Strategies," in Kenneth A. Oye, ed., *Cooperation under Anarchy*, Princeton University Press.
Roberts, Adam and Benedict Kingsbury 1994, "Introduction: The UN's Roles in International Society since 1945," in Adam Roberts and Benedict Kingsbury, eds., *United Nations, Divided World*, Oxford University Press.
Victor, David G., Kal Raustiala and Eugene B. Skolnikoff 1998, "Introduction and Overview," in David G. Victor, Kal Raustiala and Eugene B. Skolnikoff, eds., *The Implementation and Effectiveness of International Environmental Commitments: Theory and Practice*, MIT Press.
Zacher, Mark W. et al. 1996, *Governing Global Networks: International Regimes for Transportation and Communications*, Cambridge University Press.

◆ 第12章
明石康 2006『国際連合――軌跡と展望』岩波新書．
石原直紀 2008「カンボジア――民軍関係から見たUNTAC」上杉勇司・青井千由紀編『国家建設における民軍関係――破綻国家再建の理論と実践をつなぐ』国際書院．
上杉勇司 2008「民軍関係の基本概念」上杉勇司・青井千由紀編『国家建設における民軍関係――破綻国家再建の理論と実践をつなぐ』国際書院．
大串和雄 2012「『犠牲者中心の』移行期正義と加害者処罰――ラテンアメリカの経験から」日本平和学会編『体制移行期の人権回復と正義』（平和研究 第38号）早稲田大学出版部．
長有紀枝 2009『スレブレニツァ――あるジェノサイドをめぐる考察』東信堂．
河島さえ子 2008「重大犯罪処罰のグローバル化――国際刑事裁判所を軸として」遠藤乾編『グローバル・ガバナンスの最前線――現在と過去のあいだ』東信堂．

篠田英朗 2003『平和構築と法の支配――国際平和活動の理論的・機能的分析』創文社.
篠田英朗 2008「コソボ――分断された社会の統治における民軍関係」上杉勇司・青井千由紀編『国家建設における民軍関係――破綻国家再建の理論と実践をつなぐ』国際書院.
下谷内奈緒 2012「国際刑事裁判のディレンマの政治構造」日本平和学会編『体制移行期の人権回復と正義』(平和研究 第 38 号)早稲田大学出版部.
城山英明 1994「紛争解決における NGO の役割」『NIRA 政策研究』第 7 巻第 5 号.
城山英明・石田勇治・遠藤乾編 2007『紛争現場からの平和構築――国際刑事司法の役割と課題』東信堂.
瀬谷ルミ子 2008「アフリカ――破綻国家再建の比較と新たな平和活動の枠組み」上杉勇司・青井千由紀編『国家建設における民軍関係――破綻国家再建の理論と実践をつなぐ』国際書院.
武内進一 2009『現代アフリカの紛争と国家――ポストコロニアル家産制国家とルワンダ・ジェノサイド』明石書店.
藤原広人 2007「国際刑事司法過程と平和構築――紛争後社会の集合的記憶形成を手がかりとして」城山英明・石田勇治・遠藤乾編『紛争現場からの平和構築――国際刑事司法の役割と課題』東信堂.
マッケイ, フィオナ／河島さえ子訳 2007「国際刑事裁判所における被害者参加・賠償の法的枠組みの実施に関する諸課題」城山英明・石田勇治・遠藤乾編『紛争現場からの平和構築――国際刑事司法の役割と課題』東信堂.
松野明久 2007「平和構築における真実探求――紛争後の東ティモールの事例から」城山英明・石田勇治・遠藤乾編『紛争現場からの平和構築――国際刑事司法の役割と課題』東信堂.
安武真隆 2001「『人道的介入』の政治的ディレンマ――NATO によるユーゴスラヴィア空爆の事例を手がかりに」『法学論集』(関西大学)第 51 巻第 2・3 号.
山内康英 1997「カンボジアの選挙と国連によるメディアの利用」『NIRA 政策研究』第 10 巻第 1 号.
吉崎知典 2008「北大西洋条約機構(NATO)による民軍協力」上杉勇司・青井千由紀編『国家建設における民軍関係――破綻国家再建の理論と実践をつなぐ』国際書院.
ルトワック, エドワード 1999「紛争不介入の奨め」『論座』第 53 巻.
Bellamy, Alex J., and Paul D. Williams 2010, *Understanding Peacekeeping*, 2nd edition, Polity.
Center on International Cooperation 2009, *Annual Review of Global Peace Operations 2009*, Lynne Rienner.
Center on International Cooperation 2010, *Annual Review of Global Peace Operations 2010*, Lynne Rienner.
Center on International Cooperation 2012, *Annual Review of Global Peace Operations 2012*, Lynne Rienner.
Galtung, Johan 1965,"Institutionalized Conflict Resolution: A Theoretical Paradigm," *Journal of Peace Research*, Vol. 2–4.
Heldt, Birger 2008, "Trends from 1948 to 2005: How to View the Relation between the United Nations and Non-UN Entities," in Donald C. F. Daniel, Patricia Taft and Sharon Wiharta, eds., *Peace Operations: Trends, Progress, and Prospects*, Georgetown University Press.
Howard, Lise Morjé 2008, *UN Peacekeeping in Civil Wars*, Cambridge University Press.
Stover, Eric and Rachel Shigekane 2004 "Exhumation of mass graves: balancing legal and humanitarian needs," in Eric Stover and Harvey M. Weinstein, eds., *My Neighbor, My Enemy: Justice and Community in the Aftermath of Mass Atrocity*, Cambridge University Press.
Zartman, I. William 1989, *Ripe for Resolution: Conflict and Intervention in Africa*, Oxford University Press.

◆ 第 13 章
カッセン, ロバート／開発援助研究会訳 1993『援助は役立っているか?』国際協力出版会(原著 1986).

神田眞人 2012『世界銀行超活用法序説』学校経理研究会.
国際開発委員会／大来佐武郎監訳 1969『開発と援助の構想――ピアソン委員会報告』日本経済新聞社.
通商産業省通商政策局経済協力部編 1997『アジアの環境の現状と課題――経済協力の視点から見た途上国の環境保全』通商産業調査会出版部.
富本幾文 2003「ミレニアム開発目標とは何か?」『アジ研ワールド・トレンド』第91号.
永田実 1990『マーシャル・プラン――自由世界の命綱』中公新書.
元田結花 2007『知的実践としての開発援助――アジェンダの興亡を超えて』東京大学出版会.
Barry, A. J. 1988, *Aid Co-ordination and Aid Effectiveness: A Review of Country and Regional Experience*, OECD Development Centre.
Caiden, Naomi and Aaron Wildavsky 1980, *Planning and Budgeting in Poor Countries*, Transaction Publishers.
Cassen, Robert et al. 1994, *Does Aid Work?: Report to an Intergovernmental Task Force*, 2nd edition, Clarendon Press.
English, John "Pearson, Lester Bowles," Dictionary of Canadian Biography Online (http://www.biographi.ca/009004-119.01-e.php?id_nbr=7988) (2013年3月30日アクセス).
Hirschman, Albert O. 1967, *Development Projects Observed*, Brookings Institution.
Helleiner, Gerald K. and Denmark Udenningsministeriet 1995, "Report of the Group of Independent Advisers on Development Cooperation Issues between Tanzania and Its Aid Donors," Royal Danish Ministry of Foreign Affairs.
Morgenthau, Hans 1962, "A Political Theory of Foreign Aid," *The American Political Science Review*, Vol. 56-2.
Morss, Elliott R. 1984, "Institutional Destruction Resulting from Donor and Project Proliferation in Sub-Saharan African Countries," *World Development*, Vol. 12-4.
Ostrom, Elinor, Larry Schroeder, and Susan Wynne 1993, *Institutional Incentives and Sustainable Development: Infrastructure Policies in Perspective*, Westview Press.
World Bank 1985, *World Development Report 1985*, World Bank.
World Bank 2013, *Beyond the Annual Budget: Global Experience with Medium Term Expenditure Frameworks*, World Bank.

◆ 第14章

城山英明 2002「電子社会構築への『ガバナンス』」中里実・石黒一憲編『電子社会と法システム』新世社.
城山英明 2003「環境政策と国際関係」植田和弘・森田恒幸編『環境政策の基礎』(環境経済・政策講座3)岩波書店.
城山英明 2005a「環境規制の国際的調和化とその限界――日米欧における自動車環境規制の調和化とアジアにおける含意」寺尾忠能・大塚健司編『アジアにおける環境政策と社会変動』アジア経済研究所.
城山英明 2005b「食品安全規制の差異化と調和化――科学的知識,経済的利益と政策判断の交錯」城山英明・山本隆司編『環境と生命』(融ける境 超える法5)東京大学出版会.
城山英明 2012「グローバル・ガバナンス――国際ルール形成と国内実施のメカニズム」『法律時報』1051号.
藤井敏彦 2012『競争戦略としてのグローバルルール――世界市場で勝つ企業の秘訣』東洋経済新報社.
Boehmer-Christiansen, Sonja and Helmut Weidner 1995, *The Politics of Reducing Vehicle Emissions in Britain and Germany*, Pinter.
Braithwaite, John and Peter Drahos 2000, *Global Business Regulation*, Cambridge University Press.

Murphy, Craig N. and JoAnne Yates 2009, *The International Organization for Standardization (ISO): Global Governance through Voluntary Consensus*, Routledge.
Vogel, David 1995, *Trading Up: Consumer and Environmental Regulation in a Global Economy*, Harvard University Press.
WTO 1998, "EC Measures Concerning Meat and Meat Products Hormones: Report of the Appellate Body," WT/DS26/AB/R, WT/DS48/AB/R.

事項索引

◆ あ 行

アウトカム　239, 240
アウトソーシング　199
アウトプット　239
アカウンタビリティ　19, 185, 206, 222, 226, 243-245, 277, 320, 335
アジア開発銀行(ADB)　218
アジア太平洋経済協力(APEC)　145
アジェンダ(議題)設定　174, 175
アソシエート・エキスパート(AE)　223
アドボカシー団体　244
アパルトヘイト　280
アフガニスタン侵攻　113, 260
アフリカ連合(AU)　97, 196, 260
阿片禁止事業　75
アムステルダム条約　125
アメリカ　94, 333
　──国際開発庁(USAID)　288
　──通商代表部(USTR)　216
　──通商法301条　236, 242
アリア・フォーミュラ会合　85
アルマアタ宣言　307
安全保障共同体　31
安全保障貿易管理　167
安全保障理事会(安保理)　76, 78, 84, 96, 102, 242
異議申し立て手続き　246
一貫性　106
一般会計　218, 219
一般職　193
一般性　126
一般プログラム　186
一般郵便連合　25, 44
委任　8, 60
　──モデル　246
インスペクション・パネル　247
インセンティブ　229, 233, 235, 302, 305
インターナショナル・アラート　275, 277
インターネット　316
　──技術タスクフォース(IETF)　317
インターフェース　218, 226, 285, 298
インテリジェンス　160
インドネシア　299, 305

ウィーン会議　45
ヴェルサイユ会議　65
ヴェルサイユ条約　45, 56
ウガンダ　275
受入国　247
ウルグアイ・ラウンド　103, 105, 145, 176
　──協定実施法　216
エイジェンシー問題　18
衛生機関　69, 73
衛生植物検疫措置の適用に関する協定(SPS協定)　16, 106, 208, 328, 332, 334
援助活動の測定　295
援助主体(donors)　284
援助調整グループ　295
援助の効果向上に関するパリ宣言　308
援助見込み表　297
欧州安全保障協力会議(CSCE)　162
欧州安全保障協力機構(OSCE)　9
欧州委員会　131, 329
欧州議会　128, 329
欧州共同体(EC)　13, 95
　──議会　245
欧州経済共同体(EEC)　123
欧州経済協力機構(OEEC)　8, 109, 122
欧州原子力共同体(EURATOM)　123
欧州憲法条約案　125
欧州裁判所(ECJ)　12, 128
欧州人権裁判所(ECHR)　122
欧州人権条約　122
欧州石炭鉄鋼共同体(ECSC)　29, 122
欧州電気通信標準化機構(ETSI)　14
欧州評議会(Council of Europe)　122
欧州防衛共同体(EDC)　123
欧州連合(EU)　13, 194, 266, 333
　──基本権憲章　125
大阪行動指針　146
オーストリア　70, 286
オゾン層破壊　165
オゾン層破壊物質に関するモントリオール議定書　209, 210
オゾン層保護のためのウィーン条約　209, 210
オゾン層保護法　209
オート・オイル・プログラム　132

349

オーナーシップ　291, 308
覚書　206

◆ か 行

会計間貸付　204
外交　5, 160
外国債券投資家協会(CFB)　11, 15, 286
改定管理方式(RMP)　173
階統制　18
ガイドライン　206, 207
開発援助委員会(DAC)　284
　──新開発戦略　295, 306
開発援助グループ(DAG)　294
開発予算　300, 301
開放的協調方式(OMC)　133
カウンターパート資金　299
科学の正当化　333
核不拡散レジーム　249
閣僚理事会(Council)　130
加重投票制　245
カーター・センター　274
ガバナンス　17, 22, 292
　メタ──　19
関係の継続性　236
勧告　75, 206, 207, 315
関税及び貿易に関する一般協定(GATT)　9, 13, 103, 175
環大西洋消費者対話(TACD)　318, 319
環大西洋ビジネス対話(TABD)　319, 326
環太平洋パートナーシップ(TPP)　149, 335
カンボジア　262
官民連携　100
管理　38
管理職　193
議会　302
　──承認　206
機関間調達責任者作業部会(IAPWG)　189
企業　285, 305
気候変動に関する政府間パネル(IPCC)　165, 244
気候変動枠組み条約　233, 238
技術援助　276
技術協力　301
寄書　315
規制整合化(Regulatory Coherence)　150, 334
規則　206
議題リード国　86
北大西洋条約機構(NATO)　9, 122, 160, 196, 254, 259, 260, 268, 272, 290
議長声明　85
機能的アプローチ　9, 13, 26, 121
規範起業家　83
キャプチャー(捕因)　313, 328
キャリア・パターン　229
旧ユーゴスラヴィア　265
　──国際刑事裁判所(ICTY)　278
給与　195
行財政諸問題委員会(ACABQ)　76, 188
行政協定　206
行政裁判所　192
矯正的司法　278
行政調整委員会(ACC)　88
行政連合　9, 24
競争試験　194
共通外交・安全保障政策(CFSP)　124
共通システム　89, 195
共同援助努力に関する決議　294
共同犯罪計画(JCE)　279
業務　12, 38
　──パートナー　199
共有物(コモンズ)　18
拠出金　219
拠出国債　219
寄与度　239
拒否権　78, 242
ギリシャ・ブルガリア国境紛争事件　69
緊急対応　83
銀行の自己資本比率　336
キンバリー・プロセス認証制度(KPCS)　179
緊密な協力　128
空席政策　123
国別経済分析書(CEM)　297
国別調整メカニズム(CCM)　102
グラント・エレメント　295
グリーン・エイド・プラン　304
クロアチア　266
グローバリゼーション　5, 7
グローバル・ガバナンス　4, 22, 37
　──委員会　22
グローバル行政法　4
グローバル・コンパクト(GC)　101
軍事組織　254
軍事的制裁　80, 257
軍統合問題　276
経営事項審査　215
計画制度　301

350

計画担当部局　301
計画調整委員会(CPC)　89, 188
経済協力開発機構(OECD)　8, 108, 117, 145,
　　175, 207, 218, 221, 236, 284, 319
　　——モデル租税条約　206
経済・金融機関　69
経済社会理事会　74, 76, 80
経済制裁　235
経済通貨同盟(EMU)　124
警察・司法分野協力(PJCC)　125
経常予算　300, 301
継続任用　203
ゲイツ財団　14
結果指向　201
　　——型予算　201, 202
研究グループ　315
検証　162
　　——技術手段　161
言説　→ディスコース
限定的合理性　233
権力　27, 32
　　——的関係　15
　　——的契機　23
コア・ファンド　185
公平性　243
後悔しない政策　174
高級実務者会議　141
恒久任用　203
公共支出プログラム(PEP)　297
公共選択論　35, 88
公共投資プログラム(PIP)　297
公式会合　84
公示形式　206, 311
公衆衛生国際事務局　48, 73
構造調整融資　291
拘束性　207
合同監査団(JIU)　94, 187
行動コントロール　253
国際衛生会議　48
国際衛生理事会　47
国際援助　284
国際海運会議所(ICS)　10, 243
国際海運同盟　10, 14
国際海事機関(IMO)　183, 197, 208, 218
国際開発協会(IDA)　219
国際機関人事センター　223
国際機関等に派遣される一般職員の国家公務員
　の処遇等に関する法律　223
国際規制活動　311

非政府レベルの——　313
国際行政　3, 7, 37, 60, 232
　　——法　4
国際軍事主義　67
国際軍需品委員会　58
国際刑事裁判所(ICC)　278, 281
国際刑事司法　255, 278
国際決済銀行(BIS)　11, 14, 15
　　——規制　336
国際公権力　46
国際交渉ネットワーク(INN)　274
国際公務員　72, 86, 190, 193, 195
国際財政　182
国際消費者機構(CI)　319
国際人事委員会(ICSC)　89, 197
国際人事諮問委員会(ICSAB)　89
国際政治学　5, 29
国際組織　190
　　——の財政　182
国際組織論　4
国際通貨基金(IMF)　9, 15, 76, 116, 218, 286
国際通商委員会　50
国際通信　208
国際的共同統治　53
国際的性格　50, 65, 72
国際的政策移転　8
国際的調整の場　311
国際的なネットワーク　212
国際電気通信連合(ITU)　14, 183, 197, 201,
　　218, 221, 224, 240, 314, 318
国際電気標準会議(IEC)　315
国際電信連合　314
国際統計協会　162
国際統計制度　162
国際投資　6
国際農業委員会　49
国際農業同盟　50
国際標準化機構(ISO)　313, 315, 316
国際標準と勧告方式(SARPs)　207
国際保健規則　164
国際民間航空機関(ICAO)　197, 207, 218,
　　237
国際無線電信連合　314
国際郵便行政　43
国際レジーム　4, 33
国際連帯税　184
国際連合(国連)　75, 272, 275
国際連盟　65, 286
国際労働機関(ILO)　73, 163, 185, 218

事項索引　351

国際ワークショップ　168
国勢調査　162
国内財政　285
国内産業団体　217
国内総生産(GDP)　241
国民経済計算(SNA)　163
国連欧州経済委員会(UNECE)　80, 321, 327
国連開発計画(UNDP)　81, 92, 94, 185, 224, 240
国連海洋法条約　208
国連環境開発会議(UNCED)　83
国連カンボジア暫定統治機構(UNTAC)　263
　　──情報教育部門　264
国連議員総会　245
国連教育科学文化機関(UNESCO)　29, 224, 241
国連緊急軍(UNEF)　255, 290
国連憲章　76
国連財政に関する独立諮問委員会　186
国連システム　182
国連児童基金(UNICEF)　185, 201, 221, 224, 240
国連首脳会合(世界サミット)　82
国連職員採用競争試験　199
国連人口基金(UNFPA)　185
国連世界会議　83
国連世界サミット　99, 202
国連総会決議　208
国連難民高等弁務官事務所(UNHCR)　83, 185, 186, 199, 224, 270
国連人間環境会議(UNCHE)　83
国連の財政危機　185
国連貿易開発会議(UNCTAD)　81
国連保護隊(UNPROFOR)　266
国連労働条約　208
5歳未満児死亡率　240
コソヴォ　268
　　──安全保障部隊(KFOR)　209
　　──解放軍(KLA)　268
国家　19, 245
　　──実施　291
　　──中心主義パラダイム　33
　　──への固執　25
コーデックス委員会　16, 106, 175, 322, 329, 331
コーデックス基準　208
コミトロジー手続き　123, 132, 136
コミュニティ抵当事業　304

コミュニティ和解プロセス　280
小麦執行委員会　58
固有財源制度　184
コンスティテューショナル・アプローチ　9, 26
コンセンサス・グループ(UFC)　97
コンディショナリティ　70, 291

◆　さ　行

差異化　320, 336
最高情報技術責任者(CITO)　202
最高戦時理事会　58
最終手段　84
サイド・ペイメント　234
財務官(コントローラー)　187
採用昇進委員会　198
採用ミッション　223
サミット(主要国首脳会議)　96
　　九州・沖縄──　102
ザール　55
参加モデル　246
三極作業グループ　326
三国首脳会議(日中韓首脳サミット)　151
酸性雨　167, 233
サンフランシスコ会議　76
ジェノサイド　270
支援国会合　296
時間の寛容　275
指揮統一　259
事業(operation)　92
事業者団体　212, 243, 244
事業所所在地要件　214
事実上の標準　315
事実上の補償措置　233
自主的措置　209
自主的履行　207
システム化　306
事前交渉機関　118
実効性　114, 232, 254, 285, 292
執行的　60, 62
実施協定　199
実施パートナー　199
実証実験　304
執政　38
しっぺ返し戦略　235
自動車安全・環境基準　321
自動的な執行力　208
指標　163
司法・内務分野協力(JHA)　124

市民社会フォーラム　244
事務局　65, 73, 143, 149, 153
事務総長　87
　　――告示　192
諮問委員会　52, 70
諮問的　60, 62
社会的構築主義　36
ジャカルタ非公式会合（JIM）　262
借款　295, 301
囚人のディレンマ　34, 235
集団安全保障措置　236, 242, 255
集団安全保障メカニズム　67, 77
集団記憶形成　280
柔軟性原則　125, 313
修復的司法　278
自由貿易　234
主権の共同出資　26
首席行政官（CAO）　100
出資金　218, 219
受動的情報収集　165, 166
ジュニア・プロフェッショナル・オフィサー
　（JPO）　223
ジュネーヴ　65
首脳会合成果文書　99, 202
主要国組織　108
主要執行理事会（CEB）　88
準軍事機関の廃止　276
準国家（quasi-state）　11, 34, 254, 286
使用業者　212
消極主権　287
譲許性　284
証言の汚染　279
常設委員会　49
常設事務局　44, 48
常設の理事会議長　131
常駐代表委員会（CORPER）　130
常駐代表委員会（CPR）　143
省庁間ネットワーク　9
消費者保護政策　320
情報　236
　　――活動　259, 264
　　――共有　109, 152
　　――公開　232
　　――資源　159
　　――の重複化　173
条約　75, 206
職員規則　192
職員規程　192
職業グループ　202

食品残留動物用医薬品部会（CCRVDF）　322, 331
食糧農業機関（FAO）　76, 218, 290, 322
諸主権国家制　7
女性識字率　240
地雷禁止国際キャンペーン（ICBL）　178
指令　206
人権　81
　　――委員会　82
　　――状況の指標化　164
　　――理事会　82
新興援助主体　285, 309
人事行政　197
真実究明委員会　278
迅速化　313
信託基金　185, 203
人的資源　198
信頼感　159
信頼醸成　159, 232, 254
　　――措置　162
　　国内地域の――　276
信頼性　169, 236
スエズ動乱　80
スーダン　260
スタンダード・コード　104
スタンドバイ協定　196
スマート・サンクション　237
スレブレニツァ事件　270
スロヴェニア　266
成果枠組み　239
正規職員　193
制裁　159, 235
　　――コスト　236, 242
政策起業家　174
政策決定支援　159
政策実施支援　159
政策手段　3, 109
政策対話　152, 296
政策ネットワーク　335
政策枠組み文書（PFP）　297
政治共同体　30, 31
政治的役割　87
政治統合　30
政治問題　113
聖職者と密輸人の同盟　312
正当性　96, 117, 156, 242, 254
政党のない民主制　275
制度建設　291
政府開発援助（ODA）　182, 218, 284

事項索引　353

政府間会議(IGC)　19, 131
政府間海事協議機関(IMCO)　10, 14
政府間関係　209
政府間主義　134
政府調達協定(GPA)　213
政府なき統治　22
政令　208
世界エイズ・結核・マラリア対策基金
　　(GFATM)　14, 102
世界気象機関(WMO)　218
世界銀行　9, 15, 29, 76, 102, 116, 218, 245, 247,
　　286, 291
世界金融危機　115
世界経済フォーラム　176
世界食料計画(WFP)　189
世界政治パラダイム　33
世界政府　23, 232
世界組織　95
世界ダイヤモンド評議会(WDC)　179
世界知的所有権機関(WIPO)　16, 202, 218
世界燃料憲章　326
世界貿易機関(WTO)　9, 103, 175, 218,
　　221, 319, 329
　　――加入交渉　236
　　――パネル　333
世界保健機関(WHO)　48, 102, 168, 185, 201,
　　218, 224, 240, 322
積極主権　287
船級協会　10
1958年協定　321
1998年協定　327
選挙　264
　　――監視　274
宣言　141, 206
全米政府調達職員協会(NASPO)　216
専門家　284, 334
　　――間ネットワーク　168
　　――団体　243
　　――ネットワーク　9
専門機関(Technical Organization)　13
専門機関(Specialized Agency)　88, 92
専門職　193
総会　246
早期警報システム　161
総局(DG)　132
相互依存　5
　　複合的――　33
相互主義　235
相互接続性　160

相互反応　31
相互批判　297
相互評価プロセス(MAP)　115
相互補完的　121
相対的な利益配分　233
相補性　203, 204, 298
贈与　295
その他の政府資金(OOF)　284
ソマリア　260

◆　た　行

タイ　299
対外政策　27
大気科学　165
大気清浄法(CAA)　210
第5委員会　76, 197
対抗偏向　173
大国　242
第3作業部会　109
第29作業部会(WP29)　321, 327
代表性　243
太平洋経済協力会議(PECC)　145
タイミング　315
ターゲッティング　172
多層間政治　129
単一欧州議定書(SEA)　124
単一の郵便領域　44
タンジール　54
ダンチヒ　56
地域経済統合　138
地域組織　121, 138, 196, 260
地域的国際共同統治　54
チェンマイ・イニシアティブ(CMI)　150
地球環境ファシリティ(GEF)　219, 305
地球規模感染症に対する警戒と対応ネットワー
　　ク(GOARN)　168
知的協力委員会　69
知的所有権の貿易関連の側面に関する協定
　　(TRIPS協定)　16
地方自治体　18
地方自治法　214
　　――施行令　214
地方政府　285
地方分権　303, 305
注意　170
中央審査委員会　198
仲介　276
中期計画　188
中期支出枠組み(MTEF)　301

中国における石炭の燃焼　304
中小国　242
長距離電話に関する国際諮問委員会　314
超国家性　133
超国家的　30
調査情報収集室(ORCI)　161
頂上への収斂　312
朝鮮戦争　236
調達行政　189
調停ギャップ　274
調和化(harmonaization)　13, 284, 311, 336
　　──に関するハイレベル・フォーラム　308
　　──に関するローマ宣言　308
直接的接触　8, 11, 38, 57, 60, 61, 71, 84, 96, 130, 311
地理的配分　194
　　──の原則　193, 222
通貨統合　125
通商産業省(通産省)　304
通常予算　183, 200, 218
通信・運輸機関　69
通知　49, 166
通報・協議のメカニズム　107
提案権　132
帝国防衛委員会(CID)　57
低所得者向けの住宅　304
ディスコース(言説)　135
デイトン　268
底辺への競争　312
手続き事項　78
デフォルト(債務不履行)　286
電子商取引　319
電信電話技術委員会(TTC)　14
伝染病　46
転用可能性　234, 299
東京ラウンド　104, 176
統計専門家委員会　163
統合平和維持予算　186
道徳再武装(MRA)　273, 277
東南アジア諸国連合(ASEAN)　138
　　──閣僚会議(AMM)　139, 141
　　──協和宣言　139
　　──経済大臣会議(AEM)　139, 141
　　──憲章　140, 142, 155
　　──首脳会議　139
　　──スワップ協定　150
　　──+3　150
動物の健康　331

透明化　232
透明性　114
独墺戦争　45
特別会計　218, 219
特別プログラム　186
独立性　191
ドナウ川　53
ドメイン・ネーム・システム(DNS)　317
トランスナショナル唱道ネットワーク(TAN)　177
努力義務　212
トレビ・グループ　123
トロイカ体制　131

　　　◆　な　行

内閣官房　57
内国民待遇　213
難民帰還活動　265
ニカラグア　274
二元外交　277
二国間安全保障条約　138
二重のアカウンタビリティ確保　247, 249
ニース条約　125
日本人職員増強　226, 227
ニュー・パブリック・マネジメント　→ NPM
任意拠出金　218
任期付き任用　203
人間開発指標(HDI)　164, 241
認識共同体　9, 175
認知的要素　170
能動的情報収集　165, 167
能力　305
　　──原則　193
能力構築　234
望ましい職員数の範囲　222
ノーブルメア委員会　195
ノーブルメア原則　87

　　　◆　は　行

派遣　191
　　──職員　192, 204
バーゼル条約　209
バーゼル法　209
破綻国家　254
パッケージ・ディール　233
パフォーマンス測定　201
パリ・クラブ　11
パリ和平協定　263
バルカン化　103

事項索引　355

バルフォア　72
　　──報告　193
パワー・シェアリング　262
反共産主義　287
バンコク宣言　139
万国農事協会　25, 49, 50, 163
万国郵便連合(UPU)　44, 183, 218
反応性　32, 159, 232
ピアソン委員会報告　289
ピア・プレッシャー(peer pressure)　109, 236
ピア・レビュー　109, 147, 148, 165, 294
非階統制行政　17
被害者　282
　　──参加・賠償部　281
東アジア　138
　　──首脳会議(EAS)　151
東ティモール　280
　　──受容真実和解委員会(CAVR)　280
非関税障壁　238
非均一性　236, 242
非公式協議　85, 114
非公式財政　300
非公式性　117, 118
非公式なメカニズム　115
非公式ネットワーク　113
「非公式・非公式」会合　85
非政府組織　10, 13, 166, 243, 273, 285, 313
ピッツバーグ・サミット首脳声明　116
秘匿性と公開性のディレンマ　169, 171
費目別予算　187
ヒューミント　160
評価基準　237
ビルマ制裁法　216
貧困削減戦略ペーパー(PRSP)　291
フィジー　277
フィリピン　299, 305
フォーラム　241
　　──・ショッピング　16, 175, 311, 313, 314, 316
不確実性　173
不均一　245
複合的関係　37
覆審的審査　333
府省別支出　219
武装解除・動員解除・元兵士の社会再統合(DDR)　259
不法占拠者　304
ブラヒミ報告　259

武力行使　235
プリンシパル・エージェント理論　134
プールされた安全保障　29
ブルース報告　73, 75
プレス・ステートメント　85
ブレトンウッズ　76
　　──体制　286
フレーミング　15, 174, 311
プログラム計画予算会計室(OPPBA)　187
プログラム予算　187, 188
プロジェクト実施ユニット(PIU)　299
プロジェクト職員　193
ブロック化　121
分権化　27
分散化　221
紛争　253
　　──解決　248, 253, 254
　　──管理　253, 254
紛争処理手続き　12, 103
紛争ダイヤモンド取引規制レジーム　178, 313
紛争予防　253
分担金　218, 219
分担比率　183
文民組織　254
米州機構　275
平和維持　253, 257
　　──活動(PKO)　80, 184, 189, 190, 204, 254, 255
　　──特別分担率　184
　　複合型──　259
平和活動　253
平和強制連盟　66
平和構築　253, 257
　　──委員会　97
平和創造　253, 257
平和ゾーン　276
「平和のための結集決議」　76
『平和への課題』　257
『平和への課題　追補』　258
ヘライナー報告　300
ボーア戦争　57
貿易依存比率　6
貿易技術障壁　104
貿易組織　103, 156, 333
貿易保険レジーム　166
貿易の技術的障壁に関する協定(TBT協定)　105, 326, 334
包括的開発フレームワーク(CDF)　291

報告制度　236
法制度化(legalization)　104
法の支配　254, 282
法律　208
他の正当な要因　322, 332
補完性　18, 121
　　──の原則　281
補完的関係　16
保護する責任　268
保護貿易　234
ボゴール宣言　146
補償　233
ポストコロニアル家産制国家　254
ポスト調整手当　195
ボスニア　266
ポル・ポト派　262
ホルモン牛　328
ポンピドー・グループ　123

◆ ま 行

マーシャル・プラン　122, 287
マスキー法　323
マーストリヒト条約　124
マネジメント・アプローチ　249
マネジメント改革　307
マネジメント手段　248
マルチ・バイ活動　185
マンデートの再検討　100
南アフリカ　280
ミレニアム・アセスメント　165
ミレニアム開発目標(MDGs)　98, 241, 306
ミレニアム宣言　306
ミレニアム挑戦公社(MCC)　309
民間資金　292
民間部門　118
民軍関係　254, 269, 282
民軍協力(CIMIC)　254, 269
民主化　244
「民主主義の赤字」　135
民族浄化　270
無差別　104
　　──原則　213
無知　242
メディア　114
免責と訴追のディレンマ　278
メンバーシップ制裁　235
黙示の先占　217
モデル条約　75
森の死　324

モンロー主義　68

◆ や 行

有害物質規制法(TSCA)　210
輸出振興　287
ユニットエイド(UNITAID)　184
要員提供国　260
横浜ビジョン　146
汚れ仕事　36
予算外資金　184, 200, 203, 218
予算担当部局　301
予防外交　257
予防原則　173
ヨーロッパ委員会　53

◆ ら 行

ライン川　45
ラウンド・テーブル　296
ランカスター・ハウス協定　274
利益調整　233
利益調和の理論　27
理事会　65, 71, 246, 248
リスク評価　106, 312, 333
リスボン条約　125
リーダーシップ　202
　　──能力　98
リットン調査団　67
立法的マンデート　188
リード国　167, 197
臨時職員　193
臨時的任用　203
「ルクセンブルクの妥協」　123, 131
ルール　206, 311
ルワンダ国際刑事裁判所(ICTR)　278
冷戦　79
連合国海運理事会　8, 59
連合国救済復興機関(UNRRA)　61, 290
連合国食糧農業会議　76
連合国戦時共同行政　57
連邦的構造　314
連盟規約　65
　　──第23条　69
ロジカル・フレームワーク　239
ロックイン　315
ローデシア　273

◆ わ 行

歪曲　235
和平安定化部隊(SFOR)　269

和平実施部隊(IFOR)　269
湾岸戦争　79, 236

◆ A

ABAC　→ APEC ビジネス諮問委員会
ACABQ　→行財政諮問委員会
ACC　→行政調整委員会
ADB　→アジア開発銀行
AE　→アソシエート・エキスパート
AEM　→ ASEAN 経済大臣会議
AMM　→ ASEAN 閣僚会議
APEC　→アジア太平洋経済協力
APEC ビジネス諮問委員会(ABAC)　146
ASEAN　→東南アジア諸国連合
AU　→アフリカ連合

◆ B

BIS　→国際決済銀行
BST　330, 334

◆ C

CAA　→大気清浄法
CAO　→首席行政官
CAVR　→東ティモール受容真実和解委員会
CCM　→国別調整メカニズム
CCRVDF　→食品残留動物用医薬品部会
CDF　→包括的開発フレームワーク
CEB　→主要執行理事会
CEM　→国別経済分析書
CFB　→外国債券投資家協会
CFSP　→共通外交・安全保障政策
CI　→国際消費者機構
CID　→帝国防衛委員会
CIMIC　→民軍協力
CITO　→最高情報技術責任者
CMI　→チェンマイ・イニシアティブ
CNN 効果　243
CORPER　→常駐代表委員会
CPC　→計画調整委員会
CPR　→常駐代表委員会
CSCE　→欧州安全保障協力会議

◆ D

DAC　→開発援助委員会
DAG　→開発援助グループ
DDR　→武装解除・動員解除・元兵士の社会再統合
DG　→総局
DNS　→ドメイン・ネーム・システム

◆ E

EAS　→東アジア首脳会議
EC　→欧州共同体
ECHR　→欧州人権裁判所
ECJ　→欧州裁判所
ECSC　→欧州石炭鉄鋼共同体
EDC　→欧州防衛共同体
EEC　→欧州経済共同体
EMU　→経済通貨同盟
ETSI　→欧州電気通信標準化機構
EU　→欧州連合
EURATOM　→欧州原子力共同体

◆ F

FAO　→食糧農業機関
FAO/WHO 合同残留農薬専門家会議(JMPR)　322
FAO/WHO 合同食品添加物専門家会議（JECFA）　322, 329–331

◆ G

G4　97
G7　8, 112–114, 176
G8　8, 113, 176, 268
G20　8, 115
GATT　→関税及び貿易に関する一般協定
GBDe　319
GC　→グローバル・コンパクト
GDP　→国内総生産
GEF　→地球環境ファシリティ
GFATM　→世界エイズ・結核・マラリア対策基金
GOARN　→地球規模感染症に対する警戒と対応ネットワーク
GPA　→政府調達協定

◆ H

HDI　→人間開発指標

◆ I

IAPWG　→機関間調達責任者作業部会
ICANN　317
ICAO　→国際民間航空機関
ICBL　→地雷禁止国際キャンペーン
ICC　→国際刑事裁判所
ICS　→国際海運会議所
ICSAB　→国際人事諮問委員会
ICSC　→国際人事委員会

ICTR	→ルワンダ国際刑事裁判所	OECD	→経済協力開発機構
ICTY	→旧ユーゴスラヴィア国際刑事裁判所	OEEC	→欧州経済協力機構
IDA	→国際開発協会	OMC	→開放的協調方式
IEC	→国際電気標準会議	OOF	→その他の政府資金
IETF	→インターネット技術タスクフォース	OPPBA	→プログラム計画予算会計室
IFOR	→和平実施部隊	ORCI	→調査情報収集室
IGC	→政府間会議	OSCE	→欧州安全保障協力機構

◆ J (右列 ◆ P)

ILO	→国際労働機関	PECC	→太平洋経済協力会議
IMCO	→政府間海事協議機関	PEP	→公共支出プログラム
IMF	→国際通貨基金	PFP	→政策枠組み文書
IMO	→国際海事機関	PIP	→公共投資プログラム
INN	→国際交渉ネットワーク	PIU	→プロジェクト実施ユニット
IPCC	→気候変動に関する政府間パネル	PJCC	→警察・司法分野協力
ISO	→国際標準化機構	PKO	→平和維持活動
ITU	→国際電気通信連合	PRSP	→貧困削減戦略ペーパー

◆ J

JCE　→共同犯罪計画
JECFA　→FAO/WHO 合同食品添加物専門家会議
JHA　→司法・内務分野協力
JIM　→ジャカルタ非公式会合
JIU　→合同監査団
JMPR　→FAO/WHO 合同残留農薬専門家会議
JPO　→ジュニア・プロフェッショナル・オフィサー

◆ R

RMP　→改定管理方式

◆ S

SARPs　→国際標準と勧告方式
SEA　→単一欧州議定書
SFOR　→和平安定化部隊
SNA　→国民経済計算
SPS 委員会　107, 334
SPS 協定　→衛生植物検疫措置の適用に関する協定

◆ K

KFOR　→コソヴォ安全保障部隊
KLA　→コソヴォ解放軍
KPCS　→キンバリー・プロセス認証制度

◆ T

T1 委員会　14
TABD　→環大西洋ビジネス対話
TACD　→環大西洋消費者対話
TAN　→トランスナショナル唱道ネットワーク
TBT 委員会　107, 334
TBT 協定　→貿易の技術的障壁に関する協定
TPP 協定　→環太平洋パートナーシップ協定
TRIPS 協定　→知的所有権の貿易関連の側面に関する協定
TSCA　→有害物質規制法
TTC　→電信電話技術委員会

◆ M

MAP　→相互評価プロセス
MCC　→ミレニアム挑戦公社
MDGs　→ミレニアム開発目標
MRA　→道徳再武装
MTEF　→中期支出枠組み

◆ N

NASPO　→全米政府調達職員協会
NATO　→北大西洋条約機構
NGO　178, 199, 243, 244, 270, 304, 305, 320, 336
NPM（ニュー・パブリック・マネジメント）　99, 201

◆ U

UFC　→コンセンサス・グループ
UNCED　→国連環境開発会議
UNCHE　→国連人間環境会議
UNCTAD　→国連貿易開発会議

◆ O

ODA　→政府開発援助

事項索引　359

UNDP	→国連開発計画	
UNECE	→国連欧州経済委員会	
UNESCO	→国連教育科学文化機関	
UNFPA	→国連人口基金	
UNHCR	→国連難民高等弁務官事務所	
UNICEF	→国連児童基金	
UNITAID	→ユニットエイド	
UNPROFOR	→国連保護隊	
UNRRA	→連合国救済復興機関	
UNTAC	→国連カンボジア暫定統治機構	
UPU	→万国郵便連合	
USAID	→アメリカ国際開発庁	
USTR	→アメリカ通商代表部	

◆ W

WDC	→世界ダイヤモンド評議会
WFP	→世界食料計画
WHO	→世界保健機関
WIPO	→世界知的所有権機関
WMO	→世界気象機関
WP29	→第29作業部会
WTO	→世界貿易機関

人名索引

◆ あ 行

アインシュタイン（Albert Einstein） 74
明石康　226, 267
アナン（Kofi Atta Annan）　92, 98, 99, 101, 201
ヴァンス（Cyrus Roberts Vance）　266
ウィルソン（Thomas Woodrow Wilson）　27, 68
ウォルフェンソン（James D. Wolfensohn）　240
ウルフ（Leonard Woolf）　3, 24, 25, 34, 38
エリツィン（Boris Nikolaevich El'tsin）　113
エンジェル（Norman Angell）　6, 7, 23
オーウェン（David Owen）　266
緒方貞子　227, 228
オストロム（Elinor Ostrom）　303
オルテガ（Daniel José Ortega Saavedra）　275, 276

◆ か 行

カー（Edward H. Carr）　27–32, 38
カーター（James Earl〈Jimmy〉Carter, Jr.）　113, 267, 274
ガルトゥング（Johan Galtung）　253
キュリー（Marie Curie）　74
ケック（Margaret E. Keck）　177
小泉純一郎　113
コース（Ronald H. Coase）　233
後藤新平　74
コヘイン（Robert O. Keohane）　33, 34
コール（Helmut Kohl）　113
ゴルバチョフ（Mikhail Sergeevich Gorbachev）　113

◆ さ 行

サッチャー（Margaret Hilda Thatcher）　113
ザートマン（William I. Zartman）　253
シアヌーク（Norodom Sihanouk）　262
シキンク（Kathryn Sikkink）　177
ジャクソン（Robert H. Jackson）　34, 92
シューマン（Robert Schuman）　123
シュレーダー（Gerhard Schröder）　113
蔣介石　124

ストルテンベルグ（Jens Stoltenberg）　266
ストロング（Maurice Strong）　83
スハルト（Suharto）　303
宋子文　124
ソルター（Arthur Salter）　3, 57, 60–62, 69–71, 89

◆ た 行

デクエヤル（Javier Pérez de Cuéllar）　161
ドイチュ（Karl W. Deutsch）　31, 32, 38
ドゴール（Charles André Joseph Pierre-Marie de Gaulle）　31, 123, 124
ドラモント（Eric Drummond）　65, 71
トルーマン（Harry Shippe Truman）　287

◆ な 行

ナイ（Joseph S. Nye）　33
中曾根康弘　113
新渡戸稲造　74
ノーブルメア（Georges Nooblemaire）　72
ノーマン（Montagu Norman）　70

◆ は 行

ハーシュマン（Albert Otto Hirschman）　242, 303
ハース（Ernst B. Haas）　29–32
ハマーショルド（Dag Hjalmar Agne Carl Hammarskjöld）　87, 191, 255, 256
ハンキー（Maurice Hankey）　65
ピアソン（Lester Bowles Pearson）　290
ファウラー（Robert R. Fowler）　179
ブッシュ（George Walker Bush）　113
ブトロス=ガリ（Boutros Boutros-Ghali）　186
フランケル（Josph Frankel）　170
ブルース（Stanley Melbourne Bruce）　73
ブレア（Tony Blair）　113
フン・セン（Hunsen）　262, 264, 272
ベルグソン（Henri Bergson）　74
ベルトラン（Maurice Bertrand）　94–96, 187
ベルスコーニ（Silvio Berlusconi）　113
ホーク（Robert James Lee Hawke）　145
ボダン（Jean Bodin）　25
ボーベル（Roland Vaubel）　35, 36
ポラニー（Karl Polanyi）　6, 7, 23

361

◆ ま 行

マキャヴェリ（Nicolló di Machiavelli） 25
マックロイ（John Jay McCloy） 124
ミッテラン（François Mitterrand） 113
ミトラニー（David Mitrany） 3, 25-28, 31, 32, 34
ミロシェヴィッチ（Slobodan Milošević） 271, 278
ムセベニ（Yoweri Kaguta Museveni） 275, 276
モーゲンソー（Hans Joachim Morgenthau） 303
モネ（Jean Omer Marie Gabriel Monnet） 57, 70, 123, 124
モリーナ（Mario José Molina Henríquez） 210
モロー（Dwight Morrow） 124

◆ や 行

ヤング（Oran R. Young） 22

◆ ら 行

ライヒマン（Ludwik Rajchman） 124
ラダエリ（Claudio Radaelli） 174
ラブディ（Alexander Loveday） 70, 89, 90
ラングロッド（George Langrod） 90
ランスホーヘン・ヴェルトハイマー（E. P. Ranshofen-Wertheimer） 89
リー（Trygve Lie） 87
リップマン（Walter Lippmann） 124
リリエンソール（David Eli Lilienthal） 124
リン（Stuart Lynn） 318
ルーズヴェルト（Franklin Delano Roosevelt） 124
ルービン（David Lubin） 49, 50
レーガン（Ronald Wilson Reagan） 113
ロイド・ジョージ（David Lloyd George） 61
蠟山政道 4
ロズノー（James N. Rosenau） 22
ローランド（Frank Sherwood Rowland） 210

●著者紹介

城山 英明（しろやま　ひであき）

1965 年，東京生まれ。
1989 年，東京大学法学部卒業。
現　在，東京大学大学院法学政治学研究科教授。
専門は，行政学，国際行政論，科学技術と公共政策。
主な著作に，『国際行政の構造』（東京大学出版会，1997 年），
　　　　　『国際機関と日本──活動分析と評価』（共編著）（日本経済評論社，2004 年），
　　　　　『紛争現場からの平和構築──国際刑事司法の役割と課題』（共編著）（東信堂，2007 年），
　　　　　『国際援助行政』（行政学叢書 7）（東京大学出版会，2007 年），
　　　　　『科学技術のポリティクス』（政治空間の変容と政策革新 6）（編著）（東京大学出版会，2008 年），ほか多数。

こくさいぎょうせいろん
国際 行 政 論
International Administration

2013 年 9 月 30 日　初版第 1 刷発行

著　者	城　山　英　明	
発行者	江　草　貞　治	
発行所	株式会社 有斐閣	

郵便番号 101-0051
東京都千代田区神田神保町 2-17
電話　(03)3264-1315〔編集〕
　　　(03)3265-6811〔営業〕
http://www.yuhikaku.co.jp/

印刷・株式会社理想社／製本・牧製本印刷株式会社
©2013, Hideaki Shiroyama. Printed in Japan
落丁・乱丁本はお取替えいたします。
★定価はカバーに表示してあります。

ISBN 978-4-641-14906-9

JCOPY　本書の無断複写(コピー)は，著作権法上での例外を除き，禁じられています。複写される場合は，そのつど事前に，(社)出版者著作権管理機構（電話03-3513-6969, FAX03-3513-6979, e-mail: info@jcopy.or.jp）の許諾を得てください。